화엄경소론찬요
華嚴經疏論纂要

화엄경소론찬요 ⑱
華嚴經疏論纂要

◉ 일러두기 ◉

1. 이 책의 원서는 명말청초 때의 승려인 도패 스님※이 약술 편저한 《화엄경소론찬요》이다. 《대방광불화엄경》 80권본을 기초로 하여, 경문에 청량 스님의 소초(疎鈔)와 이통현 장자의 논(論)을 붙여 상세하게 풀이하였다.

2. 경(經), 소(疎), 논(論)은 원문에 토를 붙여서 그 뜻을 이해하기 편하도록 했으며, 원문 바로 아래 번역문을 넣었다.

3. 원문을 살려 그대로 옮겨 놓음을 원칙으로 하다 보니 본문의 제목 번호에 있어서 다소 혼동이 올 수 있다. 그럴 경우 목차를 참고하기 바란다.

4. 산스크리트어 표기는 〈표준국어대사전〉과 〈불광 사전〉 등에 등재된 음역어를 사용하였으며, 불교 용어에 대한 설명은 주로 〈불광 사전〉을 참고하였다.

5. 내용을 좀 더 쉽게 풀기 위하여 중간에 체계가 약간 바뀌었음을 밝힌다.

※ 위림도패(爲霖道霈, 1615-1702) 스님은 명말청초 때의 조동종 승려이다. 14세 때 백운사(白雲寺)에서 출가하여 경교(經敎)를 공부했다. 영각원현을 모시며 법을 이었고, 천동산(天童山) 밀운원오(密雲圓悟)에게 배워 크게 깨달았다. 그 후 백장산(百丈山)에 암자를 짓고 5년 동안 정업(淨業)을 닦았다. 나중에 고산(鼓山)으로 옮겨 20여 년 동안 살았는데 귀의하는 사람이 매우 많았다.
저술로는 《인왕반야경합소(仁王般若經合疏)》 3권을 비롯하여 《화엄경소론찬요(華嚴經疏論纂要)》 120권, 《법화경문구찬요(法華經文句纂要)》 7권, 《불조삼경지남(佛祖三經指南)》 3권, 《위림도패선사병불어록(爲霖道霈禪師秉拂語錄)》 2권, 《여박암고(旅泊庵稿)》 4권, 《선해십진(禪海十珍)》 1권, 《사십이장경지남(四十二章經指南)》, 《불유교경지남(佛遺教經指南)》, 《고산록(鼓山錄)》 6권, 《반야심경청익설(般若心經請益說)》, 《팔십팔불참(八十八佛懺)》, 《준제참(準提懺)》, 《발원문주(發願文註)》 등이 있다.

● 간행사 ●

《화엄경소론찬요》 번역서를 간행하면서

《화엄경》은 비로자나 세존께서 보리도량에서 처음 정각을 성취하신 후, 일곱 도량 아홉 차례의 법문에서 일진(一眞)의 법계(法界)와 제불의 과원(果願)을 보여주시어 미묘한 현지(玄旨)와 그지없는 종취(宗趣)를 밝혀주신 최상의 경전이다. 이처럼 《화엄경》은 법계와 우주가 둘이 아닌 하나로 그 광대함을 말하면 포괄하지 않음이 없고, 그 심오함을 말하면 갖춰져 있지 않음이 없어 공간으로는 법계에 다하고 시간으로는 삼세에 동하고 있나.

　이러한 이유에서 《화엄경》은 근본 법륜으로 중국은 물론 동양 각국에서 높이 받들며 수많은 주석서가 간행되어 왔다. 그러나 세상에 널리 알려진 것은 청량 국사의 《대방광불화엄경소초(大方廣佛華嚴經疏鈔)》와 통현 장자의 《대방광불화엄경론(大方廣佛華嚴經論)》이다. 소초(疏鈔)는 철저한 장구(章句)의 분석으로 본말을 지극히 밝혀주었고, 논(論)은 부처님의 논지를 널리 논변하여 자심(自心)으로 회귀하고 있는 것이 특징이다. 이처럼 청량소초와 통현론은 양대 명저(名著)로 모두 수증(修證)하는 데에 지극한 궤범(軌範)이었다.

탄허 대종사께서는 이러한 점을 토대로 통현론을 주(主)로 하고 청량소초를 보(補)로 하여 번역하심으로써《화엄경》이 동양에 전해진 이후 동양 최초의《화엄경》번역이라는 쾌거를 이룩하셨다. 일찍이 한국불교에 침체된 화엄사상은 대종사의 번역에 힘입어 다시 온 누리에 화엄의 꽃비가 내려 화엄의 향기로 불국정토를 성취하여 더할 수 없는, 지극한 법륜을 설하셨다.

　그러나 대종사께서 열반하신 이후, 불법은 날로 쇠퇴하고 중생의 근기는 날로 용렬하여 방대한 소초와 논을 열람하기에는 역부족이었다. 이에 대종사의《화엄경》을 다시 한 번 밝히기 위해서는 또 다른 모색을 필요로 할 시점에 이르렀다. 보다 쉽게 볼 수 있고 간명한 데에서 심오한 데로, 물줄기에서 본원을 찾아갈 수 있는 진량(津梁)을 찾지 않는다면 대종사의 평생 정력을 저버리게 된다는 절박한 마음이 없지 않았다.

　청대(清代) 도패(道霈) 대사는 청량의 소초와 통현의 논 가운데 그 정요(精要)만을 뽑아《화엄경소론찬요(華嚴經疏論纂要)》를 편집하였다. 이는 매우 방대한 소초와 논을 축약하여, 가까이는 청량 국사와 통현 장자의 심법을 전수하였고 멀리는 비로자나불의 묘체(妙諦)를 밝혀주는 오늘날 최고의《화엄경》주석서이다.

　이에《화엄경소론찬요》를 대본으로 하여, 다시 대종사의 번역서를 참고하면서 현대인이 보다 쉽게 이해할 수 있는 번역서를 간행하기에 이르렀다.

　이제 돌이켜 생각하면 무상한 세월 속에 감회가 적지 않다. 내지난날 출가 입산하여 겨우 이레가 되던 날, 처음 접한 경전이 《화엄경》이었다. 행자 생활을 시작한 영은사는 대종사께서 오대산 수도원이 해산된 후, 이의 연장선상에서 3년 결사(結社)를 선포하시고 《화엄경》 번역이라는 대작불사를 시작하여 강의하셨던, 한국불교사에 한 획을 그려준 역사의 도량이었다.

그 당시 대종사께서는 행자인 나에게 《화엄경》을 청강하라 하시면서 "설령 알아듣지 못할지라도 들어두면 글눈이 생겨 안 들은 것보다 낫다."고 권면하셨다. 이제 생각해보면 행자 출가 즉시 《화엄경》 공부 자리에 참여했다는 것은 전생의 숙연(宿緣)이 아니었으면 어떻게 그 당시 그 법회에 참석이나 할 수 있었겠는가. 이는 행운 중 행운으로 다겁의 선근공덕이 아닐까 생각되며, 아울러 늦게나마 대종사의 영전에 하나의 향을 올리는 바이다.

처음 《화엄경》 설법을 듣는 순간, 끝없는 우주법계의 장엄세계기 황홀하고 법계를 밝혀주고 무진 보배를 담고 있는 바다외 불가사의한 공덕이라는 대종사의 사자후가 머릿속에 쟁쟁하게 울려왔을 뿐, 그 도리를 이해한다는 것은 나의 근기로써는 도저히 불가능한 일이었다. "쭉정이만도 못하다."고 꾸지람을 하시던 대종사의 방할(棒喝)을 맞으며 영은사에서의 결사가 끝난 후, 나는 단 한 번도 《화엄경》을 펼쳐 볼 엄두를 내지 못했다.

그러던 몇 해 전, 무비 스님께서 범어사에서 《화엄경》을 강좌하시면서 서울에서도 《화엄경》 강좌를 열어보라고 권할 적만 하더라도 언감생심 《화엄경》을 강의하겠다는 생각을 하지 못하였다. 그러나 씨앗을 뿌려놓으면 새싹이 돋아나듯, 반드시 인연법은 사라지지 않는 모양이다. 영은사에서의 《화엄경》 인연이 자곡동 탄허기념박물관에 화엄각건립불사를 발원하게 되었고, 화엄각건립불사를 위하여 《화엄경》 강좌를 열기에 이를 줄은 꿈에도 생각지 못하였다.

미력한 소견으로 강좌를 열면서 정리된 강의 자료를 여러 뜻있는 이들과 다시 한 번 토론하고 강마하면서 우선 〈세주묘엄품〉 출간을 시작으로 계속 연차적으로 간행하고 있다.

이 책이 간행되어 그동안 추진되어온 화엄각 창건 불사 또한 원만히 성취되길 기원한다. 이 귀한 인연공덕으로 다시 한 번 화엄사상이 꽃피어 온 누리에 탄허 대종사의 공덕이 빛나고, 아울러 화엄정토가 구현되어 남북의 통일과 세계의 평화가 이루어지길 진심으로 축원하는 바이다.

2024년 7월

五臺山 後學 慧炬 合掌 再拜

● 추 천 사 ●

인류사에서 가장 위대한 화엄경의 가르침

평소에 늘 두려워하며 존경하는 도반 혜거 스님이 《화엄경소론찬요》를 번역하고 출판하여 이 분야의 사람들을 온통 놀라게 하였습니다. 본디 화엄경에 이 몸을 바친 사람으로서, 어찌 가슴 떨리는 일이 아니겠습니까. 《화엄경소론찬요》 번역을 세상에 알리고 추천하는 글을 이 우둔한 글솜씨로라도 백 번이라도 쓰고 싶습니다.

화엄경이란 무엇입니까? 만약 화엄경을 알지 못하면 불법의 이치를 알지 못합니다 또 화엄경을 알지 못하며 사람이 본래로 청정법신비로자나 부처님이라는 사실을 알지 못합니다. 이 세상이 그대로 화장장엄세계라는 사실도 알지 못합니다. 세간과 출세간의 진리를 전혀 알지 못합니다. 아름다운 세상과 환희로운 인생을 결코 알 길이 없습니다. 그러니 화엄경을 읽지 않고 어찌 불교를 입에 담으며 어찌 부처님을 입에 담겠습니까. 그래서 청량(淸凉) 스님은 화엄경을 두고 "이 몸을 바쳐서 그 죽을 곳을 얻었다[亡軀得其死所]."라고 하였습니다. 이 얼마나 가슴 저미는 말씀입니까. 그러므로 "화엄경이 있고서야 비로소 불교가 있다."라고 하겠습니다.

화엄경이 흥하면 불교가 흥하고, 화엄경이 흥하면 국가가 흥하였습니다. 원효(元曉) 스님과 의상(義湘) 스님이 화엄경을 흥성(興盛)시키던 신라가 그러했으며, 청량 스님과 통현(通玄) 장자가 화엄경을 흥성시키던 당(唐)나라가 그러하였습니다.

거기에 더하여 찬요(纂要)란 무엇입니까? 그것은 청량 스님의 화엄경에 대한 소(疏)와 통현 장자의 논(論)을 잎과 가지는 남겨두고 뿌리와 큰 줄기에 해당하는 요점만을 추려서 모아온 것입니다. 마치 흙과 잡석들을 걷어내고 진금들만을 모아왔으니 이 어찌 빛나지 않겠습니까. 그래서 화엄경을 그토록 빛나게 한 것은 알고 보면 소론찬요(疏論纂要)였던 것입니다.

옛말에 "산고수장(山高水長)이요, 근고지영(根固枝榮)"이라 하였습니다. 근세 한국의 불교를 중흥시킨 경허(鏡虛) 스님은 수월(水月)·혜월(慧月)·만공(滿空)·한암(寒巖) 등 기라성 같은 제자들을 길러내었는데, 한암 스님 밑으로 선교(禪敎)를 겸비하신 희대의 대석학이요 대선사이신 탄허(呑虛) 큰스님이 계셨습니다.

한암 스님 밑에서 오래 사셨던 범용(梵龍) 스님은 평소에 상원사에서 한암 스님이 화엄경을 강의하시던 일을 들려주셨습니다. 당시 교재는 통현 장자의 《화엄경합론(華嚴經合論)》이었으며 중강(仲講)은 언제나 탄허 스님이셨으므로, 대중들이 모두 동원되는 큰 운력까지도 면해주셨다고 하였습니다. 그날의 그 화엄법수(華嚴法水)가 흘러흘러 영은사의 혜거 행자에게까지 전해지더니 수십 년이 지난 오늘에는 드디어 이와 같은 《화엄경소론찬요》 출판 불사의 큰 바다를 이루게 되었습니다. 이 얼마나 기쁘지 아니합니까. 큰스님께서도 또한 크게 환희용약하시리라 믿습니다.

필자도 또한 작은 인연이 있어서 역경연수원 수학과 큰스님께서 《화엄경합론》을 번역하신 후 교열하고 출판하고 기념 강의를 하시던 일까지 함께하였으니, 가슴이 뜨거운 홍복(洪福)이라는 사실을 알고 있습니다. 그것에 더하여 처음 통도사 강주로 가기 전에 법맥을 전해주시어 큰스님의 뜻을 잇게 하였으니 더없는 영광이지만, 그 보답을 다하지 못하여 아직도 큰 짐을 내려놓지 못하고 있습니다.

앞으로 남은 시간이라도 혜거 화엄도반과 함께 인류사에서 가장 위대한 화엄경의 가르침을 깊이깊이 공부하여 더욱 널리, 더욱 왕성하게 펼쳐서 크나큰 은혜에 보답하려 합니다.

나아가서 이 아름다운 출판 불사에 뜻을 함께한 모든 분께도 큰 감사의 인사를 올리며 이 책이 만천하에 널리 유포되기를 마음 다해 추천하는 바입니다. 이 인연으로 부디 화엄의 큰 물결이 온 세상에 흘러넘쳐서 집집마다 평화와 행복이 가득하기를 기도드립니다.

나무 대방광불화엄경
나무 대방광불화엄경
나무 대방광불화엄경

신라 화엄종찰 금정산 범어사 如天 無比 삼가 씀

● 목차 ●

간행사 《화엄경소론찬요》 번역서를 간행하면서 5
추천사 인류사에서 가장 위대한 화엄경의 가르침 9

화엄경소론찬요 제80권 ● 아승지품 제30

    1. 유래한 뜻 19
    2. 품명의 해석 20
    3. 종취 20
    4. 경문의 해석 26

    제1. 심왕보살의 물음 27

    제2. 부처님의 대답 28
        [1] 심왕보살의 물음을 찬탄하면서 설법을 허락하다 29
        [2] 의심되는 바를 바로 답하다 31
          1. 산문 31
          2. 게송 43

● 수량품 제31

1. 대의 99
2. 경문의 해석 103

● 제보살주처품 제32

1. 대의 107
2. 경문의 해석 110
    1) 경전 편집자의 서술 110
    2) 바로 머문 곳을 말하다 111
       (1) 10곳의 산과 동굴 111
       (2) 12곳의 성과 고을 146

화엄경소론찬요 제81권 ● 불부사의법품 제33-1

1. 대의 181
2. 경문의 해석 197

제1. 청법 부분 198

제2. 가피 부분 208

제3. 증명 부분 212

제4. 설법 부분 214
   1. 2가지 법문은 제불국토諸佛國土의 물음에 대한 답이다 218
   2. 2가지 법문은 제불본원諸佛本願의 물음에 대한 답이다 226
   3. 2가지 법문은 제불종성諸佛種性의 물음에 대한 답이다 233
   4. 2가지 법문은 제불출현諸佛出現의 물음에 대한 답이다 239
   5. 5가지 법문은 제불신諸佛身의 물음에 대한 답이다 244
   6. 2가지 법문은 제불음성諸佛音聲의 물음에 대한 답이다 255
   7. 3가지 법문은 제불지혜諸佛智慧의 물음에 대한 답이다 259
   8. 8가지 법문은 제불자재諸佛自在의 물음에 대한 답이다 273
   • 제1 법문 280
   • 제2 법문 284
   • 제3 법문 294

화엄경소론찬요 제82권 ◉ 불부사의법품 제33-2

   • 제4 법문 299
   • 제5 법문 333
   • 제6 법문 335
   • 제7 법문 337
   • 제8 법문 339

9. 3가지 법문은 제불무애諸佛無礙의 물음에 대한 답이다 367
   10. 3가지 법문은 제불해탈諸佛解脫의 물음에 대한 답이다 374

화엄경소론찬요 제83권 ● 여래십신상해품 제34

   1. 대의 387
   2. 경문의 해석 394

   제1. 잘 귀담아듣도록 경계하면서 설법을 허락하다 394

   제2. 거룩한 몸매의 양상을 바르게 서술하다 396

   제3. 간단하게 끝맺으면서 드넓은 의미를 밝히다 473

화엄경소론찬요 제84권 ● 여래수호광명공덕품 제35

   1. 대의 477
   2. 경문의 해석 482

   제1. 간략히 논변하다 482

   제2. 자세히 논변하다 493
      [1] 숙세의 선근을 청정하게 하는 이익을 자세히 말하다 493
      [2] 법문을 들은 데서 얻어지는 이익을 자세히 말하다 495

1. 권면과 가르침을 간단하게 밝히다 495
2. 법문을 듣고서 의심을 내다 495
3. 원인이 되는 바를 총체로 보여주다 495
4. 권면과 가르침을 바로 밝히다 497
5. 권유에 따라 비로자나불을 찾아가다 506
6. 보고 들은 이익이 심오하다 542

화엄경소론찬요 제85권 ● 보현행품 제36

1. 대의 581
2. 경문의 해석 593

제1. 바로 말하다 593
   1. 인(因)을 분명히 말하다 593
   2. 바로 보현행을 말하다 602
      (1) 다스려야 할 대상이 광대하고 많다 602
      (2) 다스림의 주체가 심오하고도 미묘하다 620

제2. 증명으로 끝맺다 637
   1. 나타난 상서로 증명하다 638
   2. 여러 보살이 증명하다 640

◎ 보현보살이 게송으로 거듭 밝히다 642

화엄경소론찬요 제80권
華嚴經疏論纂要 卷第八十

◉

아승지품 제30
阿僧祇品 第三十

一

初來意

1. 유래한 뜻

● 疏 ●

來意者는 有二하니

一은 通이니 謂前三品은 別答前問이오 此下三品은 總明等覺深奧故니라

二는 別이니 謂前旣智圓證極이어니와 此品은 校量行德難思일새 故次來也라

又難思佛德을 菩薩盡窮故며 亦爲遠答變化海故니라 故下偈中에 廣顯變化大用하고 又通顯一部之數量故니라

유래한 뜻에는 2가지가 있다.

(1) 총체로 말하였다. 앞의 십정, 십통, 십인 3품은 앞의 물음을 개별로 답하였고, 아래의 아승지, 여래수량, 제보살주처 3품은 等覺佛의 심오한 경계를 총체로 밝혔기 때문이다.

(2) 개별로 말하였다. 앞에서는 이미 지혜가 원만하고 증득이 지극하였지만, 이 品은 行德의 불가사의함을 헤아린 까닭에 다음으로 이를 쓰게 된 것이다.

또한 불가사의한 부처님의 공덕을 보살이 다하였기 때문이며, 또한 '변화의 바다[變化海]'를 멀리 답하였기 때문이다. 이 때문에 아래의 게송에 변화의 큰 작용을 자세히 밝혔으며, 또한 일부의 수

량을 전반적으로 밝혔기 때문이다.

二 釋名
2. 품명의 해석

● **疏** ●

釋名者는 阿之言無오 僧祇曰數니 全帶數名이라 若晉本에 云 心王 菩薩이 問阿僧祇品하고 兼能問人이라하니 即人法雙擧와 及菩薩所 問之算數니 梵本同此니라 然僧祇는 是十大數之創首니 經論多用 일세 故以標名이오 又顯此數 即離數故로 寄無數標名이라

명제의 해석은 '阿'는 '없음[無]'을, 僧祇는 수효를 말한다. 모두 수효의 명제를 가지고 있다. 晉本에서는 "심왕보살이 아승지품을 묻고, 겸하여 사람까지 물었다."고 하니 이는 사람과 법을 모두 들어 말하였고, 보살이 물었던 수의 계산이다. 범본은 이와 같다.

그러나 僧祇는 十大數의 첫머리이다. 경론에서 이를 많이 사용하고 있기에 명제로 세웠고, 또한 이 숫자는 곧 숫자의 범위를 벗어난 까닭에 無數하다는 뜻을 담아 명제로 내세운 것이다.

三 宗趣
3. 종취

◉ 疏 ◉

宗趣者는 寄數顯德分齊로 爲宗이오 令知普賢諸佛離數重重無盡으로 爲趣니라

    종취는 숫자에 뜻을 담아 공덕을 나타내는 한계로 종지를 삼고, 보현 제불이 숫자의 범위를 벗어나 거듭거듭 그지없음을 알아야 한다는 것으로 나아갈 바를 삼았다.

◉ 論 ◉

將釋此品에 約立四門호리니 一은 釋品來意오 二는 釋能問之主오 三은 釋說法之主오 四는 隨文釋義라

    장차 이 품을 해석함에 있어 간추려 4가지 문을 세우고자 한다.

    (1) 아승지품이 유래하게 된 뜻을 해석하였고,

    (2) 법을 묻는 주체의 보살에 대해 해석하였으며,

    (3) 설법의 주체이 부처님에 대해 해석하였고,

    (4) 경문을 따라 그 의의를 해석하였다.

一은 釋品來意者는 明前十定十通十忍三品이니 明該括因果의 初終始末하야 不遷刹那之際로 已成神通法忍具足이니 明一切諸佛所施因果敎行方便으로 果行相資하야 始終不絕이 不離刹那之時라 如仁王經엔 '一念中에 具九十刹那어든 一刹那에 經九百生滅이라'하니 如是三世佛果과 及普賢方便行이 總時不遷故로 但以刹那로 爲量이오 不立生滅之名이며 設論生滅이라도 但於刹那內에 安立일세 更無長短이라 自此已下로 至如來出現品히 明佛

果之中三業廣大自在行門이니

且如阿僧祇一品은 明如來心業이 廣大自在오

二는 如來壽量品은 明如來命이 廣大自在오

三은 菩薩住處品은 明如來行이 攝生廣大하야 常住自在오

四는 佛不思議法品은 明歎佛三業神德이 廣大自在오

五는 如來十身相海品은 明佛身業의 報得莊嚴이 廣大自在오

六은 如來隨好光明功德品은 明佛三業所順인 法身所感之功德이 廣大自在니 依瓔珞經컨댄 配第三禪하야 說佛華三昧 有百萬億頌하니 卽此普賢行品이 是其畧也라 當第七會니 合名佛華三昧品이오

七은 普賢行品은 明佛三業의 果行徧周하야 廣大自在오

八은 如來出現品하야 明佛覺行徧周하야 常於一切世間에 無時不出現니 廣大自在니 此之八品經은 總歎佛의 果行智德과 三業功用과 及莊嚴報相이 廣大自在故라 以故로 此品이 須來니라

　'(1) 아승지품이 유래하게 된 뜻을 해석한다.'는 것은 앞의 십정, 십통, 십인 3품을 밝히고 있다. 인과의 처음과 끝, 시작과 종말을 모두 포괄하여, 찰나의 순간도 옮기지 않고서 이미 신통과 法忍을 구족하게 성취함을 밝히고 있다. 일체 제불의 베푸는 인과의 敎行 방편으로 결과와 수행이 서로 힘입으면서 시종 끊이지 않아 찰나의 순간마저 여의지 않음을 밝힌 것이다.

　예컨대 인왕경에서는 "한 생각의 가운데 90찰나를 갖추고 있는데, 하나의 찰나에 9백 차례의 생멸을 겪는다."고 하였다. 이와 같은

삼세 佛果 및 보현방편행이 모두 시간에 따라 변천하지 않기 때문에 단 찰나로써 한량을 삼을 뿐, 생멸의 명칭을 세우지 않았고, 설사 생멸을 논할지라도 단 찰나 내에 세울 뿐, 다시는 길고 짧음이 없다. 여기서부터 아래로 제37 여래출현품에 이르기까지 불과의 가운데 삼업이 광대하고 자재한 行門을 밝혔다.

또한 이처럼 ① 아승지품은 여래의 心業이 광대하고 자재함을 밝혔고,

② 제31 여래수량품은 여래의 수명이 광대하고 자재함을 밝혔으며,

③ 제32 보살주처품은 여래의 行이 중생을 받아들임이 광대하여 상주하면서 자재함을 밝혔고,

④ 제33 불부사의법품은 부처님의 신묘한 三業의 공덕이 광대하고 자재함에 대해 찬탄함을 밝혔으며,

⑤ 제34 여래십신상해품은 부처님의 身業의 과보로 얻은 장엄이 광대하고 자재함을 밝혔고,

⑥ 제35 여래수호광명공덕품은 부처님의 삼업을 따른 법신으로 감응하여 얻은 공덕이 광대하고 자재함을 밝혔다. 영락경에 의하면, 第三禪에 짝하여 佛華三昧를 말한 부분에 백만억 게송이 있다고 한다. 이는 제36 보현행품에서 그에 대해 간략하게 말한 것으로, 제7 법회에 해당하니, 당연히 '佛華三昧品'이라 명명해야 한다.

⑦ 제36 보현행품은 부처님의 삼업의 果行이 두루 하여 광대

하고 자재함을 밝혔고,

⑧ 제37 여래출현품은 부처님의 覺行이 두루 충만하여 언제나 일체 세간에 어느 때이든 나타냄이 광대하고 자재함을 밝혔다.

이처럼 8품의 경문은 모두 부처님의 果行의 智德, 삼업의 功用 및 장엄의 報相이 광대하고 자재함을 찬탄하였기 때문이다. 이런 이유에 따라 아승지품을 반드시 여기에 쓰게 된 것이다.

二는 釋能問法主者는 菩薩名心王은 此明得心成忍之後에 心業自在일새 名之爲王이라

'(2) 법을 묻는 주체의 보살에 대해 해석한다.'는 것은 법을 물은 보살의 명호를 '心王'이라 한 것은 이런 마음을 얻어 忍行을 성취한 후에 心業이 자재한 까닭에 그 명호를 '王'이라 함을 밝힌 것이다.

三은 釋能說法之主者는 此品을 何故로 如來自說고 明此數法이 廣大하야 下位智의 所不及이오 唯佛能究竟故라 此是佛果二愚니 至差別智滿하야사 方了니라 卽此阿僧祇品과 隨好光明功德品의 二品法은 是如來自說이오 自餘五品은 各各隨位菩薩이 自說이니 十信菩薩이 說十信法은 卽文殊覺首等이 是오 十住菩薩이 說十住法은 卽法慧財慧等이 是니 準此例知라

此品은 至差別智果滿한 佛位方明일새 還是如來自說故며 所問之主는 還是如來의 心智自在일새 名之爲王이니 表心自在故로 方堪能問이니 總是佛自在之心故라 設敎法則이 令學者倣之일새 故로 說行엔 以普賢으로 主之오 以行成忍엔 卽以王으로 主之며 又此數法智滿은 佛果方終이니 以智徧故로 任運而知오 非是加行作

意而知일세 以此로 佛自說故니라

'(3) 설법의 주체인 부처님에 대해 해석한다.'는 것은 아승지품에서 무슨 까닭에 여래께서 스스로 말씀하신 것일까? 여기에서 말한 숫자의 법이 워낙 광대하여 아래 지위에 있는 지혜로는 도저히 미칠 수 없는 바이며, 오직 부처님만이 이를 모두 밝힐 수 있기 때문이다. 이는 '불과를 장애하는 2가지 어리석음[佛果二愚]'이다. 오직 '현상계의 여러 가지 차별상의 이치를 환히 아는 지혜[差別智]'가 원만해야 비로소 이를 알 수 있다.

아승지품과 제35 여래수호광명공덕품만큼은 여래께서 스스로 말씀하셨고, 나머지 5품은 각각 해당 지위에 따른 보살들이 설법하였다. 十信 보살이 십신 법을 말한 것은 문수와 각수보살 등이며, 十住 보살이 십주 법을 말한 것은 법혜와 재혜보살 등이다. 이와 같이 이에 준하여 살펴보면 의례에 따라 알 수 있다.

아승지품은 오직 차별지의 佛果가 원만한 부처님의 지위에 이르러야 비로소 분명히 알 수 있기에 또한 여래께서 스스로 말할 수밖에 없기 때문이며, 법을 물었던 주체의 보살 또한 여래의 마음 지혜가 자재한 까닭에 그 명호를 '王'이라 하였다. 마음이 자재한 까닭에 비로소 이러한 법을 질문할 수 있었음을 밝힌 것이다. 총체로 부처님의 자재한 마음 때문이다.

가르침을 베푸는 법칙이 수행자로 하여금 본받도록 한 까닭에 수행을 설법할 적에는 보현보살을 위주로 하고, 수행으로 忍을 성취함은 심왕보살을 위주로 하며, 또한 이와 같은 숫자의 법칙을 아는 지혜가 원만함은 佛果의 지위에 있어야 비로소 다할 수 있다. 지혜가 두루 원만한 까닭에 마음대로 알 수 있는 것이지, 더욱더 힘쓰거나 강작의 생각으로 아는 것이 아니다. 이런 이유에서 부처님이 스스로 설법한 것이다.

四는 正釋文이라 此下三品은 總顯深奧니 卽爲三別이라 此品은 明勝德無數오 次品은 明盡一切時오 後品은 明徧一切處라 然此三品은 初一은 通明佛菩薩德이오 次品은 正顯佛德하고 兼明菩薩이오 後品은 唯明菩薩이라 所以爾者는 亦是等覺이오 亦名佛故오 位後普賢은 是佛菩薩故니라

今初一品은 先問 後答이라 今은 初라

4. 경문의 해석

아래의 3품(아승지품, 여래수량품, 보살주처품)은 부처님의 심오한 경계를 총체로 밝혔다. 이는 3가지로 구별된다.

아승지품은 부처님의 훌륭한 공덕이 수없이 많음을 밝혔고,
다음 여래수량품은 부처님이 모든 때에 다함을 밝혔으며,
뒤의 보살주처품은 모든 곳에 두루 계심을 밝혔다.

그러나 이 3품 가운데,

첫째 아승지품은 부처님과 보살의 공덕을 전반적으로 밝혔고,
다음 여래수량품은 바로 부처님의 공덕을 밝히면서 겸하여 보살의 공덕을 밝혔으며,

뒤의 보살주처품은 오직 보살의 공덕만을 밝혔다. 그처럼 성취한 자 또한 等覺이며, 또한 그 명호를 부처라 하기 때문이며, 位後의 보현은 불보살이기 때문이다.

첫째 아승지품은 앞에서는 심왕보살이 묻고, 뒤에서는 부처님이 답하였다.

이는 '제1. 심왕보살의 물음'이다.

經

爾時에 **心王菩薩**이 **白佛言**하사대
世尊이시여 **諸佛如來 演說阿僧祇**와 **無量**과 **無邊**과 **無等**과 **不可數**와 **不可稱**과 **不可思**와 **不可量**과 **不可說**과 **不可說不可說**하시나니
世尊이시여 **云何阿僧祇**며 **乃至不可說不可說耶**잇가

그때, 심왕보살이 부처님께 여쭈었다.

"세존이시여, 여러 부처님 여래께서 아승지이고, 한량없고, 그지없고, 같을 이 없고, 셀 수 없고, 일컬을 수 없고, 생각할 수 없고, 헤아릴 수 없고, 말할 수 없고, 말할 수 없이 말할 수 없음을 말해 왔습니다.

세존이시여, 어떤 것을 아승지라 하며, 내지 말할 수 없이 말할 수 없다고 하는 것입니까?"

◉ 疏 ◉

問中二니 先은 牒佛所說이오 後 世尊下는 正明咨問이라 所以心王問者는 表數不離心하야 數與非數 皆自在故며 又顯此數 統收前後하야 辨超勝故니라

所以偏問十者는 擧後攝初하야 顯無盡故니라 前後文中에 多用此故라 故文云 '如來演說'이라하니 但問本數에 已攝諸轉이라

　　물음 부분은 2가지이다.

　　앞은 부처님이 말씀하신 바를 이어 물었고,

　　뒤의 '세존' 이하는 물은 바를 바로 밝혀주었다. 심왕보살이 물은 바는 수가 마음을 떠나지 않아 숫자와 숫자 아닌 것이 모두 자재함을 나타냈기 때문이며, 또한 이 숫자가 前後 모두 거둬들여 뛰어남을 나타냈기 때문이다.

　　10가지를 두루 물은 바는 뒤의 것을 들어 처음의 것을 받아들여 그지없음을 나타냈기 때문이다. 전후 문장에 이를 인용한 부분이 많기 때문이다. 따라서 경문에서 "여래가 말해 왔다."고 하니, 단 본래 숫자를 묻는 데에 이미 여러 가지로 전전한 숫자를 모두 포괄하고 있다.

第二 答中二니 一은 讚問許說이라

　　제2. 부처님의 대답

　　이 부분은 2단락이다.

[1] 심왕보살의 물음을 찬탄하면서 설법을 허락하다

佛이 告心王菩薩言하사대
善哉善哉라 **善男子**야 **汝今爲欲令諸世間**으로 **入佛所知 數量之義**하야 **而問如來應正等覺**하니 **善男子**야 **諦聽諦 聽**하야 **善思念之**하라 **當爲汝說**호리라
時에 **心王菩薩**이 **唯然受敎**러시니라

　　부처님이 심왕보살에게 말씀하셨다.
　　"아주 좋은 물음이다, 아주 좋은 물음이다. 선남자여, 그대가 지금 모든 세간 중생으로 하여금 부처님이 아는 수량의 이치를 알 게 하기 위하여 여래, 응공, 정등각에게 이를 물은 것이다.
　　선남자여, 자세히 듣고 잘 생각하도록 하라. 그대를 위해 말해 주리라."
　　그때, 심왕보살이 말하였다.
　　"예! 그렇게 하겠습니다. 가르침을 받들어 행하겠습니다."

● 疏 ●

令入佛所知數者는 **以是圓敎所明 深廣無涯**하야 **唯佛方測**일세 **不同凡小所知**니라 **如黃帝算法**은 **但有二十三數**하니 **始從一二**로 **終至正載**히 **已說天地不容**하고 **小乘**은 **六十**에 **已至無數**어니와 **此 有百二十四 倍倍變之**라 **故非餘測**이라 **故數之終**에 **寄不可說**이

온 況復偈初에 更積不可說하야 歷諸塵利하야 以顯無盡가 所以佛自答者는 正表難思故며 又明此品에 統語因位終德일새 故佛說之니라【鈔_ '始從一二'者는 從一至十爲十이오 次有十三數하니 謂十十爲百이오 十百爲千이오 次萬 億 兆 京 垓 秭(柿) 壤 溝 澗 正 載니 言載者는 天地不能容載故니라 '小乘六十'者는 卽俱舍論說이오 六十向後에 更無數也라】

"세간 중생으로 하여금 부처님이 아는 수량의 이치를 알게 한다."는 것은 圓敎의 밝힌 바가 깊고 광대하여 끝이 없기에, 부처님만이 바야흐로 헤아릴 수 있을 뿐, 범부 소인이 아는 바와는 다르다.

黃帝의 계산법은 23수가 있을 뿐이다. 처음 1, 2로부터 正·載에 이르기까지 이미 하늘과 땅으로서도 용납할 수 없음을 말했으며, 소승은 60수에 이미 無數까지 이르렀지만, 여기에서는 124수가 있어 곱에 곱으로 숫자의 단위가 변해가는 것이다.

따라서 이는 여느 사람으로서는 헤아릴 수 있는 대상이 아니다. 이 때문에 숫자의 끝부분에 '말할 수 없이 말할 수 없다.'는 뜻을 담아 말하였다. 하물며 또한 게송의 첫 부분에서 다시 '말할 수 없이 말할 수 없다.'는 뜻을 축적하여 미진수와도 같은 모든 세계를 하나하나 들어서 '그지없음[無盡]'을 밝힌 것이야.

이런 이유로 부처님이 스스로 대답한 것은 바로 불가사의함을 나타낸 까닭이며, 또한 아승지품에서 因位의 마지막 공덕[終德]을 전체로 말한 까닭에 부처님이 말할 수밖에 없음을 밝힌 것이다. 【초_ '처음 1, 2로부터'란 1로부터 10에 이르면 열이 되고, 이어 다음으로 13가지의 숫자가 있다. 10에 10으로 첫머리를 삼아 백이 열이면 '천'이 되고, 다음으로 萬·億·兆·京·垓·秭·壤·溝·澗·正·載가 있음을 말한다. 마지막 단위에서 '載'라 말한 것은 하늘과 땅으로서도 이를 용납하여 실을 수 없기 때문이다.

'小乘六十'이란 곧 구사론에서 60단위의 수를 말하였을 뿐, 그 뒤에 다시 수효가 없다.】

一

二는 正答所疑라 於中二니 先은 長行이니 明能數之數 廣多오 後는 偈頌이니 顯所數之德 無盡이라

今은 初라

[2] 의심되는 바를 바로 답하다

이는 2부분으로 나뉜다.

1. 앞은 산문이다 광대하고 많음을 밝혔고,

2. 뒤는 게송이다. 셀 수 있는 공덕이 그지없음을 밝혔다.

이는 '1. 산문'이다.

經

佛言하사대 善男子야
一百洛叉 爲一俱胝오 俱胝俱胝 爲一阿庾多오
阿庾多阿庾多 爲一那由他오 那由他那由他 爲一頻婆羅오

頻婆羅頻婆羅 爲一矜羯羅오 矜羯羅矜羯羅 爲一阿伽羅오
阿伽羅阿伽羅 爲一最勝이오 最勝最勝이 爲一摩婆羅오
摩婆羅摩婆羅 爲一阿婆羅오 阿婆羅阿婆羅 爲一多婆羅오
多婆羅多婆羅 爲一界分이오 界分界分이 爲一普摩오
普摩普摩 爲一禰摩오 禰摩禰摩 爲一阿婆鈐이오
阿婆鈐阿婆鈐이 爲一彌伽婆오 彌伽婆彌伽婆 爲一毘攞伽오
毘攞伽毘攞伽 爲一毘伽婆오 毘伽婆毘伽婆 爲一僧羯邏摩오
僧羯邏摩僧羯邏摩 爲一毘薩羅오 毘薩羅毘薩羅 爲一毘贍婆오
毘贍婆毘贍婆 爲一毘盛伽오 毘盛伽毘盛伽 爲一毘素陀오
毘素陀毘素陀 爲一毘婆訶오 毘婆訶毘婆訶 爲一毘薄底오
毘薄底毘薄底 爲一毘佉擔이오 毘佉擔毘佉擔이 爲一稱量이오
稱量稱量이 爲一一持오 一持一持 爲一異路오
異路異路 爲一顚倒오 顚倒顚倒 爲一三末耶오
三末耶三末耶 爲一毘覩羅오 毘覩羅毘覩羅 爲一奚婆

羅오

奚婆羅奚婆羅 爲一伺察이오 伺察伺察이 爲一周廣이오
周廣周廣이 爲一高出이오 高出高出이 爲一最妙오
最妙最妙 爲一泥羅婆오 泥羅婆泥羅婆 爲一訶理婆오
訶理婆訶理婆 爲一一動이오 一動一動이 爲一訶理蒲오
訶理蒲訶理蒲 爲一訶理三이오 訶理三訶理三이 爲一奚魯伽오
奚魯伽奚魯伽 爲一達攞步陀오 達攞步陀達攞步陀 爲一訶魯那오
訶魯那訶魯那 爲一摩魯陀오 摩魯陀摩魯陀 爲一懺慕陀오
懺慕陀懺慕陀 爲一瑿攞陀오 瑿攞陀瑿攞陀 爲一摩魯摩오
摩魯摩摩魯摩 爲一調伏이오 調伏調伏이 爲一離憍慢이오
離憍慢離憍慢이 爲一不動이오 不動不動이 爲一極量이오
極量極量이 爲一阿麽怛羅오 阿麽怛羅阿麽怛羅 爲一勃麽怛羅오
勃麽怛羅勃麽怛羅 爲一伽麽怛羅오
伽麽怛羅伽麽怛羅 爲一那麽怛羅오
那麽怛羅那麽怛羅 爲一奚麽怛羅오
奚麽怛羅奚麽怛羅 爲一鞞麽怛羅오
鞞麽怛羅鞞麽怛羅 爲一鉢羅麽怛羅오

鉢羅麼怛羅鉢羅麼怛羅 爲一尸婆麼怛羅오
尸婆麼怛羅尸婆麼怛羅 爲一翳羅오
翳羅翳羅 爲一薜羅오 薜羅薜羅 爲一諦羅오
諦羅諦羅 爲一偈羅오 偈羅偈羅 爲一窣步羅오
窣步羅窣步羅 爲一泥羅오 泥羅泥羅 爲一計羅오
計羅計羅 爲一細羅오 細羅細羅 爲一睨羅오
睨羅睨羅 爲一謎羅오 謎羅謎羅 爲一娑擺茶오
娑擺茶娑擺茶 爲一謎魯陀오 謎魯陀謎魯陀 爲一契魯陀오
契魯陀契魯陀 爲一摩覩羅오 摩覩羅摩覩羅 爲一娑母羅오
娑母羅娑母羅 爲一阿野娑오 阿野娑阿野娑 爲一迦麼羅오
迦麼羅迦麼羅 爲一摩伽婆오 摩伽婆摩伽婆 爲一阿怛羅오
阿怛羅阿怛羅 爲一醯魯耶오 醯魯耶醯魯耶 爲一薜魯婆오
薜魯婆薜魯婆 爲一羯羅波오 羯羅波羯羅波 爲一訶婆婆오
訶婆婆訶婆婆 爲一毘婆羅오 毘婆羅毘婆羅 爲一那婆羅오
那婆羅那婆羅 爲一摩擺羅오 摩擺羅摩擺羅 爲一娑婆

羅오

娑婆羅娑婆羅 爲一迷攞普오 迷攞普迷攞普 爲一者麽
羅오

者麽羅者麽羅 爲一馱麽羅오 馱麽羅馱麽羅 爲一鉢攞
麽陀오

鉢攞麽陀鉢攞麽陀 爲一毘伽摩오

毘伽摩毘伽摩 爲一烏波跋多오

烏波跋多烏波跋多 爲一演說이오

演說演說이 爲一無盡이오 無盡無盡이 爲一出生이오

出生出生이 爲一無我오 無我無我 爲一阿畔多오

阿畔多阿畔多 爲一靑蓮華오 靑蓮華靑蓮華 爲一鉢頭
摩오

鉢頭摩鉢頭摩 爲一僧祇오 僧祇僧祇 爲一趣오

趣趣 爲一至오 至至 爲一阿僧祇오

阿僧祇阿僧祇 爲一阿僧祇轉이오 阿僧祇轉阿僧祇轉
이 爲一無量이오

無量無量이 爲一無量轉이오 無量轉無量轉이 爲一無邊
이오

無邊無邊이 爲一無邊轉이오 無邊轉無邊轉이 爲一無等
이오

無等無等이 爲一無等轉이오 無等轉無等轉이 爲一不可
數오

不可數不可數 爲一不可數轉이오
不可數轉不可數轉이 爲一不可稱이오
不可稱不可稱이 爲一不可稱轉이오
不可稱轉不可稱轉이 爲一不可思오
不可思不可思 爲一不可思轉이오
不可思轉不可思轉이 爲一不可量이오
不可量不可量이 爲一不可量轉이오
不可量轉不可量轉이 爲一不可說이오
不可說不可說이 爲一不可說轉이오
不可說轉不可說轉이 爲一不可說不可說이오
此又不可說不可說이 爲一不可說不可說轉이니라

부처님이 말씀하셨다.
"선남자여, 1백 낙차가 1구지요,
구지씩 구지가 1아유다요,
아유다씩 아유다가 1나유타요,
나유타씩 나유타가 1빈바라요,
빈바라씩 빈바라가 1긍갈라요,
긍갈라씩 긍갈라가 1아가라요,
아가라씩 아가라가 1최승(最勝)이요,
최승씩 최승이 1마바라요,
마바라씩 마바라가 1아바라요,
아바라씩 아바라가 1다바라요,

다바라씩 다바라가 1계분이요,
계분씩 계분이 1보마요,
보마씩 보마가 1네마요,
네마씩 네마가 1아바검이요,
아바검씩 아바검이 1미가바요,
미가바씩 미가바가 1비라가요,
비라가씩 비라가가 1비가바요,
비가바씩 비가바가 1승갈라마요,
승갈라마씩 승갈라마가 1비살라요,
비살라씩 비살라가 1비섬바요,
비섬바씩 비섬바가 1비성가요,
비성가씩 비성가가 1비소타요,
비소타씩 비소타가 1비바하요,
비바하씩 비바하가 1비박저요,
비박저씩 비박저가 1비카담이요,
비카담씩 비카담이 1칭량이요,
칭량씩 칭량이 1일지요,
일지씩 일지가 1이로요,
이로씩 이로가 1전도요,
전도씩 전도가 1삼말야요,
삼말야씩 삼말야가 1비도라요,
비도라씩 비도라가 1해바라요,

해바라씩 해바라가 1사찰이요,

사찰씩 사찰이 1주광이요,

주광씩 주광이 1고출이요,

고출씩 고출이 1최묘요,

최묘씩 최묘가 1니라바요,

니라바씩 니라바가 1하리바요,

하리바씩 하리바가 1일동이요,

일동씩 일동이 1하리포요,

하리포씩 하리포가 1하리삼이요,

하리삼씩 하리삼이 1해로가요,

해로가씩 해로가가 1달라보다요,

달라보다씩 달라보다가 1하로나요,

하로나씩 하로나가 1마로다요,

마로다씩 마로다가 1참모다요,

참모다씩 참모다가 1예라다요,

예라다씩 예라다가 1마로마요,

마로마씩 마로마가 1조복이요,

조복씩 조복이 1교만 여읨이요,

교만 여읨씩 교만 여읨이 1부동이요,

부동씩 부동이 1극량이요,

극량씩 극량이 1아마달라요,

아마달라씩 아마달라가 1발마달라요,

발마달라씩 발마달라가 1가마달라요,

가마달라씩 가마달라가 1나마달라요,

나마달라씩 나마달라가 1해마달라요,

해마달라씩 해마달라가 1비마달라요,

비마달라씩 비마달라가 1발라마달라요,

발라마달라씩 발라마달라가 1시바마달라요,

시바마달라씩 시바마달라가 1예라요,

예라씩 예라가 1폐라요,

폐라씩 폐라가 1체라요,

체라씩 체라가 1게라요,

게라씩 게라가 1솔보라요,

솔보라씩 솔보라가 1니라요,

니라씩 니라가 1계라요,

계라씩 계라가 1세라요,

세라씩 세라가 1비라요,

비라씩 비라가 1미라요,

미라씩 미라가 1사라다요,

사라다씩 사라다가 1미로다요,

미로다씩 미로다가 1계로다요,

계로다씩 계로다가 1마도라요,

마도라씩 마도라가 1사모라요,

사모라씩 사모라가 1아야사요,

아야사씩 아야사가 1가마라요,
가마라씩 가마라가 1마가바요,
마가바씩 마가바가 1아달라요,
아달라씩 아달라가 1혜로야요,
혜로야씩 혜로야가 1페로바요,
페로바씩 페로바가 1갈라파요,
갈라파씩 갈라파가 1하바바요,
하바바씩 하바바가 1비바라요,
비바라씩 비바라가 1나바라요,
나바라씩 나바라가 1마라라요,
마라라씩 마라라가 1사바라요,
사바라씩 사바라가 1미라보요,
미라보씩 미라보가 1자마라요,
자마라씩 자마라가 1타마라요,
타마라씩 타마라가 1발라마다요,
발라마다씩 발라마다가 1비가마요,
비가마씩 비가마가 1오파발타요,
오파발타씩 오파발타가 1연설이요,
연설씩 연설이 1다함 없음이요,
다함 없음씩 다함 없음이 1출생이요,
출생씩 출생이 1 나 없음이요,
나 없음씩 나 없음이 1아반다요,

아반다씩 아반다가 1청련화요,

청련화씩 청련화가 1발두마요,

발두마씩 발두마가 1승지요,

승지씩 승지가 1취(趣)요,

취씩 취가 1지(至)요,

지씩 지가 1아승지요,

아승지씩 아승지가 1아승지 제곱이요,

아승지 제곱씩 아승지 제곱이 한 한량없음이요,

한량없음씩 한량없음이 한 한량없는 제곱이요,

한량없는 제곱씩 한량없는 제곱이 한 그지없음이요,

그지없음씩 그지없음이 한 그지없는 제곱이요,

그지없는 제곱씩 그지없는 제곱이 한 같을 이 없음이요,

같을 이 없음씩 같을 이 없음이 한 같을 이 없는 제곱이요,

같을 이 없는 제곱씩 같을 이 없는 제곱이 한 셀 수 없음이요,

셀 수 없음씩 셀 수 없음이 한 셀 수 없는 제곱이요,

셀 수 없는 제곱씩 셀 수 없는 제곱이 한 일컬을 수 없음이요,

일컬을 수 없음씩 일컬을 수 없음이 한 일컬을 수 없는 제곱이요,

일컬을 수 없는 제곱씩 일컬을 수 없는 제곱이 한 생각할 수 없음이요,

생각할 수 없음씩 생각할 수 없음이 한 생각할 수 없는 제곱이요,

생각할 수 없는 제곱씩 생각할 수 없는 제곱이 한 헤아릴 수 없음이요,

헤아릴 수 없음씩 헤아릴 수 없음이 한 헤아릴 수 없는 제곱이요,

헤아릴 수 없는 제곱씩 헤아릴 수 없는 제곱이 한 말할 수 없음이요,

말할 수 없음씩 말할 수 없음이 한 말할 수 없는 제곱이요,

말할 수 없는 제곱씩 말할 수 없는 제곱이 한 말할 수 없이 말할 수 없음이요,

이는 또한 말할 수 없이 말할 수 없는 것이 한 말할 수 없이 말할 수 없는 제곱이라 한다."

◉ 疏 ◉

問은 乃擧後難知오 答은 則始終具說이라
初言一百洛叉爲一俱胝者는 是中等數니 洛叉는 是萬이오 俱胝는 是億이라 故光明覺品에 云'過一億'을 梵本에 皆云俱胝故니라 若依俱舍하야 以洛叉爲億이면 則俱胝는 當兆也라 若兼取一十百千萬等下數法이면 則通有百三十七數어늘 由前易故로 畧不說之라 '俱胝'以下는 竝是上等數法이니 倍倍變故니라 餘는 如光明覺品說이라 其中에 多存梵音는 但是數名이오 更無別理라 末後에 云'此又不可說不可說'者는 若類前具牒에 便有四箇'不可說'字일세 故譯家 云'此又'二字는 替一'不可說不可說'이니 爲譯之巧니라

물음 부분은 이에 뒤의 알기 어려운 숫자를 들어 말하였고, 대답은 수효의 첫 단위부터 끝까지 모두 갖춰 말하였다.

처음 1백 낙차가 1구지가 된다고 말한 것은 중간수[中等數]이

다. 낙차는 '만'이고, 구지는 '억'이다. 따라서 제9 광명각품에서 1억이 넘는 것을 범본에서 모두 '구지'로 말한 까닭이다. 만일 구사론에서 말한 것처럼 낙차를 '억'으로 말하면, 구지는 '兆'에 상당한다. 만약 일, 십, 백, 천, 만 등의 아랫수[下數法]를 겸하여 취하면 모두 137단위의 수가 있는데, 앞의 아랫수는 쉽게 이해할 수 있다는 이유에서 이를 생략한 채, 설명하지 않았다.

'구지' 이하는 모두 上等數이다. 곱에서 곱으로 단위가 변하기 때문이다. 나머지는 제9 광명각품에서 말한 바와 같다. 그 가운데 범음을 그대로 사용하여 많음은 단 수효의 명칭일 뿐, 별다른 이치가 없기 때문이다.

맨 끝에서 "이는 또한 말할 수 없이 말할 수 없다."고 말한 것은 앞에서 언급한 서술방식을 따를 경우, 4차례의 '不可說'이라는 글자를 써야 한다. 따라서 번역자가 여기에 '此又[이는 또한]' 2글자를 쓴 것은 하나의 '不可說 不可說'을 대체한 문장이다. 이는 번역의 기교이다.

第二偈頌
2. 게송

爾時에 世尊이 爲心王菩薩하사 而說頌言하사대

그때, 세존께서 심왕보살을 위하여 게송으로 말씀하셨다.

不可言說不可說이 **充滿一切不可說**이라
不可言說諸劫中에 **說不可說不可盡**이로다

    말할 수 없이 말할 수 없는 것이
    말 못할 일체 곳에 가득하다
    말할 수 없는 일체 겁 가운데
    말할 수 없이 말해 다할 수 없다

不可言說諸佛刹을 **皆悉碎末爲微塵**이어든
一塵中刹不可說이니 **如一一切皆如是**로다

    말할 수 없는 일체 부처 세계를
    모두 부수어 티끌 만들면
    한 티끌 속의 세계 말할 수 없다
    하나의 티끌처럼 일체 티끌 모두 그러하다

此不可說諸佛刹을 **一念碎塵不可說**이어든
念念所碎悉亦然하니 **盡不可說劫恒爾**로다

    이처럼 말 못할 모든 부처 세계를
    한 생각에 부순 티끌도 말할 수 없는데
    한 생각 한 생각마다 부순 티끌 또한 그러하다
    말할 수 없는 겁에 언제나 그와 같다

此塵有刹不可說이니　　此刹爲塵說更難이라
以不可說算數法으로　　不可說劫如是數하야

　이 티끌 속 세계, 말할 수 없으니

　이런 세계 부순 티끌 더욱 말하기 어렵다

　말로 할 수 없는 셈법으로

　말할 수 없는 겁에 그처럼 셈하여

以此諸塵數諸劫이　　一塵十萬不可說이어든

　이러한 모든 티끌로 모든 겁을 세는데

　한 티끌에 십만 개의 말 못할 겁이 있다

● 疏 ●

百二十偈는 大分爲二니 前六은 明普賢德廣說不可盡이오 餘偈는 明佛德深廣을 普賢窮究니라

前中分二니 前四偈半은 明能數多오 後一偈半은 顯所數廣이라

今初積數 自有十重하야 以顯無盡이니 是知上至不可說轉은 尙約順機니 據佛所知에 實無盡故니라

言十重者는 一에 初句는 積'不可說'하야 至'不可說'이라 然此應積 最後'不可說不可說轉'이어늘 而但積'不可說'者는 有二義故니라 一은 取言易故오 下偈多用故니라 二는 表言所不及之數故니라

二에 次三句는 將上所積하야 充滿一切不可說中에 於中初句는 標오 後二句는 釋이니 謂何者 是一切不可說고 釋云不可說劫中에

說不盡者니라

三에 半偈는 將上諸不可說하야 一一是一刹을 皆碎爲塵이오

四에 半偈는 卽前一一塵에 有不可說刹이오

五에 半偈는 將前諸塵中刹하야 一念偏碎爲塵이오

六에 半偈는 念念碎塵으로 復盡多劫이오

七에 一句는 明前所碎塵에 復有多刹이오

八에 一句는 卽此多刹을 復碎爲塵이오

九에 半偈는 以多算數로 經於多劫토록 數上諸塵일세 云如是數오

十은 以上諸塵數劫이 一塵에 有十萬箇不可說劫하니 如是重重하야 無盡無盡이라

120수 게송을 크게 나누면 2단락이다.

1) 앞의 6수 게송은 보현보살의 공덕이 광대하여 말로 다할 수 없음을 밝혔고,

2) 나머지 114수 게송은 부처님 공덕의 심오하고 광대함을 보현보살이 다하였음을 밝혔다.

1) 6수 게송은 다시 2부분으로 나뉜다.

(1) 앞의 4수 반 게송은 수효의 주체가 많음을 밝혔고,

(2) 뒤의 1수 반 게송은 셀 수 있는 바가 광대함을 밝혔다.

앞의 6수 게송은 서로 곱하는 수가 절로 10겹이 되어 그지없음을 밝혔다. 이는 위로 '말할 수 없이 말할 수 없는 제곱'에 이르기까지는 오히려 順機로 말한 것임을 알아야 한다. 부처님의 아는 바에 의하면 실로 그지없기 때문이다.

十重이라 말한 것은,

제1 중복에 첫 구는 '말로 다할 수 없는' 것을 곱하여 '말할 수 없이 말할 수 없는 데'에 이르렀다. 그러나 이는 응당 맨 끝의 '말할 수 없이 말할 수 없는 제곱'을 곱한 것인데, 단 '말로 다할 수 없는' 것을 곱한 데에 2가지의 뜻이 있기 때문이다.

첫째는 언어의 표현이 쉽기 때문이며, 아래의 게송에 많이 인용하기 때문이며,

둘째는 언어로 표현할 수 없는 수를 나타내기 때문이다.

제2 중복에 다음 3구는 위에서 곱한 바를 가지고 '일체 말로 다할 수 없는 것이 충만'한 가운데, 첫 구절은 표장이고, 뒤의 2구는 해석이다. "어떤 것이 일체 말로 다할 수 없는 것일까?" 이에 대한 해석은 "말로 다할 수 없는 겁에 말로 다할 수 없는 것"임을 말하였다.

제3 중복에 절반 게송은 위에서 말한 모든 '말로 다할 수 없는' 것으로 하나하나마다 하나의 세계를 모두 부숴 티끌을 만들고,

제4 중복에 절반 게송은 앞서 말한 하나하나의 티끌에 말로 다할 수 없는 세계가 있으며,

제5 중복에 절반 게송은 앞서 말한 모든 티끌 속의 세계를 한 생각의 찰나에 모두 부숴 티끌로 만들고,

제6 중복에 절반 게송은 한 생각 한 생각마다 티끌을 부수는 것으로 다시 수많은 겁을 다하였으며,

제7 중복에 1구는 앞서 말한 부쉈던 티끌 속에 다시 수많은 세계가 있음을 밝혔고,

제8 중복에 1구는 이처럼 많은 세계를 다시 부숴 티끌을 만들며,

제9 중복에 절반 게송은 수많은 셈법으로 수많은 겁을 지나도록 위의 모든 티끌 수효를 셈하여 가기에 "그처럼 셈하여[如是數]"라고 말하였으며,

제10 중복은 위의 모든 티끌 수와 같은 겁이 하나의 티끌마다 10만 개의 말로 다할 수 없는 겁이 있다. 이처럼 거듭거듭 그지없고 그지없다.

經

爾劫稱讚一普賢호되　　**無能盡其功德量**이라

　그처럼 많은 겁에 보현 한 분 찬탄해도
　그 공덕의 부분을 모두 다할 수 없으련만

於一微細毛端處에　　**有不可說諸普賢**하며
一切毛端悉亦爾하야　　**如是乃至徧法界**로다

　하나의 미세한 털끝에
　말할 수 없는 수많은 보현보살 있고
　일체 털끝마다 모두 그처럼 계시는데
　이와 같이 법계에 가득하여라

◉ 疏 ◉

第二는 顯所數廣中에 畧擧三重이니 一은 將上諸劫하야 讚一普賢

之德不盡이오 二는 況一塵中에 有多普賢이오 三은 況徧法界塵에 皆有多矣니 是知德無盡故니라 若不以稱性之心思之면 心惑狂亂이라

(2) 셀 수 있는 바가 광대함을 밝힌 가운데 3중으로 간단하게 말하였다.

① 위에서 말한 여러 겁을 모두 들추어 한 분의 보현보살 공덕을 찬탄할지라도 모두 다 말할 수 없음이고,

② 하나의 티끌 속에 수많은 보현보살이 있음을 비유했으며,

③ 법계에 가득한 티끌에 모두 수많은 보현보살이 있음을 비유하였다. 이는 보현보살의 공덕이 그지없기 때문임을 알아야 한다. 만일 성품의 근본 자리에 하나가 된 마음으로 생각하지 않으면, 마음이 현혹되어 미친 듯이 날뛸 것이다.

經

一毛端處所有刹이　　其數無量不可說이며
盡虛空量諸毛端에　　一一處刹悉如是로다

　　한 털끝에 있는 모든 세계
　　그 수효 한량없어 말할 수 없는데
　　온 허공 가득한 수많은 털끝마다
　　하나하나에 있는 세계 모두 그와 같다

彼毛端處諸國土　　　無量種類差別住호되

有不可說異類刹하며　　　有不可說同類刹이로다

　　그 털끝에 있는 모든 세계
　　한량없는 종류로 각기 다른 모습이지만
　　말할 수 없이 수많은 다른 부류의 세계
　　말할 수 없이 수많은 같은 부류의 세계

不可言說毛端處에　　　皆有淨刹不可說하니
種種莊嚴不可說이며　　種種奇妙不可說이로다

　　말할 수 없이 수많은 털끝마다
　　모두 청정한 세계 말할 수 없는데
　　가지가지 장엄 말할 수 없고
　　가지가지 기묘함도 말할 수 없다

● 疏 ●

第二 一毛端下 一百一十四偈는 明佛德深廣을 普賢窮究니 卽廣顯變化之相이라

於中二니 前 九十一頌은 明果德無礙를 因位善窮이오 後 不可言說諸如來 下는 明果德深廣을 因能趣入이라 前中 亦二니 先은 明果法無礙오 後 菩薩悉能 下는 明因位善窮이라 前中 亦二니 先은 三偈니 明依報自在라

　2) '一毛端處' 이하 114수 게송
　　이 부분은 부처님의 심오하고 광대한 공덕을 보현보살이 다하

였음을 밝혔다. 이는 변화의 모습을 자세히 밝힌 것이다.

114수 게송 가운데,

⑴ 92수 게송은 佛果의 공덕에 걸림이 없음을 因位에서 잘 다하였음을 밝혔고,

⑵ 뒤의 '不可言說諸如來' 이하 22수 게송은 불과의 공덕이 심오하고 광대함을 因位에서 잘 들어갔음을 밝혔다.

⑴ 92수 게송은 또다시 2부분으로 나뉜다.

㈀ 앞은 果法에 걸림이 없음을 밝혔고,

㈁ 뒤의 '菩薩悉' 이하는 因位에서 잘 다하였음을 밝혔다.

'㈀ 果法'은 또한 2부분으로 나뉜다.

앞의 3수 게송은 依報가 자재함을 밝혔다.

經

於彼一一毛端處에　　演不可說諸佛名하니
一一名有諸如來호되　皆不可說不可說이로다

　　그처럼 하나하나 털끝마다
　　말할 수 없는 부처님 명호 말하니
　　하나하나 이름 아래 모든 부처님
　　모두 말할 수 없이 말할 수 없다

一一諸佛於身上에　　現不可說諸毛孔하며
於彼一一毛孔中에　　現衆色相不可說하며

하나하나 모든 부처님의 몸 위

말할 수 없이 많은 모공에 나타나고

그처럼 하나하나 모공에

나타내는 여러 몸매 말할 수 없다

不可言說諸毛孔에　　咸放光明不可說이로다

말할 수 없이 많은 모공에

광명을 놓는 것도 말할 수 없다

◉ 疏 ◉

後는 明依正融攝과 卽入自在라 於中五니 初 二偈半은 依中現正이라

뒤는 依報와 正報가 원융하게 받아들임과 하나로 들어감이 자재함을 밝혔다.

그 가운데, 다시 5부분으로 나뉜다.

첫째, 2수 반 게송은 의보 중에서 정보를 밝혔다.

經

於彼一一光明中에　　悉現蓮華不可說이며

그 하나하나 광명 가운데

모두 나타나는 연꽃 말할 수 없고

於彼一一蓮華內에　　　悉有衆葉不可說이며
不可說華衆葉中에　　　各現色相不可說이며

　　그 하나하나 연꽃마다
　　말할 수 없이 많은 잎이 있고
　　말할 수 없는 연꽃잎 가운데
　　각기 나타내는 빛깔 말할 수 없으며

彼不可說諸色內에　　　復現衆葉不可說이며
葉中光明不可說이며　　光中色相不可說이며

　　말할 수 없이 많은 그 빛깔 속에
　　다시 나타내는 잎 말할 수 없고
　　잎 속에 쏟아지는 광명 말할 수 없고
　　광명 속에 빛깔도 말할 수 없다

此不可說色相中에　　　一一現光不可說이며
光中現月不可說이며　　月復現月不可說이며

　　이처럼 말할 수 없는 빛깔마다
　　낱낱이 나타내는 광명 말할 수 없고
　　광명 속에 나타난 달 말할 수 없고
　　달 속에 또 나타난 달 말할 수 없다

於不可說諸月中에　　　一一現光不可說이며

於彼一一光明內에　　　復現於日不可說이며

　　말할 수 없이 많은 모든 달에

　　나타내는 광명 말할 수 없고

　　그 하나하나 광명 속에

　　다시 나타난 태양 말할 수 없다

於不可說諸日中에　　　一一現色不可說이며
於彼一一諸色內에　　　又現光明不可說이며

　　말할 수 없는 모든 태양에

　　나타내는 빛깔 말할 수 없고

　　그러한 하나하나 빛깔 속에

　　또다시 나타낸 광명 말할 수 없다

於彼一一光明內에　　　現不可說師子座하니
一一嚴具不可說이며　　一一光明不可說이며

　　그 하나하나 광명 속에

　　말할 수 없는 사자법좌 나타나니

　　하나하나 장엄거리 말할 수 없고

　　하나하나 광명 말할 수 없다

光中妙色不可說이며　　色中淨光不可說이며
於彼一一淨光內에　　　復現種種妙光明이며

광명 속에 미묘한 빛깔 말할 수 없고

빛깔 속에 맑은 광명 말할 수 없고

하나하나 청정한 광명 속에

또다시 여러 미묘한 광명 나타낸다

此光復現種種光하니　　**不可言說不可說**이며
如是種種光明內에　　　**各現妙寶如須彌**하니

이 광명은 다시 여러 광명 나타내니

말로 할 수 없이 말할 수 없고

이와 같은 가지가지 광명 속에

각각 미묘한 보배, 수미산처럼 쌓여간다

一一光中所現寶　　**不可言說不可說**이로다

하나하나 광명 속에 나타난 보배

말로 할 수 없이 말할 수 없다

◉ 疏 ◉

二十一偈半은 正中現依니 初는 現蓮華光明이라

둘째, 11수 반 게송은 정보 가운데 의보를 밝혔다.
첫 부분은 연꽃 광명을 밝혔다.

經

彼如須彌一妙寶에　**現衆刹土不可說**이며

　　수미산처럼 수많은 보배마다
　　여러 세계 나타냄도 말할 수 없다

盡須彌寶無有餘하야　　**示現刹土皆如是**로다
以一刹土末爲塵하니　　**一塵色相不可說**이며

　　수미산처럼 수많은 보배 남김없이 다하여
　　나타낸 세계도 모두 그와 같다
　　하나의 세계 부수어 가루로 만든 티끌
　　한 티끌의 모양을 말할 수 없다

衆刹爲塵塵有相을　　**不可言說不可說**이니
如是種種諸塵相에　　**皆出光明不可說**이로다

　　여러 세계 부순 티끌, 티끌마다 있는 모양
　　말로 할 수 없이 말할 수 없다
　　이처럼 가지가지 모든 티끌의 모양에
　　모두 쏟아내는 광명 말할 수 없다

● **疏** ●

後는 淨土之用이라

　　뒤는 정토의 작용이다.

光中現佛不可說이며　　**佛所說法不可說**이며
法中妙偈不可說이며　　**聞偈得解不可說**이며

　　광명 속에 나타난 부처 말할 수 없고
　　부처님이 설한 법문 말할 수 없고
　　법문 속에 미묘한 게송 말할 수 없고
　　게송 듣고 얻은 지혜 말할 수 없다

不可說解念念中에　　**顯了眞諦不可說**이며
示現未來一切佛하야　　**常演說法無窮盡**이로다

　　말할 수 없는 지혜, 모든 생각 가운데
　　분명하게 아는 진리 말할 수 없고
　　미래세에 나타나실 여러 부처님
　　항상 연설하시 법문 끝이 없어라

一一佛法不可說이며　　**種種淸淨不可說**이며
出妙音聲不可說이며　　**轉正法輪不可說**이며

　　하나하나 불법 말할 수 없고
　　가지가지 청정 말할 수 없고
　　미묘하게 내는 음성 말할 수 없고
　　바른 법륜 굴리는 것 말할 수 없다

於彼一一法輪中에　　　演脩多羅不可說이며
於彼一一脩多羅에　　　分別法門不可說이며

　　그 하나하나 법륜마다
　　수다라 연설 말할 수 없고
　　그 하나하나 수다라에
　　일체 법문 분별하심 말할 수 없다

於彼一一法門中에　　　又說諸法不可說이며
於彼一一諸法中에　　　調伏衆生不可說이로다

　　그 하나하나 법문 가운데
　　또한 모든 법문 설하심 말할 수 없고
　　그 하나하나 모든 법문 중에
　　중생의 조복 말할 수 없다

◉ 疏 ◉

三에 五偈는 依中現正說法이라

　　셋째, 5수 게송은 의보 가운데 정보를 나타낸 설법이다.

經

或復於一毛端處에　　　不可說劫常安住하며
如一毛端餘悉然하야　　所住劫數皆如是로다

　　혹은 또한 한 털끝에서

말할 수 없는 겁 항상 상주하고
한 털끝의 상주처럼 모두 그와 같아
상주한 겁의 수효 모두 그와 같다

◉ 疏 ◉

四一偈는 明現時常住니라
　넷째, 1수 게송은 지금 이때의 상주를 밝혔다.

經
其心無礙不可說이며　　　變化諸佛不可說이며
一一變化諸如來　　　　　復現於化不可說이며
　걸림 없는 그 마음 말할 수 없고
　변화하신 부처님 말할 수 없고
　하나하나 변화하신 부처님마다
　또 변화를 나타냄 말할 수 없다

彼佛法身不可說이며　　　彼佛分身不可說이며
莊嚴無量不可說이며　　　往詣十方不可說이며
　부처님 법신 말할 수 없고
　부처님 분신도 말할 수 없고
　한량없는 장엄 말할 수 없고
　시방세계 나아가심 말할 수 없다

周行國土不可說이며 　　**觀察衆生不可說**이며
淸淨衆生不可說이며 　　**調伏衆生不可說**이며

　　국토 두루 다닌 일도 말할 수 없고
　　중생을 살펴봄도 말할 수 없고
　　중생을 청정케 함도 말할 수 없고
　　중생의 조복도 말할 수 없다

彼諸莊嚴不可說이며 　　**彼諸神力不可說**이며
彼諸自在不可說이며 　　**彼諸神變不可說**이며

　　여러 가지 장엄 말할 수 없고
　　여러 신통한 힘 말할 수 없고
　　여러 가지 자재함 말할 수 없고
　　여러 가지 신통변화 말할 수 없다

所有神通不可說이며 　　**所有境界不可說**이며
所有加持不可說이며 　　**所住世間不可說**이며

　　지니신 신통 말할 수 없고
　　지니신 경계 말할 수 없고
　　지니신 가피 말할 수 없고
　　세간에 머무르심 말할 수 없다

淸淨實相不可說이며 　　**說修多羅不可說**이며

於彼一一脩多羅에　　　演說法門不可說이며

　　청정한 실상 말할 수 없고
　　말씀하신 수다라 말할 수 없고
　　그 하나하나 수다라에
　　연설하신 법문 말할 수 없다

於彼一一法門中에　　　又說諸法不可說이며
於彼一一諸法中에　　　所有決定不可說이며

　　저러한 하나하나 법문 가운데
　　또 말씀하신 모든 법 말할 수 없고
　　그 하나하나 모든 법 가운데
　　지니신 결정 말할 수 없다

於彼一一決定中에　　　調伏衆生不可說이며
不可言說同類法이며　　不可言說同類心이며

　　그 하나하나 결정 가운데
　　중생의 조복 말할 수 없고
　　같은 종류의 법 말할 수 없고
　　같은 종류의 마음 말할 수 없다

不可言說異類法이며　　不可言說異類心이며
不可言說異類根이며　　不可言說異類語며

다른 종류의 법 말할 수 없고

다른 종류의 마음 말할 수 없고

다른 종류의 근기 말할 수 없고

다른 종류의 언어 말할 수 없다

念念於諸所行處에　　**調伏衆生不可說**이며
所有神變不可說이며　　**所有示現不可說**이며

모든 다닌 곳마다 한 생각 찰나에

중생의 조복 말할 수 없고

지니신 신통변화 말할 수 없고

지니신 자재시현 말할 수 없다

於中時劫不可說이며　　**於中差別不可說**을

그 가운데 겁과 시간 말할 수 없고

그 가운데 갖가지 차별, 말 못할 부분들을

◉ 疏 ◉

五에 十偈半은 明自在調生이라

다섯째, 10수 반 게송은 자유자재한 중생의 조복을 밝혔다.

經

菩薩悉能分別說이언정　　**諸明算者莫能辨**이로다

보살이야 모두 분별하여 말할 수 있지만
　　아무리 셈에 능한 이도 분별할 수 없다

◉ 疏 ◉

第二는 因位善窮中에 二니 先半偈는 結前生後니라
　(ㄴ) 因位에서 잘 다하였음을 밝힌 부분은 다시 2단락으로 나뉜다. 앞의 절반 게송은 앞의 게송을 끝맺으면서 뒤의 게송을 일으키고 있다.

經

一毛端處大小刹과　　　　雜染淸淨麤細刹에
如是一切不可說을　　　　一一明了可分別이로다

　　한 털끝에 있는 크고 작은 세계
　　잡염과 청정이 굵고 잔 세계
　　이처럼 말할 수 없는 세계를
　　하나하나 분명히 분별하노라

以一國土碎爲塵하니　　　其塵無量不可說이어든
如是塵數無邊刹이　　　　俱來共集一毛端이로다

　　한 국토 부수어 만든 티끌
　　그 티끌 한량없어 말할 수 없으련만
　　이러한 티끌 수의 끝없는 세계

　　　　모두 하나의 털끝에 모여든다

此諸國土不可說이　　　**共集毛端無迫隘**하야
不使毛端有增大호되　　**而彼國土俱來集**이로다

　　말할 수 없는 수많은 세계가

　　하나의 털끝에 모여도 비좁지 않고

　　털끝을 더 키우지 않아도

　　그 많은 국토가 모두 모여 있다

於中所有諸國土　　　**形相如本無雜亂**이며
如一國土不亂餘하야　**一切國土皆如是**로다

　　그 속에 모여 있는 모든 국토

　　본래의 형상대로 섞이지 않고

　　한 국토가 섞이지 않은 것처럼

　　그 많은 국토 모두 그와 같다

虛空境界無邊際를　　**悉布毛端使充滿**하야
如是毛端諸國土를　　**菩薩一念皆能說**이로다

　　끝이 없는 허공 경계를

　　털끝을 펼쳐 그 속에 넣어두고

　　이처럼 털끝에 있는 모든 국토를

　　보살이 한 생각 찰나에 모두 설법하노라

於一微細毛孔中에　　不可說刹次第入이어든
毛孔能受彼諸刹호되　諸刹不能徧毛孔이로다

　　하나의 가느다란 모공 속에
　　말할 수 없는 세계, 차례로 들어오면
　　모공은 그 많은 세계 받아들이되
　　많은 세계는 모공을 가득 채우지 못한다

入時劫數不可說이며　受時劫數不可說이며
於此行列安住時에　　一切諸劫無能說이로다

　　들어갈 때 겁의 수효 말할 수 없고
　　받아들일 때 겁의 수효 말할 수 없고
　　여기에 줄지어 머무를 적에
　　일체 모든 겁을 말할 수 없다

如是攝受安住已에　　所有境界不可說이며
入時方便不可說이며　入已所作不可說이로다

　　이처럼 받아들이고 머무른 뒤에
　　지닌 경계 말할 수 없고
　　들어갈 때 방편 말할 수 없고
　　들어가서 하는 일도 말할 수 없다

● 疏 ●

餘偈는 正顯因德이라 於中에 有十하니 初八偈는 明帝網身土니 是起行處라 又前文은 明其展徧이오 此는 明包容이니 文影畧耳라 言'毛孔悉能受諸刹'等者는 稱法性之一毛일새 故受多刹而無外어니와 不壞相之多刹이 安徧悟者之一毛리오 內外緣起 非卽離故니라

【鈔_ '稱法性之一毛'者는 此中에 文亦影畧이라 若具인댄 諸刹毛孔에 皆有稱性과 及不壞相義어늘 今毛上에 取稱性義故로 如法性之無外어니와 刹上에 取不壞相義故로 不徧稱性之毛而著悟者之言이라 更有一意하니 亦文影畧이니 謂毛安悟者는 則顯刹因迷有니 迷則有分이어니와 悟則無邊이라 前義는 直就法論이오 後義는 約人取法이니 思之可見이라

'內外緣起'者는 亦有二義니 一은 約內外 共爲緣起니 由不卽故로 有能所入이오 由不離故로 故得相入이오 二는 約內外緣起 與眞法性으로 不卽不離니 此復二義라 一은 由內外不卽法性故로 有能所入이오 不離法性故로 毛能包刹能徧入이오 二者는 毛約不離法性일새 如理而包어니와 刹約不卽法性일새 不徧毛孔이니 思之成觀이라】

나머지 게송은 바로 因德을 밝혔다. 그 가운데 10부분이 있다.

첫째, 8수 게송은 帝網身土를 밝혔다. 이는 행을 일으킨 곳이다.

또한 앞의 게송에서는 두루 펼침을 밝혔고, 여기에서는 포용을 밝혔다. 경문은 일부분을 생략하였다.

"모공은 수많은 세계를 모두 받아들인다." 등으로 말한 것은 법성에 걸맞은 하나의 모공이기에 수많은 세계를 받아들이되 밖이

없지만, 본래의 모양이 파괴되지 않는 수많은 세계가 어찌 깨달은 자의 하나의 모공에 두루 있을 수 있겠는가. 안팎의 緣起가 하나도 분리된 것이 아니기 때문이다.【초_ "법성에 걸맞은 하나의 모공"이란 이 부분의 문장 또한 일부분이 생략되었다. 만일 구체적으로 말한다면, "세계와 모공이 모두 법성에 걸맞다."와 "본래의 모양이 파괴되지 않는 의의가 있다."라고 말했어야 한다. 그러나 여기에서는 모공의 측면에서 법성에 걸맞은 의의만을 취한 까닭에 법성은 밖이 없는 것과 같지만, 세계의 측면에서 본래의 모양이 파괴되지 않는 의의를 취한 까닭에 법성에 걸맞은 모공에 두루 존재한다 말하지 않고 '깨달은 자'라는 말을 붙인 것이다.

여기에 또 다른 하나의 의의가 있는데, 이 문장 또한 일부분이 생략되었다. "어찌 깨달은 자의 하나의 모공에 두루 있을 수 있겠는가."라는 것은 곧 세계가 혼미로 인하여 있게 됨을 밝힌 것이다. 혼미하면 부분의 한계가 있지만, 깨달으면 그지없다. 앞의 이익는 법의 측면에서 논하였고, 뒤의 의의는 사람의 입장에서 법을 취하여 말하였다. 이는 생각하면 찾아볼 수 있다.

'안팎의 緣起'란 또한 2가지 의의가 있다.

① 내외가 모두 연기가 되는 것으로 말하였다. 하나가 되지 않아서 들어가는 바에 주체와 대상이 있고, 서로 여의지 않은 까닭에 서로 들어가게 된 것이다.

② 안팎의 연기가 진실한 법성과 하나가 되지 않고 서로 여의지 않은 것으로 말하였다. 여기에는 또한 2가지 의의가 있다.

㉠ 내외가 법성에 하나가 되지 않아서 들어가는 바에 주체와 대상이 있고, 법성을 서로 여의지 않은 까닭에 하나의 모공에 수많은 세계를 포괄하여 두루 들어간 것이다.

㉡ 모공은 법성을 여의지 않기에 진리와 같이 포괄할 수 있지만, 세계는 법성과 하나가 되지 않은 것으로 말하였기에 모공에 두루 있지 않은 것이다. 이는 잘 생각하면 觀을 이룰 수 있다.】

經

意根明了不可說이며　　遊歷諸方不可說이며
勇猛精進不可說이며　　自在神變不可說이며

　　의근의 분명을 말할 수 없고
　　여러 방위 다님도 말할 수 없고
　　용맹정진도 말할 수 없고
　　자재한 신통변화 말할 수 없다

所有思惟不可說이며　　所有大願不可說이며
所有境界不可說이며　　一切通達不可說이며

　　지닌 생각도 말할 수 없고
　　지닌 큰 서원도 말할 수 없고
　　지닌 경계도 말할 수 없고
　　일체의 통달도 말할 수 없다

身業淸淨不可說이며　　語業淸淨不可說이며
意業淸淨不可說이며　　信解淸淨不可說이며

  몸의 업이 청정함 말할 수 없고
  말하는 업이 청정함 말할 수 없고
  마음의 업이 청정함 말할 수 없고
  믿음과 이해의 청정함 말할 수 없다

妙智淸淨不可說이며　　妙慧淸淨不可說이며
了諸實相不可說이며　　斷諸疑惑不可說이며

  미묘한 지(智)의 청정 말할 수 없고
  미묘한 혜(慧)의 청정 말할 수 없고
  모든 실상 이해함 말할 수 없고
  모든 의혹 끊는 일 말할 수 없다

出離生死不可說이며　　超昇正位不可說이며
甚深三昧不可說이며　　了達一切不可說이로다

  생사를 벗어남 말할 수 없고
  정위에 올라감 말할 수 없고
  매우 깊은 삼매 말할 수 없고
  일체의 통달 말할 수 없다

● 疏 ●

二. 五偈는 三業勤勇行이라

　　둘째, 5수 게송은 삼업 용맹정진의 행이다.

經

一切衆生不可說이며　　　一切佛刹不可說이며
知衆生身不可說이며　　　知其心樂不可說이며

　　일체중생 말할 수 없고
　　일체 부처 세계 말할 수 없고
　　중생의 몸 아는 일 말할 수 없고
　　그 마음 아는 것 말할 수 없다

知其業果不可說이며　　　知其意解不可說이며
知其品類不可說이며　　　知其種性不可說이며

　　그 업과 과보 아는 일 말할 수 없고
　　그 뜻을 아는 일 말할 수 없고
　　그 부류 아는 일 말할 수 없고
　　그 종성 아는 일 말할 수 없다

知其受身不可說이며　　　知其生處不可說이며
知其正生不可說이며　　　知其生已不可說이며

　　받는 몸 아는 것 말할 수 없고

태어나는 곳 말할 수 없고
　　태어남을 아는 것 말할 수 없고
　　태어난 뒤를 아는 것 말할 수 없다

知其解了不可說이며　　知其趣向不可說이며
知其言語不可說이며　　知其作業不可說이니
　　이해를 아는 것 말할 수 없고
　　나아갈 데 아는 것 말할 수 없고
　　그 언어 아는 것 말할 수 없고
　　짓는 업 아는 것 말할 수 없다

菩薩如是大慈悲로　　利益一切諸世間이로다
　　보살이 이와 같은 큰 자비로
　　일체 세간에 이익을 베푸노라

◉ 疏 ◉
三에 有四偈半은 應器攝生行이라
　　셋째, 4수 반의 게송은 근기에 맞추어 중생을 받아들이는 행이다.

經
普現其身不可說이며　　入諸佛刹不可說이며

그 몸 두루 나타냄 말할 수 없고

모든 세계 들어감 말할 수 없고

見諸菩薩不可說이며 　　**發生智慧不可說**이며
請問正法不可說이며 　　**敷揚佛敎不可說**이며

여러 보살의 친견 말할 수 없고

지혜의 발생 말할 수 없고

정법의 물음 말할 수 없고

불교를 널리 펼침 말할 수 없다

現種種身不可說이며 　　**詣諸國土不可說**이며
示現神通不可說이며 　　**普徧十方不可說**이며

여러 몸의 나타냄 말할 수 없고

여러 세계 나아감 말할 수 없고

신통을 보이는 일 말할 수 없고

시방에 두루 함 말할 수 없다

處處分身不可說이며 　　**親近諸佛不可說**이며
作諸供具不可說이며 　　**種種無量不可說**이며

곳곳의 분신 말할 수 없고

부처님 친근함 말할 수 없고

공양거리 마련함 말할 수 없고

가지가지 한량없음 말할 수 없다

淸淨衆寶不可說이며　　上妙蓮華不可說이며
最勝香鬘不可說이며　　供養如來不可說이며

청정한 여러 보배 말할 수 없고
가장 미묘한 연꽃 말할 수 없고
가장 좋은 향과 화만 말할 수 없고
여래께 공양함 말할 수 없다

淸淨信心不可說이며　　最勝悟解不可說이며
增上志樂不可說이며　　恭敬諸佛不可說이로다

청정한 신심 말할 수 없고
최상의 깨달음 말할 수 없고
더해가는 즐거움 말할 수 없고
부처님께 공경함 말할 수 없다

◉ 疏 ◉

四에 五偈半은 明游方供佛行이라

넷째, 5수 반 게송은 시방으로 다니면서 부처님께 공양 올리는 행이다.

修行於施不可說이며　　**其心過去不可說**이며
有求皆施不可說이며　　**一切悉施不可說**이며

　보시를 행하는 일 말할 수 없고
　그 마음 지나간 일 말할 수 없고
　원하는 대로 보시함 말할 수 없고
　모든 것을 보시함 말할 수 없다

持戒淸淨不可說이며　　**心意淸淨不可說**이며
讚歎諸佛不可說이며　　**愛樂正法不可說**이며

　계행이 청정함 말할 수 없고
　마음이 청정함 말할 수 없고
　부처님 찬탄함 말할 수 없고
　바른 법 좋아함 말할 수 없다

成就諸忍不可說이며　　**無生法忍不可說**이며
具足寂靜不可說이며　　**住寂靜地不可說**이며

　참는 일 성취함 말할 수 없고
　생사 없는 지혜 말할 수 없고
　고요함 두루 갖춤 말할 수 없고
　고요한 데 머무름 말할 수 없다

起大精進不可說이며　　其心過去不可說이며
不退轉心不可說이며　　不傾動心不可說이며

　　큰 정진 일으킴 말할 수 없고
　　그 마음 지나간 일 말할 수 없고
　　물러서지 않는 마음 말할 수 없고
　　흔들리지 않는 마음 말할 수 없다

一切定藏不可說이며　　觀察諸法不可說이며
寂然在定不可說이며　　了達諸禪不可說이며

　　일체 선정의 마음 말할 수 없고
　　모든 법 관찰함 말할 수 없고
　　고요한 선정 말할 수 없고
　　모든 선정 통달함 말할 수 없다

智慧通達不可說이며　　三昧自在不可說이며
了達諸法不可說이며　　明見諸佛不可說이며

　　지혜의 통달 말할 수 없고
　　삼매의 자재함 말할 수 없고
　　모든 법의 통달 말할 수 없고
　　부처님 밝게 봄도 말할 수 없다

修無量行不可說이며　　發廣大願不可說이며

甚深境界不可說이며　　　淸淨法門不可說이며

　　한량없는 행의 닦음 말할 수 없고
　　광대 서원 일으킴 말할 수 없고
　　깊고 깊은 경계 말할 수 없고
　　청정한 법문 말할 수 없다

菩薩法力不可說이며　　　菩薩法住不可說이며
彼諸正念不可說이며　　　彼諸法界不可說이며

　　보살의 법력 말할 수 없고
　　보살의 법에 머묾 말할 수 없고
　　그들의 바른 생각 말할 수 없고
　　그들의 모든 법계 말할 수 없다

修方便智不可說이며　　　學甚深智不可說이며
無量智慧不可說이며　　　究竟智慧不可說이며

　　방편 지혜 닦는 일 말할 수 없고
　　깊은 지혜 배우는 일 말할 수 없고
　　한량없는 지혜 말할 수 없고
　　지고무상의 지혜 말할 수 없다

彼諸法智不可說이며　　　彼淨法輪不可說이며
彼大法雲不可說이며　　　彼大法雨不可說이며

보살의 모든 법의 지혜 말할 수 없고

　　　보살의 청정한 법륜 말할 수 없고

　　　보살의 큰 법구름 말할 수 없고

　　　보살의 큰 법비 말할 수 없다

彼諸神力不可說이며　　**彼諸方便不可說**이며
入空寂智不可說이며　　**念念相續不可說**이며

　　　보살의 모든 신통력 말할 수 없고

　　　보살의 모든 방편 말할 수 없고

　　　고요한 지혜에 들어감 말할 수 없고

　　　생각생각 이어짐 말할 수 없다

無量行門不可說이며　　**念念恒住不可說**이로다

　　　한량없는 수행 법문 말할 수 없고

　　　생각생각 항상 머무름 말할 수 없다

● 疏 ●

五, '修行於施'下는 廣修十度行이라

　다섯째, '보시의 수행' 이하 게송은 널리 십바라밀을 닦는 행이다.

諸佛刹海不可說이며　　**悉能往詣不可說**이며

　　부처님의 세계 바다 말할 수 없고

　　모든 곳 찾아감 말할 수 없다

諸刹差別不可說이며　　**種種淸淨不可說**이며
差別莊嚴不可說이며　　**無邊色相不可說**이며

　　세계의 차별 말할 수 없고

　　가지가지 청정 말할 수 없고

　　각기 다른 장엄 말할 수 없고

　　그지없는 빛깔 말할 수 없다

種種間錯不可說이며　　**種種妙好不可說**이며
淸淨佛土不可說이며　　**雜染世界不可說**이로다

　　가지가지 뒤섞임 말할 수 없고

　　가지가지 기묘함 말할 수 없고

　　청정한 부처 세계 말할 수 없고

　　잡염의 세계 말할 수 없다

● **疏** ●

六 二偈半은 游刹自在行이니라

　　여섯째, 2수 반 게송은 세계를 다님이 자재한 행이다.

了知眾生不可說이며 　　**知其種性不可說**이며
知其業報不可說이며 　　**知其心行不可說**이며

　　중생을 잘 아는 것 말할 수 없고
　　그 종성을 아는 것 말할 수 없고
　　그 업보 아는 것 말할 수 없고
　　마음과 행 아는 것 말할 수 없다

知其根性不可說이며 　　**知其解欲不可說**이며
雜染淸淨不可說이며 　　**觀察調伏不可說**이며

　　그들의 근성 아는 것 말할 수 없고
　　그들의 지혜 욕망 아는 것 말할 수 없고
　　잡염과 청정 말할 수 없고
　　관찰하고 조복함 말할 수 없다

變化自在不可說이며 　　**現種種身不可說**이며
修行精進不可說이며 　　**度脫眾生不可說**이며

　　변화의 자재 말할 수 없고
　　일체 몸의 나타냄 말할 수 없고
　　수행정진 말할 수 없고
　　중생의 제도 말할 수 없다

示現神變不可說이며　　放大光明不可說이며
種種色相不可說이며　　令衆生淨不可說이로다

　　신통변화 나타냄 말할 수 없고
　　큰 광명 놓는 일 말할 수 없고
　　가지가지 빛깔 말할 수 없고
　　중생을 청정케 함 말할 수 없다

◉ 疏 ◉

七'了知衆生'下는 明調伏衆生行이라

　　일곱째, '중생을 잘 안다.' 이하의 게송은 중생을 조복하는 행을 밝혔다.

經

一一毛孔不可說이며　　放光明網不可說이며
光網現色不可說이며　　普照佛刹不可說이며

　　하나하나 모공 말할 수 없고
　　광명 그물 펼친 일 말할 수 없고
　　광명 그물에 나오는 빛 말할 수 없고
　　부처 세계 널리 비춘 광명 말할 수 없다

勇猛無畏不可說이며　　方便善巧不可說이며
調伏衆生不可說이며　　令出生死不可說이며

용맹으로 두려움 없음 말할 수 없고

방편의 뛰어남 말할 수 없고

중생의 조복 말할 수 없고

생사고해 벗어나게 해줌 말할 수 없다

清淨身業不可說이며　　**清淨語業不可說**이며
無邊意業不可說이며　　**殊勝妙行不可說**이며

청정한 몸의 업 말할 수 없고

청정한 말의 업 말할 수 없고

그지없는 뜻의 업 말할 수 없고

수승하고 미묘한 행 말할 수 없다

成就智寶不可說이며　　**深入法界不可說**이며
菩薩總持不可說이며　　**善能修學不可說**이며

지혜 보배 성취함 말할 수 없고

법계에 들어감 말할 수 없고

보살의 총지 말할 수 없고

공부 잘 하는 일 말할 수 없다

智者音聲不可說이며　　**音聲清淨不可說**이며
正念眞實不可說이며　　**開悟衆生不可說**이며

지혜로운 이의 음성 말할 수 없고

81

음성의 청정함 말할 수 없고
바른 생각 진실함 말할 수 없고
중생을 깨우침 말할 수 없다

具足威儀不可說이며　　**淸淨修行不可說**이며
成就無畏不可說이며　　**調伏世間不可說**이며

두루 갖춘 위의 말할 수 없고
청정한 수행 말할 수 없고
두렵지 않음의 성취 말할 수 없고
세간의 조복 말할 수 없다

諸佛子衆不可說이며　　**淸淨勝行不可說**이며
稱歎諸佛不可說이며　　**讚揚無盡不可說**이며

불자의 여러 대중 말할 수 없고
청정하고 훌륭한 행 말할 수 없고
부처님을 찬탄함 말할 수 없고
그지없는 찬양 말할 수 없다

世間導師不可說이며　　**演說讚歎不可說**이로다

세간의 길잡이 말할 수 없고
연설하고 찬탄함 말할 수 없다

◉ 疏 ◉

八에 七偈半은 三業深淨行이라

여덟째, 7수 반 게송은 삼업이 깊고 청정한 행이다.

經

彼諸菩薩不可說이며　　**淸淨功德不可說**이며

　　저 모든 보살 말할 수 없고

　　청정한 공덕 말할 수 없고

彼諸邊際不可說이며　　**能住其中不可說**이며
住中智慧不可說이며　　**盡諸劫住無能說**이며

　　그 모든 끝자락 말할 수 없고

　　그 가운데 머무는 일 말할 수 없고

　　머무는 지혜 말할 수 없고

　　그지없이 머무는 겁 말할 수 없다

欣樂諸佛不可說이며　　**智慧平等不可說**이며
善入諸法不可說이며　　**於法無礙不可說**이며

　　부처님 반기는 일 말할 수 없고

　　지혜의 평등함 말할 수 없고

　　모든 법에 잘 들어감 말할 수 없고

　　모든 법에 걸림 없음 말할 수 없다

三世如空不可說이며 　　三世智慧不可說이며
了達三世不可說이며 　　住於智慧不可說이며

　　삼세가 허공 같음 말할 수 없고
　　삼세의 지혜 말할 수 없고
　　삼세를 통달함 말할 수 없고
　　지혜에 머무는 일 말할 수 없다

殊勝妙行不可說이며 　　無量大願不可說이며
淸淨大願不可說이며 　　成就菩提不可說이며

　　훌륭하고 미묘한 행 말할 수 없고
　　한량없는 큰 서원 말할 수 없고
　　청정한 큰 서원 말할 수 없고
　　보리의 성취 말할 수 없다

諸佛菩提不可說이며 　　發生智慧不可說이며
分別義理不可說이며 　　知一切法不可說이며

　　부처님의 보리 말할 수 없고
　　지혜를 내는 일 말할 수 없고
　　이치를 분별함 말할 수 없고
　　모든 법 아는 일 말할 수 없다

嚴淨佛刹不可說이며 　　修行諸力不可說이며

長時修習不可說이며　　一念悟解不可說이며

　　부처 세계 장엄청정 말할 수 없고

　　모든 힘 수행함 말할 수 없고

　　오랜 세월 수행함 말할 수 없고

　　한 생각에 깨달음 말할 수 없다

諸佛自在不可說이며　　廣演正法不可說이며
種種神力不可說이며　　示現世間不可說이며

　　부처님의 자재하심 말할 수 없고

　　바른 법 연설하심 말할 수 없고

　　가지가지 신통한 힘 말할 수 없고

　　세간에 나타나심 말할 수 없다

淸淨法輪不可說이며　　勇猛能轉不可說이며
種種開演不可說이며　　哀愍世間不可說이로다

　　청정한 법륜 말할 수 없고

　　용맹하게 굴리는 일 말할 수 없고

　　갖가지 연설하심 말할 수 없고

　　세간을 슬피 여김 말할 수 없다.

◉ 疏 ◉

九 '彼諸菩薩'下는 願智自在行이라

아홉째, '저 모든 보살' 이하 게송은 서원과 지혜가 자재한 행이다.

經

不可言說一切劫에　　　讚不可說諸功德호되
不可說劫猶可盡이어니와　　不可說德不可盡이로다

　　말로 할 수 없는 일체 겁에
　　말할 수 없는 공덕 찬탄하노라면
　　말할 수 없는 겁이야 다할지언정
　　말할 수 없는 공덕 다할 수 없다

⦿ **疏** ⦿

十에 一偈는 結德無盡이라
　　열째, 1수 게송은 그지없는 덕을 끝맺었다.

經

不可言說諸如來　　　不可言說諸舌根으로
歎佛不可言說德호되　　不可說劫無能盡이로다

　　말할 수 없는 많은 여래
　　말할 수 없는 여래의 혀로
　　말할 수 없는 부처의 공덕 찬탄하려면
　　말할 수 없는 겁에 다할 수 없다

十方所有諸衆生이　　　一切同時成正覺하야
於中一佛普能現　　　不可言說一切身호되

　　시방세계 모든 중생이

　　일체 모두 동시에 정각을 성취하여

　　그 가운데 한 부처님

　　말할 수 없는 일체의 몸 나타내지만

此不可說中一身에　　　示現於頭不可說이며
此不可說中一頭에　　　示現於舌不可說이며

　　말할 수 없는 몸 가운데 그 하나의 몸에

　　나타내는 머리 말할 수 없고

　　말할 수 없는 머리 가운데 그 하나의 머리에

　　말할 수 없는 혀 나타낸다

此不可說中一舌에　　　示現於聲不可說이며
此不可說中一聲이　　　經於劫住不可說이어든

　　말할 수 없는 혀 가운데 그 하나의 혀에

　　나타내는 음성 말할 수 없고

　　말할 수 없는 음성 가운데 그 하나의 음성이

　　몇 겁을 지냈는지 말할 수 없다

如一如是一切佛과　　　如一如是一切身과

如一如是一切頭와　　　　**如一如是一切舌**과

　　한 부처님 그렇듯이 모든 부처님

　　한 몸이 그렇듯이 모든 몸

　　한 머리 그렇듯이 모든 머리

　　한 혀가 그렇듯이 모든 혀

如一如是一切聲으로　　　**不可說劫恒讚佛**호되
不可說劫猶可盡이어니와　**歎佛功德無能盡**이로다

　　한 음성 그렇듯이 모든 소리로

　　말할 수 없는 겁에 부처님 찬탄할 적에

　　말할 수 없는 겁은 다할지언정

　　부처 공덕의 찬탄 다할 수 없다

● **疏** ●

第二는 **明果德深廣 因能趣入中**에 **先果後因**이라 **前中三**이니 **初六偈**는 **總歎佛德**이라

　(2) 佛果의 공덕이 심오하고 광대함을 因位에서 잘 들어갔음을 밝혔다.

　이는 (ㄱ) 앞에서는 불과를, (ㄴ) 뒤에서는 因位를 말하였다.

　'(ㄱ) 불과'는 다시 3부분으로 나뉜다.

　첫째, 6수 게송은 부처님의 공덕을 총체로 찬탄하였다.

一微塵中能悉有　　　　不可言說蓮華界어든
一一蓮華世界中에　　　賢首如來不可說이며

　하나의 티끌마다

　말할 수 없는 연화세계 모두 있는데

　하나하나 연화세계 가운데

　현수여래 말할 수 없이 계신다

乃至法界悉周徧하야　　其中所有諸微塵에
世界若成若住壞　　　　其數無量不可說이로다

　그처럼 온 법계까지 두루 가득하여

　그 가운데 있는 모든 티끌마다

　이뤄지고 머물고 무너지는 세계 있는데

　그 수효 한량없어 말할 수 없다

一微塵處無邊際에　　　無量諸刹普來入하니
十方差別不可說이며　　刹海分布不可說이로다

　하나의 티끌에는 끝이 없는데

　한량없는 세계 모두 들어오니

　시방의 다른 모습 말할 수 없고

　세계 바다의 분포 말할 수 없다

89

◉ 疏 ◉

二有三偈는 別明依報니라

둘째, 3수 게송은 개별로 의보를 밝혔다.

經

一一刹中有如來호되　　壽命劫數不可說이며
諸佛所行不可說이며　　甚深妙法不可說이며

하나하나 세계에 여래 계시지만
몇 겁을 사시는지 말할 수 없고
부처님의 행하심도 말할 수 없고
깊고 깊은 미묘한 법 말할 수 없다

神通大力不可說이며　　無障礙智不可說이며
入於毛孔不可說이며　　毛孔因緣不可說이며

신통변화의 큰 힘 말할 수 없고
걸림 없는 지혜 말할 수 없고
모공에 드시는 일 말할 수 없고
모공의 인연 말할 수 없다

成就十力不可說이며　　覺悟菩提不可說이며
入淨法界不可說이며　　獲深智藏不可說이로다

열 가지 힘 성취하심 말할 수 없고

보리의 깨달음 말할 수 없고

청정 법계 들어감 말할 수 없고

깊은 지혜 얻는 일 말할 수 없다

⊙ 疏 ⊙

三有三偈는 別明正報니라

셋째, 3수 게송은 개별로 정보를 밝혔다.

經

種種數量不可說을　　如其一切悉了知하며
種種形量不可說을　　於此靡不皆通達하며

가지가지 수효 말할 수 없는데

일체 그 모든 것 모두 알고

가지가지 형체 말할 수 없는데

이런 걸 통달하지 못함이 없다

種種三昧不可說을　　悉能經劫於中住하며
於不可說諸佛所에　　所行淸淨不可說이며

가지가지 삼매를 말할 수 없는데

여러 겁 지내도록 삼매에 머무시고

말할 수 없는 부처님 계신 도량에서

청정하게 닦은 행 말할 수 없다

得不可說無礙心하야　　　　往詣十方不可說이며
神力示現不可說이며　　　　所行無際不可說이며

　　말 못할 걸림 없는 마음 얻어

　　시방세계 나아감 말할 수 없고

　　신통한 힘 나타냄 말할 수 없고

　　수행하신 법 끝이 없어 말할 수 없다

往詣衆刹不可說이며　　　　了達諸佛不可說이며
精進勇猛不可說이며　　　　智慧通達不可說이며

　　모든 세계 가는 일 말할 수 없고

　　부처님 아는 일 말할 수 없고

　　용맹정진 말할 수 없고

　　지혜의 통달 말할 수 없다

於法非行非不行이라　　　　入諸境界不可說이며
不可稱說諸大劫에　　　　　恒遊十方不可說이며

　　법을 행하지도, 행하지 않지도 않다

　　모든 경계 들어감 말할 수 없고

　　말할 수 없는 수많은 대겁에

　　시방세계 중생 교화 다니는 일 말할 수 없다

方便智慧不可說이며　　　　眞實智慧不可說이며

神通智慧不可說이며 　　**念念示現不可說**이며

　　방편의 지혜 말할 수 없고

　　진실한 지혜 말할 수 없고

　　신통의 지혜 말할 수 없고

　　생각생각 현신교화 말할 수 없다

於不可說諸佛法에 　　**一一了知不可說**이로다

　　말할 수 없는 여러 불법을

　　하나하나 모두 아는 일 말할 수 없다

● 疏 ●

第二種種數量下는 明因德趣入이라 於中二니 先六偈半은 自分行이라

(1) '가지가지 수량' 이하 게송은 因德에 나아가 닦음을 밝혔다. 이는 2부분으로 나뉜다.

앞의 6수 반 게송은 자신이 닦아야 할 행이다.

經

能於一時證菩提하며 　　**或種種時而證入**하며

　　일시에 보리를 얻기도 하고

　　혹은 일체 시간에 증득하기도 한다

毛端佛刹不可說이며　　塵中佛刹不可說이며
如是佛刹皆往詣하야　　見諸如來不可說이며

　　털끝 부처 세계 말할 수 없고
　　티끌 속 부처 세계 말할 수 없고
　　이러한 부처 세계 모두 나아가
　　여러 여래 뵈옵는 일 말할 수 없다

通達一實不可說이며　　善入佛種不可說이며
諸佛國土不可說에　　　悉能往詣成菩提하며

　　실상을 통달함 말할 수 없고
　　부처 종성 들어감 말할 수 없고
　　부처님의 국토 말할 수 없는데
　　모두 찾아가 보리 성취하노라

國土衆生及諸佛의　　體性差別不可說이니
如是三世無有邊을　　菩薩一切皆明見이로다

　　국토와 중생 그리고 여러 부처님
　　체성의 다른 모습 말할 수 없다
　　이처럼 삼세 그지없는데
　　보살이 일체를 분명히 보았노라

◉ 疏 ◉

後三偈半은 勝進行이니 且從相顯畧科라 然上諸德은 德德圓融하야 無盡無盡하니 惟忘懷體之니라

뒤의 3수 반 게송은 잘 닦아나가는 행이다. 나타난 모습[相顯]을 따라서 간단하게 과목을 나누었다. 그러나 위에서 말한 모든 공덕은 이런저런 공덕이 서로 원융하여 그지없고 그지없다. 오직 무심으로 이를 체득해야 한다.

◉ 論 ◉

釋義者는 一百洛叉 爲一俱胝者는 一洛叉는 此云一億이오 一俱胝는 此云一兆라 又案此方黃帝算法에 總有二十三數하니 謂一二三四五六七八九十百千萬億兆京垓秭壤溝澗正載라 從壤已去엔 有三等數法하니 其下者는 十十變之오 中者는 萬萬變之오 上者는 億億變之라 今此阿僧祇品은 用上等數法일새 故云百千이오 百千이 爲一俱胝니 俱胝俱胝는 是當此壤也오 那由他는 當溝也오 鞞婆羅는 當此澗也오 作은 正也오 來는 載也니 自是已去엔 此方數名이 盡也라 彌伽及毘伽는 皆上聲呼라 已上은 數義廣大하야 雖復無量難量이나 意明如來智慧와 普賢願行과 三業廣大世數不能及故니 如下文頌中具明하니라

此已上은 依大數有百二十大數 至不可說不可說轉하야 以爲一終이니 頌云 不可言說不可說이 充滿一切不可說이라 不可言說諸劫中에 說不可說不可盡이로다 不可言說諸佛刹을 皆悉碎抹

爲微塵하야 一塵中刹不可說이어든 如一一切皆如是로다 此不可
說諸佛刹을 一念碎塵不可說이어든 念念所碎悉皆然하야 盡不可
說劫恒爾로다 此塵爲刹不可說이오 此刹爲塵說更難이라 以不可
說算數法으로 不可說劫如是數하야 以此諸塵數諸劫이 一塵十
方不可說이어든 爾劫稱讚一普賢호되 無能盡其功德量이라하시니
意明如來普賢의 願行功德이 過稱量하야 數量所不及故라 如是
此品에 說佛位內普賢行願은 虛空不可量이며 刹塵不可比하야 無
限重重하고 無限重重이라 廣如經自具니 如是多劫이 是一刹那際
多며 如是如來普賢行이 是一刹那中無盡故라 準前第二會所問
컨댄 合有十頂品이어늘 來文이 未至니라 阿僧祇品 竟하다

　　경문의 의의를 해석한 부분에, '1백 낙차가 1俱胝'라 함은 1낙차는 중국에서는 1억을, 1구지는 1조를 말한다.

　　또 살펴보면, 중국의 黃帝 계산법에는 모두 23수가 있다.

　　123456789십 백 천 만억 조 京 垓 秭 壤 溝 澗 正 載이다.

　　壤으로부터 그 뒤에는 3등급의 셈법이 있다.

　　하등의 셈법은 10씩 10으로 변하고,

　　중등의 셈법은 만씩 만으로 변하며,

　　상등의 셈법은 억씩 억으로 변하는 것이다.

　　이 아승지품은 상등의 셈법을 따른 까닭에 백천씩 백천이 1구지이다. 구지씩 구지는 중국의 壤에, 나유타는 溝에, 비바라는 澗에 해당한다. 作이란 正이며, 來는 載이다. 이처럼 '正 載'의 뒤는 중국에서의 숫자 명칭이 여기에서 끝난 것이다.

'彌伽'와 '毘伽'는 모두 上聲으로 말한다. 이 이상은 수효의 의의가 광대하여, 또한 한량없고 헤아릴 수 없으나, 그처럼 말한 본의는 여래의 지혜, 보현의 願行, 삼업의 광대함이란 세간에서 사용하는 숫자로 도저히 미칠 수 없음을 밝히기 위함이다. 이는 아래의 게송에서 구체적으로 밝힌 바와 같다.

이 이상은 큰 숫자에 의해 120大數가 있어 '不可說不可說轉'에 이르러 한 단위가 끝나는 것이다.

게송에서 말한 바는 다음과 같다.

"말할 수 없이 말할 수 없는 것이
말 못할 일체 곳에 가득하다
말할 수 없는 일체 겁 가운데
말할 수 없이 말해 다할 수 없다
말할 수 없는 일체 부처 세계를
모두 부수어 티끌 만들면
한 티끌 속의 세계 말할 수 없다
하나의 티끌처럼 일체 티끌 모두 그러하다
이처럼 말 못할 모든 부처 세계를
한 생각에 부순 티끌도 말할 수 없는데
한 생각 한 생각마다 부순 티끌 또한 그러하다
말할 수 없는 겁에 언제나 그와 같다
이 티끌 속 세계, 말할 수 없으니
이런 세계 부순 티끌 더욱 말하기 어렵다

말로 할 수 없는 셈법으로

말할 수 없는 겁에 그처럼 셈하여

이러한 모든 티끌로 모든 겁을 세는데

한 티끌에 십만 개의 말 못할 겁이 있지만

그처럼 많은 겁에 보현 한 분 찬탄해도

그 공덕의 부분을 모두 다할 수 없다."

게송에서 말한 뜻은 여래와 보현의 願行 공덕이 稱量을 벗어나 수량으로 미치지 못한 바임을 밝힌 것이다. 이와 같이 아승지품에서 부처님 지위 내의 보현행원을 말하려면 허공으로도 헤아리지 못하며, 세계의 미진수로도 비할 수 없다. 한량없이 거듭하고 한량없이 거듭한 것을 경문에서 자세히 말한 바와 같이 그 나름 갖추고 있다. 이처럼 수많은 겁이 한 찰나 즈음들이 많이 쌓인 것이며, 이와 같은 여래와 보현의 행원이 하나의 찰나 속에 그지없기 때문이다.

앞의 제2 법회에서의 물음에 준하면, 당연히 별개의 十頂品이 있어야 함에도 이 부분을 쓰지 않은 것이다.

아승지품을 끝마치다.

아승지품 제30 阿僧祇品 第三十

수량품 제31
壽量品 第三十一

初 大意三段

1. 대의

이는 유래한 뜻, 품명의 해석, 종취 3단락이다.

● 疏 ●

初來意者는 夫玄鑒虛朗하야 出乎數域之表니 豈有殊形萬狀修短之壽哉리오 然應物隨機에 能無不形이오 而無不壽故로 上品은 彰其實德이오 此品은 以辨隨機니 雖少至多하야 顯時無不徧이나 卽前多德之一일세 故麤廣之오 亦爲遠答壽量海故로 所以來也니라

(1) '유래한 뜻'이란 현묘한 마음[玄鑒]이 비어 있고 밝아 숫자의 영역을 벗어났는데, 어찌 수많은 다른 형상의 장수와 단명의 그런 목숨이 있을 수 있겠는가. 그러나 중생의 근기에 따라 감응함에 있어 형체가 없을 수 없고, 수명이 없을 수 없다. 이 때문에 위의 아승지품에서는 실제의 공덕을 밝혔고, 이 수량품에서는 중생의 근기를 따르는 것으로 논변하였다. 비록 적은 수에서 많은 수에 이르러 영겁에 두루 존재하지 않음이 없음을 밝혔지만, 앞의 품에서 말한

수많은 공덕 가운데 하나이기에 대충 범주를 넓혀 말하였고, 또한 멀리 壽量海의 물음에 대한 답이다. 따라서 이런 이유로 여기에 이 품을 쓰게 된 것이다.

二釋名者는 壽는 謂報命이오 量은 卽分限이라 染淨土之報壽는 隨機見之分限하야 以顯無盡之命과 無限之量이니 壽之量故로 壽有斯量이니 通二釋也라 別行經은 名無邊佛土經이라하니 卽以處顯人이라【鈔_ '二釋名'者는 亦依眞應하야 以立其名이라 然諸經論에 說三身壽量하니 化則有始有終하야 長短萬品이오 報則有始無終하야 一得永常이오 法身은 無始無終하야 凝然不變이라 故法華中에 以伽耶生과 雙林滅은 化身也오 我本行菩薩道時에 所成壽命은 報身也오 常住不滅은 法身也라 此經宗意는 三身旣融에 三壽無礙니 卽長能短이오 卽短恒長이라 無長無短이로되 長短存焉이라 一一圓融이라야 言思斯絶이니라】

(2) '품명의 해석'이란 壽는 전생의 업보로 받은 목숨이며, 量은 일정한 한도이다. 염토와 정토에 업보로 받은 목숨은 근기에 따라 일정한 한계를 보여주어, 이로써 그지없는 목숨과 한계가 없는 수량을 밝혀주었다. 수명의 양이 있기에 살아가는 목숨은 양에 따라 사는 것이다. 이는 2가지 해석에 통한다. 別行經은 無邊佛土經이라 한다. 이는 처소로 사람을 밝히고 있다.【초_ (2) '품명의 해석'이란 또한 진신과 응신에 의하여 그 명제를 세운 것이다. 그러나 여러 경론에서 三身의 壽量에 대해 말하고 있다. 화신은 시작이 있고 끝이 있어 장수와 단명이 각기 다르고, 보신은 시작은 있으나

끝이 없어 한 번 얻으면 영원하고, 법신은 시작도 없고 끝도 없어 전혀 변하지 않는다. 이 때문에 법화경에서는, "룸비니에서 태어나고 사라쌍수의 숲에서 열반에 든 것은 화신이며, 내가 부처가 되기 이전 보살도를 수행할 적에 이룬 수명은 보신이며, 영원히 머물면서 사라지지 않음은 법신이다."고 하였다. 법화경에서 말한 종지는 삼신이 이미 원융함에 삼신의 수명에 걸림이 없다. 장수를 단명으로 할 수 있고, 단명을 언제나 장수로도 할 수 있다. 이렇듯 장수와 단명이 없지만 장수와 단명은 존재한다. 하나하나 원융해야 언어와 생각이 끊어지게 된다.】

三宗趣者는 應物修短로 爲宗이오 顯窮來際無限로 爲趣니라 以就同敎인댄 且積劣之勝이오 若就別敎인댄 則修短圓融故니라

(3) '종취'는 중생에 따른 장수와 단명으로 종지를 삼고,

미래의 끝까지 무한대를 밝히는 것으로 나아갈 바를 삼는다.

同敎로 말하면 용렬한 것을 쌓아 수승하게 만듦이며, 別敎로 말하면 장수와 단명이 원융하기 때문이다.

◉ 論 ◉

將釋此品에 約作三門호리니 一은 釋品來意오 二는 釋說敎之主오 三은 隨文釋義라

수량품의 해석은 간추려 3가지 부분으로 나누고자 한다.

(1) 품의 유래한 뜻을 해석하였고,

(2) 설교의 주체를 해석하였으며,

101

(3) 경문을 따라 그 의의를 해석하였다.

一은 釋品來意者는 明前品이 旣是阿僧祇일세 此卽合便有壽量이라

'(1) 품의 유래한 뜻을 해석한다.'는 것은 앞의 아승지품이 이미 셈할 수 없는 아승지의 수효를 말하였기에, 이 품에서 당연히 수량품을 뒤이어서 쓰게 됨을 밝힌 것이다.

二는 釋說敎之主者는 說此品敎主 以心王菩薩說者는 明佛壽量이 以心王爲體일세 以心王으로 表命自在故니 卽明如來心王之命이 隨根延促長短하야 任物自在호되 而實如來는 無壽命者며 無長短者故라

'(2) 설교의 주체를 해석한다.'는 것은 이 품을 설법한 교주를 심왕보살로 말한 것은 부처님의 수명이란 마음으로 본체를 삼기에, 心王으로 수명의 자재함을 밝혔기 때문이다. 이는 여래 심왕의 수명이 중생 근기의 장단을 따라 중생에 맡겨 자재하지만, 실로 여래는 수명의 한계가 없는 분이며, 장수와 단명이 없는 분임을 밝혔기 때문이다.

三은 隨文釋義者는 此之一品經은 明佛壽量長短이니 約未悟者作節級하야 令知如來壽量無盡일세 以少顯多하고 以短顯長이시니 若不如是면 云何能知佛之壽量이리오 然實如來는 無長短命이니 性無生滅故며 如來壽命은 如根本智하야 無生無滅이며 無去無來故로 約以十佛之命으로 表之無盡故니라

'(3) 경문을 따라 그 의의를 해석한다.'는 것은 수량품의 경문이

란 부처님의 수명의 장단을 밝힌 것이다. 깨달음을 얻지 못한 이를 들어 그들의 수명에 한계의 등급을 설정하여, 반대로 여래의 수명이 그지없음을 알도록 하기 위하여, 적은 것으로 많은 것을 나타내고, 단명으로 장수를 밝힌 것이다. 만일 이처럼 말하지 않으면 어떻게 부처님의 무한대 수명을 알 수 있겠는가. 그러나 실로 여래는 장수와 단명의 한계가 없다. 성품에 생멸이 없기 때문이며, 여래의 수명은 根本智와 같아 생겨남도 없고 사라짐도 없으며, 가는 것도 없고 오는 것도 없다. 따라서 간단하게 十佛의 수명으로 그지없음을 밝혔을 뿐이다.

次는 正釋文이라
2. 경문의 해석

經
爾時에 心王菩薩摩訶薩이 於衆會中에 告諸菩薩言하사대
佛子여 此娑婆世界釋迦牟尼佛刹一劫이 於極樂世界阿彌陀佛刹에 爲一日一夜오
極樂世界一劫이 於袈裟幢世界金剛堅佛刹에 爲一日一夜오
袈裟幢世界一劫이 於不退轉音聲輪世界善勝光明蓮

華開敷佛刹에 爲一日一夜오
不退轉音聲輪世界一劫이 於離垢世界法幢佛刹에 爲一日一夜오
離垢世界一劫이 於善燈世界師子佛刹에 爲一日一夜오
善燈世界一劫이 於妙光明世界光明藏佛刹에 爲一日一夜오
妙光明世界一劫이 於難超過世界法光明蓮華開敷佛刹에 爲一日一夜오
難超過世界一劫이 於莊嚴慧世界一切神通光明佛刹에 爲一日一夜오
莊嚴慧世界一劫이 於鏡光明世界月智佛刹에 爲一日一夜니라
佛子여 如是次第로 乃至過百萬阿僧祇世界하야 最後世界一劫이 於勝蓮華世界賢勝佛刹에 爲一日一夜니
普賢菩薩과 及諸同行大菩薩等이 充滿其中하니라

그때, 심왕보살마하살이 대중 가운데서 여러 보살에게 말하였다.

"불자여, 석가모니 사바세계의 1겁은 아미타불 극락세계에서의 하루이고,

극락세계의 1겁은 금강견불 가사당세계에서의 하루이며,

가사당세계의 1겁은 선승광명연화개부불 불퇴전음성륜세계에서의 하루이고,

불퇴전음성륜세계의 1겁은 법당불 이구세계에서의 하루이며,

이구세계의 1겁은 사자불 선등세계에서의 하루이고,

선등세계의 1겁은 광명장불 묘광명세계에서의 하루이며,

묘광명세계의 1겁은 법광명연화개부불 난초과세계에서의 하루이고,

난초과세계의 1겁은 일체신통광명불 장엄혜세계에서의 하루이고,

장엄혜세계의 1겁은 월지불 경광명세계에서의 하루이다.

불자여, 이처럼 차례차례 백만 아승지 세계를 지나 최후 세계의 1겁은 현승불 승련화세계에서의 하루이다.

보현보살과 함께 수행하는 큰 보살들이 그 가운데 가득하다."

◉ 疏 ◉

初는 集經者敍어늘 而心王說者는 以領旨故며 佛壽自在故니라
二‘佛子’下는 正說이니 於中三이라 初는 別擧十刹相望이오 次‘佛子如是’下는 擧畧顯廣이오 三‘最後世界’下는 擧其玄極이라 且如以劫爲日하야 未歷十重이라도 則劫不可說이온 況百萬僧祇아 則最後之刹이 已隣刹海平等일새 故擧普賢等充滿하야 明極位所居니 由此名爲兼顯菩薩이라【鈔_ '已隣刹海'者는 猶有數限일새 故致隣言이니 刹海平等은 無數量故니라】

(1) 경전을 편집한 이가 쓴 서술인데, 심왕보살을 말한 것은 그 종지를 알았기 때문이며, 부처님의 수명이 자재하기 때문이다.

(2) '佛子' 이하는 바로 말하였다. 이는 다시 3부분으로 나뉜다.

① 시방세계가 서로 바라봄을 개별로 들어 말하였다.

② '佛子如是' 이하는 간략한 부분을 들어 자세함을 밝혔다.

③ '最後世界' 이하는 그 현묘함의 극치를 들어 말하였다.

또한 1겁을 하루로 삼아 10차례의 중복을 거치지 않는다 할지라도 그 겁은 말로 표현할 수 없는데, 하물며 백만 아승지야 오죽하겠는가. 최후 세계가 이미 세계 바다의 평등에 이웃하였기에, 보현보살 등의 충만함을 들어 극치의 지위에 거처한 바를 밝혔다. 이러한 연유에서 그 이름을 '겸하여 밝힌 보살[兼顯菩薩]'이라 한다. 【초_ "이미 세계 바다의 평등에 이웃하였다."는 것은 오히려 수량의 한계가 있기에 '이웃[隣]'이라는 말을 하게 된 것이다. '세계 바다의 평등[刹海平等]'이란 수량의 한계가 없기 때문이다.】

수량품 제31 壽量品 第三十一

제보살주처품 제32
諸菩薩住處品 第三十二

初 示大意三段

1. 대의

이는 유래한 뜻, 품명의 해석, 종취 3단락이다.

◉ 疏 ◉

初來意者는 上約化益 盡一切時오 今明菩薩 徧一切處라 故次來也니라 故僧祇中에 明法界毛端之處에 皆有多多普賢하니 此則據實而談이어니와 今約機緣所宜하야 指有方所하야 使物欣厭하야 翹心有歸니 若知能住菩薩 毛含刹海하고 所住之處에 塵納無邊이면 則未有一方非菩薩住라 亦遠答前壽量海問니 菩薩隨機하야 住壽異故니라

(1) '유래한 뜻'이란 위에서는 교화의 이익이 일체 시간에 다함으로 말하였고, 여기에서는 보살이 일체 공간에 두루 가득함을 밝힌 까닭에 다음으로 이를 쓴 것이다.

따라서 아승지품에서는 끝없는 법계나 미세한 털끝, 그 모든 곳에 수많은 보현보살이 있음을 밝혔다. 이는 실상에 의거하여 말한 것이지만, 여기에서는 機緣의 적절한 바에 따라 方所가 있음을

가리켜, 중생으로 하여금 기뻐한 나머지 분발한 마음으로 귀의하도록 하기 위함이다.

　만일 머무는 주체가 되는 보살의 모공에 세계 바다를 함유하고, 머무는 대상의 처소에 그지없는 미진수를 받아들인 줄을 알면, 그 어느 지방인들 보살의 머문 곳이 아닌 데가 없다. 또한 앞에 물었던 '壽量海'에 대해 멀리 답한 것이다. 보살이 기연을 따라 누리는 수명이 다르기 때문이다.

二釋名者는 菩薩大悲로 隨機住處홀 能住非一일새 故名曰諸요 諸菩薩之住處일새 故以爲名이라

　(2) '품명의 해석'이란 보살이 대자비의 마음으로 기연 따라 머무는 곳에 주체가 되는 보살이 하나가 아니기에 '모든[諸]'이라 말하고, 모든 보살이 머문 곳이기에 이로 품명을 삼은 것이다.

三宗趣者는 隨機應感方所로 爲宗이요 使物歸憑及悟無方로 爲趣니라

　(3) '종취'란 중생의 기연에 따라 감응하는 곳으로 종지를 삼고, 중생으로 하여금 귀의케 하고 일정한 지방이 없음을 알게 하는 것으로 나아갈 바를 삼는다.

◉ 論 ◉

將釋此品에 約作三門호리니 一은 釋品來意요 二는 釋說法之主요 三은 隨文釋義라

　제보살주처품의 해석은 간추려 3가지 부분으로 나누고자 한다.

⑴ 품의 유래한 뜻을 해석하였고,

⑵ 설교의 주체를 해석하였으며,

⑶ 경문을 따라 그 의의를 해석하였다.

一 釋品來意者는 前有如來壽命住劫일세 此品은 佛以菩薩行으로 持世間하야 人間海中에 攝化徧故니 此方如是에 十方國土와 及閻浮提 例然이라 且約住處에 雖有所依나 化行은 無方不至니 總是身含佛刹하고 毛容法界之衆이 於刹那際에 應十方而等周하야 對現色身호되 隨根普見이니 爲明菩薩住持攝化境界일세 此品이 須來니라

'⑴ 품의 유래한 뜻을 해석한다.'는 것은 앞에서는 여래의 수명이란 머무는 세월의 기간이 정해져 있음을 말했기에, 이 품에서는 부처님이 보살행으로 세간을 주지하여 수많은 인간을 대상으로 교화를 두루 베푼 것으로 말하였다. 이 지방이 이와 같듯이 시방국토 및 염부제도 이런 예와 같다.

또한 머문 곳에 비록 의지한 바가 정해져 있으나 교화의 유행은 어느 지방이든 이르지 않은 데가 없다. 총체로 미세한 티끌에 불국토를 함유하고, 모공에 법계의 중생을 용납함이 '찰나의 시간이라는 그 자체조차 없는 즈음'에 시방세계를 평등하게 두루 감응하여 색신을 나타내되, 중생의 근기를 따라 널리 보여주는 것이다. 보살의 세간 주지와 중생 교화의 경계를 밝히기 위하여 여기에 이 품을 쓰게 된 것이다.

二 釋說法之主者는 明菩薩攝化住持之行이 是心王自在隨智之行故로 令心王菩薩로 說此住處之品이니 總明隨自心王하야 起智用故라 明以普賢行으로 隨行成忍已後를 皆名心王이니 於世自在하

야 明不與物違니라

'⑵ 설교의 주체를 해석한다.'는 것은 보살의 세간 주지와 중생을 교화하는 행이 마음[心王]의 자재한, 지혜를 따른 행이기에 심왕보살로 하여금 제보살주처품을 설법하도록 하였음을 밝힌 것이다. 자신의 마음[自心王]을 따라 일으킨 지혜 작용을 총체로 밝힌 까닭이다.

보현행을 따라 행하여 忍을 성취한 이후의 경계를 모두 心王이라 말한다. 세간에 자재하여 중생과 서로 어긋나지 않음을 밝힌 것이다.

次는 正釋文이니 文中二니 先은 集經者敍라

2. 경문의 해석

이의 경문은 2단락이다.

1) 경전 편집자의 서술

經

爾時에 心王菩薩摩訶薩이 於衆會中에 告諸菩薩言하사대

그때, 심왕보살마하살이 대중법회에서 여러 보살에게 말하였다.

● 疏 ●

亦心王說者는 隨所統王하야 皆自在故며 亦表心隨智하야 住無障礙故니라

또다시 심왕보살이 설법한 것은 통솔하는 왕을 따라 모두 자재

하였기 때문이며, 또한 마음이 지혜를 따라 머무는 데 장애가 없음을 밝혔기 때문이다.

▄
二는 正說住處니 有二十二處라 前十은 依八方山海이오 以上下는 非凡至일새 故不明之니라 山海包藏에 仁智棲止니 表大智高深故며 能止能照故니라 後十二處는 城邑雜居에 曲盡物機니 表大悲無遺故라 則知菩薩 無不在矣니라 今初第六은 是海中之山이며 第十은 海中之窟이오 餘皆是山이라

一은 仙人山이라

2) 바로 머문 곳을 말하다

이는 22곳이다.

(1) 앞의 10곳은 팔방의 산과 바다를 의지하였고, 위와 아래는 범부로서 이를 수 있는 곳이 아니기에 이름 밝히지 않았다. 산과 바다가 감싼 곳은 어진 이와 지혜로운 이가 머문 곳이다. 이는 큰 지혜가 고매하고 심오한 것이다. 이는 止와 照를 나타낸 까닭이다.

(2) 뒤의 12곳은 성읍과 여타의 거주지에 중생의 기연을 자세히 다하였다. 이는 大悲의 마음으로 어느 중생이든 빠뜨림 없이 챙기는 것을 나타낸 까닭이다. 이는 보살이 있지 않은 데가 없음을 알아야 한다.

(1) 10곳의 산과 동굴

이 가운데, 제6은 바닷속의 산이며, 제10은 바닷속의 동굴이며,

나머지는 모두 산이다.

 제1. 선인산

經

佛子여 **東方**에 **有處**하니 **名仙人山**이라 **從昔已來**로 **諸菩薩衆**이 **於中止住**어니와 **現有菩薩**하니 **名金剛勝**이라 **與其眷屬諸菩薩衆三百人俱**하야 **常在其中**하야 **而演說法**이니라

 "불자여, 동방에 선인산이 있다.

 예로부터 많은 보살이 그곳에 머물고 있는데, 현재에 있는 보살의 명호는 금강승보살이다.

 그의 권속 3백 보살과 함께 항상 그 가운데 머물면서 법을 연설하였다.

◉ **疏** ◉

仙人山者는 **相傳是東海蓬萊山**이라하니 **若爾**인댄 **則亦兼海**니라

 '선인산'이란 전하는 말에 의하면, 동해 봉래산이라 한다. 만약 그 말이 사실이라면 또한 바다를 겸하고 있다.

二. 勝峯山

 제2. 승봉산

經

南方에 **有處**하니 **名勝峯山**이라 **從昔已來**로 **諸菩薩衆**이 **於中止住**어니와 **現有菩薩**하니 **名曰法慧**라 **與其眷屬諸 菩薩衆五百人俱**하야 **常在其中**하야 **而演說法**이니라

남방에 승봉산이 있다.

예로부터 많은 보살이 그곳에 머물고 있는데, 현재에 있는 보살의 명호는 법혜보살이다.

그의 권속 5백 보살과 함께 항상 그 가운데 머물면서 법을 연설하였다.

◉ 疏 ◉

卽德雲所在라 **晉本**에 **名樓閣山**이라하니 **卽婆施羅所居**니라

이는 덕운비구가 있는 곳이다. 진본에서는 누각산이라 한다. 이는 뱃사공 바시라가 거처한 곳이다.

三. 金剛燄山

제3. 금강염산

經

西方에 **有處**하니 **名金剛焰山**이라 **從昔已來**로 **諸菩薩衆** 이 **於中止住**어니와 **現有菩薩**하니 **名精進無畏行**이라 **與**

113

其眷屬諸菩薩衆三百人俱하야 **常在其中**하야 **而演說法**이니라

　　서방에 금강염산이 있다.

　　예로부터 많은 보살이 그곳에 머물고 있는데, 현재에 있는 보살의 명호는 정진무외행보살이다.

　　그의 권속 3백 보살과 함께 항상 그 가운데 머물면서 법을 연설하였다.

● 疏 ●

金剛焰山은 在西海之濱이라

　　금강염산은 서해 해변에 있다.

四 香積山

　　제4. 향적산

經

北方에 **有處**하니 **名香積山**이라 **從昔已來**로 **諸菩薩衆**이 **於中止住**어니와 **現有菩薩**하니 **名曰香象**이라 **與其眷屬諸菩薩衆三千人俱**하야 **常在其中**하야 **而演說法**이니라

　　북방에 향적산이 있다.

　　예로부터 많은 보살이 그곳에 머물고 있는데, 현재에 있는 보

살의 명호는 향상보살이다.

그의 권속 3천 보살과 함께 항상 그 가운데 머물면서 법을 연설하였다.

◉ 疏 ◉

香積山이니 昔云應是雪北之香山이라【鈔_ '昔云'等者는 凡有應是之言이니 卽是帶疑事難融會면 不可勇知오 固當多聞闕疑矣니라 言'雪北'者는 俱舍論說이니 雪北香南에 有阿耨達池라 故知雪山은 在香之南至니라】

향적산이다. 옛사람들은 "아마 설산 북쪽의 향적산"이라 말하였다.【초_ "옛사람들은 이렇게 말하였다." 등은 대체로 이런 말이 있다는 것이다. 이는 의문되는 일로 원만하게 이해하기 어려우면 당연히 많은 부분의 말을 널리 들으면서도 의심되는 부분은 놓아두어야 한다.

'雪北'이라 말한 것은 구사론에서 "설산의 북쪽, 향적산의 남쪽에 아뇩달지가 있다."고 말한 부분이다. 따라서 설산은 향적산의 남쪽 끝에 있음을 알 수 있다.】

五 淸涼山
　　제5. 청량산

東北方에 有處하니 名淸凉山이라 從昔已來로 諸菩薩衆이 於中止住어니와 現有菩薩하니 名文殊師利라 與其眷屬諸菩薩衆一萬人俱하야 常在其中하야 而演說法이니라

동북방에 청량산이 있다.

예로부터 많은 보살이 그곳에 머물고 있는데, 현재에 있는 보살의 명호는 문수사리보살이다.

그의 권속 1만 보살과 함께 항상 그 가운데 머물면서 법을 연설하였다.

● 疏 ●

淸凉은 卽代州雁門郡五臺山也라 現有淸凉寺하니 以歲積堅冰하고 夏仍飛雪하야 曾無炎暑라 故曰淸凉이오 五峯聳出하야 頂無林木이오 有如壘土之臺일세 故曰五臺니 表我大聖五智已圓하고 五眼已淨하고 總五部之眞秘하고 洞五陰之眞源이라 故首戴五佛之冠하고 頂分五方之髻하고 運五乘之要하고 淸五濁之災矣라【鈔_ 淸凉山은 疏文分六이니 一은 畧釋經文이라 然畧有二名하니 言代州五臺니 卽五臺縣과 及繁峙兩縣之界하니 往者非一이라 可畧言也니라 '表我大聖'下는 第二 彰其所表니 多出金剛頂이오 瑜伽亦有라 以理推析컨대 言大聖者는 卽文殊也라 不指其名하고 直言大聖하니 今山中稱念에 但云大聖菩薩은 卽擧總稱이오 別指吉祥耳라 言'五智'者는 若準佛地經論컨대 五法에 攝大覺性이니 謂四智菩

提와 一眞法界라 依金剛頂이면 卽一眞法界를 名淸淨法界智라 故成五智니라

二 '五眼'은 可知오

三言 '五部'者는 一佛部오 二金剛部오 三寶部오 四蓮華部오 五羯磨部라 一切諸天眞言은 皆屬寶部오 諸鬼神眞言은 屬羯磨部이라

四 '五陰'者는 卽我五陰이니 表是五臺中有大覺은 卽不動智佛이오 妙慧自在는 卽是文殊니라

五言 '首戴五佛之冠'者는 諸大菩薩이 多有此冠이나 而大聖은 不論戴冠이라

六復常有五髻니 然諸五와 類例大同이니 謂當中髻는 卽中臺表之니 毘盧遮那佛居니 是佛部主니 法界淸淨智오 亦佛眼也라 其東一髻는 卽是東臺니 是阿閦佛居니 爲金剛部主니 是大圓鏡智오 卽是慧眼이라 其南一髻는 卽是南臺니 寶生如來所居니 是寶部主니 是平等性智오 卽是天眼이라 其西一髻는 卽是西臺니 阿彌陀如來所居니 是蓮華部主니 卽妙觀察智오 卽是法眼이라 其北一髻는 卽是北臺니 不空成就如來所居니 是羯磨部主니 是成所作智오 卽是肉眼이라

七若配五乘이면 中은 卽佛乘이오 東은 菩薩乘이오 南은 緣覺乘이오 西는 聲聞乘이오 北은 人天乘이라 若人天乘別이면 北은 卽人乘이니 合佛菩薩이오 餘如次第니라

八若淸五濁은 但取五不同이니 不必如次니라 若配五陰인댄 中은 卽識陰이오 東은 爲行陰이오 南은 爲想陰이오 西는 爲受陰이오 北은 爲色陰이라 例爲其次는 識爲主故니라 然五如來 皆有種子하야 一一觀

行이 各各不同이라 學密教者라야 方知其要오 今但畧屬而已라】

청량산은 대주 안문군 오대산이다. 현재 청량사가 있다. 해마다 두꺼운 얼음이 쌓여 있고, 여름에도 여전히 눈이 날려 단 한 번도 무더위 없이 시원하다 하여 '청량산'이라 이름하였다. 다섯 봉우리가 우람하게 솟아 있는데, 정상에는 숲이 없고 성채와 같은 墩臺를 이루고 있기에 오대산이라 한다.

문수보살이 다섯 지혜[五智: 四智菩提, 一眞法界智]가 이미 원만하고, 다섯 눈[五眼: 肉眼·天眼·慧眼·法眼·佛眼]이 이미 청정하며, 다섯 부분[五部: 佛·金剛·寶·蓮華·羯磨部]의 진실한 비밀을 총괄하고, 五陰의 참된 근원을 통찰하였다. 이 때문에 머리에는 다섯 부처님[五佛]의 관을 썼고, 정수리엔 5방의 상투로 나누어 五乘의 요체를 운용하고 五濁의 재앙을 청정케 함을 상징하였다.【초_ 청량산에 대해 청량소는 6단락으로 나누어 서술하고 있다.

① 간단하게 경문을 해석하였다. 그러나 간단하게 청량산과 오대산이라는 2가지 이름이 있다. 代州 오대산이다. 이는 五臺縣과 繁峙라는 2縣의 경계에 있다. 그곳을 찾은 자들이 한둘이 아니기에 생략한 것이다.

'表我大聖' 이하는 제2. 그 상징한 인물을 나타낸 것이다. 이는 대부분 金剛頂經에서 나온 말이며, 유가론에도 언급된 바 있다. 이치로 미루어 보면 '大聖'이란 분은 문수보살이다. 그 명호를 말하지 않고 직접 大聖이라 말하였다. 이는 지금도 산중에서 염불할 적에 단 '大聖菩薩'이라 말하는 것은 총체의 명칭으로 들어 말하는 것이고, 별칭으로는 吉祥金剛菩薩이라 한다.

'五智'라 말한 것은 불지경의 논에 의하면, 5가지의 법에 大覺性을 포괄하고 있다. 四智菩提와 一眞法界이다. 금강정경에 의하면 일진법계를 淸淨法界智라 하였다. 이 때문에 五智를 성취한 것이다.

② '五眼'은 설명하지 않아도 알 수 있다.

③ '五部'란 ㉠ 佛部, ㉡ 金剛部, ㉢ 寶部, ㉣ 蓮華部, ㉤ 羯磨部이다. 일체 諸天의 진언은 모두 寶部에, 모든 귀신의 진언은 羯磨部에 속한다.

④ '五陰'이란 곧 나의 오음이다. 이는 五臺 가운데, 大覺은 곧 不動智佛을, 妙慧自在는 곧 문수보살을 상징한다.

⑤ '首戴五佛之冠'이란 모든 대보살이 대체로 이런 관을 쓰고 있으나, 대성인은 관을 쓴 데 대해 논하지 않는다.

⑥ 또한 언제나 5개의 상투가 있으나, 모든 다섯 숫자의 유와 대체로 같다.

中髻는 중대의 상징이다. 비로자나불이 거처하신 곳이니 佛部의 주인이라, 法界淸淨智이며, 또한 佛眼이다.

東髻는 동대의 상징이다. 阿閦佛이 거처하신 곳이니 金剛部의 주인이라, 大圓鏡智이며, 慧眼이다.

南髻는 남대의 상징이다. 寶生如來가 거처하신 곳이니 寶部의 주인이라, 平等性智이며 天眼이다.

西髻는 서대의 상징이다. 아미타불이 거처하신 곳이니 蓮華部의 주인이라, 妙觀察智이며 法眼이다.

北髻는 북대의 상징이다. 不空成就如來가 거처하신 곳이니 羯磨部의 주인이라, 成所作智이며 肉眼이다.

⑦ 만약 五乘에 짝하면 중앙은 불승, 동은 보살승, 남은 연각승, 서는 성문승, 북은 인천승이다. 만약 인천승으로 구별하면 북은 人乘이니 佛菩薩에 부합하고, 나머지는 차례와 같다.

⑧ 五濁을 청정하게 한 것은 단 다섯 숫자의 유례와는 똑같지 않으므로 굳이 차례대로 할 것이 없다. 만약 이를 五陰에 짝하면 중앙은 識陰, 동은 行陰, 남은 想陰, 서는 受陰, 북은 色陰이다. 으레 그 차례는 識이 주체가 되기 때문이다. 그러나 다섯 여래는 모두 종자가 있어 하나하나의 觀行이 각각 다르기에 똑같지 않다. 밀교를 배운 자만이 비로소 그 요체를 알 수 있기에, 여기에서 간단하게 정리했을 뿐이다.】

然但云東北方者는 其言猶漫이라 按寶藏陀羅尼經에 云我滅度後에 於贍部洲東北方에 有國하니 名大振那오 其國中間에 有山하니 號爲五頂이라 文殊師利童子 游行居住하야 爲諸菩薩衆하야 於中說法하고 及與無量無數 藥叉 羅刹 緊那羅 摩睺羅伽 人 非人等이 圍繞하야 供養恭敬이라하니 斯言審矣니라【鈔_ 第三은 定方所니 此經은 亦名八字陀羅尼經이라 然疏引猶畧일세 今更引之하노라 謂彼經에 金剛密跡主菩薩이 問如來云호되 文殊師利는 於何處方面住며 復何方面에 能行利益이닛가 如來 答云 我滅度 已下는 疏文全引이라 下有偈云 文殊大菩薩이 不捨大悲願하고 變身爲童眞하야 或冠或露體하고 或處小兒叢하야 游戲邑聚落하고 或作貧

窮人하야 衰形爲老狀하고 亦現饑寒苦하야 巡行坊市鄽하야 求乞衣
財寶하야 令人發一施하고 與滿一切願하야 使令發信心이오 信心旣
發已에 爲說六度法하고 領萬諸菩薩하야 居於五頂山할새 放億衆
光明하니 人天咸悉覩에 罪垢皆消滅이라 或得聞持法하야 一切陀
羅尼와 秘密深藏門으로 修行證實法하고 究竟佛果願하며 具空三
昧門하고 習盡泥洹路라 文殊大願力은 與佛同境界로다 下更廣讚
其德이어늘 不能繁敍오 要當尋經이니라】

그러나 단 동북방을 말한 부분은 그 말이 오히려 산만하다. 보
장다라니경을 살펴보면 다음과 같다.

"내가 열반한 후에 섬부주 동북방에 大振那라는 나라가 있다.
그 나라 중간에 산이 있는데 五頂山이라 한다. 문수사리동자가 행
각하다가 그곳에 거주하면서 많은 보살 대중을 위하여 설법하며
한량없고 수없는 약차, 나찰, 긴나라, 마후라가, 사람, 사람이 아닌
등등이 에워싸고서 공양하고 공경하였다."

위의 말이 보다 자세하다.【초_ 제3. 方所를 정함이다. 보장다
라니경은 또한 八字陀羅尼經이라고도 말한다. 그러나 청량소에
서의 인용은 오히려 생략되어 있기에, 아래에 다시 그 경문을 인용
하고자 한다.

금강밀적주보살이 여래에게 여쭈었다.

"문수사리는 어느 방면에 주석하며, 또한 어느 방면에서 이익
을 행하고 있습니까?"

여래께서 대답한 "내가 열반한" 이후 문장은 청량소에서 이미

전체를 인용했기에 여기서는 생략한다. 그 아래에 다음과 같은 게송이 있다.

"문수대보살이 대자비 서원 버리지 않고 동진으로 변신하여 혹은 관을 쓰거나 혹은 나체로, 혹은 어린아이들 속에 살면서 마을에서 유희하고, 혹은 가난한 사람이 되어 노쇠한 늙은이의 형상으로, 또는 굶주림과 추위의 고통을 겪는 모습으로 저잣거리를 떠돌면서 옷과 보배를 구걸하기도 하면서 사람들에게 하나의 보시를 베풀도록 하거나, 아니면 일체 서원 이뤄주어 신심을 내게 하고, 신심을 낸 후에는 그들에게 6바라밀을 설법하고, 많은 보살 거느리고 五頂山에 주석할 제, 억만 광명 쏟아내니 사람이든 천신이든 모두 우러러 봄에 그들의 죄업이 모두 소멸되었다. 혹은 법문 듣고 법을 지녀 일체 다라니와 비밀스럽고 심오한 법장으로 수행하여 진실한 법 증득하고 佛果의 서원 모두 성취하고 空三昧 법문 두루 갖춰 열반의 길 모두 익혔노라. 문수보살 큰 서원의 힘은 부처님과 같은 경계이다."

아래의 문장에서 그 공덕을 자세히 찬탄하고 있지만, 여기에서는 번거롭게 서술하지 않는다. 요컨대 해당 경문을 찾아보기를 바란다.】

其山靈迹은 備諸傳記라 余幼尋茲典할세 每至斯文에 皆掩卷長歎이라가 遂不遠萬里하고 委命棲託하니 聖境相誘 十載于茲라 其感應昭著하야 盈於耳目이러니 及夫夏景하야 勝事尤多라 歷歷龍宮에 夜開千月이오 纖纖細草에 朝間百華이어든 或萬聖羅空하고 或五雲凝岫하야 圓光은 映乎山翠오 瑞鳥는 翯於煙霄라 唯聞大聖之名이오 無復人間之慮로다 入聖境者 接武하고 革凡心者 架肩이라 相視

에 互謂非凡하고 觸目에 皆爲佛事라 其山勢寺宇는 難以盡言이로다
【鈔_ 四는 顯聖靈 有二니 初는 畧指諸文이니 本傳에 畧有六門이라 一은 立名標化오 二는 封域里數오 三은 臺頂塔廟오 四는 諸寺廟宇오 五는 古今靈應이오 六은 聞名禮敬功德이라 然今文中에 皆已畧有라 今初二句는 通指前五門이라 地里誌에 云 其山은 層盤秀峙하고 路徑紆深하야 靈嶽神溪는 非薄俗所居오 悉是棲神禪寂之土와 冥搜造微之儔矣라

'余幼尋' 下는 二 自述見聞이라 於中 有三이니 先은 敘至山元由니 由此菩薩住處淸凉山之文이라 當時에 逆寇亂常하야 兵戈鋒起하고 豺狼滿路라 山川阻絶이로되 不憚而遊라 故云委命棲託이라하니 途雖五千이나 返覆萬里어늘 始本暫遊러니 日復一日에 傾馳聖境하야 一十五年에 作疏至斯하니 正當十載라

'其山勢寺宇' 下는 畧指佳境이라 其山은 在長安東北一千六百里오 離代州之東南百餘里라 左鄰恒嶽하야 秀出千峯하고 右接孟津하야 長流一帶오 北臨絶塞하야 遏萬里之煙塵하고 南擁汾陽하야 爲大國之艮背라 廻泊日月하고 蓄洩雲龍하니 雖積雪夏凝이나 而名花萬品이오 寒風勁烈이나 而瑞草千般이라 丹嶂은 橫開하고 翠屛은 疊起라 排雲撥路에 時逢物外之峯이오 捫蘿履危에 每到非常之境이라 白雲凝望에 奪萬里之澄江이오 杲日將昇에 見三尺之大海라 五峯을 一一 難具言也로다

言 '寺宇' 者는 北齊崇敬하야 置立伽藍하야 見有故壞二百餘所라 當時棲託에 寺有八焉이러니 貞元以來로 數早過十하야 或五峯抱

出하고 或雙嶺中開하고 或疊起巖中하고 或聳居雲外하야 不可具言也니라】

　청량산의 신령스러운 자취는 많은 전기에 잘 갖춰져 있다.
　내[清涼 澄觀]가 어릴 적, 화엄경을 탐구할 때, 언제나 이 부분의 경문을 볼 적마다 책을 덮어놓고 장탄식을 하였다.
　그러다가 마침내 만 리 길을 멀다 생각지 않고 모든 것을 운명에 맡긴 채, 청량산을 찾아 몸을 의탁하기에 이르렀다.
　성스러운 경계가 나를 유혹하여 머문 지 어느덧 십 년이다.
　그 감응이 뚜렷하여 듣고 보는 데에 충만하였지만,
　여름이면 좋은 일들이 더욱 많았다.
　밤이 되면 해맑은 강호의 용궁엔 수많은 달이 비춰 오고,
　아침이면 가냘픈 풀잎마다 온갖 꽃들이 피어나며,
　혹은 수많은 부처님이 허공에 줄지어 계시는 모습이 나타나고,
　혹은 오색구름이 산자락에 피어나며,
　둥글게 두른 圓光은 푸른 산자락에 비춰 오고,
　상서로운 새는 아지랑이 자욱한 하늘을 날아왔다.
　오직 대성자이신 문수보살의 명호만 들을 뿐, 다시 인간의 잡된 생각들이 없다.
　성인의 경계에 들어간 자들은 줄지어 나오고,
　범부의 마음을 바꾼 이들은 어깨를 나란히 하면서 서로가 서로에게 비범하다 말하였고,
　보이는 그 모든 것이 불사였다.

청량산의 산세와 가람은 이루 말로 다하기 어렵다.【초_ 제4. 성스러운 영검이 나타난 데에 2가지가 있다.

첫째는 여러 전거의 문장을 간단하게 말하였다. 이의 本傳에는 대략 6가지 부분이 있다.

① 명제를 세워 교화를 밝혔고, ② 해당 지역의 里數이며, ③ 오대산 정상의 塔廟, ④ 여러 사찰의 법당, ⑤ 고금의 숱한 영검, ⑥ 명호를 듣고서 공경의 마음으로 예배하는 공덕이다.

그러나 이 문장에서는 모두 생략되었다. 이의 첫 2구[其山靈迹, 備諸傳記]는 전반적으로 앞서 말한 5부분을 가리키고 있다.

지리지에 의하면, "청량산은 층층으로 빼어나게 서 있고, 좁다란 길은 구불구불 깊기만 하다. 신령스러운 산자락과 시냇물은 속인이 거처할 곳이 아니다. 모두 선정에 든 스님과 현묘한 이치를 찾는 도반들이 머물 곳이다."라고 한다.

둘째, '余幼尋' 이하는 스스로 보고 들은 바를 서술하였다. 여기에는 3가지가 있다.

① 청량산을 찾게 된 근본 연유를 서술하였다. 이는 淸凉 澄觀 국사(738~839)가 청량산에 주석하게 된 유래를 밝힌 문장이다. 그 당시 안록산의 난으로 전화가 끊이지 않았고 흉악한 무리가 도처에 가득하여 산천을 오갈 수 있는 길이 없었다. 하지만 청량국사는 이를 마다하지 않고 청량산을 찾아갔다. 이 때문에 "모든 것을 운명에 맡긴 채, 청량산을 찾아 몸을 의탁하였다."고 말한 것이다. 청량산과의 거리는 5천 리 노정이다. 결국 왕복 1만 리 길이다. 처음

엔 잠시 머물려고 했지만 하루하루 더할수록 성스러운 경계에 마음이 경도되어 15년 동안 주석하였는데, 그곳에 주석하면서 화엄경소를 저술하였다. 이에 흐른 세월이 바로 10년에 해당한다.

② '其山勢寺宇' 이하는 간단하게 아름다운 경계를 가리키고 있다. 청량산은 장안 동북쪽으로 1천6백 리, 代州 동남쪽 1백여 리의 거리에 있다.

> 왼쪽으로는 恒山을 인접하여 1천 봉우리가 빼어나고,
> 우측으로는 孟津을 인접하여 기나긴 강줄기가 흐르며,
> 북쪽으로는 먼 변방에 임하여 아득한 아지랑이 가로막혀 있고,
> 남쪽으로는 汾陽을 안고서 큰 나라의 등짝을 이루고 있다.
> 해와 달은 뜨고 지며, 구름과 용의 빗줄기 쏟아져 내리니
> 아무리 1년 내내 눈이 쌓이고 여름에도 얼음이 언다 한들 수많은 아름다운 꽃 피어나고,
> 찬바람 모질고 세차지만 수없는 상서로운 풀잎 돋아난다.
> 붉은 산자락은 옆으로 뻗어 있고 푸른 병풍처럼 두른 산줄기는 우뚝 일어서 있다.
> 구름 걷히고 길이 뚫릴 적에는 때로 세속 밖의 먼 봉우리 마주하고,
> 칡넝쿨 부여잡고 위태로운 곳 오르면 언제나 범상하지 않은 경계에 이르게 된다.
> 흰 구름 바라보는 눈길은 1만 리 맑은 강물에 시선 빼앗기고,
> 붉은 태양 오르려는 아침이면 큰 바다는 석 자 가까이 있는 것

처럼 보인다.

　　다섯 봉우리를 하나하나 모두 말하기 어렵다.

　　③ '寺宇'라 말한 것은 北齊 高帝가 불교를 높이 받들어 가람을 창건함으로써 현재 2백여 개소의 유허지가 남아 있다. 청량국사가 그 당시 주석했을 때에는 8곳의 사찰이 있었으나, 貞元 이후로 가람의 수는 일찍이 10곳이 넘었다. 혹 어떤 사찰은 五峯을 감싸 안고서 창건하였고, 혹은 두 잿마루 중간에 창건하기도 하고, 혹은 바위 속에 짓기도 하고, 혹은 높은 봉우리에 마련하여, 이를 모두 말할 수 없다.】

自大師晦迹於西天으로 妙德은 揚輝於東夏하니 雖法身長在而 雞山은 空掩於荒榛이나 應現有方而鷲嶺은 得名於玆土라 神僧은 顯彰於靈境하고 宣公은 上稟於諸天이라 漢明은 肇啓於崇基하고 魏帝는 中孚於至化하고 北齊는 數州以傾俸하고 有唐은 九帝之廻光이라【鈔_ 自大師下는 五徵元由하고 兼彰聖迹이라 初對는 正敍本源이라 大集經中에 佛將涅槃할새 委諸菩薩하야 分衛大千할새 此土에 多有毒龍爲害오 人多愛樂大乘이라 故妙吉祥菩薩로 處斯以行化일새 故云妙德揚輝於東夏라하니라 文殊般泥洹經云 '若但聞名者는 除十二億劫生死之罪오 若禮拜者는 恒生佛家오 若稱名字호되 一日七日이면 文殊必降이어니와 若有宿障이면 夢中得見하리니 得見形像이면 斯人位階聖果하야 應化廣大'라 故曰揚輝라하니라 次對는 成上兩句라 初는 成上大師晦迹하고 兼通妨難이라 謂有問言호되 常在靈鷲山과 及餘諸住處어늘 何言晦迹고 故今云二聖之

本은 本皆湛然이로되 二聖之迹은 迹有隱顯이라 今靈鷲山은 盡是荒榛所翳라 雞山은 卽是雞足이니 亦鷲嶺所管이라 '應現'下는 成上揚輝於東夏라 山似靈鷲일새 故言鷲嶺得名이니 次下當說하리라

神僧等者는 感通傳에 云'宇文後周時에 文殊 化爲梵僧하야 來遊此土하사 云欲禮拜迦葉佛說法處하고 幷往文殊師利所住之處하니 名淸涼山이라하고 唐初 長安에 師子國僧은 九十九夏니 三果人也라 聞斯聖迹하고 跣行至此하야 禮淸涼山이라'하니 皆神僧顯彰也라

'宣公'等者는 南山感通傳에 云'時有天人하니 姓陸이오 名玄暢이라 來詣云弟子는 周穆王時生天이라하야늘 余乃問曰 宇內所疑를 自昔相傳호되 文殊 在淸涼山하야 領五百仙人說法이라하고 經中說호되 文殊久住娑婆世界라하니 娑婆는 則大千之總號어늘 如何偏在此方고 天人이 答曰 文殊는 是諸佛先師라 隨緣利見에 應變不同이라 大士大功은 非凡境界라 不勞評薄로되 但知多在淸涼五臺之中하야 往往有人見之하니 不得不信이라 故云上稟於諸天이라하니라 又今山南에 有淸涼府五臺縣하고 山北에 有五臺府하니 亦可萬代之龜鏡이라 故無惑矣니라

'漢明'等者는 按感通傳云'今五臺山 東南三十里에 現有大孚靈鷲寺하야 兩堂舊跡 猶存하고 南有花園하니 可二頃許라 四時發彩어늘 人莫究之하고 或云是漢明所立이라하고 又云魏文所作이라하야 互說不同하니 如何오'

天答曰 '俱是二帝所作이로되 周穆王時에 已有佛法이라 此山靈異하야 文殊所居니 周穆이 於中에 造寺供養이오 及阿育王이 亦依置

塔이라 漢明之初에 摩騰이 天眼으로 亦見有塔하고 請帝王 立寺하니 山形似於靈鷲라 故號爲大孚靈鷲寺라하니 大孚者는 弘信也라 帝信佛理하야 立寺勸人하다 花園은 今在寺前하니 後之君王이 或改爲大花園寺이라가 至則天大聖皇后하야 與于闐三藏으로 譯華嚴經할세 見菩薩住淸涼山하고 因改爲大華嚴寺焉하다 五頂攢擁하고 中開山心하고 離坎乾坤이 得其中理라 千巖聳秀하고 萬壑森沈하야 拔鷲嶺之仙峯하고 成華嚴之一葉하니 信可謂衆靈翔集之沖府오 參賢觀聖之玄都矣로다 所以 前云鷲嶺得名於玆土라하니라

'北齊'等者는 傳云 '北齊高帝 篤崇大敎하야 置二百餘寺於玆山하고 割八州租稅而供山衆衣藥之資러니 至今猶有五道場莊하다'

'有唐'等者는 自我大唐으로 至於今聖히 相繼九葉하야 無不廻於聖鑑이라 言今聖者는 當德宗帝니 傾仰靈山하야 御箚天衣는 每光於五頂하고 中使香藥은 不斷於歲時라 金閣은 岩嶢於雲端하야 猶疑聖化하고 竹林은 森聳於巖畔하야 宛似天來라 故得百辟歸崇과 九州持供이 雲委霧合하고 市地盈山이라 非我諸佛之祖師 積萬行於曠劫하야 慈雲彌漫而普覆하고 智海黯湛而包納하며 廓法界爲疆域하고 盡衆生爲願門이면 孰能應感若玆리오 宿善何濃하야 遇斯遺跡가 情躍不已에 形於詠言하노라】

　　대사가 서천에서 자취를 감춘 이후로 문수보살의 미묘한 공덕은 동쪽으로 중국에 빛났다.
　　비록 법신으로 길이 담담하여, 계족산은 부질없이 황폐한 거친 숲에 가렸으나,

감응하여 현신한 곳이 있는 터라, 영취산의 이름을 이 땅에 붙였어라.

신통력을 지닌 스님들이 신령한 경계를 더욱 빛내고,

宣公은 諸天에 청량산 도량을 아뢰었고,

漢 明帝는 처음 큰 가람의 터전을 열었으며,

魏 文帝는 부처님의 가르침을 충심으로 믿었고,

北齊 高帝는 여덟 州의 조세를 모두 바쳤으며,

唐代에는 아홉 황제가 굽어 보살폈다.【초_'大師' 이하는 대사가 청량산을 찾게 된 근본 연유를 5가지로 물으면서 성스러운 자취를 겸하여 밝혔다.

첫 對句[自大師晦迹於西天 妙德揚輝於東夏]는 바로 本源을 서술하였다. 大集經에 의하면 다음과 같다.

"부처님이 열반에 드시기에 앞서 여러 보살에게 위촉하여 대천세계를 나누어 지킬 적에, 이 국토는 독룡이 많아 피해가 크고, 대승을 좋아하는 사람들이 많기 때문에 묘길상보살에게 이곳에 주석하면서 교화를 펼치도록 하였다."

이 때문에 "문수보살의 미묘한 공덕은 동쪽으로 중국에 빛났다."고 하였다.

文殊般泥洹經에서 말하였다.

"만일 문수보살의 명호만이라도 들은 이는 12억겁 생사의 죄를 없애고,

문수보살에게 절을 올리는 자는 언제나 부처님 집안에서 태어

나며,

　　문수보살의 명호를 부르되 하루에서 이레를 염불하면 문수보살이 반드시 강림한다.

　　그러나 만일 전생의 묵은 업장이 있으면 꿈속에 보이게 된다.

　　문수보살의 형상을 보게 되면 그 사람의 지위는 聖果에 올라 광대한 應化가 있을 것이다."

　　이 때문에 "중국에 빛났다."고 말한 것이다.

　　다음 對句[雖法身長在… 而鷲嶺得名於玆土]는 위의 2구를 끝맺고 있다. 첫 구절[雖法身長在而雞山空掩於荒榛]은 위의 "대사가 서천에서 자취를 감춘 이후" 부분을 끝맺었고, 겸하여 논란을 통해 주었다.

　　어떤 사람이 물었다.

　　"언제나 영취산 및 나머지 여러 머문 자리가 있는데, 어찌하여 자취를 감췄다고 말하는가?"

　　이런 물음에 따라 여기에서 다음과 같이 말하였다.

　　"두 성인의 근본은 본래 모두 담담하지만, 두 성인의 자취에는 보이는 것과 보이지 않는 것이 있다. 지금의 영취산은 모두 황폐한 거친 숲에 묻혀 있다. 雞山은 계족산이다. 이 또한 취령산의 관할에 있다."

　　'應現' 이하는 위의 "문수보살의 미묘한 공덕은 동쪽으로 중국에 빛났다." 부분을 끝맺었다. 산의 모습이 큰 독수리의 형상과 같다 하여 鷲嶺이라는 산명을 붙였다. 이는 다음 아래 해당 부분에서 다시 설명하고자 한다.

'神僧' 등이란 감통전에서 다음과 같이 말하였다.

"宇文 後周 때, 문수보살이 梵僧으로 화현하여 중국을 건너와 말하였다.

'가섭불이 설법한 도량에 절을 올리고, 아울러 문수사리보살이 주석했던 곳을 찾아가고자 한다. 그 산의 이름을 청량산이라 한다.'

또한 唐朝 초기, 장안에 머물던 師子國僧은 법납 99세이며, 三果를 얻은 스님이다. 그는 성스러운 자취를 듣고서 노구의 몸에 맨발로 청량산을 찾아가 절을 올렸다."

이는 모두 신통력을 지닌 스님들의 분명한 일들이다.

'宣公' 등이란 남산감통전에서 다음과 같이 말하였다.

"당시 天人 한 사람이 있었다. 성은 육씨이고, 이름은 玄暢이다. 그가 찾아와 말하였다.

'제자는 周 穆王 때, 하늘에 태어났다.'

내가 그에게 물었다.

'우주 내에 의문되는 바를 예로부터 전해오는 말이 있다. 문수보살이 청량산에 머물면서 5백 보살을 거느리고 설법했다 하고, 경전에서는 문수보살이 사바세계에 오래 머문다고 말하였다. 사바세계는 대천세계의 총칭인데 어찌하여 유독 이곳에만 있는 것일까?'

天人이 대답하였다.

'문수보살은 여러 부처의 先師이다. 보여주어야 할 인연이 다름에 따라 응신의 변화 또한 똑같지 않다. 문수보살의 큰 공덕은 범부의 경계가 아니다. 굳이 천박한 평가를 할 것이 아니지만, 단 청량산 五臺의 가운데서도 유독 中臺에 많이 계셨음을 알 수 있다. 이따금 사람들이 문수보살을 친견한 바가 있으니 이를 믿지 않을 수 없다. 이런 이유에서 위로 諸天에 아뢰었다고 말한 것이다.

또한 지금 청량산 남쪽에 清涼府 五臺縣이 있고, 청량산 북쪽에 五臺府가 있다. 이 또한 만고의 분명한 사실이다. 따라서 의심할 게 없다.'"

'漢 明帝' 등이란 감통전에서 다음과 같이 말하였다.

"지금 오대산의 동남 30리에 현재 大孚靈鷲寺가 있는데, 兩堂의 옛 자취가 아직도 남아 있고, 남쪽에는 2이랑쯤 되는 화원이 있는데, 사계절 꽃이 피어 있다. 그러나 사람들은 그 사실을 규명할 수 없어 혹자는 漢 明帝의 창건이라 하고, 또한 魏 文帝의 창건이라 하여, 사람들의 말이 똑같지 않음은 무엇 때문일까?'

天人이 대답하였다.

'모두가 한 명제와 위 문제의 창건이라 말들 한다. 그러나 周穆王 당시, 이미 불법이 있었다. 청량산이 신령스러워 문수보살이 주석한 도량이다. 주 목왕이 그곳에 가람을 창건하여 공양하였고, 아소카왕[阿育王] 또한 이 도량에 의지하여 탑을 세웠다. 한 명제 초기에 인도 승려인 가섭마등이 天眼으로 탑이 있는 것을 보고서 명제에게 청하여 사찰을 세웠는데, 산의 모습이 큰 독수리와 같다 하여, 사찰의 명칭을 大孚靈鷲寺라 하였다. 大孚란 큰 신심을 말한다. 명제는 불법의 가르침을 믿고서 사찰을 세워 사람들에게 신심을 권하였다.

화원은 현재 사찰의 앞에 있기에, 후대의 어떤 군왕이 영취사를 大花園寺로 그 이름을 바꿨다가, 측천무후에 이르러 于闐三藏에게 화엄경을 번역하도록 했는데, 보살이 청량산에 주석한 것을 보고서, 이로 인하여 大華嚴寺로 그 이름을 바꿨다.

다섯 봉우리의 정상이 우뚝 솟아 있는데, 그 중간 봉우리는 산의 중심으로 나뉜 자리에 있어, 동서남북의 봉우리들이 그 중도의 이치를 얻고 있다. 수많은 바위들이 솟아 있고 수많은 골짜기는 깊다. 영취산의 봉우리는 높이 솟아 華嚴의 한 꽃잎을 이루고 있다. 참으로 수많은 신령한 기운이 모여든 중심부이며, 보살과 부처님을 친견할 수 있는 현묘한 도량이라 말하겠다. 이 때문에 이 땅에 영취산이라는 이름을 얻었다고 말한다.'"

'北齊' 등이란 감통전에서 다음과 같이 말하였다.

"北齊 高帝가 불교를 독실하게 존숭하여 2백여 사찰을 청량산에 창건하였고, 여덟 고을의 租稅를 가져다가 산사 대중의 의복과 약 등의 살림거리로 공양하였다. 지금까지도 다섯 도량이 남아 있다."

'有唐' 등이란 大唐의 창업으로부터 현재 천자에 이르기까지 아홉 왕조를 이어오면서 천자의 보살핌이 없지 않았다.

'현재 천자'라 말한 것은 德宗에 해당한다.

덕종은 청량산을 흠모하여

하사한 御札과 천자의 의복은 언제나 五臺 정상에 빛나고,

사신이 들고 가는 향과 약재는 해마다 끊이지 않았다.

황금 단청의 법당은 구름자락 끝에 드높아, 오히려 부처님의 덕

화인가 의심하고,

대나무 숲은 언덕에 돋아, 마치 하늘에서 심어놓은 듯하다.

이 때문에 모든 제후가 귀의하여 존숭하고, 온 누리 중생 공양 올림이 마치 구름처럼 안개처럼 몰려오고, 저잣거리처럼 산에 가득하다.

우리 제불 조사가 모든 萬行을 영겁에 쌓고 쌓아 자비의 구름이 가득 널리 덮이고, 지혜의 바다 깊고 깊어 모두 받아들이며, 툭트인 법계로 강토를 삼고, 모든 중생으로 서원을 삼지 않았다면, 그 누가 이처럼 감응할 수 있겠는가.

宿世의 선업이 어쩌다 이리 커서 이런 유적을 만나게 되었는가.

기쁜 마음 가눌 길 없어, 시를 읊어 이를 밝혔다.】

五天殉命以奔風하고 八表亡軀而競託이라 其有居神州로되 而一生不到인댄 亦奚異舍衛三億之徒哉아 願皆修敬이어다【鈔_ '五天殉命'下는 六 勸物修敬이라 初二句는 引例勸修라 五天竺國은 粗云二十萬里라하나 孰知其實數耶아 若以陸行인댄 途經數百國이오 雲山幾萬重이라 或捫索憑虛하고 或飛梯架逈하고 或風行雪臥하고 或木食松棲하고 或惡獸盈羣하고 或盜賊相繼오 若水行인댄 洪濤無岸하고 雲島潛廻하고 精怪는 搖風하고 鯨鯢는 鼓浪이라 日月은 出沒於波底하고 魂魄은 飄颺於夢中이라 縱使浪息風停이라도 只見水涵於天際오 舟行棹擧에 猶將息念作生涯라 雖此艱危라도 而三藏名僧이 相繼而至는 總緣大聖하야 委命輕生일세 故云五天殉命以奔風이라하니라

'八表'等者는 自東自西하고 自南自北이라 天徼月窟과 海潮日出에 有耳目者는 不憚艱辛하고 遠而必至焉이라

'其有居神州'下는 二正勸이니 即反舉不往之失하야 以彰往者之得이라 謂葱嶺之東에 地方數千里를 曰赤縣神州라하니 即有唐中華之國也라 去清涼之境에 途程不遙하고 坦然通衢에 車馬溢路하니 隨方觀化에 不失家常이라 往必感徵이어늘 如何不往고 是知不往은 即是三億之徒니라 故今秉鉞分茅 方面之重이 無不傾仰하고 西域諸王이 恨生五天이오 不產東夏하나니 豈唯遙禮大聖가 每多仰羨此居니라 故有遊西天者면 先問曾居五臺山不하야 若不曾居면 棄而不顧니라 今此國衆生이 宿因多幸하야 得誕中華호되 諸佛祖師 不解修敬일세 故此勸之니라

'三億之徒'者는 智論第十一에 云佛出世難值 如優曇華 時一有之어늘 如是罪人이 輪轉三惡道하고 或在人天中이라가 佛出世時에 天人不見하니 如說舍衛城中에 有九億家하니 三億家는 眼見佛이오 三億家는 耳聞有佛이나 而眼不見이오 三億家는 不見不聞이니라 佛在舍衛國二十五年이로되 而此衆生이 不見不聞이온 何況遠者아 故今中華에 有人 曾到五臺山은 即亦聞亦見이오 有聞清涼而不得到는 即同聞名不見이오 只近五臺호되 亦有不聞不見之者은 況於遠乎아 故勸修敬하노니 若見文殊功德之廣인댄 如前畧說이니 廣在經文이라】

    오천축국의 스님들은 목숨 바쳐 바람처럼 달려오고,
    팔방 밖의 사람들은 몸을 잊은 채 다투어 찾아왔다.

가까이 중국에 살면서도 평생 한 번도 찾아가지 못한다면,
또한 사위성의 3억 호 사람들과 그 무엇이 다르겠는가.

바라건대 공경하는 마음으로 닦아가야 할 것이다.【초_'五天
殉命' 이하는 '⑥ 중생에게 명호를 듣고서 공경의 마음으로 닦기를
권면'하는 부분이다. 첫 2구[五天殉命以奔風 八表亡軀而競託]는 예를
인용하여 수행을 권면하였다.

오천축국은 대충 20만 리 노정이라 말들 하지만, 그 누가 실제
의 거리를 알겠는가. 육로로 말하면, 가는 길목에 수백 곳의 나라
를 거쳐 가는데, 그 길목의 깊은 산봉우리는 몇만 겹인지 알 수 없
다. 혹은 동아줄을 부여잡고 허공에 몸을 의지한 채 기어오르기도
하고, 혹은 저 멀리 걸려 있는 구름다리를 건너기도 하고, 혹은 찬
바람을 맞고 걷거나 차가운 눈 위에서 누워 잠을 자고, 혹은 초근
목피를 먹거나 숲밭에서 머물고, 혹은 사나운 동물이 득실대는 길
목, 혹은 도적이 우글거리는 길을 걸어야 한다.

바닷길로 말하면, 성난 파도는 끝이 없고 안개 속의 섬들은 아
득히 묻혀 있으며, 물귀신들은 폭풍을 일으키고 고래들은 파도를
일으켜, 해와 달은 파도 아래 보일락 말락 하고, 사람들의 넋은 꿈
속을 헤매게 된다. 설령 물결이 잔잔하고 바람이 고요할지라도 바
닷물은 아스라이 하늘 끝에 넘실대고, 배가 떠가고 돛을 올릴지라
도 오히려 아무런 생각도 할 수 없는 생애처럼 느껴지기 마련이다.

이처럼 아무리 힘들고 위태롭지만 삼장법사와 명승들이 줄 이
어 찾아오는 것은 모두가 문수보살과의 인연으로 목숨을 바치고

삶을 버린 까닭에 "오천축국의 스님들은 목숨을 바쳐 바람처럼 달려온다."고 말하였다.

'八表' 등이란 동쪽으로부터, 서녘으로부터, 남방으로부터, 북쪽으로부터, 저 하늘 끝 달이 뜨는 곳, 아득한 바다 태양이 솟아오르는 곳에 눈과 귀가 있는 이라면, 갖은 고난 마다하지 않고서 아무리 멀리 있다 할지라도 반드시 찾아옴을 말한다.

'其有居神州' 이하의 2구[其有居神州而一生不到 亦奚異舍衛三億之徒哉]는 바로 권면함이다. 청량산 문수도량을 찾아가지 않는 잘못을 반대로 들추어, 찾아간 이들의 잘한 점을 밝히고 있다.

파미르고원의 동쪽, 수천 리 지방을 赤縣神州라 말한다. 이는 중국의 당나라이다. 청량산과의 노정 거리가 그다지 멀지 않고, 잘 뚫린 거리에 달리는 수레와 말들이 넘쳐나고 있다. 살고 있는 지방에서 교화를 살펴보면 일상의 생활을 잃을 것도 없다. 청량산을 찾아가면 반드시 징험을 얻을 수 있음에도 어찌하여 찾아가지 않는 것일까?

그들이 찾아가지 않음은 곧 사위성의 3억 호 사람들임을 알아야 한다. 그러므로 오늘날 절도사와 한 지방을 다스리는 지방 수령들이 청량산을 흠앙하지 않은 이가 없고, 서역의 많은 왕은 오천축국에 태어나는 바람에 중국에서 태어나지 못한 것을 한으로 여기고 있다. 그들은 멀리 문수보살에 예배를 올릴 뿐 아니라, 언제나 중국에 태어나 사는 사람들을 부러워한 바가 많다.

그러므로 서쪽으로 천축국을 떠나려는 사람이 있으면, 일찍이 오대산에 살아본 적이 있느냐고 먼저 묻는다. 그가 만일 살아본 적이 없다 말하면, 그를 버린 채 다시는 돌아보지 않는다고 한다.

오늘날 중국의 중생들이 다행히 전생의 인연으로 중국에 태어났음에도 제불 조사에게 공경할 줄을 모르기에, 이처럼 권하는 바이다.

"사위성의 3억 호 사람"이란 지도론 제11에서 다음과 같이 말하고 있다.

"부처님이 세상에 나오심을 만나기 어려움은 3천 년에 한 차례 핀다는 우담바라를 보는 것과 같다. 이와 같은 죄인들이 삼악도에 전전하거나 혹은 人天 가운데 있다가 부처님이 세상에 나오심을 보지 못하고 있다.

그것은 마치 이런 말과 같다.

사위성 안에 9억 호의 사람들이 살고 있는데, 3억 호의 사람은 눈으로 직접 부처님을 뵙고, 3억 호의 사람은 귀로 부처님이 있다는 말만을 들었을 뿐, 눈으로 직접 부처님을 뵙지는 못하였고, 3억 호의 사람은 직접 부처님을 뵙지도 못하였고 듣지도 못하였다.

부처님이 사위성에 머무르신 지 25년이나 되지만, 이처럼 많은 중생이 뵙지도 못하였고 듣지도 못하였다. 그렇다면 보다 더 멀리 있는 중생이야 어떻겠는가."

따라서 오늘날 중국 사람으로서 일찍이 오대산을 다녀온 사람은 또한 보고 들은 자이며, 청량산이 있다는 말은 들었지만 찾아가지 못한 사람은 그 이름은 들었지만 눈으로 직접 보지 못한 것과 같다. 다만 오대산 가까이 살면서도 또한 보지도 못하고 듣지도 못한 자가 있는데, 하물며 멀리 사는 사람들이야 오죽하겠는가. 이 때문에 공경하는 마음으로 받들기를 권하는 것이다. 만일 문수보살을 친견하면 그 크나큰 공덕은 앞에서 간단히 말한 바와 같다. 자세한 부분은 경문에 실려 있다.】

六 金剛山
   제6. 금강산

経
海中에 有處하니 名金剛山이라 從昔已來로 諸菩薩衆이 於中止住어니와 現有菩薩하니 名曰法起라 與其眷屬諸菩薩衆千二百人俱하야 常在其中하야 而演說法이니라

　　바다 가운데 금강산이 있다.

　　예로부터 많은 보살이 그곳에 머물고 있는데, 현재에 있는 보살의 명호는 법기보살이다.

　　그의 권속 1천2백 보살과 함께 항상 그 가운데 머물면서 법을 연설하였다.

◉ 疏 ◉
金剛山이라 謂東海近東에 有山하니 名爲金剛이라 雖非全體是金이나 而上下四周와 乃至山間 流水砂中에 皆悉有金일세 遠望이면 卽

謂全體是金이라 又東海人이 自古相傳호대 此山에 往往有聖人出現이라하다 然晉本은 此處當其第九하니 以與第十莊嚴窟로 俱在海中故어늘 而今居此者는 意是八方之內에 東北方攝故니라 若不然者인댄 何以正說八方에 忽然語海리오 又晉本에 海中有二住處하니 一名枳怛那니 現有菩薩은 名曇無竭이니 有萬二千菩薩眷屬이라 言枳怛者는 具云腯枳多니 此云踊出이니 金剛은 語體오 踊出은 語狀이라 曇無竭者는 此云法이오 生 亦云法勇이오 亦云法尚이라 今言法起는 與生勇義同하니 卽常啼之友也라 菩薩眷屬이 十倍今經이니 或前譯之誤니라

금강산이다. 동해의 동쪽 가까이에 산이 있는데, 그 이름을 금강산이라 한다. 산의 전체가 황금으로 이뤄진 것은 아니지만, 상하와 사방 주위 내지 산간의 시냇물 모래 속에 모두 금이 있기에, 멀리서 바라보면 전체가 금으로 보임을 말한다.

또한 동해에 사는 사람들이 예로부터 전해오는 말에 의하면, 금강산에 이따금 성인이 출현한다고 한다.

그러나 晉本에서는 금강산은 제9에 해당한다. 제10 장엄굴과 모두 바다에 있기 때문이다. 하지만 이 화엄경에서 여기에 둔 것은, 생각해보면 팔방의 내에 동북방에 포괄되기 때문이다. 만일 그렇지 않다면 어떻게 팔방을 말하다가 갑자기 바다 쪽을 말할 수 있겠는가.

또한 진본에 의하면, 바다의 머문 장소로는 2곳이 있다.

하나의 이름은 '枳怛那'이다. 현재 주석한 보살의 명호는 曇無竭이다. 1만 2천 명의 보살 권속이 있다고 한다.

枳怛이란 구체적으로 말하면 昵枳多이다. 중국에서는 踊出의 뜻이다. 금강은 본체를 말하고, 솟았다[踊出]는 것은 산의 모습을 말한다.

曇無竭이란 중국에서는 法生의 뜻이고, 또한 法勇이며, 또한 法尚을 말한다. 이 화엄경에서 法起보살로 말한 것은 法生·法勇의 뜻과 같기 때문이다. 담무갈보살은 常啼보살(Sadaprarudita)의 도반이다.

보살의 권속이 이의 경문에서 말한 1천2백 명보다 10곱이 많은 1만 2천 명인 것은 혹 앞의 번역자의 오류로 보인다.

七 支提山
제7. 지제산

經

東南方에 有處하니 名支提山이라 從昔已來로 諸菩薩衆이 於中止住어니와 現有菩薩하니 名曰天冠이라 與其眷屬諸菩薩衆一千人俱하야 常在其中하야 而演說法이니라

동남방에 지제산이 있다.

예로부터 많은 보살이 그곳에 머물고 있는데, 현재에 있는 보살의 명호는 천관보살이다.

그의 권속 1천 보살과 함께 항상 그 가운데 머물면서 법을 연설하였다.

◉ 疏 ◉

支提山者는 此云生淨信之所니 有舍利者는 爲塔이오 無舍利曰 支提라 或山形似塔이어나 或彼有支提일세 故以爲名이라 昔云旣 指淸凉爲東北인댄 則東南은 影響吳越이라 然吳越에 靈山雖衆이 나 取其形似者인댄 天台之南 赤城山也라 直聳雲際하야 艶若霞起 하고 巖樹相映하야 分成數重이라 其間에 有白道猷之遺蹤하니 或卽 當之矣라 然劍川에 有三學山하고 中有歡喜王菩薩하야 屢持燈而 出하니 名雖不同이나 而天竺望之면 卽是東南이오 亦有見其持寶 冠者니 則密示其名也니 希後賢以審之니라

　　지제산이란 중국에서는 '청정한 신심을 일으켜주는 곳[生淨信 之所]'이라는 뜻이다. 사리가 있는 것은 탑이라 하고, 사리가 없으 면 이를 '지제(Caitya)'라 한다. 혹은 산의 형상이 탑을 닮았거나 아니 면 그곳에 지제가 있어 붙여진 산 이름이다.

　　옛사람의 말에 의하면, "앞서 청량산을 동북쪽의 산으로 지목 하였는데, 동남은 吳越에 영향이 있다."고 한다.

　　그러나 오월에는 영산이 많으나, 그처럼 생긴 산을 찾으면 천 태산의 남쪽, 赤城山이다. 적성산은 구름 끝에 우뚝 솟아 붉은빛이 마치 노을이 일어나는 것과 같고, 바위와 나무가 서로 비춰 몇 겹 으로 나뉘어 있다. 그 사이에 천축 나한승 白道猷의 유적이 있다. 이로 보면 혹 이에 해당될 수 있다.

　　그러나 劍川에 삼학산이 있는데, 그 산중에 환희왕보살이 머 물면서 자주 등불을 들고 나왔다. 산의 이름은 똑같지 않지만, 천

축에서 바라보면 동남쪽이며, 또한 그 寶冠을 쓴 보살을 본 사람이 있다고 한다. 이는 그 산 이름을 은밀하게 보여준 것이다. 후학들은 이를 잘 살펴보기 바란다.

八 光明山

제8. 광명산

經

西南方에 有處하니 名光明山이라 從昔已來로 諸菩薩衆이 於中止住어니와 現有菩薩하니 名曰賢勝이라 與其眷屬諸菩薩衆三千人俱하야 常在其中하야 而演說法이니라

서남방에 광명산이 있다.

예로부터 많은 보살이 그곳에 머물고 있는데, 현재에 있는 보살의 명호는 현승보살이다.

그의 권속 3천 보살과 함께 항상 그 가운데 머물면서 법을 연설하였다.

● **疏** ●

光明山은 昔云應是與補怛洛伽山相連이라하니 以晉譯觀音住山 爲光明이로되 今文은 非觀音住處而云光明이라 故言連也니라

광명산은 옛사람의 말에 의하면, "보달락가산(Potalaka)과 서로

연이어 있다."고 한다.

晉譯에서는 "관음보살이 주석한 산을 광명산이라 한다."고 말했는데, 여기에서는 관음보살이 주석한 곳이 아님에도 광명산이라 명명한 까닭에 "서로 연이어 있다."고 말한 것이다.

九 香風山
제9. 향풍산

經
西北方에 **有處**하니 **名香風山**이라 **從昔已來**로 **諸菩薩衆**이 **於中止住**어니와 **現有菩薩**하니 **名曰香光**이라 **與其眷屬諸菩薩衆五千人俱**하야 **常在其中**하야 **而演說法**이니라

서북방에 향풍산이 있다.

예로부터 많은 보살이 그곳에 머물고 있는데, 현재에 있는 보살의 명호는 향광보살이다.

그의 권속 5천 보살과 함께 항상 그 가운데 머물면서 법을 연설하였다.

● 疏 ●
香風山은 疑是香山西畔이라

향풍산은 향산의 서쪽 언덕으로 의심된다.

十莊嚴窟
제10. 장엄굴

經

大海之中에 復有住處하니 名莊嚴窟이라 從昔已來로 諸菩薩衆이 於中止住하니라

큰 바다 가운데 또한 보살이 머문 곳이 있는데, 장엄굴이라 말한다.

예로부터 많은 보살이 그곳에 머물고 있었다.

◉ 疏 ◉

莊嚴窟者는 對上第六海中일새 故云復有니라 晉本云二名功德莊嚴窟이라하다

장엄굴이란 제6의 바다 가운데를 상대로 말한 까닭에 '또한…있다[復有].'라고 말하였다. 晉本에서는 "제2는 공덕장엄굴이라 말한다."고 하였다.

後 城邑十二處中에 一은 毘舍離라

(2) 12곳의 성과 고을

제1. 비사리

毘舍離南에 有一住處하니 名善住根이라 從昔已來로 諸菩薩衆이 於中止住하니라

비사리 남쪽에 보살이 머문 곳이 있는데, 선주근이라 말한다. 예로부터 많은 보살이 그곳에 머물고 있었다.

● 疏 ●

毘舍離者는 即毘耶離니 此云廣嚴城이오 亦曰廣博이니 即是中印度淨名所居之城이라 言南者는 按西域記第七에 云'此城 南十四五里에 有塔하니 是七百賢聖重結集處오 更南八九十里에 有僧伽藍하니 其側에 有過去四佛座와 及經行遺迹之處'라하니 應是其所니라 晉本第二에 '更有一處하니 名巴連弗邑이오 有處는 名金燈僧伽藍'이라하고 昔云具言波吒補怛囉니 此云黃華子니 即黃華女之子 創居此處라 亦中天摩伽陀國이니 具如西域記第八이라 今經에 闕此一處니라

비사리란 비야리이다. 중국에서는 '광대하고 장엄한 성[廣嚴城]' 또는 '넓고 넓다[廣博].'는 뜻이다. 이는 유마거사가 거주한 중인도의 성이다.

'남쪽'이라 말한 것은 서역기 제7을 살펴보면, "비야리성의 남쪽 14, 5리에 탑이 있다. 이는 7백 보살이 거듭 結集한 도량이며, 다시 남쪽으로 8, 90리에 승려들의 가람이 있다. 그 곁에 과거 四佛의 법좌 및 行禪[經行]하던 유적이 남아 있다."고 하니, 당연히 그곳

을 말한다.

　晉本 제2에서는 또 다른 한 곳이 있다. 그 이름은 巴連弗邑이며, 그곳을 金燈僧伽藍이라 한다. 옛사람이 말하기를 "구체적으로 말하면 '바타보달라'이다. 중국에서는 '黃華子'라는 뜻이다. 이는 黃華 여인의 아들이 이곳에 처음 살았다고 하여 붙여진 이름이다."고 하였다.

　또한 중천축 마갈타국이다. 이는 서역기 제8에서 구체적으로 말한 바와 같다. 이 화엄경에서는 이곳을 말하지 않았다.

二 摩度羅
　제2. 마도라

經

摩度羅城에 有一住處하니 名滿足窟이라 從昔已來로 諸菩薩衆이 於中止住하니라

　마도라성에 보살이 머문 곳이 있는데, 만족굴이라 말한다.
　예로부터 많은 보살이 그곳에 머물고 있었다.

● 疏 ●

摩度羅者는 亦曰摩偸羅니 此云孔雀이오 亦云密蓋니 並是古世因事니라 亦中印度니 言滿足窟者는 彼國에 有舍利弗等塔과 及文

殊師利塔이오 於王城 東五六里에 有山寺하니 是烏波毱多所造 오 寺北에 有巖이어늘 中間에 有石窟하니 是毱多度人安籌之所니 具 如西域記第四說이라 安籌는 雖是後事나 多是安聖窟中하다【鈔_ 二,摩度羅는 亦云摩偸羅니 亦中印度境이라 西域記第四者는 彼 記에 名秣菟羅國이오 記中에 不說孔雀之緣이라 言'有舍利等塔'者는 等取大目犍連과 及富樓那塔이라 言'寺北有巖'等者는 記云 '城東行五六里에 至一山伽藍이니 疎崖 爲室하고 因谷爲門이라 尊者烏波毱多는 唐言近護之所建也라 其 中則有如來指爪窣堵波하고 伽藍北巖間에 有石室하니 高二十餘 尺이오 廣三十餘尺이오 四寸細籌 塡積其內어늘 尊者近護 說法化 導에 夫妻俱證阿羅漢果면 乃下一籌오 異室別族은 雖證不記라 '安籌'等者는 恐人設難云旣是毱多建窟인댄 乃是佛滅之後百 年中事어늘 今是始成說經을 那是彼窟가 故爲此通이라】

마도라는 또한 '마투라'라고도 말한다. 중국에서는 '공작새'라는 뜻이며, 또한 '은밀한 덮개[密蓋]'라는 뜻이다. 이는 모두 전생의 인사이다.

또한 중인도니 '만족굴'이라 말한 것은 그 나라에 사리불 등의 탑과 문수사리보살의 탑이 있고, 왕성의 동쪽 5, 6리에 산사가 있는데, 이는 오바국다존자가 창건한 곳이다. 사찰의 북쪽에 바위가 있는데, 그 가운데 석굴이 있다. 이는 오바국다존자가 사람을 제도하는 족족 산대를 쌓아두던 곳이다. 서역기 제4에서 구체적으로 말한 바와 같다. 산대를 쌓아두던 일은 후대에 생겨난 것이나, 성스러운 이 동굴에 안치한 바 많았다.【초_ 제2 마도라는 또한 마투라로 말하기도 한다. 이 또한 중인도 경계에 있다.

"서역기 제4에서 구체적으로 말한 바"란 그 서역기에 의하면, '출토라국'이라 한다. 서역기에는 부처님의 전생 설화인 공작의 인연에 대해서는 말하지 않았다.

"사리불 등의 탑"이라 말한 것은 대목건련존자와 부루나존자의 탑을 똑같이 취하여 말한 것이다.

"사찰의 북쪽에 바위" 등이라 말한 것은 서역기에 의하면, "마도라성의 동쪽 5, 6리의 산사에 이르면, 듬성듬성한 언덕으로 집을 삼고 골짜기로 문을 삼았다. 오바국다존자는 唐朝에서 '近護(오바국다의 音譯)'가 창건하였다고 말한다. 그곳에는 여래의 손톱을 봉안한 탑이 있고, 가람의 북쪽 바위 사이에 석실이 있는데, 높이는 20여 자이고, 너비는 30여 자이다. 4촌 길이의 가는 산대를 그 안에 가득 쌓아놓고서 설법으로 중생을 교화하면서 부부가 함께 아라한과를 증득하면 하나의 산대를 내려놓았다. 다른 석실의 다른 이들은 아무리 증득했을지라도 산대로 기록하지 않았다."고 하였다.

'4촌 길이의 가는 산대를 쌓아놓는' 등은 사람들이 다음과 같이 논란할까 두렵다.

"이미 말한 바처럼 오바국다존자가 창건한 석굴이라면 그것은 부처님 열반 후 백 년 중에 있었던 일이다. 그럼에도 여기에서 처음 경전을 완성하고 설법한 것을 어떻게 그 석굴에서 할 수 있을까?"

이 때문에 이처럼 말을 하여, 의심을 없애준 것이다.】

三 俱珍那

제3. 구진나

經

俱珍那城에 **有一住處**하니 **名曰法座**라 **從昔已來**로 **諸菩薩衆**이 **於中止住**하니라

구진나성에 보살이 머문 곳이 있는데, 법좌라 말한다.
예로부터 많은 보살이 그곳에 머물고 있었다.

● 疏 ●

俱珍那者는 具云俱陳那耶니 俱珍은 姓也니 此云大盆이오 那耶는 法律也라 謂池形如大盆이어늘 往昔에 有仙이 於側修法律이러니 後人이 以此爲姓하고 因爲城名하다

구진나는 구체적으로 말하면 '俱陳那耶'이다. 俱珍은 성씨이다. 중국에서는 '큰 동이[大盆]'라는 뜻이며, 那耶는 법률이라는 뜻이다. 연못의 생김새가 큰 동이와 같은데, 예전에 어떤 仙人이 그 연못 곁에서 법률을 닦았다고 한다. 후인이 이로 성씨를 삼고, 이를 계기로 성의 이름을 삼았다.

四 淸淨彼岸城

제4. 청정피안성

經

淸淨彼岸城에 **有一住處**하니 **名目眞隣陀窟**이라 **從昔已來**로 **諸菩薩衆**이 **於中止住**하니라

청정피안성에 보살이 머문 곳이 있는데, 목진린타굴이라 말한다. 예로부터 많은 보살이 그곳에 머물고 있었다.

◉ 疏 ◉

彼岸城은 是南印度라 目眞은 此云解脫이니 卽龍之名이오 鄰陀는 云處니 卽龍所居處라

피안성은 남인도이다. 目眞은 중국에서는 해탈의 뜻으로, 곧 용의 이름이며, 鄰陀는 처소를 말하니 곧 용이 거처하는 곳이다.

五 摩蘭陀國

제5. 마란다국

經

摩蘭陀國에 **有一住處**하니 **名無礙龍王建立**이라 **從昔已來**로 **諸菩薩衆**이 **於中止住**하니라

마란다국에 보살이 머문 곳이 있는데, '걸림 없는 용왕이 세운

나라'라고 말한다.

예로부터 많은 보살이 그곳에 머물고 있었다.

◉ 疏 ◉

摩蘭陀國은 未詳所在라 晉經에 無國이오 但云風地라하니 謂有風孔處니 卽龍所居라

마란다국은 소재지가 자세하지 않다. 진경에서는 그런 나라는 없고, 다만 風地라 말하였을 뿐이다. 바람구멍이 있는 곳을 말하니, 용이 거처하는 곳이다.

六 甘菩遮國
　제6. 감보자국

經

甘菩遮國에 有一住處하니 名出生慈라 從昔已來로 諸菩薩衆이 於中止住하니라

감보자국에 보살이 머문 곳이 있는데, 출생자라 말한다.

예로부터 많은 보살이 그곳에 머물고 있었다.

◉ 疏 ◉

甘菩遮國은 正云紺蒲니 卽是果名이라 其果赤白圓滿하야 乍似此

方林擒이라

감보자국은 바로 감포를 말하니, 과일의 이름이다. 그 과일은 적백색으로 둥글게 생겨, 중국의 사과와 약간 닮았다.

七 震旦國

제7. 진단국

經

震旦國에 有一住處하니 名那羅延窟이라 從昔已來로 諸菩薩衆이 於中止住하나라

진단국에 보살이 머문 곳이 있는데, 나라연굴이라 말한다. 예로부터 많은 보살이 그곳에 머물고 있었다.

◉ 疏 ◉

震旦國은 卽此大唐이니 亦云眞丹이며 或云支那니 皆梵音楚夏라 此云多思惟니 以情慮多端故니라 前爲成八方일세 故淸涼은 直云東北이어니와 今在諸國之類일세 故擧國名이라

那羅延者는 此云堅牢니 昔云卽靑州界에 有東牢山이라하니 現有古佛聖迹하니 此應是也라 然牢山은 乃是登州니 亦靑州分野니 其山에 靈迹亦多라 然今之到此山이 在蔚州東하니 靈迹顯著 不減淸涼하다 時稱普賢所居라하니 往往有覩라 彼亦有五臺어늘 南臺有

154

窟호되 難究其底라 時稱那羅延窟이라하니 或卽是此라【鈔_ '亦靑州分野'者는 禹別九州할새 東爲靑州니 則天下를 分其九分野矣라 '然今之至此山'者는 相傳云以是秦始皇築長城이 到此畢功일세 故立其名이라하다】

　진단국은 중국(大唐)이다. 또한 眞丹, 혹은 支那라 말하는데, 이는 모두 범음의 淸濁[楚夏]에 의해 달리 말한 것이다. 중국에서는 '생각이 많은 나라[多思惟]'라는 뜻으로, 여러 많은 생각 때문이다. 앞에서는 팔방으로 말한 까닭에 청량산을 바로 동북쪽이라 말했지만, 여기에서는 여러 나라의 유에 있기에 직접 나라 이름을 들어 말하였다.

　나라연이란 중국에서는 '굳건[堅牢]'하다는 뜻이다. 옛사람이 말하기를 "靑州 경계에 東牢山이 있다."고 하는데, 현재까지도 옛 부처님들의 聖迹이 남아 있는 것으로 보아, 아마 그곳으로 생각된다. 그러나 동뇌산은 登州이자, 또한 靑州의 분야이다. 그 동뇌산에 신령스러운 자취 또한 많다. 그러나 오늘날 그 산은 蔚州 동쪽에 있다. 뚜렷한 신령스러운 자취가 청량산에 못지않다. 당시 사람들이 보현보살이 주석했던 곳이라고 말하고, 이따금 보현보살을 본 적이 있다고 한다. 그곳에 또한 五臺가 있는데, 南臺에 있는 굴의 밑바닥을 알기 어렵다고 하여, 당시 사람들이 그 굴을 나라연굴이라 말하였다. 혹시 그곳일지도 모른다.【초_ "또한 靑州의 분야"란 우임금이 九州를 구별할 적에 동쪽으로 靑州를 삼았다. 중국 천하를 아홉 분야로 구분한 것이다.

155

"그러나 오늘날 그 산"이란 전해오는 말에 의하면, "진시황이 만리장성을 쌓다가 이 산에 이르러 그 일을 끝마쳤기에 그와 같은 이름을 붙였다."고 한다.】

八 疏勒國
　제8. 소륵국

經

疏勒國에 有一住處하니 名牛頭山이라 從昔已來로 諸菩薩衆이 於中止住하니라

　소륵국에 보살이 머문 곳이 있는데, 우두산이라 말한다. 예로부터 많은 보살이 그곳에 머물고 있었다.

● 疏 ●

疏勒國은 具云佉路數怛勒이니 是彼國山名이니 因山立號라 或翻爲惡性이니 因國人以立名이라 然牛頭山은 在今于闐國이니 此云地乳니 佛滅百年에 方立此國이니 具如西域記라 以集經之時未開하야 尙屬疎勒故耳라 晉本에 但云邊國故로 或指江表牛頭어니와 今譯既明하니 定非此也니라【鈔_ 八疎勒國者 西域記十二云出葱嶺이면 其烏鍛國이니 此國城 西二百餘里에 至一大山이오 從此北行이면 山磧曠野오 五百餘里에 至佉沙國이라 舊云謂疏勒者는

乃稱其城號也라 正音에 宜云室利訖栗多底오 疏勒之言은 猶爲
訛也라 釋曰 疏依古釋이니 卽日照三藏 釋西域記에 云佉沙國은
周五千餘里오 多沙磧이오 少壤土라 稼穡殷盛하고 花果繁茂하다
從此東南行五百餘里하야 濟河蹈沙면 至斫句迦國이라 唐言沮渠
니 周千餘里오 國南境에 有大山하니 崖嶺嵯峨하고 峯巒重疊하며 草
木凌寒하야 春秋一觀이오 溪澗溋瀨는 飛流四注하고 崖龕石室은 某
布巖林이라 印度得果人이 多運神通하야 輕擧遠遊하야 棲止於此라
諸阿羅漢이 於此寂滅者衆이라 是故로 多有窣堵波也라 今猶現有
三阿羅漢이 居巖岫中하야 入滅心定하니 形若羸人하고 鬚鬖恒長이
라 故諸沙門이 時往爲剃라 而此國中에 大乘經典 部數元多하니 佛
法至處 莫斯爲盛也라 十萬頌爲部者는 凡有十數오 自玆已降으
로 其流寔廣이라 釋曰 據此면 華嚴等經이 却在此國이라

從此而東하야 蹈嶺越谷하야 行八百餘里면 至瞿薩旦那國이라 唐言
地乳니 卽其俗之雅言也라 俗語는 謂之漢那오 匈奴는 謂之于遁이오
諸胡는 謂之豁旦이오 印度는 謂之屈丹이라 舊四于闐者는 訛也라
瞿薩旦那國은 周四千餘里니 沙磧太半이오 壤土隘狹하니 宜穀稼
오 多衆果라 宗尙佛法하야 伽藍은 百有餘所오 僧徒는 五千餘人이라
竝多習學大乘法敎이오 王甚驍武로되 敬重佛法하야 自云毘沙門
이라하니 天之祀胤也라

昔者에 此國虛曠無人이어늘 毘沙門天이 於此棲宅이러니 無憂王太
子 在呾叉始羅國이라가 被抉目하니 王이 怒하야 譴謫輔佐하고 遷其
豪族하야 出於雪山北하야 居荒谷間하니 遷人逐牧하야 至此西界하야

推舉尊豪하야 首立爲主하니 當是地也라 東土帝子 蒙譴流徒하야 居此東界러니 羣下勸進하야 又自稱王이오

歲月已積에 風教不通이라 各因畋獵하야 遇會荒澤하고 更問宗緒하고 因而爭長하야 忿形辭語로 便欲交兵이어늘 或有諫曰 今何遽乎아 因獵決戰이면 未盡兵鋒이니 宜歸治兵하야 期而後集이라하니 於是廻駕하야 各歸其國하야 校習戎馬하고 督勵士卒하야 至期兵會에 旗鼓相望이라 旦日合戰에 西主不利하야 因而逐北에 遂斬其首하다

東王이 乘勝하야 無集亡國하고 遷都中地하야 方建城郭하고 憂其無土하야 恐難成功하고 宣告遠近하야 誰識地理오 時有塗灰外道 負大瓠하고 盛滿水하야 而自進曰 我知地理라하고 遂以其水로 屈曲遣流하야 周而復始하고 因卽疾驅하야 忽而不見이어늘 依彼水迹하야 峙其基堵하야 遂得興功하다

卽斯國治에 令王所都於此城也라 城非崇峻이면 攻擊難尅이라 自古已來로 未能有勝이라 其王이 遷都作邑하고 建國安人하야 功績已成에 齒耄云暮오 未有胤嗣라 恐絶宗緒하야 乃往毘沙門天王所하야 祈禱請嗣러니 神像額上에 剖出嬰孩하고 捧以廻駕하니 國人稱慶이로되 旣不飮乳라 恐其不壽하야 尋諸神祠하야 重請養育하니 神前之地 忽然隆起하야 其狀如乳라 神童飮吮하고 遂至成立하니 智勇光前하고 風教遐被라 遂營神祠하야 宗先祖也라 自茲已降으로 奕世相承하야 傳國君臨하야 不失其緖라 故今神廟 多諸珍寶하야 拜祠享祭에 無替於時오 地乳所育으로 因爲國號하다

王城 南十餘里에 有伽藍하니 先此國王이 爲徧照阿羅漢建也라

王城 西南二十餘里에 至瞿室㘄伽山하니 唐言牛角이라 山峯兩起하고 巖隒西絕이어늘 於崖谷間에 建一伽藍하니 其中佛像에 時燭光明하다 昔如來 曾至此處하사 爲諸天人하야 畧說法要하고 懸記此地호되 當建國土하야 敬崇遺法하고 遵習大乘이라하더니 卽今處也라

牛角巖에 有大石室하니 中有阿羅漢入滅心定하야 待慈氏佛하야 數百年間 供養無替러니 近者에 崖崩하야 掩塞門徑이어늘 國王이 興兵하야 欲除崩石이러니 卽黑蜂羣飛하야 毒螫人衆이라 以故至今히 石門不開하다 釋曰 據此면 亦爲聖居니 或指江表牛頭者니 卽金陵南四十里에 有山하니 名牛頭니 謂由此山有雙峯故로 一名雙闕이오 一名天闕이오 一名南郊오 一名仙窟이니 皆以累朝改革不定이라

按域地誌云此山 高一千四百尺이오 周廻四十七里니 準西域記와 及舊華嚴經菩薩住處品이면 心王菩薩이 告諸菩薩言호되 東北方邊夷國土는 名牛頭라하다 若按新經에 云疏勒國에 有一住處하니 名牛頭山이라하니 如前所引西域記文이 此與眞丹處則異也라(此文은 見金陵塔寺記하다) 古老 相傳云 '是辟支佛 現形之所'라하고 而前後文에 多云 '菩薩이 於中止住하고 而其靈應이 往往有之'라하다】

　　소륵국은 구체적으로 말하면, '구로수달륵'이다. 이는 그 나라에 있는 산 이름이다. 산으로 인하여 국호를 삼은 것이다. 혹자는 이를 번역하면 惡性이라 한다. 그 나라 사람들의 성품을 따라 국호를 삼았다고 한다.

　　그러나 우두산은 현재 우전국에 있다. 중국에서는 '地乳'의 뜻으로 쓰인다. 부처님 열반 후, 백 년 뒤에 처음으로 이 나라를 세웠

다. 서역기에서 구체적으로 말한 바와 같다. 경전을 結集할 당시엔 나라가 분립되지 못하여 그때까지 소륵국에 귀속되어 있었기 때문이다. 晉本에서는 '변방나라[邊國]'라 말하였을 뿐이다. 이 때문에 양자강 이남 지역의 우두산을 지적한 것이지만, 여기에서 해당 부분에 관한 번역이 이처럼 분명하니, 반드시 우두산이 아니다. 【초_ 제8 소륵국은 서역기 12에 의하면 다음과 같다.

"파미르고원을 벗어나면 '오쇄국'이다. 오쇄국에서 서쪽으로 2백여 리를 가면 하나의 큰 산에 이르게 된다. 여기에서 다시 북쪽으로 가면 자갈산 아래 아득히 너른 들판이 있다. 5백여 리를 가면 佉沙國에 이르게 된다."

옛적에 소륵국이라 말한 것은 그 성의 명칭으로 국호를 붙인 것이다. 서역의 正音으로는 당연히 '실리흘률다저'라 말해야 한다. 소륵국이란 말은 오히려 잘못된 말이다.

이에 대해 해석하기를 "청량소는 옛 해석을 따른 것이다. 日照三藏의 西域記 해석에서는 '구사국'은 주위 5천여 리이다. 모래자갈이 많고 흙이 적은데, 곡식이 잘 자라고 꽃과 과일이 번성한다고 하였다."고 한다.

여기에서 동남쪽으로 5백여 리를 가면서 황하를 건너고 사막을 건너면 '작구가국'에 이른다. 중국에서는 이를 '沮渠'라 불렀다. 주위는 1천여 리이다. 그 나라 남쪽 경계에 큰 산이 있는데, 가파른 잿마루가 드높고 봉우리들이 첩첩으로 쌓여 있으며, 풀과 나무는 추위를 견디면서 봄과 가을에 겨우 한 차례 볼 수 있다. 산골짜기

시내와 깊은 여울은 사방에서 세차게 흐르고 언덕에 석굴의 감실은 숲속에 바둑판처럼 펼쳐져 있다. 인도의 阿羅漢果를 증득한 스님들이 신통력으로 가볍게 멀리까지 찾아와 이곳에서 머문 자가 많다. 따라서 많은 아라한이 여기에서 입적한 분이 많은 까닭에 사리탑이 많이 남아 있다. 지금도 현재 세 분의 아라한이 바위 동굴 속에서 '아라한과 이상의 성자가 잠시 동안 열반에 드는 선정[滅心定]'에 들어 있다. 그들의 형체는 여윈 사람과 같은데 수염과 머리털은 끊임없이 자라나고 있다. 이 때문에 여러 스님이 때로 찾아가 잘라 드리고 있다. 작구가국에는 대승경전의 部數가 원래 많이 남아 있다. 불법이 전파된 곳으로 이보다 더 성대한 곳은 없다. 10만 게송으로 하나의 部를 이루고 있는 불경이 모두 10편 정도이다. 이곳으로부터 불경의 유통이 넓혀진 것이다.

    이에 대해 해석하기를 "이에 근거하여 보면, 화엄경 등이 이 나라에 있었다."고 하였다.

    여기에서 동쪽으로 산마루를 넘고 골짜기를 건너 8백여 리를 가면 '구살단나국'에 이르게 된다. 중국에서는 '地乳'라 말하였다. 그 나라의 바르고 우아한 말을 따른 것이다. 속어로는 漢那, 흉노는 于遁, 여러 호족은 豁旦, 인도에서는 屈丹이라 말하였다. 옛사람이 말한 '4곳의 于闐'이라는 것은, 속어 등 각기 다른 말들을 4개의 국가로 잘못 이해한 데서 비롯하였다.

    '구살단나국'은 주위 4천여 리이다. 모래와 자갈이 3분의 2가 넘고 흙이 있는 면적은 아주 좁다. 곡물을 심기에 적절하고 수많은 과일이 있다. 불법을 숭상하여 가람은 1백여 개소나 있고, 승려는 5천여 명이다. 아울러 대승법을 배우는 이가 많다. 국왕은 매우 용감하지만, 불법을 높이 받들어 스스로 자신을 '사천왕의 하나인 毘沙門'이라 말하니 '비사문천왕의 제사를 받드는 말이'임을 뜻한다.

옛적에 이 나라에서는 사람을 찾아볼 수 없는 빈 땅이었다. 毘沙門天王이 여기에 터전을 마련하고 살았는데, 무우왕 태자가 '달차시라국'에 머물다가 눈을 뽑히는 일을 당하자, 왕이 성을 내어 태자를 보좌했던 신하들을 귀양 보내고, 그 호족들을 강제로 이주시킬 적에 雪山 북쪽으로 벗어나 거친 계곡 사이에서 거처하도록 하였다. 이렇게 쫓겨난 사람들이 가축을 방목하면서 떠돌다가 비사문천왕 나라의 서쪽 경계에 이르러 존귀한 호족 한 사람을 추대하여 국왕으로 삼았다. 바로 이곳에서 이뤄진 일이다. 그리고 東土의 황제 아들이 유배당하여 비사문천왕 나라의 동쪽 경계에 살았는데, 많은 신하가 왕위에 오를 것을 권하여 그 또한 자칭 국왕이라 하였다.

세월이 흐르면서 풍속과 교화가 유통되지 못하였다. 동서 국경에서 제각기 사냥으로 살아갔는데, 거친 늪지에서 만나 서로가 집안의 내력을 물었다. 이 때문에 서로 자기네가 어른이라 하여, 성낸 얼굴과 거친 말로 싸움을 벌이려고 하였다.

이에 어떤 사람이 말하였다.

"오늘 어떻게 이처럼 갑자기 싸우려고 하는가. 사냥 중에 전쟁을 하면 나라의 병사와 무기를 모두 동원할 수 없으니, 각기 본국으로 돌아가 병사들을 잘 다스렸다가 어느 날을 기약하여 다시 만나자."

이에 수레를 돌려 각기 본국으로 돌아가 말을 훈련시키고 병사들을 독려하였다. 기약한 날에 병사들이 모두 모여 깃발과 북이 서로 마주하였다. 이른 아침, 교전을 벌였는데, 서쪽 경계의 왕이 패배하자, 그의 뒤를 쫓아 마침내 그의 머리를 베었다.

동쪽 경계의 왕은 승리하고서 망국의 땅을 점령하지 않고 중앙 지방으로 도읍을 옮겨 성곽을 세웠다. 하지만 그곳에 토지가 없어 성공하기 어려울 것을 걱정한 나머지, 원근에 지리를 잘 아는 사람을 찾는다고 선포하였다.

당시 '온몸에 재를 바른 외도[塗灰外道]'가 큰 바가지에 물을 가득 담아 짊어진 채, 스스로 찾아와 "나는 지리를 알고 있다." 말하고서, 마침내 그 물로 구불구불 물줄기를 만들어 빙 둘러 첫 시작한 자리에 이르자, 곧장 빠른 걸음으로 달려 나갔는데 갑자기 그를 찾아볼 수 없었다. 그가 만들어 놓은 물줄기를 따라 터전을 세워 마침내 성공하기에 이르렀다. 이처럼 나라가 다스려지자, 왕에게 이 성에 도읍을 정하도록 하였다. 성채가 높지 않으면 침략을 막아내기 어렵기에 예로부터 승리할 수 없다.

그 국왕이 도읍을 옮기고 나라를 세워 백성을 평안하게 하여 공업을 성취하였을 때 그의 나이는 이미 노년에 이르렀는데, 뒤를 이을 자식이 없었다. 종사가 끊길까 두려운 마음에 비사문천왕이 있는 곳으로 찾아가, 자식을 바라는 기도를 올리자, 神像의 이마가

벌어지면서 어린아이를 보내주었다. 그 아이를 안고 돌아오니, 나라의 모든 백성이 경사라고 말들 했지만, 젖을 먹지 못한 터라, 행여 수를 누리지 못할까 두려운 마음에 여러 神祠를 찾아 다시 잘 길러줄 것을 청하자, 신사 앞의 땅이 갑자기 유방처럼 솟아올랐다. 신이 내린 아이는 그 젖을 먹고서 마침내 성장하여, 지혜와 용맹은 이전 사람들보다 빛나고 그의 가르침은 멀리 전해졌다.

마침내 신사를 창건하여 그의 선조를 모셨으며, 그 이후로 대대로 이어오면서 왕위를 전하여 다스리면서 왕업을 잃지 않았다. 이 때문에 오늘날까지 신사에 진귀한 보배가 많아 제향을 거르는 때가 없다. '地乳'로 길러졌다 하여, 이로 국호를 삼은 것이다.

왕성의 남쪽 10여 리에 가람이 있다. 이전 어느 국왕이 徧照阿羅漢을 위해 창건한 곳이다. 왕성에서 서남쪽으로 20여 리를 가면 구실능가산에 이른다. 중국에서는 牛角山이라 한다. 2개의 산봉우리가 솟아 있고 서쪽으로 가파른 암벽이 있는데, 골짜기 사이에 하나의 가람을 창건하였다. 그곳에 봉안한 불상에서 때로 광명이 쏟아져 나온다.

옛적에 여래께서 일찍이 이곳에 이르러 많은 天人을 위해 간단하게 法要를 연설하고, 이 땅에 대해 懸記를 하였다.

"여기에 국토를 세워 불법을 높이 받들고 대승법을 따라 배울 것이다."

바로 이곳을 말한다.

牛角巖에는 큰 석실이 있다. 그곳에 어느 아라한이 滅心定에 들어 미륵불을 기다리면서 수백 년간 끊임없이 공양을 올려왔다. 근자에 언덕이 무너지면서 석실의 문이 가로막히자, 국왕이 병사를 동원하여 무너진 바위를 거둬내려고 했지만, 검은 벌들이 무리지어 날아와 사람들을 쏘는 바람에 지금까지도 석문을 열지 못하고 있다.

이에 대한 해석은 다음과 같다.

"위의 말에 근거하면 우각암 석실 또한 성자가 주석한 곳이다. 혹자는 양자강 이남 지역의 우두산을 가리키고 있다. 이는 금릉 남쪽 40리에 있는 우두산이다. 우두산에는 두 봉우리가 있기에, 일명 雙闕, 일명 天闕, 일명 南郊, 일명 仙窟이라 한다. 이는 모두 여러 조정에서 산 이름을 바꿔 일정하지 못한 까닭이다.

域地誌를 살펴보면, 이 산의 높이는 1천4백 척이며, 주위는 47리이다. 서역기와 옛 화엄경 보살주처품을 살펴보면, '심왕보살이 여러 보살에게 말하기를, 동북방의 변방 오랑캐의 국토는 우두라 말한다.'고 하였다. 그러나 새로운 화엄경을 살펴보면, '소륵국에 보살이 머문 곳이 있는데, 우두산이라 말한다.'고 하였다. 앞서 인용한 서역기의 문장이 眞丹이라는 곳과 다르다. (이는 金陵塔寺記에 보인다.) 옛 노스님이 전하는 말에 의하면, '이는 벽지불이 현신한 곳'이라 하고, 전후 문장에 대부분 '보살이 여기에 머물고 그 신령스러운 감응이 이따금 있다.'고 한다."】

九 迦葉彌羅

제9. 가섭미라국

經

迦葉彌羅國에 **有一住處**하니 **名曰次第**라 **從昔已來**로 **諸菩薩衆**이 **於中止住**하나니라

가섭미라국에 보살이 머문 곳이 있는데, 차제라 말한다. 예로부터 많은 보살이 그곳에 머물고 있었다.

◉ 疏 ◉

迦葉彌羅는 晉譯爲罽賓이오 此翻爲阿難入이니 卽末田乞地之所니 署如音義오 廣出西域記第三하다【鈔_ 九迦濕彌羅는 西域記 第三에 云北印度境 末田乞地는 卽阿羅漢名이라 昔云末田地오 新云末田底迦라 迦濕彌羅國은 周七千餘里오 四境負山이라 山極峭峻하야 雖有門徑이나 而復隘狹하야 自古鄰敵이 無能攻伐云云이라 昔에 此國은 本龍池也라 世尊이 自烏仗那國으로 降惡神已에 欲還中國이라가 乘空當此國上하야 告阿難曰 '我涅槃後에 有末田底迦阿羅漢이 當於此地에 建國安人하야 弘揚佛法이라'하다 如來寂滅之後 第五十年에 阿難弟子 末田底迦阿羅漢者는 得六神通하고 具八解脫하야 聞佛懸記하야 心自慶悅하야 便來至此하야 於大山巖에 宴坐林中하야 現大神通하니 龍見深信하야 請資所欲이어

늘 阿羅漢曰 願於池內에 惠以容膝이로다 龍王이 於是에 縮水奉施로되 羅漢이 神通廣身하야 龍王이 縱力縮水라도 池空水盡이라 龍翻請池한대 阿羅漢이 於此西北에 爲留一池하니 周百餘里오 自餘枝屬은 別居小池라 龍王曰 池地總施하니 願恒受供하노이다 末田底迦曰 我今不久에 無餘涅槃하리니 雖欲受請이나 其可得乎아 龍王이 重請호되 五百羅漢이 常受我供하야 乃至法盡이오 法盡之後에 還取此國하야 以爲居池라하니 末田底迦 從其所請하다 時에 阿羅漢이 旣得地已에 運大神力하야 立五百伽藍하고 於諸異國 買鬻賤人으로 以充役使하야 以供僧衆하다 末田底迦 入寂滅後에 彼諸賤人이 自立君長한대 鄰境諸國이 鄙其賤種하야 莫與交親하고 謂之訖利多(唐言買得)라하다 今時泉水 已多流溢하다】

가섭미라는 晉譯에서는 罽賓이라 하였고, 이 번역에서는 阿難入이라 하였다. 이는 아라한 말전걸지가 주석하던 곳이다. 간단하게는 音義와 같고, 자세하게는 서역기 제3에서 말한 바와 같다.
【초_ 제9 가섭미라국은 서역기 제3에 의하면 다음과 같다.

"북인도 국경의 말전걸지는 아라한의 명호이다. 옛 번역에서는 '말전지'라 하였고, 새로운 번역에서는 '말전저가'라 하였다. '가섭미라국'은 주위 7천여 리이며, 사방 경계는 모두 산으로 둘러싸여 있다. 산들은 아주 높아 들어가는 길은 있지만 너무 비좁아 예로부터 이웃 나라에서 침략하지 못하였다고 한다.

옛적에 이 나라는 본래 용의 연못이었다. 세존이 오장나국에서 악신을 항복 받고서 중국으로 돌아오는 길에 허공을 날아가다가 이 나라에 이르렀을 무렵, 아난에게 말씀하셨다.

'내가 열반 후에 말전저가 아라한이 이 땅에 나라를 세우고 백성을 평안히 다스리면서 불법을 크게 떨칠 것이다.'

여래 열반 후, 50년이 되었을 즈음에 아난제자 말전저가 아라한이 여섯 신통을 얻고 여덟 해탈을 갖추었는데, 부처님의 懸記를 듣고서 마음으로 좋아한 나머지, 곧 이곳을 찾아와 큰 산의 암벽 나무숲 사이에 좌선하면서 큰 신통을 보이자, 용왕이 이를 보고서 큰 신심을 일으켜, 원하는 바를 돕겠다고 청하였다.

이에 아라한이 말하였다.

'연못 내에 내가 쉴 곳을 마련해 주었으면 한다.'

용왕이 그 말에 따라 물을 부어 연못을 만들어 주려고 했지만, 아라한이 신통력으로 몸을 키워 용왕이 힘을 다하여 물을 부어도 연못의 물은 텅텅 말라 고갈되었다. 용왕이 다른 연못을 드리겠다고 청하자, 아라한은 이 서북쪽에 있는 연못을 원하였다. 주위는 1백여 리이다. 그 나머지 용의 무리들은 별도로 작은 연못에 살았다.

용왕이 말하였다.

'연못을 모두 보시하오니, 항상 저의 공양을 받으시기 바랍니다.'

아라한이 말하였다.

'나는 머지않아 모든 것이 아주 사라진 無餘涅槃에 들 것이다. 아무리 공양의 청을 받으려 해도 받을 수 있겠는가.'

용왕이 다시 청하였다.

'오백나한이 항상 저의 공양을 받으면서 법이 다하는 날까지 올

릴 것이며, 법이 다한 후에는 다시 이를 취하여 제가 사는 연못으로 하겠습니다.'

말전저가는 용왕의 청을 따르기로 하였다.

당시 말전저가 아라한은 이미 이 땅을 얻고서 큰 신통력으로 5백 가람을 세우고, 다른 나라의 미천한 장사치를 일꾼으로 충당하여 대중스님의 공양을 맡도록 하였다.

말전저가의 열반 후, 그 미천한 사람들이 제각기 임금이 되었다. 이 때문에 이웃 나라에서는 그들의 미천한 출신을 경멸하여 서로 가까이하지도 않았고, 그들을 '홀리다', 즉 중국의 말로는 '장사치'라 하였다. 지금도 시냇물들이 많이 넘쳐나고 있다."】

十 增長歡喜城
제10 증장환희성

經

增長歡喜城에 **有一住處**하니 **名尊者窟**이라 **從昔已來**로 **諸菩薩衆**이 **於中止住**하니라

증장환희성에 보살이 머문 곳이 있는데, 존자굴이라 말한다.
예로부터 많은 보살이 그곳에 머물고 있었다.

◉ 疏 ◉

歡喜城은 古釋云即南印度오 尊者窟者는 即上座部 所居之所라

    환희성은 옛사람의 해석에는 남인도라 하였고, 존자굴은 上座部가 주석했던 곳이다.

十一 菴浮梨摩

    제11. 암부리마국

經

菴浮梨摩國에 有一住處하니 名見億藏光明이라 從昔已來로 諸菩薩衆이 於中止住하니라

    암부리마국에 보살이 머문 곳이 있는데, 견억장광명이라 말한다.

    예로부터 많은 보살이 그곳에 머물고 있었다.

◉ 疏 ◉

菴浮梨摩는 此云無垢니 即是果名이라 此國 豊而且勝일세 故以爲名이니 在中印度境이라

    암부리마는 중국에서는 '때가 없다[無垢].'는 뜻으로, 果의 명칭이다. 그 나라는 풍성하고 또한 뛰어나기에 그것으로 국호를 삼은 것이다. 중인도 국경에 있는 나라이다.

十二 乾陀羅國
　제12. 간다라국

經

乾陀羅國에 有一住處하니 名苫婆羅窟이라 從昔已來로 諸菩薩衆이 於中止住하나니라

간다라국에 보살이 머문 곳이 있는데, 점바라굴이라 말한다. 예로부터 많은 보살이 그곳에 머물고 있었다."

● 疏 ●

乾陀羅國은 此云持地國이라 多得道果者 護持하야 不爲他國侵害故니라 或云香徧이니 徧國 香草先發故니라
苫婆羅者는 是香華樹名이니 與初品 苫末羅로 梵言輕重耳라 徧窟側近에 多生此故라 相傳云 是佛留影之所라하니 具如西域記와 及大集月藏分第十하다【鈔_ 十二乾陀羅國은 西域記 第三에 云健馱邏國에 有迦膩色迦王하니 以如來涅槃之後 第四百年에 應期撫運하야 王風遠被하니 殊俗內附라 機務餘暇에 每習佛經할세 日請一僧하야 入宮說法이어늘 而法異儀하고 部執不同이라 王用深疑하야 無以去惑이러니 時에 脇尊者曰 '如來去世에 歲月逾遠하사 弟子部執에 師資異謂하고 各據聞見하야 其爲矛盾이라 時王聞已에 甚用感傷하야 悲歎良久에 謂尊者曰 '猥以餘福으로 幸遵前緒라

171

去聖雖遠이나 猶爲有幸이라 敢忘庸鄙하고 紹隆法教하야 隨其部執하야 具釋三藏이라하고 下取意하야 遂召衆僧하야 七日供養하고 欲集法事할세 先下勅令하야 去凡留聖하니 聖衆猶多로되 復去有學하고 無學猶多어늘 次留具三明六通하고 具者猶多어늘 次取內閑三藏과 外達五明하야 乃至四百九十九人이오 後一世友 未得羅漢等이 廣集三藏하니 凡三十萬頌이라 王以銅鍱鏤寫하고 石函封緘하야 全捨此國與僧이라 故多聖居也라

'苦末羅'者는 此翻爲黃雜色이라 初品에 巧幻術修羅王苦末羅王은 乃偈共長行하니 唐梵互出하야 與此釋不同하니 偈云 '紅色光神'이라하다 又其城東南十餘里에 有窣堵波하니 中有佛牙하니 長可寸半이오 其色黃白이라 彼多聖迹일세 故是聖居니라

'相傳云'者는 卽西域記 第二說이니 那揭羅國城 西南二十餘里에 有伽藍하고 伽藍西南에 深澗峭絶하고 瀑布飛流하며 懸崖壁立이어늘 東岸石壁에 有大洞穴하니 瞿波羅龍之所居也라 門逕狹小하고 窟穴冥闇하다 崖石津壁과 溪徑餘流에 昔有佛影이 煥若眞容으로 相好具足하야 儼然如在라 近代已來로 人不徧覩오 縱有所見이라도 髣髴而已라 至誠祈請하야 有冥感者라도 乃暫明示오 尙不能久니라 昔如來在世之時에 此龍이 爲牧牛之士하야 供王乳酪라가 進奉失儀하고 旣獲譴責에 心懷恚恨하야 卽以金錢으로 買花供養하야 受記窣堵波할세 願爲惡龍하야 破國害王이라하고 卽趣石壁하야 投身而死하야 遂居此窟하야 爲大龍王이라 便欲出穴하야 成本惡願하야 適起此心이면 如來已鑑하고 愍此國人 爲龍所害하야 運神通力하

야 自中印度로 至龍所하니 龍見如來하고 毒心遂止라 受不殺戒하고 願護正法하야 因請如來 常居此窟하사 諸聖弟子 恒受我供이라하야늘 如來 告曰 吾將寂滅이로되 爲汝留影하고 遣五羅漢하야 常受汝供호리니 正法隱沒이라도 其事無替하라 汝若毒心忿怒起時에 當觀吾影하라 以慈心善故로 毒心當止니라 此賢劫中에 當來世尊이 亦愍汝等하사 皆留影像하다 釋曰 此는 與觀佛三昧海經으로 大同하니 已如初會鈔引이라 西域記云 此國에 無別君長이오 屬迦畢試國하니 去健馱羅國 不遠이라 或曾屬之耳라】

간다라국은 중국에서는 '持地國'이라는 뜻이다. 道果를 얻은 이들의 가호와 부지해 줌이 많아 타국의 침해를 입지 않았기 때문이다. 혹자는 '향기 가득한 나라[香徧]'라고 한다. 이는 온 나라에 향기 나는 풀이 먼저 돋아나기 때문이다.

'첨바라'란 향기 나는 꽃나무의 이름이다. 제1 세주묘엄품에서 말한 '苦木羅'와는 범어의 청음과 탁음[輕重]에 의한 차이이다. 동굴 가까이에 첨바라 꽃나무가 많이 돋아나기 때문에 붙여진 명칭이다. 전래하는 말에 의하면, 이는 부처님의 그림자가 남겨진 곳이라 한다. 서역기 및 대집월장분 제10에서 자세히 말한 바와 같다.

【초_ 제12 간다라국은 서역기 제3에 의하면 다음과 같다.

"간다라국에 가니색가왕이 있었다. 여래 열반 후, 4백 년이 되던 즈음, 시기에 맞춰 왕위에 올라 나라를 다스리면서 왕의 덕화가 멀리까지 뻗어가 풍속이 다른 나라까지도 찾아왔다. 왕은 정사의 여가에 언제나 불경을 익히면서 날마다 스님 한 분을 맞이하여 설법을 청하였는데, 스님마다 법에 대한 의식이 달랐고 경전[部執] 또한 똑같지 않았다.

왕은 이를 몹시 의심한 나머지 의혹을 떨쳐버릴 수 없었는데, 그때 脇尊者가 말하였다.

'여래께서 열반하신 지 오랜 세월을 지나면서 제자의 部執에 대해 사제 사이의 말이 다르고, 각기 자신의 견문을 근거로 서로 모순이 되었다.'

왕은 존자의 말을 듣고서 매우 상심하여 오랫동안 비탄에 젖은 뒤에 존자에게 말하였다.

'외람된 복으로 다행히 선왕의 왕업을 이어 받아왔다. 부처님의 열반과는 비록 오랜 세월이 흘렀으나 오히려 다행한 일이다. 감히 용렬함을 잊고서 불법의 가르침을 높이 받들어 그 部執에 따라 三藏을 모두 해석할 것이다.'

아랫사람이 왕의 이런 뜻을 받들어 마침내 수많은 스님을 불러들여 이레 동안 공양하였고, 불경의 결집을 하고자 먼저 칙령을 내려 평범한 이들은 보내고 성자만을 남겨 두었다. 성자의 대중도 오히려 많은 터라, 다시 '배워야 할 것이 있는 스님[有學]'을 보냈지만, '다시 더 이상 배울 법이 없는 스님[無學]'이 그래도 많이 남아 있었다. 다음으로 3明[宿命明, 天眼明, 漏盡明]과 6신통을 두루 갖춘 스님들만을 남겨 두었다. 그러나 이를 두루 갖춘 스님도 오히려 많은 터라, 다음으로 안으로는 三藏을 익히고 밖으로는 五明을 통달한 스님들을 남겨 두었는데 499명이었고 맨 끝으로 나한과를 얻지 못한 하나의 世友존자 등으로 5백 명을 채워 三藏을 널리 결집하니, 모두 30만 頌이었다. 왕은 구리 조각에 이를 새기고 돌로 만든 상자 속에 넣어 봉함하여, 이 나라에 참여한 스님들에게 모두 보시하였다. 이 때문에 많은 聖僧이 이 나라에 주석하게 된 것이다."

'점말라'는 중국에서는 黃雜色으로 번역한다. 제1 세주묘엄품의 경문 부분에서 말한 '巧幻術修羅王'과 게송 부분에서 말한 '苫末羅王'은 같은 인물이다. 경문에서는 중국어로 '교환술수라왕'이라 말하고, 게송에서는 범어로 '점말라왕'이라 하여 이처럼 2가지로 말했기에, 이의 해석과는 똑같지 않다. 게송에서는 '紅色光神'[1]이라 하였다.

또한 왕성의 동남쪽 10여 리에 부도탑이 있다. 그 가운데는 부처님의 치아 사리가 봉안되어 있는데, 길이는 한 치 반이며, 황백색이다. 그곳에 성스러운 유적이 많기에 성자가 주석한 도량이라고 말한다.

'相傳云'이란 서역기 제2에서 말한 부분이다.

나게라국의 왕성에서 서남쪽으로 20여 리에 가람이 있고, 가람의 서남쪽에 깊은 계곡이 깎아지른 듯 폭포수가 세차게 흐르고, 가파른 언덕은 절벽이다. 동편 언덕 석벽에 큰 동굴이 있는데, 瞿

---

1 '紅色光神': 제1 세주묘엄품의 제2 연화광 족행신의 게송에 "佛坐其上普遊往하시니 紅色光神皆覩見이로다."라고 하여, 족행신에 대한 紅色光神을 말한 것이지, 巧幻術修羅王과는 아무런 관련이 없다. 여기에서의 紅色光神이란 '점말라'의 황잡색을 말한 것으로 보인다. 그러나 이의 문맥은 아무래도 난삽한 부분이라고 생각된다.

波羅龍이 살던 곳이다. 들어가는 문은 아주 비좁고 굴속은 어둡기만 하다. 언덕의 석벽과 시냇가의 절벽, 그리고 시냇물에 옛적에는 부처님의 그림자가 살아 있는 모습처럼 아름다운 몸매로 의젓이 계시는 것처럼 보였다. 그러나 근대에 들어 사람들이 모두 볼 수 없을 뿐 아니라, 설령 그림자를 보는 사람일지라도 부처님의 모습을 어렴풋이 볼 뿐이다. 그리고 지극한 정성으로 기도하여 冥感을 얻은 자일지라도 잠시 밝게 볼 뿐이지, 오래가지 못하였다.

옛적 여래께서 세간에 계실 때, 이 용은 소를 기르는 사람이었다. 왕이 마실 우유와 타락을 올렸는데, 잘못 실수로 왕의 꾸지람을 얻고서 마음에 한을 품었다. 그는 곧장 금전으로 꽃을 사서 부도에 공양을 올리고 受記를 받고자 하였다. 그는 후생에 흉악한 용으로 태어나 나라를 멸망시키고 왕을 해치겠다는 서원을 세우고서, 곧장 가파른 석벽으로 달려가 투신자살을 하였다. 그는 마침내 그가 원한 대로 이 굴에 사는 큰 용왕으로 태어났다. 곧 동굴에서 나와 본래 세운 악독한 서원을 이루려고 하였지만, 이런 마음을 먹으면 여래는 벌써 그의 마음을 알았고, 이 나라의 백성들이 용에게 피해를 당할까 걱정하는 마음에, 신통력으로 중인도에서 용이 사는 동굴을 찾아왔다. 용왕이 여래를 친견하고서 악독한 마음이 마침내 사라졌다. 용왕은 부처님에게 살생하지 않겠다는 계율을 받았고, 바른 법을 수호하고자 서원을 세웠다. 그리고 용왕은 부처님에게 '항상 이 동굴에 주석하면서 많은 보살이 언제나 나의 공양을 받을 수 있도록 계셔 주기를' 청하였다.

여래께서 용왕에게 말하였다.

"내, 머지않아 열반에 들겠지만 너를 위해 나의 그림자를 남겨 둘 것이며, 다섯 나한을 보내어 항상 너의 공양을 받도록 할 것이다. 바른 법이 묻힌다 할지라도 공양 올리는 일을 그만두어서는 안 된다. 네가 악독한 마음과 성나는 일이 있을 적에는 나의 그림자를 바라보도록 하라. 자비의 선한 마음으로 악독한 마음이 멈추게 될 것이다. 賢劫의 세월 속에 현재와 미래의 세존 또한 너를 가엾이 여겨 모두 그림자를 남겨 둘 것이다."

이에 대한 해석은 다음과 같다.

"이는 觀佛三昧海經에서 말한 바와 크게는 같다. 이미 初會에서 인용한 바와 같다. 서역기에서 '그 나라에는 임금과 신하의 구별이 없으며, 가필시국에 귀속되어 간다라국과는 멀지 않은 거리에 있다. 이 때문에 일찍이 간다라국에 귀속되지 않았나 생각된다.'고. 하였다."】

此文之終에 都無結束하니 或是經來不盡이라 閻浮旣爾하니 餘方 餘界 異類界等도 可以倣之니 法界身雲은 則無在不在矣라

이의 경문 끝부분에 전혀 끝맺은 데가 없다. 혹시 경문의 물음이 미진하지 않았나 생각된다. 염부제가 이와 같다면, 나머지 지방, 나머지 경계, 異類의 경계 등도 이와 같을 것이다. 법계에 구름과 같은 몸은 있는 데도 없고 있지 않은 데도 없다.

◉ 論 ◉

此之一品은 大意 明菩薩이 攝生住持하야 不斷三寶之行이니 但舉此一閻浮提하야 表十方刹土와 及一切閻浮提 總皆準此라 已上은 加第三禪佛華會하야 以爲七會오 通下離世間普光明殿中會와 及法界品逝多林會總爲十會니라 菩薩住處品 竟하다

제보살주처품의 대의는 보살이 중생을 받아들이는 것으로 주지하여 삼보가 끊이지 않도록 하는 행을 밝힌 것이다. 다만 하나의 염부제만을 들어 나머지 시방찰토 및 일체 염부제가 모두 이에 준함을 밝힌 것이다.

이상은 第三 禪佛華會를 더하여 七會가 되고, 아래 제38 이세간품의 보광명전 법회 및 제39 입법계품의 서다림 법회를 통하여 모두 十會가 된다.

제32 제보살주처품을 끝마치다.

제보살주처품 제32 諸菩薩住處品 第三十二
화엄경소론찬요 제80권 華嚴經疏論纂要 卷第八十

화엄경소론찬요 제81권
華嚴經疏論纂要 卷第八十一

◉

불부사의법품 제33-1
佛不思議法品 第三十三之一

初 大意三段

1. 대의

이는 유래한 뜻, 품명의 해석, 종취 3단락이다.

● 疏 ●

初明來意니 先通後別이라 通則此下五品은 爲答第二會初如來地等十句問故니라 古德은 但有三品答前하니 謂前明修生之因이오 今辨修生之果니 因圓果滿일새 故次來也니라 若答前問인댄 何以重請고 由因果隔絶과 念法希聞이니 因德尙深일새 果必玄妙라 故念請耳니라 別明此品인댄 則前品因終이오 此品果始라 故次來也니라【鈔_ '若答前問' 下는 解妨이라 先問호되 以前六會는 共答前問호되 皆不重請이러니 故問此品에 何以重請고 '由因果' 下는 古德答此에 乃有二意하니 一은 因果隔絶이니 前諸會는 同因일새 故不別問이어니와 此下는 是果니 果隔於因일새 故此重問이라 二는 念法希奇니 果不思議일새 故復念請이라】

(1) '유래한 뜻'을 밝히니, 앞은 총체로, 뒤는 개별로 말하였다.

총체로 말함은 이 아래로 5품(불부사의법, 여래십신상해, 여래수호광명공덕, 보현행, 여래출현품)은 제2 법회 초에 물었던 如來地 등 10구에 대한 대답이기 때문이다.

옛 스님은 단 3품의 대답 이전에 있어야 한다고 한다. 이는 앞에서는 '수행으로 생겨난 始覺 공덕[修生↔本有]'의 인을 밝혔고, 여기에서는 修生의 果를 논변하였다. 修生의 因과 修生의 果가 원만한 까닭에 차례대로 쓴 것임을 말한다.

만일 제2 법회 초에 물었던 10구에 관한 대답이라면, 어떻게 거듭 청하였겠는가. 인과가 끊어지고 念法이 사라진 佛果의 자리에서 연유한 것이다. 수행의 원인 공덕이 오히려 깊은 까닭에 반드시 佛果의 공덕이 현묘한 것이다. 이 때문에 '마음으로 법을 청[念請]'한 것이다. 이 품을 개별로 밝히면 앞의 제보살주처품은 修生因의 끝이며, 이 품은 修生 果의 시작이기에 그다음으로 이 품을 쓰게 된 것이다.【초_ "만일 제2 법회 초에 물었던 10구에 관한 대답" 이하는 둘째, 논란에 대한 해석이다.

먼저 물었다.

"앞의 물음은 모두 대답함에 있어 다시 청하지 않았는데, 이 품에서의 물음은 어찌하여 거듭 청했는가?"

'由因果隔絕' 이하는 이에 대한 옛 스님의 대답에 2가지 뜻이 있다.

① 인과가 끊어졌다. 앞의 모든 법회는 똑같은 因이기에 별도로 물을 게 없다. 이 아래는 果이다. 果는 因에 막혀 있기에 이를 거듭 물었다.

② 念法이 사라졌다. 果가 불가사의한 까닭에 다시 마음으로 법을 청한 것이다.】

二釋名者는 如來果法이 逈超言慮라 故以爲名이니 斯卽佛之不思議法也니라

(2) '품명의 해석'이란 여래의 果法은 언어와 생각에서 초탈한 까닭에 이로 품명을 삼은 것이다. 이는 부처님의 불가사의한 법이다.

三宗趣者는 先總後別이라 總은 明說佛果德體用 心言罔及으로 爲宗이오 令總忘言絶想速滿으로 爲趣니라

別은 就宗中에 三門分別이니

(3) '종취'란 앞부분은 총체이고, 뒷부분은 개별이다.

앞부분의 총체는 佛果 공덕의 본체와 묘용이 마음의 의식으로나 언어의 의론으로 미칠 수 없음을 분명히 설명한 것으로 종지를 삼고, 모두 언어를 잊고 생각이 끊이게 하는 것으로 나아갈 바를 삼는다.

뒷부분 개별의 종지 부분은 3단락으로 구분된다.

一은 通辨佛德이니 若說百四十不共佛法이면 通於權小오 若五法 攝大覺性은 猶通於權이로되 若言唯一味實德者는 約理頓說이오 若言具無盡德은 是此所明이라 故後文中에 初標十問하고 答具多門하야 類通十方 一一無盡이라【鈔_ 初通辨佛德에 言百四十不共者는 已見光明覺品이어늘 今重擧總數니 謂三十二相. 八十種好. 四一切種淸淨. 十力. 四無所畏. 三念住. 三不護. 大悲. 無忘失法. 永斷習氣. 一切種妙智 爲百四十이어늘 而通權小者는 小乘亦說이로되 但相劣耳라 權大說者는 皆悉超勝이로되 此約五敎하야 已有其二라 '若五法'下는 正明實敎라 故云通權이라 權實皆有로되 但實敎中에 會歸法性하야 不壞相耳라 '若言唯一味'下는 二卽頓敎오 '若言具無盡'下는 三卽圓敎오 從'故後文中'下는 四辨이니 今

183

經은 是圓敎德이라】

㈀ 佛果의 공덕을 전반적으로 논변하였다. 그 누구도 부처님과 함께할 수 없는 140가지의 법으로 말하면 權敎 보살이나 권교 소승에 통하고, 5가지 법[名, 相, 分別, 正智, 眞如]으로 大覺性을 포괄하여 말하면 오히려 權敎에 통하지만, 하나의 뜻을 가진 실상의 공덕으로 말하면 이치에 맞게 말한 것이며, 그지없는 공덕으로 말한 것은 이의 경문에서 밝힌 바이다. 이 때문에 뒤 문장의 앞부분에서는 10가지 물음을 내세웠고, 이의 대답에는 여러 가지 부분을 두루 갖춰 이러한 유로 시방이 하나하나 그지없는 데에 통함을 말하였다.【초_ "㈀ 佛果의 공덕을 전반적으로 논변함에 그 누구도 부처님과 함께할 수 없는 140가지의 법으로 말한"것은 이미 제9 광명각품에 보이는데, 여기에서 다시 총체의 수효를 들어 말하였다. 32相, 80種好, 4가지의 一切種淸淨, 十力, 四無所畏, 三念住, 三不護, 大悲, 잃음이 없는 法, 아주 습기를 끊음, 一切種妙智 총 140가지인데, 權敎 보살과 권교 소승에 통한다는 것은 소승에게도 또한 그처럼 말할 수 있지만, 단 그 양상이 부처님에 비해 용렬할 뿐이다. 권교 대승으로 말한 것은 모두 뛰어나지만, 여기에서는 5가지의 가르침[小乘敎, 大乘始敎, 大乘終敎, 頓敎, 圓敎]으로 말하였는데, 이미 그중 2가지를 지닌 것이다.

'若五法' 이하는 바로 實敎를 밝혔다. 이 때문에 권교에 통한다고 말하였다. 권교와 실교에 모두 있지만, 단 실교 중에서 법성에 회귀하여 그 모양을 파괴하지 않는다.

'若言唯一味' 이하는 둘째, 頓敎이며,

'若言具無盡' 이하는 셋째, 圓敎이며,

'故後文中'으로부터 이하는 넷째, 논변이다.

이의 경문은 圓敎의 공덕을 말하고 있다.】

二는 別顯義相이니 諸佛功德은 不出二種이라 一者는 修生이오 二者는 本有라 初는 謂信等이니 本無今有오 後는 謂眞如니 具性功德이라 此二無礙는 應成四句니 一은 唯修生이오 二는 唯本有니 以性相區分故오 三은 本有修生이니 謂如來藏이 待彼了因하야 本隱今顯故오 四는 修生本有니 無分別智 冥符理故니라

若權敎所明은 二德不雜이니 法報四句는 亦有差殊어니와 依此經宗이면 雖有四義나 而無四事라 本有는 如眞金이오 修生은 如嚴具라 然由嚴具라야 方顯金德이어니와 嚴具는 無體라 全攬金成일새 故唯金은 不礙嚴具오 唯法身而不礙報化니 唯嚴具도 亦然이라 旣互全收일새 故 一身無礙하야 八相은 該於法界하고 丈六은 徧於十方이라 諸根毛孔이 各無限量이오 亦不礙量이니 量與無量이 無有障礙니라

【鈔_ 二別顯義相은 於中 有二니

初는 正顯二德이니 言'信等'者는 此通行位니 信爲萬行之首니 則該進念定等이오 位亦以信爲初라 五十二位 所有行德이 皆有二故니라

'若權敎'下는 二 揀權異實이니 初明權故오 言'不雜'者는 如轉依果有二니 一은 所生得이니 卽是四智오 二는 所顯得이니 卽是涅槃이라 涅槃은 本有오 四智는 修生이며 修生은 有爲오 修顯은 無爲라 故二

185

不雜이니라

'法報四句'者는 遮救니 恐外救云我宗도 亦有四句니 何異前融이리오 一은 唯法이니 卽在纏法身이오 二는 唯報니 卽四智菩提오 三은 亦法亦報니 謂眞如出纏하야 具諸功德이오 四는 非法非報니 所謂應化라

今言'亦有差殊'者는 正揀權也니 雖有四句나 染淨時乖오 法報非一이니 思之어다

'依此經宗'下는 三顯實敎니 擧喩四句는 喩上四句어늘 今更以喩하야 總喩二德이라 如修生은 在因에 漸顯於本有오 在果에 圓滿於本有오 非'本有'理 有漸有圓이니 如初生月이 明雖漸滿이나 而常帶圓月이니 以圓月常在故라 故十五日月이 徧在初一二三等中이니 則知滿果 徧在因位며 亦令後後로 常具前前하고 前前으로 常具後後라 以初一日에 有二日月하고 乃至十五日月이오 以十五日月이 卽初月故니 法合可知니라 由此일새 故云修生本有는 以初圓時에 先已圓故오 本有修生은 以初生時에 亦已圓故니 忘懷思之어다】

(ㄴ) 개별로 그 의의의 양상을 밝혔다. 여러 부처님의 공덕은 2가지에서 벗어나지 않는다.

① 수행으로 생겨난 것,

② 본래부터 존재한 근원적인 실체이다.

'① 수행으로 생겨난 것'은 후천적인 신심 등의 수행을 말한다. 본래 있었던 것은 아니지만 이제 생겨난 것이며,

'② 본래부터 존재한 실체'는 진여를 말한다. 본래 두루 갖춘 성

품의 공덕이다.

수행으로 생겨난 것과 본래부터 존재한 2가지가 서로 걸림이 없는 것은 당연히 4구를 이루고 있다.

제1구는 오직 수행으로 생겨난 것이다.

제2구는 오직 본래부터 존재한 실체이다.

이는 근본의 성품과 현실의 양상이라는 구분이 있기 때문이다.

제3구는 본래부터 존재한 실체가 후천적인 수행에 의해 생겨난 것이다. 여래장이 요달한 그 원인에 의하여 본래 나타나지 않았다가 이제야 뚜렷이 나타났기 때문이다.

제4구는 수행으로 생겨난, 본래부터 존재한 실체이다. 분별이 없는 절대적인 지혜가 보이지 않게 진리에 부합하기 때문이다.

권교로 밝힐 수 있는 대상은 수행으로 생겨난 것과 본래부터 존재한 실체 2가지 공덕이 혼잡되지 않으나, 法身 報身에 관한 4구는 또한 차별이 있다. 그러나 이 경문의 종지에 의하면 비록 4가지 뜻이 있다지만, 4가지 일이 있는 것은 아니다.

본래부터 존재한 실체는 진짜 황금과 같고, 수행으로 생겨난 것은 장엄의 장식거리와 같다. 그러나 장엄의 장식거리에 의해 비로소 황금의 가치는 나타나게 되지만, 장엄의 장식거리는 본체가 없다. 모두 황금에 의해 이뤄진 가공품이다. 따라서 오직 황금은 장엄의 장식거리에 장애가 없는 것처럼, 오직 법신으로 보신과 화신에 장애가 없다. 장엄의 장식거리 또한 그와 같다. 이처럼 서로가 모두 받아들이기에 十身에 장애가 없어, 부처님 생애에 중요한

8가지의 모습[八相]은 법계에 두루 갖춰져 있고, 1장 6척의 부처님 몸은 시방세계에 두루 계신 것이다. 모든 根의 모공이 각기 한량이 없고, 또한 한량에 장애가 없다. 한량과 한량이 없는 데에 장애가 없다.【초_ "(ㄴ) 개별로 그 의의의 양상을 밝혔다."는 것은 2부분으로 나뉜다.

① 바로 수행으로 생겨난 것과 본래부터 존재한 실체 2가지 공덕을 밝혔다. '신심 등'이란 모든 수행에 통하는 지위이다. 신심은 온갖 행동의 첫머리이기에 念定 등으로 나아갈 수 있으며, 보살의 수행 단계인 52位 또한 十信으로 첫 단계를 삼는다. 이는 52位에 있는 수행 공덕이 모두 수행으로 생겨난 것과 본래부터 존재한 실체 2가지 공덕이 있기 때문이다.

② '若權敎' 이하는 권교는 실상과 다름을 구별한 것이다. '(ㄱ) 佛果의 공덕을 전반적으로 논변'한 부분에서 권교로 밝혔기 때문이다.

"수행으로 생겨난 것과 본래부터 존재한 실체 2가지 공덕이 혼잡되지 않는다[二德不雜]."는 것은 轉依果에 2가지가 있는 것과 같다.

① 수행으로 생겨난 데서 얻은 것이니, 이는 大圓鏡智 이하 四智이고,

② 수행으로 나타난 데서 얻은 것이니, 이는 열반이다.

열반은 본래부터 존재한 실체이고, 四智는 수행으로 생겨난 것이며, 수행으로 생겨난 것은 有爲이고, 수행으로 나타난 것은 無

爲이기에 2가지 공덕이 혼잡되지 않는다.

"法身 報身에 관한 4구"는 외도의 비호하는 말을 차단함이다. 외도의 비호가 두렵기 때문으로, 아래와 같다.

"우리 종파에도 4구가 있다. 어찌 앞서 원융과 다르겠는가.

제1구, 오직 법신이다. 법신을 구속함이 있기 때문이다.

제2구, 오직 보신이다. 四智菩提이다.

제3구, 또한 법신이기도 하고 또한 보신이기도 하다. 진여가 구속에서 벗어나 모든 공덕을 갖췄기 때문이다.

제4구, 법신도 아니고 보신도 아니다. 이른바 응신과 화신이다."

여기에서 "또한 차별이 있다[亦有差殊]."고 말한 것은 바로 권교와 다름을 구별하기 위함이다. 비록 4구가 있으나, 잡염과 청정의 시간이 서로 어긋나고, 법신과 보신이 하나가 아니다. 이 점을 생각해야 한다.

'依此經宗' 이하는 셋째, 實敎를 밝혔다. 비유로 말한 4구[本有如眞金, 修生如嚴具, 然由嚴具方顯金德, 嚴具無體全攬金成]는 위의 4구[一唯修生, 二唯本有, 三本有修生, 四修生本有]를 비유한 것인데, 여기에서 다시 비유를 들어 '수행으로 생겨난 것과 본래부터 존재한 실체 2가지 공덕'을 총체로 비유하였다.

예컨대 '수행으로 생겨난 것[修生]'은 因에 있어서는 차츰차츰 본래부터 존재한 실체가 나타나고, 果에 있어서는 본래부터 존재한 실체가 원만한 것이다. 그러나 본래부터 존재한 실체의 진리가

'차츰차츰[漸]'과 '원만[圓]'의 차이가 있는 게 아니다. 마치 초승달이 차츰차츰 둥글어져 가지만 언제나 둥근달 그 자체를 가지고 있는 것과 같다. 본래 둥근달이 언제나 존재하기 때문이다. 15일 둥그런 보름달이 초하루, 초이틀, 초사흘 등에 본래부터 두루 존재하는 것이다. 이는 곧 원만한 결과가 두루 因位에 존재함을 알 수 있으며, 또한 뒤에 뒤의 것으로 하여금 언제나 앞에 앞의 것을 갖추고, 앞에 앞의 것으로 하여금 언제나 뒤에 뒤의 것을 갖추고 있다. 이는 초하루에 초이틀, 초사흘 내지 15일 보름달을 가지고 있다. 15일 보름달이 곧 초승달이기 때문이다. 이로 보면, 비유를 들어 법으로 종합한 뜻을 설명하지 않아도 알 수 있다. 이러한 연유로 "수행으로 생겨난, 본래부터 존재한 실체"는 처음 원만할 때, 먼저 이미 본래부터 원만한 존재였기 때문이며, "본래부터 존재한 실체가 후천적인 수행에 의해 생겨난 것"은 처음 생겨날 적에 또한 이미 원만한 존재였기 때문이다. 허심탄회하게 이러한 점을 생각해야 한다.】

三은 顯不思議之義니 泛明有四라 一은 理妙難測이오 二는 事廣難知오 三은 行深越世오 四는 果用超情이라

今文은 通四로되 正辨後一이라

就後一中에 復開爲四니

一은 何者不思議오 畧辨十種이라 一은 智超世表오 二는 悲越常情이오 三은 無思成事오 四는 同染恒淨이오 五는 所作秘密이오 六은 業用廣大오 七은 多少卽入이오 八은 分圓自在오 九依正無礙오 十은

理事一昧니 文竝具之니 恐繁不引이라

二는 於何不思議오 此有四位하니 一은 過世間이오 二는 越權小오 三은 超因位오 四는 顯法自體니라

三은 云何不思議오 亦有四種하니 謂非聞·思·修 及 報智境故니라

四는 何用不思議오 亦有四種하니 謂令信向故오 起行求故오 隨分證故오 圓滿得故니라 前竝是宗이오 唯何用으로 爲趣니라 卽此宗趣는 可以釋名이라【鈔_ '四何用'下는 徵不思議意니 謂如來說法은 本欲利生이어늘 令絶言思하니 於物何益고 答意云令信入故니 謂欲證入인댄 要須心絶動搖하고 言亡戲論耳라】

㈐ 불가사의한 의의를 밝혔다. 이는 대략 4가지로 정리하였다.

① 진리의 미묘함을 헤아리기 어렵다.

② 하신 일이 광대하여 알기 어렵다.

③ 행하신 바가 심오하여 세간을 초월하였다.

④ 결과의 작용이 범부의 情識을 벗어났기 때문이다.

이의 경문은 위의 4가지에 모두 통하지만, 바로 '④ 결과의 작용'으로 논변하였다.

'④ 결과의 작용' 부분은 다시 4부분으로 나뉜다.

첫째, 어떤 것이 불가사의하다는 것인가? 간단하게 10가지로 말하고자 한다.

㉠ 지혜가 세간 밖으로 초월했고,

㉡ 大悲의 마음은 여느 중생의 생각을 벗어났으며,

㉢ 아무런 생각 없이 하는 일을 성취하고,

㉣ 세속과 함께하면서도 언제나 청정하며,
㉤ 하는 일이 비밀스럽고,
㉥ 行業의 작용이 광대하며,
㉦ 많고 적은 데에 하나가 되어 들어가고,
㉧ 분별과 원융이 자재하며,
㉨ 의보와 정보에 걸림이 없고,
㉩ 이법계와 사법계가 하나이다.

위의 문장은 모두 구체적으로 언급되어 있기에, 문장이 번잡할까 두려운 마음에 더 이상 인용하지 않는다.

둘째, 어떤 불가사의인가? 여기에는 4가지 지위가 있다.

㉠ 세간을 벗어났고,
㉡ 권교 소승을 초월했으며,
㉢ 因位를 초월하였고,
㉣ 법의 자체를 밝혔다.

셋째, 무엇을 불가사의라 말하는가? 이 또한 4가지가 있다.
聞·思·修 三慧 및 업보를 아는 지혜의 경계가 아니기 때문이다.

넷째, 어디에 불가사의를 쓸 것인가? 이 또한 4가지가 있다.

㉠ 중생으로 하여금 믿고 향하도록 하기 위함이고,
㉡ 일어나 실행하여 추구하도록 하기 위함이며,
㉢ 본분을 따라 증득하도록 하기 위함이고,
㉣ 원만함을 얻도록 하기 위함이다.

앞의 3가지는 모두 종지이고, 오직 '어디에 불가사의를 쓸 것인가?'는 닦아나가야 할 길로 삼는다. 이러한 종지와 나아갈 바를 들어 품명을 해석할 수도 있다.【초_ "넷째, 어디에 불가사의를 쓸 것인가?" 이하는 불가사의의 뜻을 물은 것이다.

"여래의 설법은 본래 중생에게 이익을 베풀기 위함인데, 언어와 생각이 끊어지기를 바라니, 중생에게 그 무슨 이익이 있겠는가?"

이에 대한 답은 다음과 같다.

"중생으로 하여금 믿고 향하도록 하기 위함이다. 본분을 따라 증득하고자 한다면, 반드시 마음에는 흔들림이 없어야 하고, 언어에는 허튼소리가 사라져야 하기 때문이다."】

◉ 論 ◉

將釋此品에 約立四門호리니 一은 釋品名目이오 二는 釋品來意오 三은 釋能說法主오 四는 隨文釋義니라

　불부사의법품의 해석은 간추려 4가지 부분으로 나누고자 한다.
　(1) 품의 명목을 해석하였고,
　(2) 품의 유래한 뜻을 해석하였으며,
　(3) 설교의 주체를 해석하였고,
　(4) 경문을 따라 그 의의를 해석하였다.

一은 釋品名目者는 此品이 依如來身口智三業得名이니 云何名不思議오 想心不能及일세 名爲不思며 情識名言이 不能及일세 故言不議라 明如來智用이 非識心妄情思慮의 所知故로 情亡想寂하야 智現乃應이니 名爲不思議라

'(1) 품의 명목을 해석한다.'는 것은 불부사의법품이란 여래의 身·口·智 3업에 의하여 품명이 붙여진 것이다. 무엇 때문에 불가사의하다는 품명을 붙인 것일까? 거친 생각의 마음으로는 도저히 미칠 수 없는 자리이기에 그 이름을 '不思'라 하고, 情識과 名言으로 도저히 미칠 수 없는 자리이기에 '不議'라 말한 것이다.

이는 여래의 지혜 작용을 범부의 識心과 妄情과 思慮로 알 수 있는 대상이 아니기 때문에 情識이 사라지고 망상이 고요하여 지혜가 나타나야 이에 응할 수 있음을 밝혔다. 이 때문에 그 이름을 '不思議'라 말한다.

二는 釋品來意者는 明前品에 旣說菩薩住處와 攝生住持之宜일세 此品엔 卽明能化之智라 故名佛不思議니 非情識議量의 所爲오 任智自性徧周하야 不爲應物일세 故有此品이 來也라

'(2) 품의 유래한 뜻을 해석한다.'는 것은 앞 품에서 이미 보살이 머문 곳과 중생을 받아들여 住持하는 적절함을 말하였기에, 이 품에서는 교화의 주체인 지혜를 밝힌 것이다. 따라서 그 이름을 '불부사의'라 하니, 범부의 情識과 의론으로 할 수 있는 바가 아니다. 지혜의 자성이 두루 함에 맡겨, 작위하는 일이 없이 중생에게 응한 까닭에 이 품을 여기에 쓰게 되었음을 밝힌 것이다.

三은 釋能說法主者는 說法菩薩이 號靑蓮華藏은 明前品菩薩은 得法成忍하야 得心自在일세 號曰心王이오 此는 明根本智圓明하야 淸淨無染일세 名靑蓮華니 以根本智圓明으로 能成差別智 名藏故라 告蓮華藏菩薩者는 明根本智하야 告差別智故로 爲表相成

故니 此品은 意明以自心王根本智로 說差別智하야 教化衆生하는 自佛事業의 大自在用故니 爲此會中에 從阿僧祇品으로 至出現品히 有八品經은 總談佛果位中心行法則故며 該前五位差別하야 同所歸故며 不移十三昧之體普光明智코 而有此八品法門과 及一部經故니 皆約自佛智德하야 立菩薩名하야 而說自法하야 令易解故라

'(3) 설교의 주체를 해석한다.'는 것은 설법보살의 명호를 青蓮華藏이라 한다. 이는 앞의 제보살주처품에서 말한 보살은 법을 얻어 忍을 성취하여 마음의 자재를 얻었음을 밝히고자, 그 명호를 '心王'이라 하였고, 여기에서는 根本智가 원만하고 밝음으로써 청정하여 더러움이 없음을 밝히고자, 그 명호를 '青蓮華'라 하였다. 근본지가 원만하고 밝음으로써 差別智를 성취하였기에 그 명호에 '藏'을 덧붙인 것이다.

연화장보살에게 말해준 것은 근본지에 의하여 차별지를 고하였음을 밝힌 까닭에 근본지와 차별지가 서로 성취한다는 점을 나타내고자 하였기 때문이다. 이 품에서 말하려는 뜻은 心王의 근본지로써 차별지를 말하여 중생을 교화하는, 내 마음의 부처[自佛] 사업이 자재한 큰 작용임을 밝히고자 하였다.

이 법회 가운데 제30 아승지품으로부터 제37 여래출현품에 이르기까지 8품은 모두 佛果의 지위에서 心行의 법칙을 말하였기 때문이며, 앞의 五位 차별을 모두 포괄하여 하나로 귀결 짓고자 하였기 때문이며, 十禪定의 본체인 普光明智를 옮겨오지 않아도 8

품의 법문 및 화엄경 전체가 있기 때문이다. 이는 '내 마음의 부처'의 지혜 공덕으로 보살의 명호를 세워 '내 마음의 법'을 말하여, 쉽게 이해할 수 있도록 말하였기 때문이다.

四는 隨文釋義者는 於此一品經에 長科爲三十五段호리니 前三段은 是問과 幷佛加持와 及靑蓮華獲益이오 後三十二段은 是答이니라

'(4) 경문을 따라 그 의의를 해석한다.'는 것은 이 품의 경문은 長行(산문)의 과목으로 35단락이다. 앞의 3단락은 물음과 아울러 부처님의 加持 및 청련화장보살이 얻은 이익이며, 뒤의 32단락은 물음에 대한 답이다.

一

次正釋文이니 五品分二라 初品은 總明佛德이오 後四는 別顯佛德이라 古德이 後二는 爲平等因果라하니 此는 但三品果法을 有將此三하야 配體·相·用하니 後二는 可然이어니와 初品은 有妨이라 有相用故일세니라

今依賢首하야 初品은 總顯佛德體用이오 次品은 別顯勝德之相이오 後品은 別明勝德用益이며 又初品은 明德이오 次品은 明相이오 後品은 明好라【鈔_ 後之四品者는 是疏新意니 欲將五品하야 答其十問이라 然有三重하니 一 此品은 總明佛德하야 具答十問이니 如下科釋이오 二者는 一一門中에 含答十門이니 亦如下釋이오 三者는 五品廣答十問이니 如下說分之初라 古德已下는 敍昔이오 疏且述古니 便依三品科經이라】

196

2. 경문의 해석

이의 불부사의법품으로부터 제37 여래출현품까지의 5품은 크게 2가지로 구분된다.

첫 불부사의법품은 부처님의 공덕을 총체로 밝혔고,

제34 여래상해품으로부터 제37 여래출현품까지의 4품은 부처님의 공덕을 개별로 밝혔다.

옛 스님은 "제36 보현행품과 제37 여래출현품은 平等因果이다."고 말하였다. 이는 다만 제33 불부사의법품, 제34 여래상해품, 제35 여래수호광명공덕품에서 개별로 말한 佛果 공덕의 법을 3가지로 구분하여, 이를 體·相·用에 짝지어 말한 것이다. 그러나 뒤의 제34 여래상해품, 제35 여래수호광명공덕품은 옛 스님의 말처럼 그렇다고 말할 수 있지만, 제33 불부사의법품은 문제가 있다. 이를 體에 짝지어 볼 수도 있겠지만, 또한 동시에 相의 작용이 있기 때문이다.

따라서 여기에서는 賢首의 뜻을 따라 정리하면 다음과 같다.

제33 불부사의법품은 부처님의 공덕을 총체로 밝혔고,

다음 제34 여래상해품은 부처님의 수승한 공덕의 양상을 개별로 밝혔으며,

뒤의 제35 여래수호광명공덕품은 부처님의 수승한 공덕의 작용 이익을 개별로 밝혔다.

또한 제33품은 공덕을, 제34품은 양상을, 제35품은 相好를 밝힌 것이다.【초_"제34 여래상해품으로부터 제37 여래출현품까지

의 4품"이란 청량소의 새로운 뜻이다. 제33품으로부터 제37품까지의 5품을 가지고서 그 10가지의 물음에 대한 대답으로 해석하고자 한 것이다. 그러나 여기에는 3중으로 이루어져 있다.

첫째, 제33품은 부처님의 공덕을 총체로 밝혀 10가지의 물음에 대해 구체적으로 답한 것이다. 아래의 科釋에서 말한 바와 같다.

둘째, 하나하나 부분에서 10가지 부분의 답을 포괄하고 있다. 이 또한 아래의 해석에서 말한 바와 같다.

셋째, 제33품으로부터 제37품까지의 5품으로 10가지 물음에 대해 자세히 답하였다. 아래 제4 說分의 첫 부분에서 말한 바와 같다.

'古德後二' 이하는 옛 스님의 말을 서술한 것이다. 청량소 또한 옛사람의 말을 서술함이니, 곧 제33, 제34, 제35품의 경문 과목을 따랐다.】

今初는 分四니 一은 請分이오 二는 加分이오 三은 證分이오 四는 說分이라 今은 初라

여기에서 말한 첫 불부사의법품은 4부분으로 나뉜다.

제1. 청법 부분,

제2. 가피 부분,

제3. 증명 부분,

제4. 설법 부분이다.

이는 '제1. 청법 부분'이다.

爾時大會中에 有諸菩薩이 作是念호되
諸佛國土가 云何不思議며
諸佛本願이 云何不思議며
諸佛種性이 云何不思議며
諸佛出現이 云何不思議며
諸佛身이 云何不思議며
諸佛音聲이 云何不思議며
諸佛智慧가 云何不思議며
諸佛自在가 云何不思議며
諸佛無礙가 云何不思議며
諸佛解脫이 云何不思議오

  그때, 부처님의 대법회 중에서 여러 보살이 이런 생각을 하였다.
  '부처님들의 국토가 어찌하여 헤아릴 수 없으며,
    부처님들의 본래 서원이 어찌하여 헤아릴 수 없으며,
    부처님들의 종성이 어찌하여 헤아릴 수 없으며,
    부처님들의 나타나심이 어찌하여 헤아릴 수 없으며,
    부처님들의 몸이 어찌하여 헤아릴 수 없으며,
    부처님들의 음성이 어찌하여 헤아릴 수 없으며,
    부처님들의 지혜가 어찌하여 헤아릴 수 없으며,
    부처님들의 자재하심이 어찌하여 헤아릴 수 없으며,
    부처님들의 걸림 없음이 어찌하여 헤아릴 수 없으며,

부처님들의 해탈이 어찌하여 헤아릴 수 없는가.'

● 疏 ●

文二니 先明請人이오 後'諸佛'下는 正顯所念十法이니 皆云不思議
는 卽前果用超情하야 離於說相故로 此十句는 義竝多含하야 皆通
眞應이니 不得一向就應而辨이라 然此十問은 攝前普光後二十句
所成果問이니 謂身攝六根이오 智攝佛境佛地及最勝三問이오 自
在攝五니 一은 神力이오 二는 神通이오 三은 十力이오 四는 無畏오 五는
三昧니 此竝前開此合이라【鈔_ '然此十'下는 對前相攝이니 今當
先列第二會初二十句問이라 一 如來地오 二 如來境界오 三 如來
神力이오 四 如來所行이오 五 如來十力이오 六 如來無畏오 七 如來
三昧오 八 如來神通이오 九 如來自在오 十 如來無礙오 十一 如來
眼이오 十二 如來耳오 十三 如來鼻오 十四 如來舌이오 十五 如來
身이오 十六 如來意오 十七 如來辯才오 十八 如來智慧오 十九 如
來最勝이오 二十 欠光明이라 故唯有十九니라 然句句에 皆有'云何
是言'이라

經中十句는 次第可知로되 此中攝彼하야 不依次第는 對前成三類
故니 一은 前開此合이오 二는 前合此開오 三은 無開合이니 欲以此少
로 攝彼之多라 故先明前開此合은 乃有三句하야 攝前十六句하고
第二前合此開는 以前二句로 攝五句하고 第三節은 彼此一句라 則
此中初合 有三이오 次此開 有六이오 後此不開 有一하야 具足十
句하고 彼前初開 有十六하고 次合 有二하고 後不開合 亦一하야 成

十九句하고 就初前開中에 第一身攝六根者는 身卽六中之一오 兼攝欠光明一句라 故有七句하고 第二智慧 攝三하고 兼能攝智하야 爲四하고 第三自在 攝五하고 兼能攝自在 爲六일세 故成十七이라】

이의 경문은 2부분으로 나뉜다.

앞에서는 법을 청하는 보살을 밝혔고,

'諸佛國土' 이하는 바로 보살들이 의문으로 생각하는 10가지의 법을 밝히고 있다. 모두 '불가사의'하다고 말한 것은 앞서 말한 佛果의 妙用이 情識을 초월하여 언어로 표현할 수 있는 양상을 여의었기 때문이다. 따라서 10구는 아울러 많은 뜻을 함축하여, 모두 진신과 응신에 통하므로 하나같이 응신으로 말하지 못한 것이다.

그러나 10가지의 물음이 앞 普光明殿에서 말한, 제7 여래명호품의 20구의 '성취 대상의 佛果'에 대한 물음을 포괄하고 있다.

諸佛身은 제7 여래명호품에서 말한 '여래 육근'을 포괄하고,

諸佛智慧는 명호품에서 말한 '如來地', '如來境界' 및 '如來最勝'이라는 3가지 물음을 포괄하며,

諸佛自在는 명호품에서 말한 5가지를 포괄한다. ① '如來神力', ② '如來神通', ③ '如來十力', ④ '如來無畏', ⑤ '如來三昧'이다.

이는 모두 앞의 제7 여래명호품에서는 분리하였고, 이의 불부사의법품에서는 종합하였다.【초_ "그러나 10가지의 물음" 이하는 앞의 문장을 상대로 서로 포괄한 것이다. 여기에서는 앞에 나열한 제2 보광명전 법회에서 설한, 제7 여래명호품의 첫 부분 20구의 물음에 상당한다. 제1 여래의 땅, 제2 여래의 경계, 제3 여래의 神力,

제4 여래의 행한 바, 제5 여래의 十力, 제6 여래의 無畏, 제7 여래의 삼매, 제8 여래의 신통, 제9 여래의 자재, 제10 여래의 無礙, 제11 여래의 눈, 제12 여래의 귀, 제13 여래의 코, 제14 여래의 혀, 제15 여래의 몸, 제16 여래의 생각, 제17 여래의 변재, 제18 여래의 지혜, 제19 여래의 最勝이고, 제20 여래의 광명은 누락되어 오직 19구가 있을 뿐이다.

그러나 구절마다 모두 '어찌하여[云何]'를 말하고 있다. 경문의 10구는 차례를 알 수 있지만, 이것에서 저것을 포괄하여 차례를 따르지 않은 것은 앞에서 성취한 3가지 유를 상대로 한 까닭이다.

(1) 앞의 명호품에서는 분리하고 이의 불부사의법품에서는 종합하였으며,

(2) 앞의 명호품에서는 종합하고 이의 불부사의법품에서는 분리하였으며,

(3) 분리와 종합이 없다. 이의 적은 것으로 저 많은 것을 포괄하고자 하였다.

이 때문에 다음과 같다.

(1) 앞에서는 분리하고 여기에서는 종합했다는 것은 부사의품의 '제5 諸佛身', '제7 諸佛智慧', '제8 諸佛自在' 3구로 명호품의 16구[如來眼耳鼻舌身意, 光明, 地, 智慧, 最勝, 神力, 十力, 無畏, 三昧, 神通, 自在]를 포괄하고,

(2) 앞에서는 종합하고 여기에서는 분리했다는 것은 명호품의 '제4 如來所行' '제10 如來無礙' 2구로 부사의품의 '제2 諸佛本

願', '제3 諸佛種性', '제4 諸佛出現', '제9 諸佛無礙', '제10 諸佛解脫' 5구를 포괄하며,

　(3) 분리와 종합이 없다는 것은 명호품과 부사의품이 1구씩[제1 諸佛國土→제2 如來境界, 제6 諸佛音聲→제17 如來辯才]이다.

　이에 (1)의 종합에는 3구, (2)의 분리에는 6구, (3)의 분리가 없는 것은 1구가 있어, 10구를 충족하였고,

　(1)의 분리에는 16구, (2)의 종합에는 2구, (3)의 분리와 종합이 없는 것은 또한 1구로 19구를 형성하였으며,

　(1)의 분리 부분에 '첫째, 몸은 육근을 포괄하였다.'는 몸[身]이란 육근 가운데 하나이며, 겸하여 누락된 '여래의 광명' 1구를 포괄한 까닭에 7구가 되고,

　둘째, 지혜는 3구를 포괄하고, 포괄의 주체인 지혜[能攝智]까지 겸하여 4구가 되며,

　셋째, 自在는 5구를 포괄하고, 포괄의 주체인 자재[能攝自在]까지 겸하여 6구가 되기에 모두 17구를 이루고 있다.】

前境界中에 開出國土하니 所化·所依之境故며 前所行中에 開出出現·本願·種性하니 種性은 即悲智之行이오 本願은 就因辨行故오 出現은 是佛普賢行故니라 出現與行이 互有寬狹하니 下出現品行이 是其一故니라 前之無礙를 此開解脫이니 作用無礙 名解脫故니라 所以開合者는 顯義無方故며 名多同者는 顯不異故니라【鈔_'前境界'下는 第二 '前合此開'中에 亦有三節이어늘 而初境界國土에 無能攝句는 境界 由前智慧已攝境故니라 故雖三節이나 但有二

句니 境界는 是所化之境이오 國土는 是所依之境이라
第二節 所行攝三이니 卽有能攝이나 然三皆行故니라
言'出現與行互有寬狹'者는 遮難이니 恐有難言호되 彼十門出現은
行是其一이어늘 如何此行能攝彼耶아 故以互有寬狹으로 通之니라
如以菩提爲門이면 則菩提之性이 攝於涅槃이오 若以涅槃爲門이
면 則涅槃이 攝於菩提니라
'前之無礙'者는 是第三節이니 則前但有一이나 此則具於無礙解
脫이라】

제7 여래명호품의 '제2 여래의 경계'에서는 '국토'를 분리하였
는데, 교화의 대상과 의지의 대상이 되는 경계이기 때문이며,

명호품의 '제4 如來所行'은 부사의품의 '제4 제불의 출현', '제
2 제불의 본원', '제3 제불의 종성'으로 분리하였다.

'제3 제불의 종성'은 大悲大智의 如來所行이며,

'제2 제불의 본원'은 因位에서의 여래 소행을 말하기 때문이며,

'제4 제불의 출현'은 여래 소행의 보현행이기 때문이다.

부사의품의 '제4 제불의 출현'과 명호품의 '제4 여래의 所行'은
넓은 의미와 좁은 의미의 차이가 있다. 아래 제37 여래출현품에서
말한 行이 '제불의 출현' 부분에 하나이기 때문이다.

명호품의 '제10 여래의 無礙'를 여기에서는 '제10 제불의 해탈'
로 분리하였다. 걸림 없는 작용을 '해탈'이라 말하기 때문이다.

위에서 말한 바와 같이 서로 분리하거나 종합하는 것은 그 의
의가 하나로 고정된 방향이 없음을 밝혔기 때문이며, 명칭이 대부

분 같은 것은 또한 차이가 없음을 밝혔기 때문이다.【초_'前境界' 이하는 '(2) 앞에서는 종합하고 여기에서는 분리'한 부분 또한 3절이 있다. 그러나 첫 '여래의 경계'와 '제불의 국토'에 포괄의 주체가 되는 구절이 없는 것은 '여래의 경계'는 앞의 지혜가 이미 경계에 포괄되어 있기 때문이다. 따라서 비록 3절이라고 말하지만, 단 2구만이 있을 뿐이다. 경계는 교화 대상의 경계이며, 국토는 의지 대상의 경계이다.

제2절, 여래의 所行에는 3가지를 포괄하고 있다. 이는 포괄의 주체이다. 그러나 3가지 모두 行이기 때문이다. "부사의품의 '제4 제불의 출현'과 명호품의 '제4 여래의 所行'은 넓은 의미와 좁은 의미의 차이가 있다."고 말한 것은 논란을 차단하고자 함이다. 어느 사람이 아래와 같은 논란을 벌일까 두려운 마음에서이다.

"불부사의품에서 말한 十門에서의 '제4 제불의 出現'은 제7 여래명호품에서 '여래의 所行' 7 하나로 말했느데, 어떻게 이런 행이 저런 행을 포괄할 수 있겠는가?"

바로 이런 논란 때문에 서로 '넓은 의미와 좁은 의미의 차이가 있다.'는 말로써 논란을 통해준 것이다. 만일 보리로 한 부분을 삼아 말했다면 보리의 자성이 열반을 포괄했을 것이며, 열반으로 한 부분을 삼아 말했다면 열반이 보리를 포괄했을 것이다.

"명호품의 제10 여래의 無礙"란 제3절이다. 앞의 제7 여래명호품에서는 제10 如來無礙 1구가 있을 뿐이나, 이 불부사의법품에서는 제9 諸佛無礙와 제10 諸佛解脫로 분리하여 구체적으로 말

하고 있다.】

音聲은 卽辯이니 雖無開合이나 名有寬狹하니 義旨大同이라【鈔_ '音聲卽辯'下는 第三無開合이니 前後 各一句라】

  '제불의 음성'은 곧 제7 여래명호품에서 말한 '제17 여래의 辯才'이다. 비록 분리와 종합이 없으나 '제불의 음성'과 '여래의 변재'라는 명제에는 넓은 의미와 좁은 의미의 차이가 있다. 그러나 그 뜻은 대체로 똑같다.【초_ '音聲卽辯' 이하는 '(3) 분리와 종합이 없음'을 말한다. 앞의 제7 여래명호품에서나 뒤의 불부사의법품에서 각기 1구가 있을 뿐이다.】

更爲立圖하노라

  이를 다시 도표로 작성하는 바이다.

○ 佛不思議法品 初十問	○ 如來名號品 二十問
一 國土 ───────	二 如來境界
二 本願	
三 種性 ───────	四 所行
四 出現	
	─── 十一 眼
	─── 十二 耳
	─── 十三 鼻
五 身 ───────	十四 舌
	─── 十五 身
	─── 十六 意
	─── 二十 光明 (前文闕此)
六 音聲 ───────	十七 辯才

```
                              ─── 一 佛地
         七 智慧 ───────        ─── 二 佛境
                              ─── 十八 智慧
                              ─── 十九 最勝


                              ─── 三 神力
                              ─── 五 十力
         八 自在 ───────        ─── 六 無畏
                              ─── 七 三昧
                              ─── 八 神通
                              ─── 九 自在


         九 無礙
                              ─── 十 無礙²
         十 解脫
```

....

2 위의 도표를 정리하면 아래와 같다.

佛不思議法品 初十問		如來名號品 二十問	
1	諸佛國土	2	如來境界
2	諸佛本願	4	如來所行
3	諸佛種性		
4	諸佛出現		
5	諸佛身	11	如來眼
		12	如來耳
		13	如來鼻
		14	如來舌
		15	如來身
		16	如來意
		20	如來光明(前文關此)
6	諸佛音聲	17	如來辯才
7	諸佛智慧	1	如來地
		2	如來境界
		18	如來智慧
		19	如來最勝
8	諸佛自在	3	如來神力
		5	如來十力
		6	如來無畏
		7	如來三昧
		8	如來神通
		9	如來自在
9	諸佛無礙	10	如來無礙
10	諸佛解脫		

◉ 疏 ◉

此十義相은 第二會中에 已釋이니 至下說分하야 重明호리라

여기에서 말한 10가지 의문에 대한 뜻은 제2 보광명전 법회의 제7 여래명호품에서 이미 해석하였다. 아래의 '제4. 설법 부분'에서 거듭 밝히고자 한다.

第二加分

제2. 가피 부분

經

爾時에 世尊이 知諸菩薩心之所念하시고
則以神力加持하사대 智慧攝受하며 光明照耀하며 威勢充滿하사
令青蓮華藏菩薩로 住佛無畏하며 入佛法界하며 獲佛威德하며 神通自在하며 得佛無礙하며 廣大觀察하며 知一切佛種性次第하며 住不可說佛法方便케하시니라

그때, 세존께서 보살의 마음에 생각하는 바를 아시고

신통력으로 가피를 내리시되, 그들을 지혜로 받아들이고 광명으로 비춰주며 위엄이 충만하도록 하고서,

청련화장보살로 하여금

부처님의 두려움 없는 데 머물게 하였고,

부처님의 법계에 들어가게 하였으며,
부처님의 위엄과 공덕을 얻게 하였고,
신통이 자유자재하게 하였으며,
부처님의 걸림 없음을 얻게 하였고,
널리 크게 관찰하도록 하였으며,
일체 부처님 종성의 차례를 알게 하였고,
말할 수 없는 부처님 법의 방편에 머물게 하였다.

● 疏 ●

加分中三이니 初는 加因이니 神知機故오
次'則以'下는 顯加相이니 三業加故라 初句는 總이오 餘句는 別이니 謂
意語身이니 以光卽敎光故니라
後'令靑蓮華'下는 加所爲니 爲具說德故니라 文有八句하니 一은 外
制無畏오 二는 內證深寂이니 此意業勝이오 三은 威德內充이오 四는
神用外徹이니 此身業勝이오 五는 具四無礙니 是語業勝이오 六은 偏
觀機敎爲廣大오 七은 知性無差爲次第오 八은 授記善巧爲方便
이니 皆說德也라 所以加'靑蓮華藏'者는 果德離言이라 藉因顯故며
因果同時故며 性德無染最超勝故며 一德具含一切功德故니라

【鈔_ '果德離言'者는 此文有四節하니 此對表華之義오 經宗에 有
因果二分하니 十地已明이니 華引果故오
二'因果'下는 表蓮華義니 謂有問言호되 '是華引果어늘 何要蓮華오'
故로 答云'餘華는 華前果後로되 此華는 不有則已어니와 有則華實

雙含이오 又無染故일세 故擧蓮華니라

三又問言호되 蓮華有四어늘 何要擧靑가 故로 疏答云 最超勝故니라 智論云 水生華勝者니 卽優鉢羅華故니라

四又蓮華는 一蓮多子니 表一含一切故니라 此釋藏義라】

'제2. 가피 부분'은 3단락이다.

(1) 가피의 원인이다. 부처님의 神明으로 보살의 機緣을 알았기 때문이다.

(2) '則以' 이하는 가피의 양상을 밝혔다. 삼업의 가피를 위함이다.

첫 구[則以神力加持]는 총체이고, 나머지 구[智慧攝受 光明照耀 威勢充滿]는 개별로, 意業[智慧攝受]·語業[光明照耀]·身業[威勢充滿]을 말한다.

'光明照耀'의 광명은 교화의 광명이기에 語業에 속하기 때문이다.

(3) '令靑蓮華' 이하는 가피의 목적이다. 설법 공덕의 구족함이기 때문이다.

이의 해당 경문은 8구이다.

제1구[住佛無畏]는 밖으로 제재하여 두려움이 없고,

제2구[入佛法界]는 내면의 증득이 깊고 고요함이다. 이상은 意業의 훌륭함이다.

제3구[獲佛威德]는 위엄과 공덕이 내면에 충만하고,

제4구[神通自在]는 신통의 작용이 밖으로 사무침이다. 이상은

身業의 훌륭함이다.

제5구[得佛無礙]는 四無礙智를 두루 갖췄다. 이는 語業의 훌륭함이다.

제6구[廣大觀察]는 機緣과 교화를 두루 살펴봄이 광대함이고,

제7구[知一切佛種性次第]는 성품에 차별이 없음을 아는 것이 차례이며,

제8구[住不可說佛法方便]는 뛰어난 授記가 방편이다. 이상은 모두 설법 공덕이다.

이를 청련화장보살에게 가피한 바는 佛果의 공덕이란 말을 붙일 수 없는 경지라,

① 원인을 빌려 밝히기 때문이며,

② 인과가 동시이기 때문이며,

③ 性德이 물듦이 없어 가장 뛰어나게 훌륭하기 때문이며,

④ 하나의 공덕이 일체 모든 공덕을 두루 포괄하기 때문이다.

【초_"佛果의 공덕이란 말을 붙일 수 없는 경지" 부분의 문장에는 4節이 있다.

① 이는 연화의 표현을 상대로 말한 뜻이다. 경문의 종지는 因·果 2부분으로 나뉜다. 十地에서 이미 밝힌 바 있다. 꽃은 열매를 이끌어오기 때문이다.

② '因果' 이하는 연꽃을 밝힌 뜻이다. 어느 사람이 물었다.

"꽃이란 열매를 이끌어 들이기 마련인데, 어찌하여 굳이 연꽃을 필요로 하는가?"

이에 관한 대답은 다음과 같다.

"여타의 꽃들은 꽃이 먼저 피고 열매는 뒤에 맺기 마련이지만, 연꽃만큼은 꽃이 피지 않으면 몰라도, 꽃이 필 때면 꽃과 열매가 한꺼번에 머금고, 또한 더러움에 물들지 않기에 연꽃을 들어 말한 것이다."

③ 어느 사람이 물었다.

"연꽃에는 靑蓮華, 紅蓮華, 白蓮華, 大白蓮華 4종류가 있는데, 어찌하여 굳이 푸른 연꽃[靑蓮華]을 필요로 하는가?"

청량소에서의 답은 다음과 같다.

"가장 뛰어나게 훌륭하기 때문이다. 지도론에 의하면, '물에 피어난 꽃으로 가장 훌륭한 게 있다. 그것은 優鉢羅華[靑蓮華]이기 때문이다.'고 하였다."

④ 또한 연꽃은 한 송이의 꽃에 수많은 씨앗이 있다. 이는 하나의 공덕이 일체 모든 공덕을 두루 포괄함을 상징하기 때문이다. 이는 靑蓮華藏의 '藏' 자 뜻을 해석한 것이다.}

第三 證分
제3. 증명 부분

爾時에 靑蓮華藏菩薩이

則能通達無礙法界하며
則能安住離障深行하며
則能成滿普賢大願하며
則能知見一切佛法하며
以大悲心으로 觀察衆生하야 欲令淸淨하며
精勤修習하야 無有厭怠하며
受行一切諸菩薩法하며
於一念中에 出生佛智하며
解了一切無盡智門하며
總持辯才 皆悉具足하시니라

그때, 청련화장보살이

걸림 없는 법계를 통달하였고,

장애를 여읜 깊은 행에 안주하였으며,

보현의 큰 서원을 원만하게 성취하였고,

일체 부처님의 법을 알고 보았으며,

대비의 마음으로 중생을 살펴보고 청정케 하고자 하였고,

부지런히 수행하여 게으름이 없었으며,

일체 보살의 법을 받아 행하였고,

한 생각의 찰나에 부처님의 지혜를 내었으며,

일체 그지없는 지혜의 문을 알았고,

일체 법을 모두 지닌 일과 변재가 모두 구족하였다.

● 疏 ●

十句에 初四는 自利오 次三은 利他니 上皆自分이라 後'於一念'下 三句는 勝進이니 竝顯可知니라

10구 가운데 앞의 4구는 自利이고, 다음 3구는 利他이다. 이상은 모두 자신이 행해야 할 본분이다.

뒤의 '於一念中' 이하 3구는 향상의 도리로 닦아나가는 것이다. 모두 그 뜻이 분명하여 설명하지 않아도 알 수 있다.

第四說分

分二니 先은 承力總告라

제4. 설법 부분

이는 2부분으로 나뉜다.

앞은 부처님의 신통력을 받들어 총체로 고하였다.

經

承佛神力하야 **告蓮華藏菩薩言**하사대

부처님의 신통력을 받들어 연화장보살에게 말씀하셨다.

● 疏 ●

告蓮華藏者는 非同佛心이면 無以受佛德故로 亦名蓮華니라 不言青者는 不礙能說爲最勝故니라

연화장보살에게 말씀하신 것은 부처님의 마음과 같지 않으면 부처님의 공덕을 받아들일 수 없기 때문에 또한 '연화'라 명명하였다. 그러나 '청련화'라 말하지 않은 것은 걸림 없는 설법의 주체가 가장 뛰어나기 때문이다.

━

後正顯佛德이라 畧有二義하니 一은 總下五品 共答十問이니 此品은 答佛種性이니 佛以功德爲種性故오 次二品은 答身이오 次一品은 答本願이오 後一品은 答出現이니 其國土問은 初會已廣이오 餘는 或經來未盡이어나 或前後攝之니라

二者는 此品 具答十問이니 謂佛德無量이어늘 畧顯三十二門이니 門門皆具十하야 有三百二十德으로 以顯無盡이라 昔以初十에 標宗畧答으로 具答十問하고 所餘는 唯有別答이로되 而超次 答前十問이어니와 今謂三十二門은 如次 答前十問이라 而門門皆含答十이니 欲顯佛德一具一切故며 亦顯所問能包含故며 而其標門之名이 多不同前者는 爲顯佛德無邊量故니라

뒤는 바로 부처님의 공덕을 밝혔다.

이는 간단하게 2가지 뜻이 있다.

(1) 총체로 아래 5품[제33 불부사의법품~제37 여래출현품]은 10가지 물음에 대해 공통으로 대답하였는데, 이 품은 '諸佛種性'에 대한 답이다. 부처님은 공덕으로써 종성을 삼기 때문이며, 다음 제34 여래십신상해품, 제35 여래수호광명공덕품은 '諸佛身'에 대해, 다음

제36 보현행품은 '諸佛本願'에 대해, 뒤의 제37 여래출현품은 '諸佛出現'에 대해 대답하였다.

'諸佛國土'에 대한 물음은 첫 법회에서 이미 자세히 말했으며, 나머지는 혹 경문의 유래가 미진하나 혹은 전후 부분에서 포괄한 까닭이다.

(2) 이 품에서는 10가지 물음을 구체적으로 대답하였다.

부처님의 공덕은 한량없지만, 간추려 32법문으로 밝혔다. 모든 법문마다 10가지씩 갖추어 320가지의 공덕이 그지없음을 나타낸 것이다.

옛적엔 첫 부분의 10가지로 종지를 내세워 간단하게 답한 것으로 10가지의 물음에 모두 답하였고, 나머지는 오직 개별로 답하였지만, 차례를 건너뛰어 앞의 10가지 물음에 답하였다. 여기에서는 32법문이 차례대로 앞의 10가지 물음에 답하였는데, 모든 법문마다 10가지 답을 갖추고 있다.

이는 부처님의 공덕이란 하나에 일체 모든 것을 갖추고 있음을 밝히고자 한 때문이며,

또한 물음의 대상이 모든 것을 포괄하고 있음을 밝히고자 한 때문이며,

그 법문을 내세운 명칭이 대체로 이전과 다른 것은 부처님의 공덕이 그지없고 한량없음을 밝히기 위한 때문이다.

文分爲十이니 初二門은 答國土問이오 第二 '念念出生'下 二門은 答本願問이오 第三 '不思議境'下 二門은 答種性問이오 第四 '普入

下 二門은 答出現問이오 第五'離過淸淨'下 五門은 答身問이오 第六 '演說'下 二門은 答音聲問이오 第七'最勝'下 三門은 答智慧問이오 第八'自在'下 八門은 答自在問이오 第九'決定'下 三門은 答無礙問 이오 第十'一切智住'下 三門은 答解脫問이니 以身及自在는 含前普 光諸問多故로 用門亦多니라 而文多 有三이니 謂標·釋·結이니 義相 은 至文當顯호리라 今初二門은 答國土라

이의 경문은 10가지 법문으로 나뉜다.

1. 2가지 법문은 '제불국토'의 물음에 답하였고,

2. '念念出生' 이하의 2가지 법문은 '제불본원'의 물음에 답하였 으며,

3. '不思議境' 이하의 2가지 법문은 '제불종성'의 물음에 답하 였고,

4. '普入' 이하의 2가지 법문은 '제불출현'의 물음에 답하였으며,

5. '離過淸淨' 이하의 5가지 법문은 '제불신'의 물음에 답하였고,

6. '演說' 이하의 2가지 법문은 '제불음성'의 물음에 답하였으며,

7. '最勝' 이하의 3가지 법문은 '제불지혜'의 물음에 답하였고,

8. '自在' 이하의 8가지 법문은 '제불자재'의 물음에 답하였으며,

9. '決定' 이하의 3가지 법문은 '제불무애'의 물음에 답하였고,

10. '一切智住' 이하의 3가지 법문은 '제불해탈'의 물음에 답하 였다.

'제불신' 및 '제불자재'는 앞의 보광명전 법회에서 설법한 제7 여 래명호품에서 물었던 20가지의 물음을 포함한 바 많기에 이를 인용

한 법문 또한 많다.

　　법문은 대체로 3가지로 구성되어 있다.

　　⑴ 명제의 표장, ⑵ 해석, ⑶ 끝맺음이다.

　　그 의의의 양상은 해당 경문에서 밝힐 것이다.

　　이는 '1. 2가지 법문은 제불국토의 물음에 대한 답'이다.

經

佛子여 **諸佛世尊**이 **有無量住**하시니
所謂常住大悲니
住種種身하사 **作諸佛事**하며
住平等意하사 **轉淨法輪**하며
住四辯才하사 **說無量法**하며
住不思議一切佛法하며
住淸淨音하사 **徧無量土**하며
住不可說甚深法界하며
住現一切最勝神通하며
住能開示無有障礙究竟之法이니라

　　"불자여, 부처님 세존이 한량없이 머무름이 있다.

　　이른바 항상 큰 자비에 머무르니,

　　가지가지 몸에 머물면서 모든 불사를 일으키고,

　　평등한 뜻에 머물면서 청정한 법륜을 굴리며,

　　네 가지 걸림 없는 변재에 머물면서 한량없는 법을 말씀하시고,

헤아릴 수 없는 일체 불법에 머물며,

청정한 음성에 머물면서 한량없는 국토에 두루 울려오고,

말할 수 없는 깊은 법계에 머물며,

일체 가장 훌륭한 모든 신통을 나타내는 데 머물고,

걸림 없는 최고의 법을 열어 보이는 데 머무름이다.

◉ 疏 ◉

國土는 卽是所依所住니 初門은 明其常住法門이오 後門은 明其徧住法界니 不唯國土라 不在方所 爲眞土也니라

今初는 文二니 初標 後釋이라 釋中 九句는 顯於如來應機說法하야 含答十問이니 則十問이 皆成住處니 下皆倣之하다

一은 起應之心으로 答種性問이니 悲爲種性故며 二는 演法之身으로 答身問이오 三은 轉法之意로 答本願問이니 本願平等하야 利一切故며 四는 能轉之辯으로 答音聲問이니 音出辯故며 五는 所轉之法으로 答自在니 自在不思議故며 六은 轉音周徧으로 答國土니 國土는 是音所至故며 七은 所顯之理로 答智慧니 智慧 能住法界故며 八은 能化之通으로 答神通問이오 九는 演法之益으로 答無礙問이니 文唯九句일세 脫於出現이라 或通前諸句니 出現이 皆能作前九故니라 答此十問이 旣爾인댄 答初二會도 類例可知니라【鈔_ '今初'下 釋文은 但明記上十問이니 尋文易了라 或開或合은 顯義無方이라】

국토는 곧 의지하는 곳이자 머무는 곳이다.

앞의 법문은 항상 머무는[常住] 데 대한 법문을 밝혔고,

뒤의 법문은 법계에 두루 머무르는[徧住法界] 데 대한 법문을 밝혔다. 이는 국토뿐만 아니라, 일정한 방위와 처소가 있지 않은 것이 진실한 국토이다.

이의 첫 상주법문은 2부분으로 나뉜다.

앞의 1구[諸佛世尊有無量住]는 명제를 내세웠고,

뒤의 9구는 명제 '無量住'에 대한 해석이다.

해석 부분의 9구는 여래께서 보살의 機緣에 부응한 설법으로, 10가지 물음을 함축하여 답하였음을 밝혔다. 이는 10가지 물음이 모두 제불의 머무는 곳으로 이루어져 있다. 아래의 법문은 모두 이와 같다.

제1구[所謂常住大悲], 응신을 일으키는 '마음'으로 '제불종성'의 물음에 답하였다. 대비의 마음이 種性이기 때문이다.

제2구[住種種身作諸佛事], 법을 연설하는 '몸'으로 '제불신'의 물음에 답하였다.

제3구[住平等意轉淨法輪], 법륜을 굴리는 '뜻'으로 '제불본원'의 물음에 답하였다. 본원이 평등하여 일체중생에게 이익을 베풀기 때문이다.

제4구[住四辯才說無量法], 법륜을 굴리는 '변재'로 '제불음성'의 물음에 답하였다. 음성이 변재를 내기 때문이다.

제5구[住不思議一切佛法], 법륜을 굴리는 바의 '법'으로 '제불자재'의 물음에 답하였다. 자재함이 불가사의하기 때문이다.

제6구[住淸淨音徧無量土], 법륜을 굴리는 음성이 두루 '충만'한 것으로 '제불국토'의 물음에 답하였다. 국토는 음성이 이르는 대상이기 때문이다.

제7구[住不可說甚深法界], 음성으로 밝힌 바의 '진리'로 '제불지혜'의 물음에 답하였다. 지혜는 법계에 머무는 주체이기 때문이다.

제8구[住現一切最勝神通], 교화의 주체가 되는 '신통'으로 '제불신통'의 물음에 답하였다.

제9구[住能開示無有障礙究竟之法], 법문 연설의 '이익'으로 '제불무애'의 물음에 답하였다.

이의 해당 경문은 오직 9구에 그치기에 '제불출현'에 관한 문장이 누락된 것임을 알 수 있다. 그렇지 않다면 이는 혹시 앞의 모든 구절에 통한 것으로 생각된다. 여러 부처님이 이 세간에 출현하여 앞의 9가지 법문을 모두 일으키기 때문이다.

이 10가지 물음에 관한 대답이 이와 같은 것으로 보면, 제1, 제2 법회에서의 대답도 이로 유추하면 알 수 있을 것이다 【초_ "이의 첫 상주법문은 2부분" 이하의 해석 부분 경문은 위의 10가지 물음을 밝혔을 뿐이다. 문맥을 찾아 살펴보면 쉽게 이해할 수 있다. 혹은 분리하여 말하기도 하고, 혹은 종합하여 말하기도 한 것은 그 의의가 고정되어 있지 않음을 밝힌 것이다.】

◉ 論 ◉

已下에 通十種無量住하야 總有三十二種無量普徧周無礙 總別同異成壞自在因陁羅網門은 答前十問의 問佛不思議法故

니 於此三十二種이 如因陁羅網互參하야 普徧周法門中에 約數有三百二十種으로 答前十問하니 此三百二十種因陁羅網互參法門中엔 以明佛不思議의 無盡無盡하며 重重重重하며 無限無限이라 如下一一段中에 自具十法하니 如經自明일새 不煩科意하노라

이 아래로는 10가지 '한량없이 머무름[無量住]'을 통하여 모두 32가지의 한량없이 두루 존재하는 데 걸림이 없는, 總·別, 同·異, 成·壞에 자유자재한 인다라망 법문이 있는 것은, 앞의 10가지 물음에 관한, 부처님의 불가사의한 법에 대한 물음에 답하였기 때문이다.

이 32가지가 인다라망처럼 서로서로 함께하면서 두루 존재하는 법문 가운데, 320가지의 수로 요약하여 앞의 10가지 물음에 대해 답하였다. 이 320가지의 인다라망이 서로 함께하는 법문 가운데, 부처님의 불가사의가 그지없는데 또 그지없고, 거듭거듭 한데 또 거듭거듭 하며, 한량없는데 또 한량없다는 점을 밝힌 것이다.

아래의 하나하나 단락 가운데, 그 나름대로 10가지 법이 갖춰져 있다. 경문에서 보는 바와 같이 그 자체가 분명하기에 科判에 대한 뜻은 자질구레 말하지 않는다.

經

佛子여 諸佛世尊이 有十種法普徧無量無邊法界하시니 何等이 爲十고
所謂一切諸佛이 有無邊際身하사 色相淸淨하야 普入諸

趣호되 而無染着하며
一切諸佛이 有無邊際無障礙眼하사 於一切法에 悉能明見하며
一切諸佛이 有無邊際無障礙耳하사 悉能解了一切音聲하며
一切諸佛이 有無邊際鼻하사 能到諸佛自在彼岸하며
一切諸佛이 有廣長舌하며 出妙音聲하야 周徧法界하며
一切諸佛이 有無邊際身하사 應衆生心하야 咸令得見케 하며
一切諸佛이 有無邊際意하사 住於無礙平等法身하며
一切諸佛이 有無邊際無礙解脫하사 示現無盡大神通力하며
一切諸佛이 有無邊際淸淨世界하사 隨衆生樂하야 現衆佛土하사 具足無量種種莊嚴호되 而於其中에 不生染着하며
一切諸佛이 有無邊際菩薩行願하사 得圓滿智하야 遊戲自在하사 悉能通達一切佛法이니
佛子여 是爲如來應正等覺의 普徧法界無邊際十種佛法이니라

　　불자여, 부처님 세존이 한량없고 그지없는 법계에 두루 충만한 열 가지 법을 지니셨다.
　　무엇이 법계에 두루 충만한 열 가지 법인가?

일체 부처님이 그지없이 청정한 몸이 있어, 수많은 악도를 널리 들어가되 그 악도에 물들지 않고,

일체 부처님이 그지없이 장애 없는 눈이 있어 일체 법을 모두 분명하게 보며,

일체 부처님이 그지없고 막힘이 없는 귀가 있어 일체 음성을 모두 알고,

일체 부처님이 그지없는 코가 있어 부처님의 자유자재한 피안에 이르며,

일체 부처님이 넓고 긴 혀가 있어 우렁찬 미묘한 음성이 법계에 가득하고,

일체 부처님이 그지없는 몸이 있어 중생의 마음을 따라 모두 볼 수 있게 하며,

일체 부처님이 그지없는 뜻이 있어 걸림 없이 평등한 법신에 머물고,

일체 부처님이 그지없고 걸림 없는 해탈이 있어 다함이 없는 큰 신통력을 보여주며,

일체 부처님이 그지없이 청정한 세계가 있어 중생의 좋아하는 바를 따라서 여러 가지 세계를 나타내어, 한량없는 가지가지 장엄을 두루 갖추되, 그 가운데 물들지 않고,

일체 부처님이 그지없는 보살의 행과 원이 있어 원만한 지혜를 얻고 자유자재 유희하여 일체 불법을 모두 통달하였다.

불자여, 이를 여래, 응공, 정등각의 법계에 두루 충만한, 그지없

는 열 가지의 불법이라 한다.

● 疏 ●

二普徧法界者는 明其徧住이니 謂六根三業이 皆徧法界土故니라 標中에 無量은 是事法界오 無邊은 是理니 此二無礙와 及事事無礙法界 並爲所徧이라

列中에 則顯前十皆徧이니 一은 無邊身이니 含答三問이라 一은 正答身이니 其普徧諸趣에 是有悲性과 及出現義오 次六은 是身別相이니 亦是於身에 兼答普光眼等六問이니 出妙音聲은 答音聲問이오 第八은 答三問이니 謂無礙는 答第九오 解脫은 答第十이오 神通力은 答自在니라 第九는 別答國土오 第十은 答本願과 及智慧問이라

初二門 答國土問 竟하다

뒤의 법문은 법계에 두루 머무는 데 대한 법문을 밝혔다는 것은 한량없고 그지없는 법계에 두루 머묾을 밝힌 것이다. 육근과 삼업이 모두 법계 국토에 두루 충만하기 때문이다.

명제의 표장에서 한량없다[無量]는 것은 事法界이고, 그지없다[無邊]는 것은 理法界이다. 사법계와 이법계에 걸림이 없는 것과 事事無礙法界는 모두 두루 존재할 대상이다.

나열한 부분에서 앞의 10구가 모두 두루 충만함을 밝혔다.

제1구의 '無邊際身'이란 3가지 물음을 함축한 답이다. 첫째, 바로 '如來身'을 답하였고, 그 '普入諸趣'에는 '여래의 大悲種性' 및 '如來出現'의 의의가 있다.

다음 제2~7까지의 6구는 몸의 개별 양상이다. 이는 또한 몸에 대해 보광명전에서 설법한 제7 여래명호품에서 말한 '如來眼' 등 6가지 물음을 겸하여 답하였다. '미묘한 음성을 낸다.'는 것은 '제불음성'의 물음에 답한 것이다.

제8 '無礙解脫大神通力'句는 3가지 물음에 답하였다. 무애는 제9 제불무애를, 해탈은 제10 제불해탈을, 신통력은 제8 제불자재의 물음에 답하였다.

제9 '無邊際淸淨世界'句는 제1 제불국토의 물음에 개별로 답하였고,

제10 '無邊際菩薩行願 得圓滿智'句는 제2 제불본원 및 제7 제불지혜의 물음에 답하였다.

1. 2가지 법문의 '제불국토' 물음에 대한 답을 끝마치다.

第二 二門은 答本願問이니 此門은 明乘願 現其八相이오 後門은 明願不失時라

今은 初라

2. 2가지 법문은 '제불본원'의 물음에 대한 답이다.

앞의 법문은 誓願에 편승하여 그 八相을 나타냈음을 밝혔고,
뒤의 법문은 서원이 시기를 잃지 않음을 밝혔다.
이는 '앞의 법문'이다.

佛子여 諸佛世尊이 有十種念念出生智하시니

何等이 爲十고

所謂一切諸佛이 於一念中에 悉能示現無量世界에 從天來下하며

一切諸佛이 於一念中에 悉能示現無量世界에 菩薩受生하며

一切諸佛이 於一念中에 悉能示現無量世界에 出家學道하며

一切諸佛이 於一念中에 悉能示現無量世界菩提樹下에 成等正覺하며

一切諸佛이 於一念中에 悉能示現無量世界에 轉妙法輪하며

一切諸佛이 於一念中에 悉能示現無量世界에 敎化衆生하고 供養諸佛하며

一切諸佛이 於一念中에 悉能示現無量世界에 不可言說인 種種佛身하며

一切諸佛이 於一念中에 悉能示現無量世界에 種種莊嚴과 無數莊嚴인 如來自在一切智藏하며

一切諸佛이 於一念中에 悉能示現無量世界에 無量無數淸淨衆生하며

一切諸佛이 於一念中에 悉能示現無量世界에 三世諸

佛이 種種根性과 種種精進과 種種行解로 於三世中에 成等正覺이 是爲十이니라

불자여, 부처님 세존이 한 생각 한 생각의 찰나에 생겨나는 지혜, 열 가지를 지니셨다.

무엇이 한 생각의 찰나에 생겨나는 지혜, 열 가지인가?

이른바 일체 부처님이 한 생각의 찰나에 한량없는 세계에서 하늘로부터 내려옴을 나타내고,

일체 부처님이 한 생각의 찰나에 한량없는 세계에서 보살의 태어남을 나타내며,

일체 부처님이 한 생각의 찰나에 한량없는 세계에서 출가하여 도를 배우는 일을 나타내고,

일체 부처님이 한 생각의 찰나에 한량없는 세계의 보리수 아래에서 평등하고 바른 깨달음을 성취하는 일을 나타내며,

일체 부처님이 한 생각의 찰나에 한량없는 세계에서 미묘한 법륜 굴림을 나타내고,

일체 부처님이 한 생각의 찰나에 한량없는 세계에서 중생을 교화하고 부처님께 공양함을 나타내며,

일체 부처님이 한 생각의 찰나에 한량없는 세계에서 말할 수 없는 가지가지 부처의 몸을 나타내고,

일체 부처님이 한 생각의 찰나에 한량없는 세계에서 가지가지 장엄과 수없는 장엄인 여래의 자재하신 일체 지혜장을 나타내며,

일체 부처님이 한 생각의 찰나에 한량없는 세계에 한량없고

수없이 청정한 중생을 나타내고,

일체 부처님이 한 생각의 찰나에 한량없는 세계에서 삼세 모든 부처님이 가지가지 근성, 가지가지 정진, 가지가지 행과 지혜로 삼세에 평등하고 바른 깨달음을 성취하는 일을 나타내었다.

이를 한 생각의 찰나에 생겨나는 지혜, 열 가지라 한다.

● 疏 ●

然願 以後得智 爲體니 從其願智하야 生八相等이오 非生智也라 別中에 一은 乘願下生이오 二는 受生種族이오 三은 學解脫道오 四는 明其出現이오 五는 音聲이오 六은 化生嚴國이오 七은 現身이오 八은 自在니 相嚴福嚴으로 嚴如來藏故오 九는 是無礙오 十은 卽智慧니 正徧知故니라

그러나 서원은 後得智로써 체성을 삼는다. 그 서원의 지혜로부터 八相 등을 낳은 것이지, 지혜를 낳은 것은 아니다.

개별로 말한 부분은 다음과 같다.

제1구는 서원에 편승하여 내려오고,

제2구는 생을 받은 종족이며,

제3구는 해탈의 도를 배우고,

제4구는 그 출현을 밝힘이며,

제5구는 음성이고,

제6구는 중생을 교화하여 국토를 장엄하며,

제7구는 몸을 나타내고,

제8구는 자재함이다. 색상의 장엄과 복덕의 장엄으로 여래장을 장엄하기 때문이다.

제9구는 걸림이 없다.

제10구는 지혜이다. 正徧知이기 때문이다.

經

佛子여 **諸佛世尊**이 **有十種不失時**하시니

何等이 **爲十**고

所謂一切諸佛이 **成等正覺不失時**와

一切諸佛이 **成熟有緣不失時**와

一切諸佛이 **授菩薩記不失時**와

一切諸佛이 **隨衆生心**하야 **示現神力不失時**와

一切諸佛이 **隨衆生解**하야 **示現佛身不失時**와

一切諸佛이 **住於大捨不失時**와

一切諸佛이 **入諸聚落不失時**와

一切諸佛이 **攝諸淨信不失時**와

一切諸佛이 **調惡衆生不失時**와

一切諸佛이 **現不思議諸佛神通不失時 是爲十**이니라

불자여, 부처님 세존이 시기를 놓치지 않는 열 가지를 지니셨다.

무엇이 시기를 놓치지 않는 열 가지인가?

이른바 일체 부처님이 평등하고 바른 깨달음을 성취하는 시기를 놓치지 않고,

일체 부처님이 인연 있는 이를 성숙시키는 시기를 놓치지 않으며,

일체 부처님이 보살에게 수기를 내리는 시기를 놓치지 않고,

일체 부처님이 중생의 마음을 따라 신통력을 보이는 시기를 놓치지 않으며,

일체 부처님이 중생의 이해를 따라 부처의 몸을 나타내는 시기를 놓치지 않고,

일체 부처님이 크게 희사하는 데 머물되 시기를 놓치지 않으며,

일체 부처님이 여러 마을에 들어가는 시기를 놓치지 않고,

일체 부처님이 청정한 신심을 거두어 주는 시기를 놓치지 않으며,

일체 부처님이 악한 중생을 조복하는 시기를 놓치지 않고,

일체 부처님이 헤아릴 수 없는 부처님 신통을 나타내는 시기를 놓치지 않느다.

이를 시기를 놓치지 않는 열 가지라 한다.

● 疏 ●

二不失時者는 行止在緣하야 根熟化現이오 未熟便捨하나니 非願不周어니와 若機熟失時면 便違本願이라

別中에 一은 出現이오 二는 成本願有緣이오 三은 知種性與記오 四는 自在오 五는 現身이오 六은 智住於捨오 七은 六根無礙오 八은 淨國攝信이오 九는 強音調惡이오 十은 卽不思議解脫이라

第二 二門 答本願問 竟하다

뒤의 법문에 시기를 잃지 않는다는 것은 행동거지가 인연에 따라 근기가 성숙하면 여러 가지 모습으로 변하여 세상에 몸을 나타내고, 근기가 성숙하지 못하면 곧 놓아두는 것이다. 중생 제도의 서원이 그 모든 이들에게 두루 응하지 않은 것은 아니지만, 근기가 성숙하였음에도 시기를 놓치면 그것은 본래의 서원을 저버린 것이다.

개별로 말한 부분은 다음과 같다.

제1구는 세상에 몸을 나타내고,

제2구는 본래 서원에 따라 인연 있는 이들을 성취시켜 주며,

제3구는 종성을 알아 수기를 내리고,

제4구는 자재하며,

제5구는 여러 가지 모습으로 변하여 몸을 나타내고,

제6구는 지혜가 희사에 머물며,

제7구는 육근이 걸림 없고,

제8구는 국토를 청정케 하고 신심 있는 이들을 받아들이며,

제9구는 강한 음성으로 악한 이를 조복하고,

제10구는 불가사의한 해탈이다.

2. 2가지 법문의 '제불본원' 물음에 대한 답을 끝마치다.

第三 二門答種性問이니 此門은 雙明報應種性이 皆眞正故오 後

門은 唯明法身種性이라
今은 初라

3. 2가지 법문은 '제불종성'의 물음에 대한 답이다.

앞의 법문은 보신·응신의 종성이 모두 진정임을 모두 밝혔기 때문이며,

뒤의 법문은 오직 법신의 종성만을 밝혔다.

이는 '앞의 법문'이다.

經

佛子여 諸佛世尊이 有十種無比不思議境界하시니
何等이 爲十고
所謂一切諸佛이 一跏趺坐하야 徧滿十方無量世界하며
一切諸佛이 說一義句하야 悉能開示一切佛法하며
一切諸佛이 放一光明하야 悉能徧照一切世界하며
一切諸佛이 於一身中에 悉能示現一切諸身하며
一切諸佛이 於一處中에 悉能示現一切世界하며
一切諸佛이 於一智中에 悉能決了一切諸法호되 無所罣礙하며
一切諸佛이 於一念中에 悉能徧往十方世界하며
一切諸佛이 於一念中에 悉現如來無量威德하며
一切諸佛이 於一念中에 普緣三世佛과 及衆生호되 心無雜亂하며

一切諸佛이 於一念中에 與去來今一切諸佛로 體同無二하니 是爲十이니라

　불자여, 부처님 세존이 견줄 수 없고 헤아릴 수 없는 열 가지 경계를 지니셨다.

　무엇이 견줄 수 없고 헤아릴 수 없는 열 가지 경계인가?

　이른바 일체 부처님이 하나의 가부좌로 시방의 한량없는 세계에 가득하고,

　일체 부처님이 한 구절의 뜻을 말하여 일체 불법을 모두 열어 보여주며,

　일체 부처님이 한 줄기의 광명을 쏟아내어 일체 세계를 두루 다 비춰주고,

　일체 부처님이 하나의 몸으로 일체 모든 몸을 모두 나타내며,

　일체 부처님이 하나의 자리에서 일체 세계를 나타내 보여주고,

　일체 부처님이 하나의 지혜로 일체 모든 법을 결정코 알되 걸린 바가 없으며,

　일체 부처님이 한 생각의 찰나에 시방세계에 두루 나아가고,

　일체 부처님이 한 생각의 찰나에 여래의 한량없는 위엄과 공덕을 나타내며,

　일체 부처님이 한 생각의 찰나에 삼세의 부처님과 중생을 널리 반연하되 마음이 어지럽지 않고,

　일체 부처님이 한 생각의 찰나에 과거·미래·현재의 여러 부처님과 체성이 같아 둘이 없다.

이를 견줄 수 없고 헤아릴 수 없는 열 가지 경계라고 한다.

◉ 疏 ◉

體相超言念일세 故云不思議오 下位不及일세 故云無比니라
別中에 一은 身이오 二는 音이오 三은 乘願放光이니 如其本願所得光
故오 四는 出現이오 五는 國土오 六은 智慧오 七은 自在오 八은 威德種
族이오 九는 無雜之礙오 十은 解脫體同이라
上之五段은 皆畧指陳하고 兼答十問이어니와 已下는 恐繁不顯이니
說者 隨宜니라

부처님의 몸은 언어와 생각을 초탈한 까닭에 '불가사의'하고, 아래 지위의 사람으로서는 미칠 수 없기에 '견줄 수 없다[無比].'고 말한다.

개별로 말한 부분은 다음과 같다.

제1구는 몸이고,

제2구는 음성이며,

제3구는 서원에 편승하여 광명을 쏟아냄은 본래 서원과 같이 얻은 바 광명이기 때문이다.

제4구는 몸을 나타내고,

제5구는 국토이며,

제6구는 지혜이고,

제7구는 자재함이며,

제8구는 위엄과 공덕을 지닌 종족이고,

제9구는 雜亂의 장애가 없으며,

제10구는 삼세제불의 해탈 체성이 똑같다.

위의 5단락은 모두 간단하게 말하고, 10가지 물음을 겸하여 답한 것이지만, 이하는 문장이 번거로울까 두려운 생각에 이를 밝히지 않는다. 강설하는 이는 편의를 따라 헤아리기를 바란다.

經

佛子여 諸佛世尊이 能出生十種智하시니

何者 爲十고

所謂一切諸佛이 知一切法無所趣向이나 而能出生廻向願智하며

一切諸佛이 知一切法皆無有身이나 而能出生淸淨身智하며

一切諸佛이 知一切法本來無二나 而能出生能覺悟智하며

一切諸佛이 知一切法無我無衆生이나 而能出生調衆生智하며

一切諸佛이 知一切法本來無相이나 而能出生了諸相智하며

一切諸佛이 知一切世界無有成壞나 而能出生了成壞智하며

一切諸佛이 知一切法無有造作이나 而能出生知業果智하며

一切諸佛이 知一切法無有言說이나 而能出生了言說智하며

一切諸佛이 知一切法無有染淨이나 而能出生知染淨智하며

一切諸佛이 知一切法無有生滅이나 而能出生了生滅智 是爲十이니라

불자여, 부처님 세존은 열 가지 지혜를 내신다.

무엇이 열 가지 지혜인가?

이른바 일체 부처님이 일체 법이 나아갈 바 없음을 알지만 회향하는 서원의 지혜를 내고,

일체 부처님이 일체 법이 모두 자체가 없음을 알지만 청정한 몸의 지혜를 내며,

일체 부처님이 일체 법이 본래 둘이 없음을 알지만 깨달음의 지혜를 내고,

일체 부처님이 일체 법이 '나'라는 것도 없고 중생이라는 것도 없음을 알지만 중생을 조복하는 지혜를 내며,

일체 부처님이 일체 법이 본래 모양이 없음을 알지만 모든 모양을 아는 지혜를 내고,

일체 부처님이 일체 세계가 이룩하고 무너짐이 없음을 알지만 이룩하고 무너짐을 아는 지혜를 내며,

일체 부처님이 일체 법이 조작이 없음을 알지만 업과 과보를 아는 지혜를 내고,

일체 부처님이 일체 법이 말할 수 없음을 알지만 말을 아는 지혜를 내며,

일체 부처님이 일체 법이 오염과 청정이 없음을 알지만 오염과 청정함을 아는 지혜를 내고,

일체 부처님이 일체 법이 생겨나고 사라짐이 없음을 알지만 생겨나고 사라짐을 아는 지혜를 낸다.

이를 열 가지 지혜라 한다.

● 疏 ●

二 出生智者는 明法身爲種性也라 從無性中하야 出其智慧니 非答智慧故니라
別中에 十各二句니 皆上句는 知性이니 卽無性之性이니 爲能生이오 後句는 出生智用이라
第三 二門 答種性問 竟하다

뒤의 법문에서 '지혜를 낸다.'는 것은 법신이 종성임을 밝힌 것이다. 자성이 없는 데서 그 지혜를 낸 것이지, 지혜 그 자체에 대한 대답이 아니기 때문이다.

개별로 말한 부분에 10가지의 지혜는 각각 2구로 구성되어 있다.

모두 위 구절은 그 자성이 곧 자성이 없는 자성임을 아는 것으로 지혜를 내주는 주체이고,

뒤 구절은 지혜의 작용을 내주는 것이다.

3. 2가지 법문의 '제불종성' 물음에 대한 답을 끝마치다.

第四答出現問

4. 2가지 법문은 '제불출현'의 물음에 대한 답이다.

經

佛子여 諸佛世尊이 有十種普入法하시니

何等이 爲十고

所謂一切諸佛이 有淨妙身하사 普入三世하며

一切諸佛이 皆悉具足三種自在하사 普化衆生하며

一切諸佛이 皆悉具足諸陀羅尼하사 普能受持一切佛法하며

一切諸佛이 皆悉具足四種辯才하사 普轉一切淸淨法輪하며

一切諸佛이 皆悉具足平等大悲하사 恒不捨離一切衆生하며

一切諸佛이 皆悉具足甚深禪定하사 恒普觀察一切衆生하며

一切諸佛이 皆悉具足利他善根하사 調伏衆生호되 無有休息하며

一切諸佛이 皆悉具足無所礙心하사 普能安住一切法界하며

一切諸佛이 皆悉具足無礙神力하사 一念普現三世諸佛

하며

一切諸佛이 皆悉具足無礙智慧하사 一念普立三世劫數 是爲十이니라

불자여, 부처님 세존이 두루 들어가는 열 가지 법을 지니셨다.

무엇이 두루 들어가는 열 가지 법인가?

이른바 일체 부처님이 모두 청정하고 미묘한 몸이 있어 삼세에 두루 들어가고,

일체 부처님이 모두 세 가지 자재함을 두루 갖춰 중생을 두루 교화하며,

일체 부처님이 모두 모든 다라니를 두루 갖춰 일체 불법을 두루 받아 지니며,

일체 부처님이 모두 네 가지 변재를 두루 갖춰 일체 청정한 법륜을 두루 굴리고,

일체 부처님이 모두 평등한 큰 자비를 두루 갖춰 항상 일체중생을 버리지 않으며,

일체 부처님이 모두 깊은 선정을 두루 갖춰 항상 일체중생을 두루 관찰하고,

일체 부처님이 모두 다른 이를 이롭게 하는 선근을 두루 갖춰 중생을 조복하되 멈춤이 없으며,

일체 부처님이 모두 걸림 없는 마음을 두루 갖춰 일체 법계에 두루 머물고,

일체 부처님이 모두 걸림 없는 신통한 힘을 두루 갖춰 한 생각

의 찰나에 삼세 부처님을 두루 나타내며,

　일체 부처님이 모두 걸림 없는 지혜를 두루 갖춰 한 생각의 찰나에 삼세 겁의 수효를 두루 세웠다.

　이를 두루 들어가는 열 가지 법이라 한다.

◉ 疏 ◉

此門은 明徧現常現이니 非有出沒이라야 方爲眞現故니라
別中에 云普現三世諸佛이온 況自身耶아 又一現이 卽一切現이니
以三世佛이 無二體故니라 如文殊般若中辨이라
別中에 云三種自在者는 卽三業化也니라

　이 법문은 두루 모든 공간에 몸을 나타냄과 언제나 모든 시간에 몸을 나타냄을 밝힌 것이다. 나오고 사라짐이 없어야 바야흐로 참으로 몸을 나타냄이 되기 때문이다.

　개별로 말한 부분에서 삼세제불을 널리 나타냈다고 했는데, 하물며 그 자신이야. 또한 하나의 현신이 곧 일체의 현신이다. 삼세제불이 다르다는 자체가 없기 때문이다. 문수반야 부분에서 말한 바와 같다.

　개별로 말한 부분에서 '세 가지 자재[三種自在]'라 말한 것은 곧 삼업의 교화를 말한다.

佛子여 諸佛世尊이 有十種難信受廣大法하시니

何等이 爲十고
所謂一切諸佛이 悉能摧滅一切諸魔하며
一切諸佛이 悉能降伏一切外道하며
一切諸佛이 悉能調伏一切衆生하야 咸令歡悅하며
一切諸佛이 悉能往詣一切世界하야 化導群品하며
一切諸佛이 悉能智證甚深法界하며
一切諸佛이 悉皆能以無二之身으로 現種種身하야 充滿世界하며
一切諸佛이 悉皆能以淸淨音聲으로 起四辯才하야 說法無斷하사 凡有信受에 功不唐捐하며
一切諸佛이 皆悉能於一毛孔中에 出現諸佛하사대 與一切世界微塵數等하야 無有斷絶하며
一切諸佛이 皆悉能於一微塵中에 示現衆刹하사대 與一切世界微塵數等하야 具足種種上妙莊嚴하야 恒於其中에 轉妙法輪하사 敎化衆生호되 而微塵不大하고 世界不小하야 常以證智로 安住法界하며
一切諸佛이 皆悉了達淸淨法界하사 以智光明으로 破世癡闇하사 令於佛法에 悉得開曉하야 隨逐如來하야 住十力中이 是爲十이니라

　불자여, 부처님 세존이 믿고 알기 어려운 열 가지 광대한 법을 지니셨다.
　무엇이 믿고 알기 어려운 열 가지 광대한 법인가?

이른바 일체 부처님이 일체 마군을 모두 꺾어 없애고,

일체 부처님이 일체 외도를 모두 항복 받으며,

일체 부처님이 일체중생을 모두 조복하여 다 즐겁게 해주고,

일체 부처님이 일체 세계에 다니면서 여러 중생을 교화하고 인도하며,

일체 부처님이 모두 지혜로 깊고 깊은 법계를 증득하고,

일체 부처님이 모두 둘이 아닌 몸으로 가지가지 몸을 나타내어 세계에 가득하며,

일체 부처님이 모두 청정한 음성으로 네 가지 변재를 일으켜 끊임없이 법을 말하여 듣고 믿는 모든 이들의 공부가 헛되지 않고,

일체 부처님이 모두 하나의 모공에서 일체 세계의 티끌 수처럼 수많은 부처님을 나타내어 끊임이 없으며,

일체 부처님이 모두 하나의 티끌 속에 일체 세계의 티끌 수처럼 수많은 세계를 나타내어 가지각색의 가장 미묘한 장엄을 두루 갖추고서, 항상 그 가운데서 미묘한 법륜을 굴려 중생을 교화하지만 티끌은 커지지도 않고 세계가 작아지지도 않으며, 항상 증득한 지혜로 법계에 편안히 머물고,

일체 부처님이 모두 청정한 법계를 분명히 통달하여 지혜의 광명으로 세간 중생의 어리석음을 타파하여, 모두 부처님의 법을 잘 깨달아 여래를 따라 열 가지 힘에 머물게 하였다.

이를 믿고 알기 어려운 열 가지 광대한 법이라 한다.

◉ 疏 ◉

第二十種廣大法者는 明出現之相이니 謂大用無涯일새 故云廣大오 凡小莫測일새 故難信受니 文顯可知니라
第四 二門答出現問 竟하다

뒤의 법문에서 10가지 광대한 법이란 제불출현의 양상을 밝힌 것이다.

큰 작용이 끝이 없기에 '광대'하다 말하고, 범부와 소승으로서는 헤아릴 수 없기에 믿고 받아들이기 어렵다. 경문의 뜻이 분명하여 설명하지 않아도 알 수 있다.

4. 2가지 법문의 '제불출현' 물음에 대한 답을 끝마치다.

第五 五門은 答身問이라

5. 5가지 법문은 '제불신'의 물음에 대한 답이다.

經

佛子여 諸佛世尊이 有十種大功德離過淸淨하시니
何等이 爲十고
所謂一切諸佛이 具大威德하사 離過淸淨하며
一切諸佛이 悉於三世如來家生하사 種族調善하야 離過淸淨하며
一切諸佛이 盡未來際토록 心無所住하사 離過淸淨하며

一切諸佛이 於三世法에 皆無所着하사 離過淸淨하며
一切諸佛이 知種種性이 皆是一性이라 無所從來하사 離過淸淨하며
一切諸佛이 前際後際의 福德無盡하야 等於法界하사 離過淸淨하며
一切諸佛이 無邊身相이 徧十方刹하사 隨時調伏一切衆生하야 離過淸淨하며
一切諸佛이 獲四無畏하사 離諸恐怖하야 於衆會中에 大師子吼로 明了分別一切諸法하사 離過淸淨하며
一切諸佛이 於不可說不可說劫에 入般涅槃이라도 衆生이 聞名에 獲無量福이 如佛現在功德無異하야 離過淸淨하며
一切諸佛이 遠在不可說不可說世界中이라도 若有衆生이 一心正念하면 則皆得見하야 離過淸淨이 是爲十이니라

　불자여, 부처님 세존이 열 가지 큰 공덕이 있어 허물없이 청정하시다.

　무엇이 열 가지 큰 공덕인가?

　이른바 일체 부처님이 큰 위엄과 공덕을 두루 갖춰 허물없이 청정하고,

　일체 부처님이 삼세 여래의 가문에 태어나 그 종족이 부처님의 조복을 거쳐 선량하여 허물없이 청정하며,

　일체 부처님이 미래 세월이 다하도록 마음이 머무는 바가 없

어 허물없이 청정하고,

　일체 부처님이 삼세의 법에 모두 집착한 바 없어 허물없이 청정하며,

　일체 부처님이 가지가지 성품이 모두 하나의 성품이라 온 데가 없음을 알고서 허물없이 청정하고,

　일체 부처님이 앞 세상, 뒤 세상의 그지없는 복덕이 법계와 같아 허물없이 청정하며,

　일체 부처님이 그지없는 몸으로 시방세계에 두루 계시면서 때를 따라 일체중생을 조복하여 허물없이 청정하고,

　일체 부처님이 네 가지 두려움이 없음을 얻어 많은 공포를 벗어나 대중법회에서 큰 사자후로 일체 법을 분명하게 분별하여 허물없이 청정하며,

　일체 부처님이 말할 수 없이 말할 수 없는 겁에 열반했을지라도, 중생이 명호만 듣고서도 한량없는 복을 얻음이 현재 부처님의 공덕과 다를 바 없어 허물없이 청정하고,

　일체 부처님이 말할 수 없이 말할 수 없는 세계의 밖에 있을지라도, 어떤 중생이 한결같은 마음으로 바르게 생각하면 모두 보게 되어 허물없이 청정하게 된다.

　이를 열 가지 큰 공덕이라 한다.

● 疏 ●

即分爲五니 一 此門은 總顯無過니 如來三業이 隨智慧行故어 三

業等事不出於身故니라

別中十句는 多同出現品身之十相이니 思之어다【鈔_ '別中十句' 者는 彼之十相이 卽是十身이라】

'제불신' 물음에 대한 답은 5가지 법문으로 나뉜다.

제1 법문은 허물이 없음을 총체로 밝혔다. 여래의 삼업이 智慧行을 따르기 때문이며, 삼업 등의 일이 몸에서 벗어나지 않기 때문이다.

개별로 말한 부분의 10구는 제37 여래출현품에서 말한 부처님의 10가지 모양과 대부분 같다. 이런 점을 생각해야 한다.【초_ "개별로 말한 부분의 10구"는 제37 여래출현품에서 말한 부처님의 10가지 모양이 곧 十身이다.】

經

佛子여 諸佛世尊이 有十種究竟淸淨하시니

何等이 爲十고

所謂一切諸佛이 往昔大願이 究竟淸淨하며

一切諸佛이 所持梵行이 究竟淸淨하며

一切諸佛이 離世衆惑하야 究竟淸淨하며

一切諸佛이 莊嚴國土하야 究竟淸淨하며

一切諸佛이 所有眷屬이 究竟淸淨하며

一切諸佛이 所有種族이 究竟淸淨하며

一切諸佛이 色身相好 究竟淸淨하며

247

一切諸佛이 **法身無染**하야 **究竟淸淨**하며
一切諸佛이 **一切智智 無有障礙**하야 **究竟淸淨**하며
一切諸佛이 **解脫自在**하사 **所作已辦**하사 **到於彼岸**하며 **究竟淸淨**이 **是爲十**이니라

불자여, 부처님 세존이 열 가지 지고무상(至高無上)의 청정함을 지니셨다.

무엇이 열 가지 지고무상의 청정인가?

이른바 일체 부처님이 옛날 큰 서원이 지고무상의 청정이고,

일체 부처님이 지니신 범행이 지고무상의 청정이며,

일체 부처님이 세간 번뇌를 여읨이 지고무상의 청정이고,

일체 부처님이 국토를 장엄함이 지고무상의 청정이며,

일체 부처님의 권속이 지고무상의 청정이고,

일체 부처님의 종족이 지고무상의 청정이며,

일체 부처님의 색신 상호가 지고무상의 청정이고,

일체 부처님의 법신이 물들지 않음이 지고무상의 청정이며,

일체 부처님의 일체 지혜의 지혜가 막힘없음이 지고무상의 청정이고,

일체 부처님의 해탈이 자재하여 할 일을 이미 마치고 피안에 이름이 지고무상의 청정이다.

이를 열 가지 지고무상의 청정이라 한다.

● 疏 ●

二究竟淸淨은 明過不生이니 揀異因淨일세 故云究竟이니 惑障諸垢永不起故니라

別中에 前四는 功德身淨이오 次三은 色身이오 次一은 法身이오 次一은 智身이오 後一은 意生等身 淨也니라【鈔_ '後一意生'者는 由言解脫自在일세 故云意生身이오 言'等身'者는 等取願身化身等也니라】

제2 법문의 지고무상의 청정은 허물이 생겨나지 않음을 밝혔다. 원인의 청정과 다름을 구별하였기에 이를 '究竟'이라 한다. 惑障의 모든 때가 영원히 일어나지 않기 때문이다.

개별로 말한 부분에 앞의 4구는 功德身의 청정, 다음 3구는 색신의 청정, 다음 1구는 법신의 청정, 다음 1구는 智身의 청정, 뒤의 1구는 意生身 등의 청정이다.【초_ "뒤의 1구는 意生身 등의 청정"이란 해탈자재라 말한 까닭에 意生身을 말하였다. '등등의 몸'이라 말한 것은 願身·化身 등을 대등하게 들어 말함이다.】

經

佛子여 諸佛世尊이 於一切世界一切時에 有十種佛事하시니

何等이 爲十고

一者는 若有衆生이 專心憶念하면 則現其前이오

二者는 若有衆生이 心不調順하면 則爲說法이오

三者는 若有衆生이 能生淨信하면 必令獲得無量善根이오

四者는 若有衆生이 能入法位하면 悉皆現證하야 無不了知오
五者는 敎化衆生호되 無有疲厭이오
六者는 遊諸佛刹에 往來無礙오
七者는 大悲不捨一切衆生이오
八者는 現變化身하야 恒不斷絶이오
九者는 神通自在하야 未嘗休息이오
十者는 安住法界하야 能徧觀察이니 是爲十이니라

불자여, 부처님 세존이 일체 세계와 일체 시간에 열 가지 불사를 마련하셨다.

무엇이 열 가지 불사인가?

하나, 만일 중생이 오롯한 마음으로 생각하면 그의 앞에 나타나고,

둘, 만일 중생이 마음을 조복하지 못하면 그를 위해 법을 말해 주며,

셋, 만일 중생이 청정한 신심을 내면 반드시 한량없는 선근을 얻게 하고,

넷, 만일 중생이 법의 지위에 들어가면 모두 바로 증득하여 알지 못함이 없으며,

다섯, 중생을 교화하되 고달픔이 없고,

여섯, 여러 국토를 가고 오는 데 장애가 없으며,

일곱, 큰 자비로 일체중생을 버리지 않고,

여덟, 변화하는 몸을 나타내어 언제나 끊이지 않으며,

아홉, 신통이 자재하여 일찍이 멈추지 않고,

열, 법계에 안주하여 두루 관찰하였다.

이를 열 가지 불사라 한다.

◉ 疏 ◉

三十種作佛事는 卽明身之業用이라

別中에 亦多同出現品身相하다

　제3 법문의 10가지 불사는 곧 身業의 작용을 밝혔다.

　개별로 말한 부분은 또한 제37 여래출현품의 身相과 대부분 똑같다.

經

佛子여 諸佛世尊이 有十種無盡智海法하시니

何等이 爲十고

所謂一切諸佛의 無邊法身인 無盡智海法과

一切諸佛의 無量佛事인 無盡智海法과

一切諸佛의 佛眼境界인 無盡智海法과

一切諸佛의 無量無數難思善根인 無盡智海法과

一切諸佛의 普雨一切甘露妙法하는 無盡智海法과

一切諸佛의 讚佛功德하는 無盡智海法과

一切諸佛의 往昔所修種種願行인 無盡智海法과

一切諸佛의 **盡未來際**토록 **恒作佛事**하는 **無盡智海法**과
一切諸佛의 **了知一切衆生心行**하는 **無盡智海法**과
一切諸佛의 **福智莊嚴**이 **無能過者**인 **無盡智海法**이 **是爲十**이니라

불자여, 부처님 세존이 열 가지 그지없는 지혜 바다의 법을 두셨다.

무엇이 열 가지 그지없는 지혜 바다의 법인가?

이른바 일체 부처님의 그지없는 법신인 그지없는 지혜 바다의 법,

일체 부처님의 한량없는 불사인 그지없는 지혜 바다의 법,

일체 부처님의 부처 눈의 경계인 그지없는 지혜 바다의 법,

일체 부처님의 한량없고 수없이 생각할 수 없는 선근인 그지없는 지혜 바다의 법,

일체 부처님의 감로수처럼 미묘한 법을 널리 내려주는, 그지없는 지혜 바다의 법,

일체 부처님의 부처님 공덕을 찬탄하는, 그지없는 지혜 바다의 법,

일체 부처님의 옛적에 닦은 가지가지 원과 행이 그지없는 지혜 바다의 법,

일체 부처님의 미래 세월이 다하도록 언제나 불사를 일으키는, 그지없는 지혜 바다의 법,

일체 부처님의 일체중생의 마음을 아는, 그지없는 지혜 바다

의 법,

　　일체 부처님의 복덕과 지혜의 장엄을 그 누구도 뛰어넘을 수 없는, 그지없는 지혜 바다의 법이다.

　　이를 열 가지 그지없는 지혜 바다의 법이라 한다.

◉ 疏 ◉

四 無盡智海法者는 卽如來六根三業이 皆智慧深廣相應故오 亦別廣智身이니 可知니라

　　제4 법문의 그지없는 지혜 바다의 법은 곧 여래의 육근 삼업이 모두 깊고 광대한 지혜에 상응하기 때문이며, 또한 智身을 개별로 자세히 밝힌 것이다. 이는 설명하지 않아도 알 수 있다.

經

佛子야 諸佛世尊이 有十種常法하시니
何等이 爲十고
所謂一切諸佛이 常行一切諸波羅蜜하며
一切諸佛이 於一切法에 常離迷惑하며
一切諸佛이 常具大悲하며
一切諸佛이 常有十力하며
一切諸佛이 常轉法輪하며
一切諸佛이 常爲衆生하야 示成正覺하며
一切諸佛이 常樂調伏一切衆生하며

一切諸佛이 **心常正念不二之法**하며
一切諸佛이 **化衆生已**에 **常示入於無餘涅槃**하며
一切諸佛이 **境界無邊際故 是爲十**이니라

불자여, 부처님 세존이 열 가지 항상 변함없는 법을 지니셨다.

무엇이 열 가지 항상 변함없는 법인가?

이른바 일체 부처님이 항상 일체 바라밀다를 행하고,

일체 부처님이 항상 일체 법에 의혹을 여의며,

일체 부처님이 항상 크게 가엾이 여기는 마음을 갖추고,

일체 부처님이 항상 열 가지 힘을 지니며,

일체 부처님이 항상 법륜을 굴리고,

일체 부처님이 항상 중생을 위해 바른 깨달음의 성취를 보여주며,

일체 부처님이 항상 일체중생을 조복하기를 좋아하고,

일체 부처님이 마음으로 항상 둘이 아닌 법을 바르게 생각하며,

일체 부처님이 중생을 교화하고는 항상 남음이 없는 열반에 드심을 보여주고,

일체 부처님의 경계가 그지없기 때문이다.

이를 열 가지 항상 변함없는 법이라 한다.

◉ **疏** ◉

五十種常法者는 **明身中意業恒常**하야 **用無斷故**니라
第五五門 答身問 竟하다

제5 법문의 10가지 항상 변함없는 법이란 몸의 意業이 항상 변함없어 작용이 끊임없음을 밝힌 까닭이다.

5. 5가지 법문의 '제불신' 물음에 대한 답을 끝마치다.

第六 二門은 答音聲問이라

6. 2가지 법문은 '제불음성'의 물음에 대한 답이다.

經

佛子여 諸佛世尊이 有十種演說無量諸佛法門하시니 何等이 爲十고
所謂一切諸佛이 演說無量衆生界門과
一切諸佛이 演說無量衆生行門과
一切諸佛이 演說無量衆生業果門과
一切諸佛이 演說無量化衆生門과
一切諸佛이 演說無量淨衆生門과
一切諸佛이 演說無量菩薩行門과
一切諸佛이 演說無量菩薩願門과
一切諸佛이 演說無量一切世界成壞劫門과
一切諸佛이 演說無量菩薩深心淨佛刹門과
一切諸佛이 演說無量一切世界三世諸佛이 於彼彼劫에 次第出現門과

一切諸佛이 演說一切諸佛智門이 是爲十이니라
佛子여 諸佛世尊이 有十種爲衆生作佛事하시니
何等이 爲十고
所謂一切諸佛이 示現色身하사 爲衆生作佛事하며
一切諸佛이 出妙音聲하사 爲衆生作佛事하며
一切諸佛이 有所受하사 爲衆生作佛事하며
一切諸佛이 無所受하사 爲衆生作佛事하며
一切諸佛이 以地水火風으로 爲衆生作佛事하며
一切諸佛이 神力自在하사 示現一切所緣境界하야 爲衆生作佛事하며
一切諸佛이 種種名號로 爲衆生作佛事하며
一切諸佛이 以佛刹境界로 爲衆生作佛事하며
一切諸佛이 嚴淨佛刹하사 爲衆生作佛事하며
一切諸佛이 寂寞無言하사 爲衆生作佛事 是爲十이니라

불자여, 부처님 세존이 한량없는 부처님의 법문을 열 가지로 연설하셨다.

무엇이 열 가지 연설인가?

이른바 일체 부처님이 한량없는 중생세계의 법문을 연설하고,

일체 부처님이 한량없는 중생행의 법문을 연설하며,

일체 부처님이 한량없는 중생의 업과 과보의 법문을 연설하고,

일체 부처님이 한량없이 중생을 교화하는 법문을 연설하며,

일체 부처님이 한량없는 중생을 청정하게 하는 법문을 연설

하고,

　일체 부처님이 한량없는 보살행의 법문을 연설하며,

　일체 부처님이 한량없는 보살 서원의 법문을 연설하고,

　일체 부처님이 한량없는 일체 세계가 이룩하고 무너지는 겁의 법문을 연설하며,

　일체 부처님이 한량없는 보살이 깊은 마음으로 제불국토를 청정케 하는 법문을 연설하고,

　일체 부처님이 한량없는 일체 세계에 삼세 부처님이 그 여러 겁 동안에 차례로 나타나는 법문을 연설하며,

　일체 부처님이 일체 부처님 지혜의 법문을 연설하셨다.

　이를 열 가지 연설이라 한다.

　불자여, 부처님 세존이 중생을 위하여 열 가지 불사를 지으셨다.

　무엇이 열 가지 불사인가?

　이른바 일체 부처님이 육신을 나타내어 중생을 위하여 불사를 지으며,

　일체 부처님이 미묘한 음성을 내어 중생을 위하여 불사를 지으며,

　일체 부처님이 공양받은 바 있는 것으로 중생을 위하여 불사를 지으며,

　일체 부처님이 공양받은 바 없는 것으로 중생을 위하여 불사를 지으며,

　일체 부처님이 지대, 수대, 화대, 풍대로 중생을 위하여 불사를

지으며,

　일체 부처님이 신통력이 자재하여 일체 반연할 경계를 나타내어 중생을 위하여 불사를 지으며,

　일체 부처님이 가지가지 이름으로 중생을 위하여 불사를 지으며,

　일체 부처님이 불국토 경계로 중생을 위하여 불사를 지으며,

　일체 부처님이 불국토를 장엄 청정하여 중생을 위하여 불사를 지으며,

　일체 부처님이 적막하게 말이 없이 중생을 위하여 불사를 짓는다.

　이를 열 가지 불사라 한다.

◉ 疏 ◉

此門은 明以音聲辯說이오 兼答普光辯問이며 後門 十種作佛事는 明種種說法이니 謂六塵四大와 擧動施爲에 皆能顯法成益이 無非佛事니라 非獨音聲이니 如淨名說이라 別中에 初는 身이오 二는 音이오 三·四는 皆智니 受는 爲成彼檀故며 不受는 令彼倣佛하야 行少欲故며 又以無所受로 受諸受故니라 餘可知라
第六 二門 答音聲問 竟하다

　앞의 법문은 음성으로 논변하고 말씀하심을 밝혔고, 보광명전에서의 제7 여래명호품의 '여래의 *辯才*' 물음을 겸하여 답하였다.

　뒤의 법문에 10가지 불사는 가지가지 설법을 밝히고 있다. 六

塵·四大와 거동·행사 등이 모두 불법을 밝히고 이익을 성취함이 불사 아닌 게 없다. 유독 음성뿐만이 아니다. 이는 유마경에서 말한 바와 같다.

개별로 말한 부분에 제1구[示現色身]는 제불의 몸을, 제2구[出妙音聲]는 제불의 음성을, 제3, 4구[有所受, 無所受]는 모두 제불의 지혜를 말한다. 내가 공양을 받음은 그 사람의 보시바라밀을 성취해 주기 위한 때문이며, 내가 공양을 받지 않음은 그 사람으로 하여금 부처님처럼 욕심을 적게 지니도록 하기 위한 때문이며, 또한 공양을 받지 않음으로써 모든 받을 수 있는 공양을 받기 때문이다. 나머지는 설명하지 않아도 알 수 있다.

6. 2가지 법문의 '제불음성' 물음에 대한 답을 끝마치다.

第七三門은 答智慧問이라

7. 3가지 법문은 '제불지혜'의 물음에 대한 답이다.

經

佛子여 諸佛世尊이 有十種最勝法하시니

何等이 爲十고

所謂一切諸佛이 大願堅固하사 不可沮壞하고 所言必作하사 言無有二하며

一切諸佛이 爲欲圓滿一切功德하사 盡未來劫토록 修菩

薩行하야 不生懈倦하며

一切諸佛이 爲欲調伏一切衆生故로 往不可說不可說 世界하사 如是而爲一切衆生하야 而無斷絶하며

一切諸佛이 於信於毀二種衆生에 大悲普觀하사 平等無 異하며

一切諸佛이 從初發心으로 乃至成佛이 終不退失菩提之 心하며

一切諸佛이 積集無量諸善功德하사 皆以廻向一切智性 하야 於諸世間에 終無染着하며

一切諸佛이 於諸佛所에 修學三業호되 唯行佛行이오 非 二乘行이라 皆爲廻向一切智性하야 成於無上正等菩提 하며

一切諸佛이 放大光明에 其光平等하야 照一切處하고 及 照一切諸佛之法하사 令諸菩薩로 心得淸淨하야 滿一切 智하며

一切諸佛이 捨離世樂하야 不貪不染하고 而普願世間으 로 離苦得樂하야 無諸戱論하며

一切諸佛이 愍諸衆生의 受種種苦하사 守護佛種하고 行 佛境界하야 出離生死하야 逮十力地 是爲十이니라

불자여, 부처님 세존이 가장 훌륭한 열 가지 법을 지니셨다.

무엇이 가장 훌륭한 열 가지 법인가?

이른바 일체 부처님의 큰 서원이 견고하여 막을 수 없고, 말한

바를 반드시 실행하여 두말을 하지 않고,

　일체 부처님이 일체 공덕을 원만케 하기 위하여 미래 세월이 다하도록 보살행을 닦아 게으르지 않으며,

　일체 부처님이 일체중생을 조복하기 위하여 말할 수 없이 말할 수 없는 세계를 다니면서 이처럼 일체중생을 위하여 끊이지 않고,

　일체 부처님이 믿는 중생과 헐뜯는 중생에게 큰 자비로 널리 살펴보면서 평등하게 차이를 두지 않으며,

　일체 부처님이 처음 발심으로부터 성불할 때까지 보리심을 잃지 않고,

　일체 부처님이 한량없는 모든 선의 공덕을 쌓아 모두 일체 지혜의 성품에 회향하면서 여러 세간에 끝까지 물들지 않으며,

　일체 부처님이 여러 부처님 계신 도량에서 삼업을 닦으면서 오로지 부처님의 행만 행할 뿐, 이승의 행은 행하지 않는다. 모두 일체 지혜의 성품에 회향하여 위가 없는 바르고 평등한 보리를 성취하고,

　일체 부처님이 큰 광명을 놓을 적에 그 광명이 평등하게 모든 곳을 비춰주고 일체 불법에 비추어, 여러 보살로 하여금 마음이 청정하여 일체 지혜를 만족케 하며,

　일체 부처님이 세간의 향락을 버리고 탐하거나 물들지 않고, 세간 중생이 괴로움을 여의고 낙을 얻기를 널리 원하여 쓸모없는 말이 없고,

　일체 부처님이 모든 중생의 가지가지 고통 받는 것을 가엾이

여겨 부처의 종성을 수호하며 부처님의 경계를 행하여 생사를 벗어나 열 가지 힘을 성취한 지위에 이르도록 하였다.

이를 가장 훌륭한 열 가지 법이라 한다.

● 疏 ●

初此一門은 總明權實因果之智요 兼答普光最勝之問이니 智慧最勝故니라 結云住十力地는 兼答佛地之問이라

別中四는 卽三念·處·行이라 餘可思之니라【鈔_ '四卽三念'者는 亦云三念住니 念은 謂能緣之慧요 處는 謂不增不減 平等之理니 初는 一心聽法不憂요 二는 一心聽法不喜요 三은 常行捨心이니 以法界中에 減退相을 不可得故며 增進相을 不可得故로 卽涅槃相故니라 如次配之어다】

제1 법문은 權實·因果의 지혜를 총체로 밝혔고, 보광명전에서 설법한 제7 여래명호품의 '如來最勝' 물음을 겸하여 답하였다. 이는 지혜가 가장 훌륭하기 때문이다. '열 가지 힘을 성취한 지위에 머무는[住十力地]' 것으로 끝맺음은 '諸佛地'의 물음을 겸하여 답한 것이다.

개별로 말한 부분에 제4구[大悲普觀平等無異]는 곧 三念處의 行이다. 나머지는 생각하면 알 수 있다.【초_ "제4구는 곧 三念"이란 또한 三念住를 말한다. 念은 반연 주체의 지혜를 말하고, 處는 더하지도 줄이지도 않는 평등한 진리를 말한다.

첫째는 하나같은 마음으로 법을 들음에 걱정하지 않고,

둘째는 하나같은 마음으로 법을 들음에 기뻐하지도 않고,
셋째는 모두 내려놓은 마음[捨心]을 언제나 행하는 것이다.
법계는 줄일 수도 없고 더할 수도 없다. 이것이 곧 열반상이기 때문이다. 차례와 같이 짝하고 있다.】

經

佛子여 諸佛世尊이 有十種無障礙住하시니
何等이 爲十고
所謂一切諸佛이 皆能往一切世界하사 無障礙住하며
一切諸佛이 皆能住一切世界하사 無障礙住하며
一切諸佛이 皆能於一切世界에 行住坐臥하사 無障礙住하며
一切諸佛이 皆能於一切世界에 演說正法하사 無障礙住하며
一切諸佛이 皆能於一切世界에 住兜率天宮하사 無障礙住하며
一切諸佛이 皆能入法界一切三世하사 無障礙住하며
一切諸佛이 皆能坐法界一切道場하사 無障礙住하며
一切諸佛이 皆能念念觀一切衆生心行하고 以三種自在로 敎化調伏하사 無障礙住하며
一切諸佛이 皆能以一身으로 住無量不思議佛所와 及一切處하사 利益衆生하야 無障礙住하며

一切諸佛이 皆能開示無量諸佛의 所說正法하사 無障礙住 是爲十이니라

불자여, 부처님 세존이 장애 없이 머무는 열 가지를 두셨다.

무엇이 장애 없이 머무는 열 가지인가?

이른바 일체 부처님이 일체 세계에 찾아가 장애 없이 머물고,

일체 부처님이 일체 세계에 머물면서 장애 없이 머물며,

일체 부처님이 일체 세계에 가고 서고 앉고 누우면서 장애 없이 머물고,

일체 부처님이 일체 세계에 바른 법을 연설하면서 장애 없이 머물며,

일체 부처님이 일체 세계의 도솔천궁에 있으면서 장애 없이 머물고,

일체 부처님이 법계의 일체 삼세에 들어가 장애 없이 머물며,

일체 부처님이 법계의 일체 도량에 앉아 장애 없이 머물고,

일체 부처님이 한 생각 한 생각에 일체중생의 마음을 살펴보고 세 가지 자재함으로 교화하고 조복하여 장애 없이 머물며,

일체 부처님이 한 몸으로 한량없고 불가사의한 부처님 도량과 일체 모든 곳에 머물면서 중생에게 이익을 베풀며 장애 없이 머물고,

일체 부처님이 한량없는 부처님이 말씀하신 바른 법을 열어 보이면서 장애 없이 머물렀다.

이를 장애 없이 머무는 열 가지라 한다.

◉ 疏 ◉

二 無障礙住는 明智慧離障이니 以智慧所作無礙故로 一切無礙 니라

제2 법문, 장애 없이 머무는 법문은 장애를 여읜 지혜를 밝히고 있다. 지혜로 하는 일들이 장애가 없기에 일체 그 모든 것에 장애가 없다.

經

佛子여 諸佛世尊이 有十種最勝無上莊嚴하시니
何等이 爲十고
所謂一切諸佛이 皆悉具足諸相隨好 是爲諸佛의 第一最勝無上身莊嚴이오
一切諸佛이 皆悉具足六十種音하사 一一音에 有五百分하며 一一分에 無量百千淸淨之音으로 以爲嚴好하야 能於法界一切衆中에 無諸恐怖한 大師子吼로 演說如來甚深法義어든 衆生聞者 靡不歡喜하야 隨其根欲하야 悉得調伏이 是爲諸佛의 第二最勝無上語莊嚴이오
一切諸佛이 皆具十力과 諸大三昧와 十八不共으로 莊嚴意業하사 所行境界에 通達無礙하며 一切佛法에 咸得無餘하며 法界莊嚴으로 而爲莊嚴하며 法界衆生의 心之所行이 去來現在에 各各差別을 於一念中에 悉能明見이 是爲諸佛의 第三最勝無上意莊嚴이오

一切諸佛이 皆悉能放無數光明하사 一一光明에 有不可
說光明網으로 以爲眷屬하야 普照一切諸佛國土하야 滅
除一切世間黑闇하며 示現無量諸佛出興호되 其身平等
하야 悉皆淸淨하야 所作佛事 咸不唐捐하야 能令衆生으
로 至不退轉이 是爲諸佛의 第四最勝無上光明莊嚴이오
一切諸佛이 現微笑時에 皆於口中에 放百千億那由他
阿僧祇光明이어시든 一一光明에 各有無量不思議種種
色하야 徧照十方一切世界하야 於大衆中에 發誠實語하
야 授無量無數不思議衆生의 阿耨多羅三藐三菩提記
是爲諸佛의 第五離世癡惑最勝無上現微笑莊嚴이오
一切諸佛이 皆有法身하사 淸淨無礙하야 於一切法에 究
竟通達하며 住於法界하야 無有邊際하며 雖在世間이나
不與世雜하며 了世實性하야 行出世法하며 言語道斷하야
超蘊界處 是爲諸佛의 第六最勝無上法身莊嚴이오
一切諸佛이 皆有無量常妙光明이 不可說不可說種種
色相으로 以爲嚴好하야 爲光明藏하야 出生無量圓滿光
明하야 普照十方하사 無有障礙이 是爲諸佛의 第七最勝
無上常妙光明莊嚴이오
一切諸佛이 皆有無邊妙色과 可愛妙色과 淸淨妙色과
隨心所現妙色과 映蔽一切三界妙色과 到於彼岸無上
妙色이 是爲諸佛의 第八最勝無上妙色莊嚴이오
一切諸佛이 皆於三世佛種中生하사 積衆善寶하야 究竟

淸淨하며 無諸過失하야 離世譏謗하며 一切法中에 最爲
殊勝하사 淸淨妙行之所莊嚴으로 具足成就一切智智하
야 種族淸淨하야 無能譏毁 是爲諸佛의 第九最勝無上
種族莊嚴이오
一切諸佛이 以大慈力으로 莊嚴其身하야 究竟淸淨하며
無諸渴愛하야 身行永息하며 心善解脫하야 見者無厭하며
大悲救護一切世間하야 第一福田無上受者며 哀愍利益
一切衆生하야 悉令增長無量福德智慧之聚 是爲諸佛
의 第十最勝無上大慈大悲功德莊嚴이니 是爲十이니라

　불자여, 부처님 세존이 가장 훌륭하고 위없는 열 가지 장엄을 지니셨다.
　무엇이 가장 훌륭하고 위없는 열 가지 장엄인가?
　이른바 일체 부처님이 모두 여러 가지 몸매와 잘생긴 모습을 두루 갖추셨다. 이를 여러 부처님의 첫째, 가장 훌륭하고 위없는 몸의 장엄이라 한다.
　일체 부처님이 예순 가지 음성을 두루 갖춰 하나하나 음성마다 5백 가지 다른 부분이 있고, 하나하나 부분마다 또한 한량없는 백천 가지 청정한 음성으로 장엄하여, 법계의 모든 대중 가운데서 두려움이 없는 큰 사자후로써 여래의 매우 깊은 법과 뜻을 연설하면 듣는 중생들이 모두 즐거워서 그들의 근성과 욕망을 따라서 조복하였다. 이를 여러 부처님의 둘째, 가장 훌륭하고 위없는 언어의 장엄이라 한다.

일체 부처님이 열 가지 힘과 여러 큰 삼매와 그 누구도 함께할 수 없는 열여덟 가지를 갖춰서 뜻을 장엄하여, 부처님이 행하셨던 경계를 걸림 없이 통달하며, 일체 부처님의 법을 남김없이 모두 얻으며, 법계의 장엄으로 장엄하며, 법계 중생의 마음으로 행하는 과거·미래·현재의 각각 다른 것을 한 생각에 모두 밝게 보았다. 이를 여러 부처님의 셋째, 가장 훌륭하고 위없는 뜻의 장엄이라 한다.

일체 부처님이 모두 무수한 광명을 쏟아내어 하나하나 광명에 말할 수 없는 광명 그물로 권속을 삼아, 일체 부처님의 국토를 널리 비추어 일체 세간의 어둠을 없애주며, 한량없는 부처님이 나타나심을 보이는데 그 몸이 평등하여 모두 청정하여, 불사를 짓는 바가 모두 헛되지 아니하여 중생으로 하여금 물러나지 않는 자리에 이르게 하였다. 이를 여러 부처님의 넷째, 가장 훌륭하고 위없는 광명의 장엄이라 한다.

일체 부처님이 미소를 지을 적에 입에서 모두 백천억 나유타 아승지의 광명이 쏟아져 나오는데, 하나하나의 광명마다 한량없고 헤아릴 수 없는 가지각색 빛이 있어 시방의 일체 세계에 두루 비춰, 대중 가운데 진실한 말씀으로 한량없고 셀 수 없고 헤아릴 수 없는 중생에게 아뇩다라삼먁삼보리의 수기를 내려주셨다. 이를 여러 부처님의 다섯째, 세간의 어리석음을 여읜 가장 훌륭하고 위없는 미소를 나타낸 장엄이라 한다.

일체 부처님이 모두 법신이 있어 청정하고 걸림이 없어 일체 법을 끝까지 통달하여 그지없는 법계에 머물며, 비록 세간에 머물면서도 세간과 뒤섞이지 않고, 세간의 진실한 성품을 알고서 출세간의 법을 행하며, 말로는 말할 수 없이 5온, 18계, 12처를 초월하였다. 이를 여러 부처님의 여섯째, 가장 훌륭하고 위없는 법신의 장엄이라 한다.

일체 부처님이 모두 언제나 한량없는 미묘한 광명이 말할 수 없이 말할 수 없는 가지가지 색상으로 잘 장엄하여 광명장을 삼고서, 한량없이 원만한 광명을 쏟아내어 시방세계를 두루 비추되 막힘이 없다. 이를 여러 부처님의 일곱째, 가장 훌륭하고 위없는 영원히 미묘한 광명의 장엄이라 한다.

일체 부처님이 모두 그지없이 미묘한 빛, 사랑스러운 미묘한 빛, 청정한 미묘한 빛, 마음대로 나타내는 미묘한 빛, 일체 삼계를 가려 무색케 하는 미묘한 빛, 피안에 이르는 더없이 미묘한 광명을 지녔다. 이를 여러 부처님의 여덟째, 가장 훌륭하고 위없는 미묘한 색상의 장엄이라 한다.

일체 부처님이 모두 삼세의 부처님 종성으로 태어나 착한 보배를 모아 가장 청정하며, 여러 가지 허물이 없어 세상의 비방을 떠났으며, 일체 법 가운데 가장 훌륭하여 청정하고 미묘한 행의 장엄으로 일체 지혜의 지혜를 두루 갖춰 성취하였고, 가문이 훌륭하여 헐뜯을 이가 없다. 이를 여러 부처님의 아홉째, 가장 훌륭하고 위없는 종족의 장엄이라 한다.

일체 부처님이 크게 인자한 힘으로 몸을 장엄하여 가장 청정하며, 갈망하는 애욕이 없어 몸으로 행함을 아주 쉬었고 마음이 잘 해탈하여 보는 이가 싫어하지 않으며, 크게 가엾이 여기는 마음으로 일체 세간의 중생을 구호하여 제일가는 복전을 더 많이 받을 이가 없으며, 일체중생을 불쌍히 여기고 이익을 베풀어 모두 한량없는 복덕과 지혜의 무더기를 더욱 키워나갔다. 이를 여러 부처님의 열째, 가장 훌륭하고 위없는 대자대비 공덕의 장엄이라 한다.

이를 가장 훌륭하고 위없는 열 가지 장엄이라 한다.

● 疏 ●

三 十種無上莊嚴은 卽智慧成益이니 由內具智嚴일세 故外具諸嚴이니 標中에 超下位라 故最勝이오 上無加라 故云無上이라

別中十義는 結名自顯이니

一은 相好身이오

二는 圓滿音이오

三은 以功德嚴意오

四는 放光이오

五는 微笑授記니 其緣甚衆하니 離世間品에 亦明이라

六은 法身中眞如 出纏일세 故云淸淨無礙니 卽法性法身을 本智反照故니라 於一切法에 究竟通達은 卽智慧法身이니 智契法界하야 俱無邊際니라 '雖在'已下는 應化法身이오 '了世'已下는 功德法身이니 嚴理智故니라 了世實性은 成上不雜하야 生下出世니 行出世法이면 則功德備矣니라 言語道斷은 卽虛空法身이며 亦實相法身이니 體絶百非하고 言亡四句하야 唯證相應故니라 超蘊界處는 顯是無

爲니 翻有漏蘊하야 成五分法身이라 若翻界處면 則外六塵도 亦國土身이니 則十身圓融하야 成眞法身矣라

七은 卽常光이오

八은 金等妙色이오

九中에 具眞應種이니 三世佛種은 卽眞如無性故니라 應種은 可知니라

十中에 起必智俱일새 故無渴愛오 動與道合일새 故身行永息이라 心善解脫은 成上無愛오 見者無厭은 成上行息이니 此皆功德이라 亦無愛見은 成下大悲니 旣爲第一田일새 故受施之中에 更無過上이라

第七三門答智慧問 竟하다

　　제3 법문, '가장 훌륭하고 위없는 열 가지 장엄'은 지혜 성취의 이익이다. 안으로 지혜장엄을 갖춘 까닭에 밖으로 모든 장엄을 갖추게 된 것이다.

　　명제의 표장에서 아래 지위의 이승 등을 초탈한 까닭에 가장 훌륭하다[最勝]고 말하고, 위로 더 이상 더할 수 없기 때문에 위없다[無上]고 말한다.

　　개별로 말한 부분에 10가지 의의는 명제를 끝맺은 부분에 스스로 밝히고 있다.

　　첫째는 상호를 갖춘 몸을,

　　둘째는 원만한 음성을,

　　셋째는 공덕으로써 뜻의 장엄을,

넷째는 방광을,

다섯째는 미소의 수기를 말하였다. 그 인연이 매우 많기에, 제 38 이세간품에서도 밝히고 있다.

여섯째는 법신의 진여가 구속에서 벗어난 까닭에 '청정하고 걸림이 없다.' 하니, 이는 법성의 법신을 根本智로 반조한 까닭이다.

"일체 법을 끝까지 통달하였다."는 것은 지혜의 법신이다. 지혜가 법계와 하나가 되어 모두 끝이 없기 때문이다.

'雖在' 이하는 應化의 법신이며,

'了世' 이하는 공덕의 법신이다. 如理智로 장엄하였기 때문이다. "세간의 진실한 성품을 안다[了世實性]."는 것은 위의 "세간에 머물면서도 세간과 뒤섞이지 않음"을 성취하여, 아래의 '출세간'을 일으킨 것이다. 출세간의 법을 행하면 곧 공덕이 모두 갖춰진 것이다.

'言語道斷'은 허공의 법신이며, 또한 실상의 법신이다. 그의 몸에는 百非가 끊어지고, 언어에 四句가 사라져 오직 증득만이 상응하기 때문이다.

"5온, 18계, 12처를 초월하였다[超蘊界處]."는 것은 無爲를 밝힌 것이다. 有漏의 5온을 뒤집어 五分法身을 성취하고, 18계, 12처를 뒤집으면 바깥 六塵 또한 國土身이다. 이는 十身이 원융하여 진여법신을 성취함이다.

일곱째는 영원한 광명을,

여덟째는 황금 등의 미묘한 색상을,

아홉째는 진신과 응신의 종성을 두루 갖춤이다. 삼세의 부처 종성은 眞如로 자성이 없기 때문이다. 응신의 종성은 말하지 않아도 알 수 있다.

열째는 일으키는 일마다 반드시 지혜로 함께하기에 "갈망하는 애욕이 없고",

움직이는 일마다 도와 하나가 되기에 "몸으로 행함을 아주 쉬었고",

"마음이 잘 해탈함[心善解脫]"은 위의 '갈망하는 애욕이 없음'을 성취함이고,

"보는 이가 싫어하지 않음[見者無厭]"은 위의 '몸으로 행함을 아주 쉬었음'을 성취함이다. 이는 모두 공덕이다.

또한 갈망하는 애욕의 견해가 없음은 아래의 "크게 가엾이 여기는 마음[大悲]"을 성취함이다. 이미 제일가는 복전이기에 보시를 받는 가운데 이보다 더 이상의 것은 없다

7. 3가지 법문의 '제불지혜' 물음에 대한 답을 끝마치다.

第八 八門은 答自在問이니 即爲八段이라

8. 8가지 법문은 '제불자재'의 물음에 대한 답이다.

이는 8단락이다.

273

佛子여 諸佛世尊이 有十種自在法하시니

何等이 爲十고

所謂一切諸佛이 於一切法에 悉得自在하사 明達種種句身味身하야 演說諸法에 辯才無礙가 是爲諸佛의 第一自在法이오

一切諸佛이 敎化衆生에 未曾失時하야 隨其願樂하야 爲說正法하사 咸令調伏하야 無有斷絶이 是爲諸佛의 第二自在法이오

一切諸佛이 能令盡虛空界無量無數種種莊嚴한 一切世界로 六種震動하야 令彼世界로 或擧或下하며 或大或小하며 或合或散호되 未曾惱害於一衆生이 其中衆生이 不覺不知하며 無疑無怪 是爲諸佛의 第三自在法이오

一切諸佛이 以神通力으로 悉能嚴淨一切世界하사 於一念頃에 普現一切世界莊嚴하시니 此諸莊嚴이 經無數劫토록 說不能盡이라 悉皆離染하야 淸淨無比어든 一切佛刹嚴淨之事를 皆令平等하야 入一刹中이 是爲諸佛의 第四自在法이오

一切諸佛이 見一衆生의 應受化者하고 爲其住壽하사 經不可說不可說劫하며 乃至盡未來際토록 結跏趺坐하사대 身心無倦하야 專心憶念하사 未曾廢忘하고 方便調伏하야 而不失時하나니 如爲一衆生하야 爲一切衆生도 悉亦如

是 是爲諸佛의 第五自在法이오

一切諸佛이 悉能徧往一切世界一切如來所行之處하사대 而不暫捨一切法界하며 十方各別한 一一方에 有無量世界海하고 一一世界海에 有無量世界種이어든 佛以神力으로 一念咸到하사 轉於無礙淸淨法輪이 是爲諸佛의 第六自在法이오

一切諸佛이 爲欲調伏一切衆生하사 念念中에 成阿耨多羅三藐三菩提하사대 而於一切佛法에 非已現覺이며 亦非當覺이며 亦不住於有學之地하고 而悉知見하야 通達無礙하사 無量智慧와 無量自在로 敎化調伏一切衆生이 是爲諸佛의 第七自在法이오

一切諸佛이 能以眼處로 作耳處佛事하며 能以耳處로 作鼻處佛事하며 能以鼻處로 作舌處佛事하며 能以舌處로 作身處佛事하며 能以身處로 作意處佛事하며 能以意處로 於一切世界中에 住世出世間種種境界하사 一一境界中에 能作無量廣大佛事 是爲諸佛의 第八自在法이오

一切諸佛이 其身毛孔에 一一能容一切衆生하사 一一衆生이 其身悉與不可說諸佛刹等호되 而無迫隘하며 一一衆生이 步步能過無數世界하야 如是展轉盡無數劫토록 悉見諸佛이 出現於世하사 敎化衆生하사 轉淨法輪하야 開示過去未來現在不可說法하며 盡虛空界一切衆生의 諸趣受身威儀往來와 及其所受種種樂具 皆悉具足호

되 **而於其中에 無所障礙이 是爲諸佛의 第九自在法이오 一切諸佛이 於一念頃에 現一切世界微塵數佛하사 一一佛이 皆於一切法界衆妙蓮華廣大莊嚴世界蓮華藏師子座上에 成等正覺하사 示現諸佛自在神力이어시든 如於衆妙蓮華廣大莊嚴世界하야 如是於一切法界中不可說不可說種種莊嚴과 種種境界와 種種形相과 種種示現과 種種劫數인** 淸淨世界에 **如於一念하야 如是於無量無邊阿僧祇劫一切念中에 一念一切現하며 一念無量住하사대 而未曾用少方便力이 是爲諸佛의 第十自在法**이니라

불자여, 부처님 세존이 열 가지 자재한 법을 지니셨다.

무엇이 열 가지 자재한 법인가?

이른바 일체 부처님이 일체 법에 모두 자유자재하여 가지가지 구절과 의미를 분명하게 통달하여, 여러 가지 법을 연설하는 데 변재가 걸림이 없다. 이를 여러 부처님의 첫째 자재한 법이라 한다.

일체 부처님이 중생을 교화할 적에 일찍이 시기를 놓친 바 없이 그들의 원하는 바를 따라 바른 법을 말하여 모두 조복하도록 하되 끊임이 없다. 이를 여러 부처님의 둘째 자재한 법이라 한다.

일체 부처님이 온 허공계를 한량없고 수없는 갖가지로 장엄한 세계들을 여섯 가지로 진동[震·吼·擊·動·湧·起]하게 하여, 그 세계들을 어떤 데는 들어 올리고 어떤 데는 아래로 내리고, 어떤 데는 크게 하고 어떤 데는 작게 하고, 어떤 데는 한곳으로 합하고 어떤

데는 각각 흩어지게 하되 한 중생도 괴롭히지 않으며, 그 안에 있는 중생들이 이런 사실을 느끼지 못하고 알지 못하며, 의심하지도 않고 놀라지도 않는다. 이를 여러 부처님의 셋째 자재한 법이라 한다.

일체 부처님이 신통력으로 모두 일체 세계를 장엄 청정하게 하여, 한 생각의 찰나에 널리 일체 세계의 장엄을 두루 나타낸다. 이 모든 장엄을 한량없는 겁이 다하도록 말할지라도 다할 수 없다. 모두 물들지 않고 비길 데 없이 청정한데, 일체 세계의 장엄한 일이 모두 평등하게 하나의 세계 안으로 들어가게 한다. 이를 여러 부처님의 넷째 자재한 법이라 한다.

일체 부처님이 교화를 받을 만한 중생을 보고서 그를 위하여 말할 수 없이 말할 수 없는 겁 동안 살아 계시며, 미래 세월이 다하는 날까지 가부좌하고 앉아 계시는데, 몸이나 마음이 게으르지 않고 오롯한 마음으로 생각하여 잊지 아니하고, 방편으로 조복하여 때를 놓치지 않는다. 하나의 중생을 위하는 것처럼 일체중생을 위함 또한 모두 그처럼 하였다. 이를 여러 부처님의 다섯째 자재한 법이라 한다.

일체 부처님이 모두 일체 세계에 있는 일체 여래의 수행하였던 도량을 두루 찾아가되 잠깐도 일체 법계를 버리지 않으며, 시방 세계의 각기 다른 하나하나의 방위마다 한량없는 세계가 있고, 하나하나의 세계에는 한량없는 세계종자가 있는데, 부처님이 신통력으로 한 생각의 찰나에 모두 찾아가 걸림 없고 청정한 법륜을 굴린다. 이를 여러 부처님의 여섯째 자재한 법이라 한다.

일체 부처님이 일체중생을 조복하기 위하여 한 생각 한 생각마다 아뇩다라삼먁삼보리를 이뤘지만, 모든 불법을 과거와 현재에 깨달음도 아니고, 또한 미래에 깨달을 일도 아니며, 또한 배우는 지위에 있지도 않지만 모두 알고 보아 통달하여 걸림이 없어, 한량없는 지혜와 한량없는 자재로 일체중생을 교화하고 조복한다. 이를 여러 부처님의 일곱째 자재한 법이라 한다.

일체 부처님이 눈으로 귀로 하는 불사를 일으키고, 귀로 코로 하는 불사를 일으키며, 코로 혀로 하는 불사를 일으키고, 혀로 몸으로 하는 불사를 일으키며, 몸으로 뜻으로 하는 불사를 일으키고, 뜻으로 일체 세계에서 세간과 출세간의 갖가지 경계에 머물면서 하나하나 경계에서 한량없이 광대한 불사를 일으킨다. 이를 여러 부처님의 여덟째 자재한 법이라 한다.

일체 부처님이 그 몸의 모공마다 하나하나 일체중생을 용납하여, 하나하나 중생마다 그 몸이 말할 수 없는 여러 세계와 동등하지만, 비좁지 않으며, 하나하나 중생이 한 걸음 한 걸음마다 무수한 세계를 지나가면서, 이처럼 수없는 세계를 수없는 겁 동안 전전하면서, 일체 부처님이 세상에 태어나고 중생을 교화하여 청정한 법륜을 굴리고, 과거·미래·현재의 말할 수 없는 법을 열어 보이는 것을 모두 보며, 온 허공에 있는 일체중생이 여러 길에 태어나는 일, 행동하는 위의, 오고 가는 일, 그들이 누리는 가지가지 즐기는 도구들을 모두 두루 갖춰주지만, 그 가운데 조금도 장애가 없다. 이를 여러 부처님의 아홉째 자재한 법이라 한다.

일체 부처님이 한 생각 찰나에 일체 세계의 티끌 수처럼 수많은 부처님을 나타내어, 하나하나 부처님이 모두 일체 법계의 미묘한 연꽃 위에 있는 광대하고 장엄한 세계의 연화장 사자좌에 앉아 모두 평등하고 바른 깨달음을 성취하여, 부처님의 자유자재한 신통력을 나타낸다. 그러나 수많은 미묘한 연꽃 위에 있는 광대하고 장엄한 세계에서처럼, 일체 법계의 말할 수 없이 말할 수 없는 갖가지 장엄, 갖가지 경계, 갖가지 형상, 갖가지로 나타냄, 갖가지 겁의 청정한 세계에서도 한 생각 찰나에 이뤘던 것처럼, 한량없고 그지없는 아승지겁의 일체 한 생각 찰나에도 그와 같다. 한 생각 찰나에 일체 모든 것을 나타내고, 한 생각 찰나에 한량없이 머물지만, 일찍이 조금이라도 방편의 힘을 쓰지 않았다. 이를 여러 부처님의 열째 자재한 법이라 한다.

● 疏 ●

初一은 總明自在요 兼攝加持니 初總은 可知니라
別中 全同八地之中에 十種自在로되 但深廣不次耳라
一은 法自在니 論經에 云無中邊法門으로 示現故요
二는 心自在니 無量阿僧祇劫에 三昧入智故라 由在三昧觀機故로 化不失時니라
三은 勝解自在니 大小淨穢 隨解轉變故요
四는 財自在니 一切世界를 無量莊嚴으로 嚴飾住持故요
五는 命自在니 不可說劫에 命住持故요

六은 如意自在니 一切國土中에 如意變化故오

七은 智自在니 如來力·無畏·不共法·相好·莊嚴·三菩提를 示現故니라 文中 生界無邊에 機熟相續일새 故念念應成이로되 而眞成在昔故로 佛於三世에 非是新覺이오 亦非不覺 住在學地니라 又 顯雖念念覺이로되 離覺相일새 故로 非三世覺이오 亦離不覺일새 故로 不住學地니라 又云'而悉通達無量智'等은 卽十力等이라

八은 業自在니 六根互用한 廣大佛事가 是佛業故니라 然非改轉이니 一根不變코 本來具故니라

九는 生自在니 一切世界에 生示現故오

十은 願自在니 隨心所欲佛國土時에 示成三菩提故니라 上來에 唯三與八은 取意而釋이오 餘는 竝論經之文이라

其第十自在는 文有四節하니

一은 '一念現多佛'하야 '於一類界'에 成佛이오

二 '如於衆妙'下는 類顯餘界오

三 '如於一念'下는 類顯餘念이오

四 '一念一切現'下는 總結深廣이라

'一切現'者는 一念에 便現法界의 諸形·諸時·諸神力故오

'一念無量住'者는 常無現故로되 而不動如來少許方便일새 故云 自在니라

제1 법문, 자재를 총체로 밝혔고, 가피를 겸하여 포괄하였다. 총체로 말한 부분은 설명하지 않아도 알 수 있다.

개별로 말한 부분은 八地에서 말한 10가지의 자재와 모두 똑

같지만, 단 심오하고 광대한 차례가 없다.

첫째, 법의 자재이다. 논경에 이르기를 "중간과 양쪽 끝이 없는 법문으로 보여주기 때문이다."고 하였다.

둘째, 마음의 자재이다. 한량없는 아승지겁에 삼매로 지혜에 들어가기 때문이다. 삼매 중에서 중생의 근기를 살펴봄에 따라서 교화하는 데에 때를 잃지 않는다.

셋째, 수승한 이해의 자재이다. 크고 작은 것, 청정과 더러움이 이해를 따라 전변하기 때문이다.

넷째, 재물의 자재이다. 일체 세계를 한량없는 장엄으로 단장하고 주지하기 때문이다.

다섯째, 운명의 자재이다. 말할 수 없는 겁에 운명이 주지하기 때문이다.

여섯째, 뜻대로 자재이다. 일체 국토 가운데, 생각한 바와 같이 변화하기 때문이다.

일곱째, 지혜의 자재이다. 여래의 힘, 두려움이 없는 마음, 그 누구도 함께할 수 없는 법, 맵시 있는 상호, 장엄, 眞性·實智·方便 菩提를 보여주기 때문이다.

경문에 중생계가 그지없기에 근기의 성숙이 서로 이어지기 마련이다. 따라서 한 생각 한 생각마다 그들을 성취코자 하나 진여의 성취는 예전에 일찍이 있었던 터라, 부처님이 삼세에 새로 깨우쳐 줌이 아니며 또한 깨닫지 못하여 배워야 할 지위에 있는 것도 아니다. 또한 비록 한 생각 한 생각마다 깨달았으나 깨달았다는 생각을 여읜 까닭에 삼세의 깨달음이 아니며, 또한 깨닫지 못했다는 것을 여읜 까닭에 배워야 할 지위에 머물지 않음을 밝힌 것이다.

또한 "한량없는 지혜 등을 모두 통달하였다."고 말한 것은 十力 등을 말한다.

여덟째, 업의 자재이다. 육근이 서로 작용하는 광대한 불사가 부처님이 행하신 일이기 때문이다. 그러나 根을 바꾸거나 전변한 것이 아니다. 하나의 근도 변치 않고 본래 구족하기 때문이다.

아홉째, 태어남의 자재이다. 일체 세계에 태어남을 보여주기 때문이다.

열째, 서원의 자재이다. 마음의 원한 바 불국토를 따를 적에 3가지 보리 성취를 보여주기 때문이다. 위에서는 오직 셋째와 여덟째의 뜻을 취하여 해석하였고, 나머지는 모두 경문을 논한 문장이다.

열째, 서원의 자재에 관한 경문은 4節이다.

제1절, 한 생각의 찰나에 많은 부처님을 나타내어 하나의 세계가 성불함을 말하였고,

제2절, '如於衆妙' 이하는 나머지 세계를 유로 밝혔으며,

제3절, '如於一念' 이하는 나머지 생각을 유로 밝혔고,

제4절, '一念一切現' 이하는 심오하고 광대함을 총체로 끝맺었다.

'一切現'이란 한 생각의 찰나에 법계의 모든 형상, 모든 시간, 모든 신통력을 나타내기 때문이며,

'一念無量住'란 언제나 나타남이 없기 때문인데, 여래는 조그

마한 방편도 쓰지 않기에 '자재'하다고 말한다.

經

佛子여 諸佛世尊이 有十種無量不思議圓滿佛法하시니 何等이 爲十고
所謂一切諸佛이 一一淨相에 皆具百福하며
一切諸佛이 皆悉成就一切佛法하며
一切諸佛이 皆悉成就一切善根하며
一切諸佛이 皆悉成就一切功德하며
一切諸佛이 皆能敎化一切衆生하며
一切諸佛이 皆悉能爲衆生作主하며
一切諸佛이 皆悉成就淸淨佛刹하며
一切諸佛이 皆悉成就一切智智하며
一切諸佛이 皆悉成就色身相好하사 見者獲益하야 功不唐捐하며
一切諸佛이 皆具諸佛平等正法하며
一切諸佛이 作佛事已에 莫不示現入於涅槃이 是爲十이니라

불자여, 부처님 세존이 한량없고 헤아릴 수 없는 원만한 열 가지 불법을 지니셨다.

무엇이 원만한 열 가지 불법인가?

이른바 일체 부처님이 하나하나의 청정한 몸매에 모두 백 가

지 복을 갖추었고,

　　일체 부처님이 일체 불법을 모두 성취하였으며,

　　일체 부처님이 일체 선근을 모두 성취하였고,

　　일체 부처님이 일체 공덕을 모두 성취하였으며

　　일체 부처님이 일체중생을 모두 교화하였고,

　　일체 부처님이 모두 중생의 주인이 되었으며,

　　일체 부처님이 청정한 세계를 모두 성취하였고,

　　일체 부처님이 일체 지혜의 지혜를 모두 성취하였으며,

　　일체 부처님이 모두 잘생긴 몸매를 이루어, 보는 이마다 이익을 얻어 헛되지 않았고,

　　일체 부처님이 부처님의 평등한 바른 법을 모두 갖추었으며,

　　일체 부처님이 불사를 마치고서 열반에 들지 않는 이가 없었다. 이를 원만한 열 가지 불법이라 한다.

● 疏 ●

第二 不思議圓滿佛法者는 明圓滿自在니 謂前十自在는 八地 容有일세 故顯如來十種圓滿이라 又無一法不自在故로 方云圓 滿이라

別中 二는 卽證成菩提十力等일세 云一切佛法이라 九는 卽具有法 輪敎法이라 三은 通福智일세 故曰善根이오 四는 唯是福일세 但云功 德이라 餘可思準이어다

　　제2 법문, 불가사의의 원만한 불법이란 원만 자재함을 밝힌 것

이다. 앞의 10가지 자재는 八地에서도 간혹 있기 때문에 여래의 10가지 원만함을 밝힌 것이다. 또한 그 어느 하나의 법도 자재하지 않은 게 없기 때문에 바야흐로 '원만'이라 말하였다.

개별로 말한 부분에서 제2구는 보리 十力 등을 증득하고 성취하였기에 '일체 불법'이라 말하였다. 제9구는 곧 법륜과 교법이 모두 있음을 말하였다. 제3구는 복덕과 지혜에 모두 통하여 말하였기에 '선근'이라 말하였고, 제4구는 오직 복덕만을 말하였기에 '공덕'이라 말하였을 뿐이다. 나머지는 미루어 생각하여 준하면 된다.

經

佛子여 諸佛世尊이 有十種善巧方便하시니
何等이 爲十고
一切諸佛이 了知諸法이 皆離戱論하사대 而能開示諸佛善根이 是爲第一善巧方便이오
一切諸佛이 知一切法이 悉無所見하야 各不相知하야 無縛無解하며 無受無集하며 無成就自在하야 究竟到於彼岸이나 然於諸法에 眞實而知하사 不異不別하야 而得自在하며 無我無受하야 不壞實際하며 已得至於大自在地하야 常能觀察一切法界 是爲第二善巧方便이오
一切諸佛이 永離諸相하사 心無所住하사대 而能悉知하야 不亂不錯하며 雖知一切相이 皆無自性이나 而如其體性하야 悉能善入하며 而亦示現無量色身과 及以一切淸淨

佛土의 種種莊嚴無盡之相하사 集智慧燈하야 滅衆生惑이 是爲第三善巧方便이오
一切諸佛이 住於法界하사 不住過去未來現在하시니 如如性中에 無去來今三世相故로대 而能演說去來今世無量諸佛이 出現世間하사 令其聞者로 普見一切諸佛境界 是爲第四善巧方便이오
一切諸佛이 身語意業이 無所造作하사 無來無去하며 亦無有住하야 離諸數法하야 到於一切諸法彼岸이나 而爲衆法藏하야 具無量智하며 了達種種世出世法하야 智慧無礙하며 示現無量自在神力하야 調伏一切法界衆生이 是爲第五善巧方便이오
一切諸佛이 知一切法不可見하야 非一非異며 非量非無量이며 非來非去라 皆無自性호대 亦不違於世間諸法하사 一切智者 無自性中에 見一切法하사 於法自在하야 廣說諸法하사대 而常安住眞如實性이 是爲第六善巧方便이오
一切諸佛이 於一時中에 知一切時하사 具淨善根하야 入於正位하사대 而無所着하사 於其日月年劫成壞如是等時에 不住不捨하고 而能示現若晝若夜의 初中後時와 一日七日과 半月一月과 一年百年과 一劫多劫과 不可思劫과 不可說劫과 乃至盡於未來際劫하사 恒爲衆生하야 轉妙法輪하사대 不斷不退하야 無有休息이 是爲第七善巧方便이오

一切諸佛이 恒住法界하사대 成就諸佛의 無量無畏와 及 不可數辯과 不可量辯과 無盡辯과 無斷辯과 無邊辯과 不共辯과 無窮辯과 眞實辯과 方便開示一切句辯과 一 切法辯하사 隨其根性과 及以欲解하야 以種種法門으로 說不可說不可說百千億那由他脩多羅하사 初中後善에 皆悉究竟이 是爲第八善巧方便이오
一切諸佛이 住淨法界하사 知一切法이 本無名字하야 無 過去名하며 無現在名하며 無未來名하며 無衆生名하며 無非衆生名하며 無國土名하며 無非國土名하며 無法名 하며 無非法名하며 無功德名하며 無非功德名하며 無菩 薩名하며 無佛名하며 無數名하며 無非數名하며 無生名 하며 無滅名하며 無有名하며 無無名하며 無一名하며 無種 種名하나니 何以故오 諸法體性이 不可說故라 一切諸法 이 無方無處하야 不可集說이며 不可散說이며 不可一說 이며 不可多說이라 音聲莫逮하야 言語悉斷이니 雖隨世 俗하야 種種言說이나 無所攀緣하며 無所造作하야 遠離 一切虛妄想着이니 如是究竟하야 到於彼岸이 是爲第九 善巧方便이오
一切諸佛이 知一切法이 本性寂靜하야 無生故로 非色이 며 無戱論故로 非受며 無名數故로 非想이며 無造作故 로 非行이며 無執取故로 非識이며 無入處故로 非處며 無 所得故로 非界나 然亦不壞一切諸法하나니 本性無起하

야 如虛空故라 一切諸法이 皆悉空寂하야 無業果하며 無修習하며 無成就하며 無出生하며 非數非不數며 非有非無며 非生非滅이며 非垢非淨이며 非入非出이며 非住非不住며 非調伏非不調伏이며 非衆生非無衆生이며 非壽命非無壽命이며 非因緣非無因緣이로대 而能了知正定邪定과 及不定聚一切衆生하사 爲說妙法하야 令到彼岸하사 成就十力四無所畏하야 能師子吼하며 具一切智하야 住佛境界 是爲第十善巧方便이니
佛子여 是爲諸佛의 成就十種善巧方便이니라

불자여, 부처님 세존이 열 가지 뛰어난 방편을 지니셨다.
무엇이 열 가지 뛰어난 방편인가?
이른바 일체 부처님이 모든 법이 쓸데없는 말을 여읜 줄 알지만, 여러 부처님의 선근을 보여주었다. 이를 첫째 뛰어난 방편이라 한다.

일체 부처님이 일체 법이란 모두 볼 수 있는 바가 없어 각기 서로 알지도 못하기에, 얽힘도 없고 풀림도 없으며, 받음도 없고 모임도 없으며, 성취하고 자재함도 없어 결국 피안에 이를 것조차 없음을 알지만, 그러나 모든 법에 대하여 진실하게 알아 다르게 생각지도 않고 차별하지도 않아 자재함을 얻었으며, '나'라는 것도 없고 받음도 없어 실제 근본 자리를 파괴하지도 않으며, 이미 크게 자재한 곳에 이르러 항상 일체 법계를 관찰하였다. 이를 둘째 뛰어난 방편이라 한다.

일체 부처님이 모든 형상을 여의어, 마음이 집착한 바 없으나, 모두 알고서 어지럽지도 그릇되지도 않으며, 비록 일체 형상이 모두 자성이 없는 줄을 알지만, 그 아무런 것이 없는 자성과 같이 모두 없는 자리에 잘 들어가며, 또한 그러면서도 한량없는 육신과 모든 청정한 국토의 가지가지로 장엄한 다함이 없는 모양을 나타내어, 지혜의 등불을 한데 모아 중생의 의혹을 없애주었다. 이를 셋째 뛰어난 방편이라 한다.

일체 부처님이 법계에 머물기에 과거와 미래와 현재에 머무르지 않는다. 진여와 같은 성품에는 과거·미래·현재의 삼세의 모양이 없기 때문이다. 그렇지만 삼세의 한량없는 부처님이 세간에 나타나시는 일을 연설하여, 듣는 이로 하여금 일체 부처님의 경계를 널리 보도록 하였다. 이를 넷째 뛰어난 방편이라 한다.

일체 부처님의 몸과 말과 뜻으로 짓는 업이 조작한 바 없어 오는 것도 가는 것도 없으며, 또한 머무름도 없어 여러 수효를 떠나서 일체 법의 피안에 이르지만, 일체 모든 법장이 되어 한량없는 지혜를 갖췄으며, 세간과 출세간의 여러 가지 법을 분명히 알아 지혜가 걸림이 없으며, 한량없이 자재한 신통력을 나타내어 일체 법계의 중생을 조복하였다. 이를 다섯째 뛰어난 방편이라 한다.

일체 부처님이 일체 법이란 볼 수도 없음을 알고 있다. 하나도 아니고 다르지도 않으며, 한량 있는 것도 아니고 한량없는 것도 아니며, 오는 것도 아니고 가는 것도 아니다. 모두 자성이 없지만, 또한 세간의 모든 법을 어기지 않는다. 일체 지혜 있는 이가 자성이 없는 데서 일체 법을 보고서 일체 법에 자재하여 모든 법을 널리 연설하면서도 항상 진여의 진실한 성품에 머물렀다. 이를 여섯째 뛰어난 방편이라 한다.

일체 부처님이 한 시간 속에서 일체 시간을 알고서 청정한 선근을 갖추어 바른 자리[正位]에 들어갔으나 집착한 바 없다. 하루, 한 달, 한 해, 겁이 이룩하고 무너지는 따위의 시간에 집착하지도 않고 버리지도 않으면서, 낮과 밤, 처음, 중간, 나중, 하루, 이레, 반달, 한 달, 한 해, 백 년, 한 겁, 여러 겁, 생각할 수 없는 겁, 말할 수 없는 겁, 내지 미래 세월이 다하는 날까지 항상 중생을 위하여 미묘한 법륜을 굴리되 끊이지도 않고 물러서지도 않은 채, 멈춘 적이 없었다. 이를 일곱째 뛰어난 방편이라 한다.

일체 부처님이 항상 법계에 머물지만, 여러 부처님의 한량없이 두려움이 없는 법문, 셀 수 없는 변재, 헤아릴 수 없는 변재, 다함이 없는 변재, 끊이지 않는 변재, 그지없는 변재, 그 누구도 함께할 수 없는 변재, 다함이 없는 변재, 진실한 변재, 모든 것을 방편으로 열어 보여주는 변재, 일체 법을 말하는 변재를 성취하여, 그 중생의 근성과 그들이 원하고 아는 바를 가지가지 법문으로써 말할 수 없이 말할 수 없는 백천억 나유타 경전을 연설하기에, 처음과 중간과 나중을 모두 잘 말하여 모두 끝까지 이르게 하였다. 이를 여덟째 뛰어난 방편이라 한다.

일체 부처님이 청정한 법계에 머물면서 일체 법이 본래 이름이 없음을 알고 있다. 과거라는 이름도 없고 현재라는 이름도 없고 미래라는 이름도 없으며, 중생이라는 이름도 없고 중생이 아니라는 이름도 없으며, 국토라는 이름도 없고 국토가 아니라는 이름도 없으며, 법이라는 이름도 없고 법이 아니라는 이름도 없으며, 공덕이라는 이름도 없고 공덕이 아니라는 이름도 없으며, 보살이라는 이름도 없고 부처님이라는 이름도 없으며, 수효라는 이름도 없고 수효가 아니라는 이름도 없으며, 생겨난다는 이름도 없고 사라진다는 이름도 없으며, 있다는 이름도 없고 없다는 이름도 없으며, 한 가지 이름도 없고 여러 가지 이름도 없다. 무슨 까닭일까? 모든 법의 자성은 말할 수 없기 때문이다. 일체 모든 법이 일정한 방향도 없고 일정한 처소도 없으며, 모아서 말할 수도 없고 흩어서 말할 수도 없으며, 하나로 말할 수도 없고 많은 것으로 말할 수도 없으며, 음성으로 미칠 수 없어 말을 붙일 수 없다. 비록 세속을 따라 가지가지로 말하지만 반연한 바 없고 조작한 바 없으며, 일체 허망한 생각과 집착을 멀리 벗어나 이처럼 결국 피안에 이르렀다. 이를 아홉째 뛰어난 방편이라 한다.

일체 부처님이 일체 법의 근본 성품이 고요함을 알고 있다. 생겨나는 것이 없기에 물질이 아니고, 쓸데없는 말이 없기에 받아들임이 아니며, 이름과 숫자가 없기에 생각이 아니고, 조작이 없기에 지어 감[行]이 아니며, 집착이 없기에 의식이 아니며, 들어갈 곳이 없기에 처소가 아니고, 얻을 것이 없기에 경계가 아니다. 그러나 또한 일체 법을 파괴하지도 않는다. 본래 성품이 일어나지 않아 허공과 같기 때문이다. 일체 모든 법이 모두 공하고 고요하여, 업과 과보도 없고 닦아 익힐 것도 없으며, 성취함도 없고 나오는 것도 없으며, 수량도 아니고 수량이 아닌 것도 아니며, 있는 것도 아니고 없는 것도 아니며, 생겨나는 것도 아니고 사라지는 것도 아니며, 더럽지도 않고 깨끗하지도 않으며, 들어감도 아니고 나오는 것도 아니며, 머무는 것도 아니고 머물지 않는 것도 아니며, 조복하는 것도 아니고 조복하지 않는 것도 아니며, 중생도 아니고 중생이 없는 것도 아니며, 목숨도 아니고 목숨이 없는 것도 아니며, 인연도 아니고 인연이 없는 것도 아니지만, 반드시 성불할 수 있도록 결정되어 있는 무리[正定聚], 성불할 수 있는 마음의 바탕이 없어 열반을 성취할 수 없도록 결정된 무리[邪定聚], 일정한 마음의 바탕이 마련되어 있지 않은 사람들 무리[不定聚]의 일체중생의 인연을 분명히 알고서 미묘한 법을 연설하여 피안에 이르게 하여, 부처님의 열 가지 힘과 네 가지 두려움 없는 마음을 성취하여 사자후를 토하며, 일체 지혜를 갖추어 부처님 경계에 머물게 하였다. 이를 열째 뛰어난 방편이라 한다.

　　불자여, 이를 부처님의 열 가지 뛰어난 방편을 성취함이라 말한다."

● 疏 ●

第三 善巧方便은 卽於法自在니 皆權實等無礙故니라
別中에 一은 知實離言하야 絶動搖之戱論이로되 而起權開示善根일세 故爲自在니라

二는 證實無能所見이나 而不礙於法眞實知見하야 無縛無解하야 而至大自在니라

三은 無相知相하고 無性入性하며 亦能示現依正하야 調生이라

四는 證冥三際之理로되 而演三際益生이라

五는 三業湛然이나 而包含示現이라

六은 知非一異나 而見一切法이라

七은 知時融入이라 故不住不捨하고 而不壞年劫하야 演法無休니라

八은 恒住法界면 則寂無所住로되 而成就無量·無畏·十辯演法이라 十辯者는 一은 多故오 二는 非心測故오 三은 隨說一事하야 窮劫不盡故오 四는 任放辯才 無有間故오 五는 觸類成辯故오 六은 下位所無故오 七은 無能難屈故오 八은 皆契事理故오 九는 無一句義不能顯故오 十은 無有一法 不能演故니라 初中'後善'下는 明說之德이니 具七善故니라 或開爲十이니 瑜伽八十五에 云'一은 初善이니 聽聞時에 生歡喜故오 二는 中善이니 修行時에 無有艱苦하야 遠離二邊하고 依中道行故오 三은 後善이니 謂究竟離垢等故니라' 今文에 云皆悉究竟이라하다 諸經論中에 更有多釋이로되 恐厭繁文이라 餘七은 經文畧無니라

九는 離說而說일새 故無想著이라

十은 了寂起用이니 於中에 先知本寂이오 後'而能'下는 不廢起用이라 前中亦二니 先은 正顯이오 後'然亦'下는 釋成이니 謂色等性無라 非遣之使無일새 故不壞諸法하고 卽空無業等이라 後는 起用이니 可知니라

제3 법문, 뛰어난 방편은 곧 법에 자재함이다. 이는 모두 權敎와 實敎 등이 걸림 없기 때문이다.

개별로 말한 부분은 다음과 같다.

제1 방편, 실제의 근본 자리는 언어의 표현을 벗어나 동요의 쓸데없는 말이 끊어진 곳임을 알지만, 방편을 일으켜 선근을 열어 보여주기에 '자재'하다.

제2 방편, 실제의 근본 자리는 견해의 주체와 대상이 없음을 증득하였지만, 법에 걸리지 않은 진실한 지견으로 속박도 없고 해탈도 없어 크게 자재함에 이르렀다.

제3 방편, 모양이 없는 것으로 모양을 알며, 자성이 없는 것으로 자성에 들어가며, 또한 依報와 正報를 나타내어 중생을 조복하는 것이다.

제4 방편, 삼세의 시간이 없는 진리를 증득하였지만, 삼세제불의 출현을 연설하여 중생에게 이익을 주었다.

제5 방편, 삼업이 담담하지만, 이를 모두 포괄하여 나타내주었다.

제6 방편, 하나도 아니고 다른 것도 아님을 알지만, 일체 모든 법을 보는 것이다.

제7 방편, 시간의 원융하게 하나로 들어가는 자리를 알기에 집착하지도 않고, 버리지도 않으며, 한 해와 겁의 시간을 파괴하지 않고서 법을 연설하여 멈춤이 없다.

제8 방편, 법계에 항상 머물면 고요하여 머무는 바가 없으나,

한량없이 두려움이 없는 마음과 10가지 변재[十辯]를 성취하여 법을 연설하는 것이다.

10가지 변재란 다음과 같다.

(1) 법이 많기 때문이며,

(2) 마음으로 헤아리는 것이 아니기 때문이며,

(3) 하나의 일을 들어 말함에 겁이 다하도록 말을 다할 수 없기 때문이며,

(4) 마음대로 자유분방한 변재가 끊임이 없기 때문이며,

(5) 유로 미루어 논변을 성취하기 때문이며,

(6) 아래 지위의 사람으로서는 있을 수 없는 대상이기 때문이며,

(7) 그 어떤 논란으로도 굴복시킬 수 없기 때문이며,

(8) 모두 사리에 부합하기 때문이며,

(9) 그 어떤 언구의 뜻도 밝히지 못할 것이 없기 때문이며,

(10) 그 어떤 법도 연설하지 못할 게 없기 때문이다.

'初中後善' 이하는 설법의 공덕을 밝혔다. 7가지의 선을 갖추었기 때문이다. 어떤 사람은 이를 10가지 선으로 분리하기도 한다. 유가론 85에서 다음과 같이 말하였다.

"(1) 첫 부분을 잘 말하였다. 법문을 들을 적에 환희의 마음을 내기 때문이며,

(2) 중간 부분을 잘 말하였다. 수행 시에 어려움이 없어 양쪽 끝을 멀리 버리고, 중도의 행을 따르기 때문이며,

(3) 뒷부분을 잘 말하였다. 결국 離垢 등을 말하기 때문이다."

그러나 여기에서는 모두 '究竟'이라 말하였다. 모든 경론에 또한 많은 해석이 있지만, 문장이 번잡할까 두려운 마음에 이를 생략한다.

나머지 7가지[(4) 文巧, (5) 義妙, (6) 純一, (7) 원만, (8) 청정, (9) 鮮白, (10) 梵行의 相]는 경문에 생략하여 언급하지 않았다.

제9 방편, 말을 떠나 말하기에 생각이나 집착이 없다.

제10 방편, 고요함을 알고서 작용을 일으켰다. 그 가운데 앞부분은 본래 고요함을 앎이며, 뒷부분 '而能' 이하는 작용 일으킴을 그만두지 않음이다.

앞부분은 또한 2부분으로 나뉜다.

앞에서는 바로 밝혔고,

뒤의 '然亦' 이하는 해석으로 끝맺었다.

色 등은 자성이 없다. 이는 고의로 떨쳐 없도록 만든 것이 아니기에 모든 법을 파괴하지 않는다. 곧 業 등이 공하여 없는 것이다.

뒤는 작용을 일으킴이다. 이는 설명하지 않아도 알 수 있다.

불부사의법품 제33-1 佛不思議法品 第三十三之一
화엄경소론찬요 제81권 華嚴經疏論纂要 卷第八十一

화엄경소론찬요 제82권
華嚴經疏論纂要 卷第八十二

◉

불부사의법품 제33-2
佛不思議法品 第三十三之二

佛子여 **諸佛世尊**이 **有十種廣大佛事 無量無邊**하야 **不可思議**라 **一切世間**에 **諸天及人**이 **皆不能知**며 **去來現在**의 **所有一切聲聞獨覺**도 **亦不能知**오 **唯除如來威神之力**이니

"불자여, 여러 부처님 세존이 열 가지 광대한 불사를 두셨는데, 한량없고 그지없어 헤아릴 수 없다. 일체 세간의 하늘과 사람이 모두 알지 못하고, 과거·미래·현재에 있는 일체 성문과 연각들도 알지 못한다. 오직 부처님의 위신력만큼은 제외이다.

● 疏 ●

第四十種廣大佛事는 明神通自在니 即答前二會神通問이라 先總標中에 謂八相等中에 皆有大用하야 微細相容故로 以此攝物일세 故名佛事니 於中에 先標名이오 '無量'下는 顯勝이라

제4 법문, 10가지 광대한 불사는 제불의 신통이 자재함을 밝혔다. 이는 앞의 제2 보광명전 법회에서 설한 제7 여래명호품의 '여래의 신통' 물음에 답하였다.

먼저 총체로 표장한 부분에서 '八相' 등의 가운데, 모두 큰 작용이 있어 미세하게 서로 용납한 까닭에 이로써 중생을 받아들이기에 이를 '佛事'라 말한다.

그 가운데 앞부분은 명제의 표장이고, '無量' 이하는 훌륭한 공덕을 밝혔다.

何等이 爲十고
所謂一切諸佛이 於盡虛空徧法界一切世界兜率陀天에 皆現受生하사 修菩薩行하야 作大佛事하사대 無量色相과 無量威德과 無量光明과 無量音聲과 無量言辭와 無量三昧와 無量智慧의 所行境界로 攝取一切人天魔梵沙門婆羅門阿修羅等하사 大慈無礙하며 大悲究竟하야 平等饒益一切衆生호되 或令生天하며 或令生人하며 或淨其根하며 或調其心하며 或時爲說差別三乘하며 或時爲說圓滿一乘하사 普皆濟度하야 令出生死하나니 是爲第一廣大佛事니라

무엇이 열 가지 광대한 불사인가?

이른바 일체 부처님이 온 허공과 법계에 가득한 일체 세계의 도솔천에 모두 태어나 보살행을 닦아 큰 불사를 지을 적에 한량없는 상호, 한량없는 위덕, 한량없는 광명, 한량없는 음성, 한량없는 말씀, 한량없는 삼매, 한량없는 지혜의 행하는 경계로써, 모든 사람, 하늘, 마왕, 범천, 사문, 바라문, 아수라 들을 거두어, 크게 인자함이 걸림 없고 크게 가엾이 여김이 다하여 일체중생에게 평등한 이익을 베풀되, 어떤 이는 천상에 나게 하고 어떤 이는 인간에 나게 하며, 어떤 이는 육근을 청정히 하고 어떤 이는 마음을 조복하며, 어떤 이는 때로 각기 다른 삼승을 말해주며, 어떤 이는 때로 원만한 일승을 설법하여 두루 모두 제도하여 생사에서 벗어나게 하였다.

이를 첫째 광대한 불사라 한다.

◉ 疏 ◉

列中에 先徵後釋이니 釋中에 一은 明上生佛事라 於中四니 一은 別明能攝이오 二 '攝取'下는 所攝廣多오 三 '大慈'下는 能攝殊勝이오 四 '或令'下는 所攝成益이라

나열한 부분에서 앞은 물음이고, 뒤는 해석이다.

뒤의 해석 부분은 다음과 같다.

첫째, 도솔천에 태어난 광대한 불사

이는 다시 4부분으로 나뉜다.

(1) 중생 섭수의 주체를 개별로 밝혔고,

(2) '攝取' 이하는 섭수의 대상인 중생이 광대하고 많음이며,

(3) '大慈' 이하는 섭수 주체의 훌륭한 공덕이고,

(4) '或令' 이하는 섭수 대상의 성취 이익이다.

經

佛子여 一切諸佛이 從兜率天으로 降神母胎하사대 以究竟三昧로 觀受生法이 如幻如化하며 如影如空하며 如熱時焰하사 隨樂而受하야 無量無礙하야 入無諍法하고 起無着智하야 離欲淸淨하야 成就廣大妙莊嚴藏하며
受最後身하사 住大寶莊嚴樓閣하야 而作佛事하사대

或以神力으로 而作佛事하며
或以正念으로 而作佛事하며
或現神通하야 而作佛事하며
或現智日하야 而作佛事하며
或現諸佛廣大境界하야 而作佛事하며
或現諸佛無量光明하야 而作佛事하며
或入無數廣大三昧하야 而作佛事하며
或現從彼諸三昧起하야 而作佛事하나니
佛子여 如來爾時에 在母胎中하야 爲欲利益一切世間하사 種種示現하야 而作佛事호되 所謂或現初生하며 或現童子하며 或現在宮하며 或現出家하며 或復示現成等正覺하며 或復示現轉妙法輪하며 或示現於入般涅槃하사 如是皆以種種方便으로 於一切方과 一切網과 一切旋과 一切種과 一切世界中에 而作佛事 是爲第二廣大佛事니라

    불자여, 일체 부처님이 도솔천에서 내려와 모태 속으로 들어갈 적에 최상의 삼매로 태어나는 법이 허깨비와 같고 변화와 같으며, 그림자와 같고 허공과 같으며, 아지랑이와 같음을 관찰하고서 좋아하는 데를 따라 생을 받아 태어나, 한량없이 걸림이 없어 다툼이 없는 법에 들어가고, 집착이 없는 지혜를 일으켜 탐욕을 여의고 청정하여 광대하고 미묘한 장엄장을 성취하였으며,

    생사윤회가 끊어진 최후의 몸을 받아, 큰 보배로 장엄한 누각

에 머물면서 불사를 짓는데,

　　혹은 신통력으로 불사를 짓고,

　　혹은 바른 생각으로 불사를 지으며,

　　혹은 신통을 나타내어 불사를 짓고,

　　혹은 지혜의 태양을 나타내어 불사를 지으며,

　　혹은 여러 부처님의 광대한 경계를 나타내어 불사를 짓고,

　　혹은 여러 부처님의 한량없는 광명을 나타내어 불사를 지으며,

　　혹은 수없이 넓고 큰 삼매에 들어가 불사를 짓고,

　　혹은 그러한 삼매에서 일어나 불사를 짓기도 한다.

　불자여, 여래께서 그때, 모태 속에 있으면서 일체 세간 중생을 위하여 이익을 베풀고자 가지가지로 나타내어 불사를 짓는다.

　　이른바 혹은 처음 태어남을 보여주고,

　　혹은 동자의 몸으로 나타내며,

　　혹은 궁전에 있는 몸으로 나타내고,

　　혹은 출가한 몸으로 나타내며,

　　혹은 평등하고 바른 깨달음을 얻은 몸으로 나타내고,

　　혹은 미묘한 법륜 굴리는 몸으로 나타내며,

　　혹은 열반에 드시는 몸으로 나타내기도 한다.

　이렇게 가지가지 방편으로 일체 방위, 일체 그물, 일체 선회, 일체 찰종(刹種), 일체 세계 안에서 불사를 짓는다.

　　이를 둘째 광대한 불사라 한다.

◉ 疏 ◉

二는 降神處胎佛事中에 先은 明智德內圓이오 後'受最後'下는 明神通外用이니 於中에 先은 一處一時作佛事오 後'佛子如來爾時'下는 總攝時處作佛事니라
此中多處는 準下瞿波컨대 乃至十重이어늘 此畧擧五호되 皆後後廣前前이니 一은 一切方者는 卽娑婆 與能遶十三刹塵數刹로 十方無間住故오 二는 彼上諸刹에 復有眷屬刹等圍遶하야 交絡成網故오 三은 遶中間海十右旋海故오 四는 盡華藏刹海諸刹種故오 五는 一切世界者는 盡法界故니라

둘째, 도솔천에서 내려와 모태 속으로 들어간 광대한 불사

이 부분은 안으로 지혜공덕이 원만함을 밝혔고, 뒤의 '受最後' 이하는 밖으로 신통의 사용을 밝혔다.

그 가운데 앞은 어느 한 공간, 어느 한 시간에 불사를 지은 것이며,

뒤의 '佛子如來爾時' 이하는 시간과 공간을 총체로 포괄하여 불사를 지은 것이다.

이의 많은 부분을 아래 釋迦女 瞿波에 준하여 살펴보면, 이에 10가지로 거듭[十重] 하고 있는데, 여기에서는 간단하게 5가지만을 들어 말하였다. 이는 모두 뒤의 뒤엣것은 앞의 앞엣것보다 그 의미가 광대하다.

(1) '一切方'이란 곧 사바세계가 13국토의 미진수 국토를 에워싸고서 시방세계에 빈틈없이 머물기 때문이며,

⑵ 그 위의 모든 국토에 다시 권속 국토 등이 둘러 있어 서로 그물처럼 연결되어 있기 때문이며,

⑶ 중간 바다를 두른, 우측으로 선회한 10곳의 바다 때문이며,

⑷ 화장세계 바다의 모든 刹種을 다하기 때문이며,

⑸ 일체 세계란 법계를 다하기 때문이다.

經

佛子여 一切諸佛이 一切善業이 皆已淸淨하며 一切生智 皆已明潔하사대 而以生法으로 誘導群迷하사 令其開悟하야 具行衆善하야 爲衆生故로 示誕王宮하며

一切諸佛이 於諸色欲宮殿伎樂에 皆已捨離하사 無所貪染하며

常觀諸有 空無體性하야 一切樂具 悉不眞實하며

持佛淨戒하사 究竟圓滿하며

觀諸內宮의 妻妾侍從하고 生大悲愍하며

觀諸衆生의 虛妄不實하고 起大慈心하며

觀諸世間이 無一可樂하고 而生大喜하며

於一切法에 心得自在하야 而起大捨하며

具佛功德하야 現生法界하야 身相圓滿하고

眷屬淸淨호되 而於一切에 皆無所着하며

以隨類音으로 爲衆演說하사 令於世法에 深生厭離하야

如其所行하야 示所得果하며

復以方便으로 隨應敎化하사 未成熟者로 令其成熟하고 已成熟者로 令得解脫하야 爲作佛事하야 令不退轉하며 復以廣大慈悲之心으로 恒爲衆生하야 說種種法하며 又爲示現三種自在하사 令其開悟하야 心得淸淨하며 雖處內宮하야 衆所咸覩나 而於一切諸世界中에 施作佛事하사 以大智慧와 以大精進으로 示現種種諸佛神通하사대 無礙無盡하야 恒住三種巧方便業하나니 所謂身業이 究竟淸淨하며 語業이 常隨智慧而行하며 意業이 甚深하야 無有障礙니 以是方便으로 利益衆生이 是爲第三廣大佛事니라

불자여, 일체 부처님의 일체 선업이 이미 청정하고, 일체중생의 지혜가 이미 깨끗하지만, 중생의 법으로 수많은 혼미한 중생을 인도하여 깨닫게 하여, 여러 가지 선한 일을 행하게 하며, 중생을 위하여 왕궁에 탄생함을 보여주고,

일체 부처님이 모든 물질, 욕망, 궁전, 음악을 이미 버려서 탐하거나 물들 바 없으며,

항상 삼계 25유(有)의 세계가 공하여 자체의 성품이 없어, 모든 향락의 도구가 진실하지 않음을 관찰하고,

부처님의 청정한 계율을 지니어 끝까지 원만하며,

내전의 모든 처첩과 시종을 보고서 크게 가엾이 여기는 마음을 내고,

모든 중생이 허망하여 진실치 않음을 보고서 크게 사랑하는

마음을 내며,

모든 세간이 하나도 즐거울 것이 없음을 보고서 크게 기뻐하는 마음을 내고,

일체 법에 마음이 자재함을 얻어 크게 버리는 마음을 내며,

부처님의 원만한 공덕을 갖추고서 일부러 법계에 태어나 몸매가 원만하고,

권속이 청정하지만 모든 것에 집착한 바 없으며,

여러 부류를 따르는 음성으로 중생을 위해 연설하여, 그로 하여금 세간 법에 대하여 깊이 싫어하는 마음을 내게 하고, 행하는 대로 얻게 되는 과보를 보여주고,

다시 방편으로 근기에 맞추어 교화하여, 성숙하지 못한 이는 성숙케 하고, 이미 성숙한 이는 해탈을 얻게 하고, 그들을 위해 불사를 지어 물러서지 않도록 하며,

또한 광대한 자비심으로 항상 중생을 위하여 가지가지 법을 말하며,

또한 세 가지 자재함을 나타내어 그들이 깨달음을 얻어 마음이 청정하도록 하고,

부처님이 비록 왕궁 내에 거처하는 것을 모든 사람이 다 보고 있지만, 일체 모든 세계에서 불사를 지으면서, 큰 지혜와 큰 정진으로 여러 부처님의 가지가지 신통을 보여주되 걸림이 없고 그지없어 항상 세 가지 교묘한 방편의 업에 머물렀다.

이른바 몸의 업이 최상으로 청정하고, 말의 업이 항상 지혜를

따라 행하고, 뜻의 업이 매우 깊어 걸림이 없다. 이러한 방편으로 중생에게 이익을 베푸는 것이다.

이를 셋째 광대한 불사라 한다.

◉ 疏 ◉

三은 現生處宮佛事라 分二니 初는 無生現生이니 是誕生相이오 後 '一切佛於諸色'下는 無染處染이니 是處王宮相이니 於中四라 一은 三學自圓이나 無染是定故오 二'觀諸'下는 四心愍物이오 三'具佛'下는 具德攝益이오 四'雖處'下는 攝益廣深이라

셋째, 태어나 왕궁에 머무는 광대한 불사

이는 2부분으로 나뉜다.

앞은 태어남이 없이 태어남을 보여줌이니, 이는 탄생의 모습이다.

뒤의 '一切佛於諸色' 이하는 물듦이 없이 물든 속에 거처함이니, 이는 왕궁에 거처하는 모습이다. 이는 다시 4부분으로 나뉜다.

(1) 계정혜 삼학이 스스로 원만함이다. 세속에 물듦이 없는 것이 선정이기 때문이다.

(2) '觀諸' 이하는 慈·悲·喜·捨 四無量心으로 중생을 가엾이 여김이다.

(3) '具佛' 이하는 부처님의 원만한 공덕을 두루 갖추고서 중생을 섭수하는 이익이다.

(4) '雖處' 이하는 중생 섭수의 이익이 광대하고 심오함이다.

佛子여 一切諸佛이 示處種種莊嚴宮殿하사 觀察厭離하야 捨而出家하사 欲使衆生으로 了知世法이 皆是妄想이라 無常敗壞하야 深起厭離하야 不生染着하야 永斷世間貪愛煩惱하고 修淸淨行하야 利益衆生하나니
當出家時하야 捨俗威儀하고 住無諍法하야 滿足本願無量功德하며
以大智光으로 滅世癡闇하야 爲諸世間無上福田하며
常爲衆生하야 讚佛功德하야 令於佛所에 植諸善本하며 以智慧眼으로 見眞實義하고
復爲衆生하야 讚說出家 淸淨無過하야 永得出離하야 長爲世間智慧高幢이 是爲第四廣大佛事니라

　불자여, 일체 부처님이 가지가지로 장엄한 궁전에 거처하면서도 살펴보고 싫은 생각을 내어 이를 버리고 출가하여, 중생으로 하여금 세간 법이 모두 허망한 생각이라, 덧없이 무너지는 것임을 알게 하여, 깊이 싫은 마음을 일으켜 물들지 않게 하며, 세간의 탐욕과 사랑과 번뇌를 영원히 끊고서 청정한 행을 닦아 중생에게 이익을 베풀고자 하였다.

　출가할 적에 세속의 위의를 버리고 다툼이 없는 법에 머물러 본래의 서원과 한량없는 공덕을 만족케 하고,

　큰 지혜의 빛으로 세간의 어둠을 없애주고 세간의 위없는 복전이 되며,

항상 중생을 위하여 부처님의 공덕을 찬탄하여, 부처님이 계신 도량에서 선근을 심도록 하고,

지혜의 눈으로 진실한 이치를 보도록 하며,

또한 중생을 위하여 출가하는 것이 청정하고 허물이 없음을 찬탄하여, 영원히 세간을 떠나 길이 세간의 우뚝한 지혜 당기가 되도록 하였다.

이를 넷째 광대한 불사라 한다.

● 疏 ●

四는 出家佛事中二니 先은 明出家意오 後'當出家時'下는 明出家相이니 三業二利故니라

넷째, 출가의 광대한 불사

이는 2부분으로 나뉜다.

앞은 출가한 뜻을 밝혔고,

뒤의 '當出家時' 이하는 출가의 모습을 밝혔다. 이는 삼업의 자리이타이기 때문이다.

經

佛子여 一切諸佛이 具一切智하사 於無量法에 悉已知見하사대
菩提樹下에 成最正覺하사 降伏衆魔에 威德特尊하며
其身이 充滿一切世界하야 神力所作이 無邊無盡하며

於一切智所行之義에 皆得自在하사 修諸功德하야 悉已圓滿하며

其菩提座 具足莊嚴하야 周徧十方一切世界어든 佛處其上하사 轉妙法輪하야 說諸菩薩의 所有行願하며

開示無量諸佛境界하사 令諸菩薩로 皆得悟入하야 修行種種淸淨妙行하며

復能示導一切衆生하사 令種善根하야 生於如來平等地中하며

住諸菩薩無邊妙行하사 成就一切功德勝法하며

一切世界와 一切衆生과 一切佛刹과 一切諸法과 一切菩薩과 一切敎化와 一切三世와 一切調伏과 一切神變과 一切衆生心之樂欲을 悉善了知하야 而作佛事 是爲第五廣大佛事니라

　　불자여, 일체 부처님이 일체 지혜를 갖추고서 한량없는 법을 모두 이미 알고 보셨는데,

　　보리수 아래서 가장 바른 깨달음을 성취하여 여러 마군을 항복 받음에 위엄과 공덕이 특별히 존엄하고,

　　부처님의 몸은 일체 세계에 가득하여, 신통한 힘으로 하는 일이 그지없고 다함이 없으며,

　　일체 지혜로 행하는 뜻이 모두 자재하여, 모든 공덕을 닦아 이미 원만하고,

　　그 보리 법좌는 두루 장엄을 갖추어 시방의 일체 세계에 두루

가득한데, 부처님이 그 법좌 위에 앉아 미묘한 법륜을 굴리면서, 여러 보살의 행과 원을 말하며,

한량없는 여러 부처님의 경계를 보여주어, 여러 보살로 하여금 모두 깨달음을 얻어 가지가지 청정, 미묘한 행을 닦도록 하고,

또한 일체중생을 인도하여 선근을 심어 여래의 평등한 땅에 태어나도록 하며,

보살의 그지없이 미묘한 행에 머물러 일체 공덕의 훌륭한 법을 성취하고,

일체 세계, 일체중생, 일체 부처님 세계, 일체 법, 일체 보살, 일체 교화, 일체 삼세, 일체 조복, 일체 신통변화, 일체중생의 마음으로 좋아하는 것을 모두 잘 알고서 불사를 지었다.

이를 다섯째 광대한 불사라 한다.

● 疏 ●

五成道佛事中三이니 初는 明眞覺舊圓이오 次'菩提樹'下는 應身今滿이오 後'其菩提'下는 演法益生이니 此는 頓演華嚴이라

다섯째, 성도의 광대한 불사

이는 3부분이다.

(1) 眞覺이 옛적에 원만했음을 밝혔고,

(2) '菩提樹' 이하는 應身이 이제 원만함을 밝혔으며,

(3) '其菩提' 이하는 불법을 연설하여 중생에게 이익을 줌이다. 이는 화엄을 한꺼번에 연설하였다.

佛子여 一切諸佛이 轉不退法輪은 令諸菩薩로 不退轉
故며
轉無量法輪은 令一切世間으로 咸了知故며
轉開悟一切法輪은 能大無畏師子吼故며
轉一切法智藏法輪은 開法藏門하야 除闇障故며
轉無礙法輪은 等虛空故며
轉無著法輪은 觀一切法이 非有無故며
轉照世法輪은 令一切衆生으로 淨法眼故며
轉開示一切智法輪은 悉徧一切三世法故며
轉一切佛同一法輪은 一切佛法이 不相違故니
一切諸佛이 以如是等無量無數百千億那由他法輪으로
隨諸衆生의 心行差別하사 而作佛事하야 不可思議 是爲
第六廣大佛事니라

　불자여, 일체 부처님이 물러서지 않는 법륜을 굴리는 것은 모든 보살을 물러서지 않도록 하기 위함이며,

　한량없는 법륜을 굴리는 것은 일체 모든 세간이 다 알도록 하기 위함이며,

　일체 모든 것을 깨달은 법륜을 굴리는 것은 두려움 없이 크게 사자후를 하도록 하기 위함이며,

　일체 법의 지혜법장의 법륜을 굴리는 것은 법장의 문을 열어 어둡고 막힌 것을 없애도록 하기 위함이며,

걸림 없는 법륜을 굴리는 것은 허공과 같도록 하기 위함이며,

집착이 없는 법륜을 굴리는 것은 일체 법이 있는 것도 없는 것도 아님을 살펴보도록 하기 위함이며,

세상을 비추는 법륜을 굴리는 것은 일체중생으로 하여금 법안을 청정하게 하도록 하기 위함이며,

일체 지혜를 열어 보이는 법륜을 굴리는 것은 일체 삼세의 법을 두루 갖추도록 하기 위함이며,

일체 부처님과 꼭 같은 법륜을 굴리는 것은 일체 불법이 서로 어긋남이 없도록 하기 위함이다.

일체 모든 부처님이 이처럼 한량없고 수없는 백천억 나유타 법륜으로 모든 중생의 마음과 행이 차별을 따라 불사를 지음이 헤아릴 수 없다.

이를 여섯째 광대한 불사라 한다.

● 疏 ●

六轉法輪佛事中에 義通權實이니 先列後結이라 列中에 一은 唯菩薩乘이니 通四不退오 二는 通五乘이니 世咸了故오 三은 開權顯實이니 令悟知見 決定有故오 四는 通三藏이니 三藏除癡及三障故오 五는 唯頓法이니 事理雙絶故오 六은 中道法이니 不著二邊故오 七은 世諦法이니 淨所知故오 八은 唯佛法이니 智徧知故오 九는 唯圓法이니 無異味故오 後 以如是下는 總結이니 即無量乘으로 爲第十輪隨機演故오 十은 皆圓融이니 爲不思議니라

여섯째, 법륜을 굴리는 광대한 불사

이 부분의 뜻은 방편과 실상에 모두 통한다.

앞은 나열이고, 뒤는 결론이다.

앞의 나열 부분은 다음과 같다.

(1) 오직 보살승만을 말한다. 4가지 물러서지 않는[四不退: 信, 位, 證, 行不退] 데에 통한다.

(2) 五乘에 모두 통한다. 세간 중생이 모두 알기 때문이다.

(3) 방편으로 실상을 밝혀줌[開權顯實]이다. 중생으로 하여금 知見이 반드시 有함을 깨닫도록 하기 때문이다.

(4) 三藏에 모두 통한다. 삼장이 癡 및 3가지 무거운 장애[三重障: 煩惱障, 業障, 異熟障]를 없애주기 때문이다.

(5) 오직 頓法만을 말한다. 사법계와 이법계가 모두 끊어진 자리이기 때문이다.

(6) 中道法이다. 이쪽저쪽에 모두 집착하지 않기 때문이다.

(7) 世諦法이다. 所知障을 청정케 해주기 때문이다.

(8) 오직 불법만을 말한다. 지혜로 두루 알기 때문이다.

(9) 오직 圓法만을 말한다. 다른 뜻이 없기 때문이다.

뒤의 '以如是' 이하는 총체로 끝맺음이다. 이는 無量乘으로 第十輪을 삼아 機緣을 따라 연설하기 때문이다.

(10) 모두 원융함이 불가사의하다.

經

佛子여 一切諸佛이 入於一切王都城邑하사 爲諸衆生하야 而作佛事하나니 所謂人王都邑과 天王都邑과 龍王과 夜叉王과 乾闥婆王과 阿修羅王과 迦樓羅王과 緊那羅王과 摩睺羅伽王과 羅刹王과 毘舍闍王인 如是等王의 一切都邑이라 入城門時에 大地震動하고 光明普照하야 盲者得眼하고 聾者得耳하고 狂者得心하고 裸者得衣하고 諸憂苦者 悉得安樂하며 一切樂器 不鼓自鳴하고 諸莊嚴具 若著不着에 咸出妙音하야 衆生聞者 無不欣樂하며 一切諸佛이 色身淸淨하고 相好具足하사 見者無厭하야 能爲衆生하야 作於佛事하나니 所謂若顧視와 若觀察과 若動轉과 若屈伸과 若行若住와 若坐若臥와 若黙若語와 若現神通과 若爲說法과 若有敎勅한 如是一切로 皆爲衆生하사 而作佛事하며

一切諸佛이 普於一切無數世界種種衆生心樂海中에 勸令念佛하야 常勤觀察하야 種諸善根하야 修菩薩行하며 歎佛色相이 微妙第一호되 一切衆生이 難可値遇니 若有得見하야 而興信心이면 則生一切無量善法하야 集佛功德하야 普皆淸淨이라하사 如是稱讚佛功德已에 分身普往十方世界하사 令諸衆生으로 悉得瞻奉하야 思惟觀察하며 承事供養하야 種諸善根하야 得佛歡喜하고 增長佛種하야 悉當成佛이니 以如是行으로 而作佛事하며 或

爲衆生하야 示現色身하며 或出妙音하며 或但微笑하사 令其信樂하야 頭頂禮敬하며 曲躬合掌하며 稱揚讚歎하며 問訊起居하야 而作佛事하나니

一切諸佛이 以如是等無量無數不可言說不可思議種種佛事로 於一切世界中에 隨諸衆生心之所樂하사 以本願力과 大慈悲力과 一切智力으로 方便敎化하사 悉令調伏이 是爲第七廣大佛事니라

불자여, 일체 부처님이 일체 모든 왕의 도성에 들어가 모든 중생을 위하여 불사를 지으셨다.

이른바 인간 왕의 도성, 천왕의 도성, 용왕, 야차왕, 건달바왕, 아수라왕, 가루라왕, 마후라가왕, 나찰왕, 비사사왕, 이런 여러 왕의 일체 모든 도성이다.

이런 성문에 들어갈 때에 땅이 흔들리고 광명이 두루 비쳐 소경이 눈을 뜨고, 귀머거리가 소리를 듣고, 미친 사람이 제정신을 차리고, 헐벗은 이가 옷을 얻고, 많은 근심에 쌓인 이들이 모두 안락을 얻으며, 모든 악기가 치지 않아도 절로 울리고, 모든 장엄거리를 쓰거나 쓰지 않거나 모두 아름다운 소리가 울려 나와 듣는 이들이 모두 기뻐하지 않은 이가 없었다.

일체 부처님의 육신이 청정하고 상호가 구족하여 보는 이마다 싫어하는 이가 없어, 중생을 위하여 불사를 일으켰다.

이른바 돌아보거나 관찰하거나 움직이거나 몸을 굽히거나 펴거나 가거나 섰거나 앉거나 눕거나 침묵하거나 말하거나 신통을

나타내거나 법을 말하거나 가르치거나 이런 일체 모든 행으로 모두 중생을 위하여 불사를 일으켰다.

　일체 부처님이 널리 일체 수없는 모든 세계의 갖가지 중생들이 좋아하는 마음 바다에서, 그들을 권하여 염불하고 부지런히 관찰하여 여러 가지 선근을 심어 보살의 행을 닦게 하며, 부처님의 몸매는 미묘하고 으뜸가련만, 일체중생이 만나 뵙기 어렵다. 만일 볼 수만 있다면 신심을 일으키게 되고, 신심을 일으키면 일체 한량없이 선한 법을 내어 부처님의 공덕을 모아 두루 모두 청정해진다고 찬탄하게 된다.

　이처럼 부처님의 공덕을 찬탄하고서, 분신으로 시방세계를 널리 찾아가 중생으로 하여금 모두 우러러 받들어 생각하고 관찰하며, 받들어 섬기고 공양하여, 많은 선근을 심어 부처님을 기쁘게 하고, 부처의 종자를 더욱 키워 모두 부처를 이루게 하는 것이다.

　이런 행으로 불사를 지으며, 혹은 중생을 위하여 육신을 나타내기도 하고, 혹은 미묘한 음성을 울려 내기도 하며, 혹은 미소를 짓기도 하여, 그들로 하여금 믿고 좋아한 나머지, 머리를 조아려 절을 올리고, 허리 굽혀 합장하며, 드날리고 찬탄하며, 문안을 올리면서 불사를 짓게 하는 것이다.

　일체 부처님이 이처럼 한량없고 셀 수 없고 말할 수 없고 헤아릴 수 없는 여러 가지 불사로써 일체 모든 세계에서 많은 중생의 좋아하는 바를 따르며, 본래의 원력, 자비한 힘, 일체 지혜로써 방편으로 교화하여 조복하는 것이다.

이를 일곱째 광대한 불사라 한다.

● 疏 ●

七은 威儀佛事니 於中四니 一은 別擧入城益物이오 二 '一切諸佛色身'下는 通顯威儀益物이오 三 '一切諸佛昔於'下는 言談示現益物이니 其 '昔'字는 晉本所無라 卽是現益이니 若言 '昔'者인댄 乃是擧因顯果니 必是 '普'字니라 四 '一切諸佛以如是'下는 總結深廣이라

일곱째, 위의의 광대한 불사

이는 4부분으로 나뉜다.

(1) 모든 성에 들어가 중생에게 이익을 베푸는 것을 개별로 들어 말하였고,

(2) '一切諸佛色身' 이하는 위의의 중생에게 이익을 베푸는 것을 전반적으로 밝혔으며,

(3) '一切諸佛昔於' 이하는 말씀으로 나타내어 중생에게 이익을 베풂이다. 그중의 '昔' 자는 晉本에 없는 글자이다. 여기에서 말한 바는 곧 현재의 이익이다. 만일 '옛적[昔]'이라 말한다면, 그것은 옛날의 인연을 들어 그 결과를 밝힌 것이기에, 이는 반드시 '普' 자로 써야 한다.

(4) '一切諸佛以如是' 이하는 중생의 이익이 깊고 광대함을 총체로 끝맺었다.

佛子여 一切諸佛이

或住阿蘭若處하야 而作佛事하며

或住寂靜處하야 而作佛事하며

或住空閑處하야 而作佛事하며

或住佛住處하야 而作佛事하며

或住三昧하야 而作佛事하며

或獨處園林하야 而作佛事하며

或隱身不現하야 而作佛事하며

或住甚深智하야 而作佛事하며

或住諸佛無比境界하야 而作佛事하며

或住不可見種種身行하야 隨諸衆生의 心樂欲解하사 方便敎化호되 無有休息하야 而作佛事하며

或以天身으로 求一切智하야 而作佛事하며

或以龍身과 夜叉身과 乾闥婆身과 阿修羅身과 迦樓羅身과 緊那羅身과 摩睺羅伽와 人非人等身으로 求一切智하야 而作佛事하며

或以聲聞身과 獨覺身과 菩薩身으로 求一切智하야 而作佛事하며

或時說法하고 或時寂黙하야 而作佛事하며

或說一佛하고 或說多佛하야 而作佛事하며

或說諸菩薩의 一切行一切願이 爲一行願하야 而作佛事

하며

或說諸菩薩의 一行一願이 爲無量行願하야 而作佛事하며

或說佛境界 卽世間境界하야 而作佛事하며

或說世間境界 卽佛境界하야 而作佛事하며

或說佛境界 卽非境界하야 而作佛事하며

或住一日하고 或住一夜하고 或住半月하고 或住一月하고 或住一年하며 乃至住不可說劫하사 爲諸衆生하야 而作佛事하나니 是爲第八廣大佛事니라

불자여, 일체 부처님이

혹은 아란야에 머물면서 불사를 짓고,

혹은 고요한 곳에 머물면서 불사를 짓고,

혹은 비어 있는 곳에 머물면서 불사를 짓고,

혹은 부처님이 머무는 도량에 있으면서 불사를 짓고,

혹은 삼매에 들어서 불사를 짓고,

혹은 숲 동산에 혼자 있으면서 불사를 짓고,

혹은 몸을 감추어 나타나지 않으면서 불사를 짓고,

혹은 매우 깊은 지혜에 머물면서 불사를 짓고,

혹은 여러 부처님의 견줄 데 없는 경계에 머물면서 불사를 짓고,

혹은 볼 수 없는 여러 가지 몸과 행에 머물면서 중생들의 마음과 좋아함과 욕망과 지혜를 따라서 방편으로 교화하되 멈추지 않

고 불사를 짓고,

혹은 하늘의 몸으로 일체 지혜를 구하여 불사를 짓고,

혹은 용의 몸, 야차의 몸, 건달바의 몸, 아수라의 몸, 가루라의 몸, 긴나라의 몸, 마후라가의 몸, 사람인 듯 아닌 듯한 몸들로 일체 지혜를 구하여 불사를 짓고,

혹은 성문의 몸, 독각의 몸, 보살의 몸으로 일체 지혜를 구하여 불사를 짓고,

어떤 때는 법을 말하고 어떤 때는 침묵으로 불사를 짓고,

혹은 한 부처님을 말하고 혹은 여러 부처님을 말하여 불사를 짓고,

혹은 여러 보살의 일체 행과 일체 원으로 하나의 행과 원을 삼는다고 말하여 불사를 짓고,

혹은 보살의 하나의 행과 하나의 원으로 한량없는 행과 원을 삼는다고 말하여 불사를 짓고,

혹은 부처님 경계가 곧 세간 경계라 말하여 불사를 짓고,

혹은 세간 경계가 곧 부처님 경계라 말하여 불사를 짓고,

혹은 부처님 경계가 옳은 경계가 아니라 말하여 불사를 짓고,

혹 하루 낮을 머물고, 혹 하룻밤을 머물고, 혹 반달을 머물고, 혹 한 달을 머물고, 혹 일 년을 머물고, 내지 말할 수 없는 겁을 머물면서 모든 중생을 위하여 불사를 짓는다.

이를 여덟째 광대한 불사라 한다.

● 疏 ●

八起行佛事中에 有四니 一은 身心安住行이니 蘭若는 唯山林이오 寂靜은 通城邑이오 空閑은 在無物이라 二 '或以天身' 下는 起應上求行이오 三 '或時說法' 下는 說默下化行이오 四 '或住一日' 下는 時分進修行이라

여덟째, 行을 일으키는 광대한 불사

이는 4부분으로 나뉜다.

(1) 몸과 마음이 안주한 행이다. 난야는 오직 산림에 있고, 寂靜은 성읍에 모두 통하고, 空閑은 사람이 없는 곳을 말한다.

(2) '或以天身' 이하는 일어나 응하여 '위로 보리를 구하는[上求菩提]' 행이고,

(3) '或時說法' 이하는 설법과 침묵으로 '아래로 중생을 교화하는[下化衆生]' 행이며,

(4) '或住一日' 이하는 시간에 따라 닦아나가는 행이다.

經

佛子여 一切諸佛이 是生淸淨善根之藏이라
令諸衆生으로 於佛法中에 生淨信解하야 諸根調伏하야 永離世間하며
令諸菩薩로 於菩提道에 具智慧明하야 不由他悟하며
或現涅槃하야 而作佛事하며
或現世間이 皆悉無常하야 而作佛事하며

或說佛身하야 而作佛事하며
或說所作이 皆悉已辦하야 而作佛事하며
或說功德이 圓滿無缺하야 而作佛事하며
或說永斷諸有根本하야 而作佛事하며
或令衆生으로 厭離世間하고 隨順佛心하야 而作佛事하며
或說壽命이 終歸於盡하야 而作佛事하며
或說世間이 無一可樂하야 而作佛事하며
或爲宣說盡未來際토록 供養諸佛하야 而作佛事하며
或說諸佛이 轉淨法輪하사 令其得聞하고 生大歡喜하야 而作佛事하며
或爲宣說諸佛境界하사 令其發心하야 而修諸行하야 而作佛事하며
或爲宣說念佛三昧하사 令其發心하야 常樂見佛하야 而作佛事하며
或爲宣說諸根清淨하사 勤求佛道호되 心無懈退하야 而作佛事하며
或詣一切諸佛國土하사 觀諸境界種種因緣하야 而作佛事하며
或攝一切諸衆生身하야 皆爲佛身하사 令諸懈怠放逸衆生으로 悉住如來清淨禁戒하야 而作佛事하나니 是爲第九廣大佛事니라

불자여, 일체 부처님은 청정한 선근을 내는 창고이다.

모든 중생으로 하여금 불법의 가운데서 청정한 믿음과 지혜를 내어, 육근을 조복하여 영원히 세간의 오염을 여의게 하고,

모든 보살로 하여금 보리의 도에 밝은 지혜를 갖추어, 남의 힘을 빌리지 않고 깨달음을 얻도록 하며,

혹 열반을 나타내어 불사를 짓고,

혹 세상이 모두 무상함을 나타내어 불사를 짓고,

혹 부처의 몸을 말하여 불사를 짓고,

혹 해야 할 일을 모두 마쳤다고 말하여 불사를 짓고,

혹 공덕이 원만하고 모자람이 없다 말하여 불사를 짓고,

혹 모든 존재[諸有: 三界 二十五有]의 근본을 아주 끊었다 말하여 불사를 짓고,

혹 중생으로 하여금 세간을 싫어하고 부처님의 마음을 따르게 하여 불사를 짓고,

혹 목숨이 마침내 다한다 말하여 불사를 짓고,

혹 세간 일이란 하나도 즐거운 데 없다 말하여 불사를 짓고,

혹 미래 세월이 다하도록 부처님께 공양하라 말하여 불사를 짓고,

혹 여러 부처님이 청정한 법륜을 굴린다 말하여 그들로 하여금 듣고 크게 환희심을 내도록 불사를 짓고,

혹 여러 부처님의 경계를 말하여 그들로 하여금 마음을 일으켜 수행하도록 불사를 짓고,

혹 염불삼매를 말하여 그들로 하여금 항상 기쁜 마음으로 부

처님을 뵈려는 마음을 내도록 불사를 짓고,

혹 육근이 모두 청정함을 말하여 부지런히 불도를 구하되 게으르거나 물러서는 마음이 없도록 불사를 짓고,

혹 일체 부처님의 국토를 찾아가 여러 경계와 가지가지 인연을 살펴보고서 불사를 짓고,

혹 모든 중생의 몸으로 모두 부처의 몸이 되어, 게으르고 방탕한 중생으로 하여금 모두 여래의 청정한 계율에 머물도록 불사를 짓는다.

이를 아홉째 광대한 불사라 한다.

● 疏 ●

九 起用佛事中二니 初는 顯起用所依니 以是能生功德藏故오 二 '或現涅槃'下는 正明起用이라

아홉째, 작용을 일으키는 광대한 불사

이는 2부분으로 나뉜다.

(1) 작용을 일으키는 의지 대상을 밝혔다. 이는 공덕이 발생하는 주체의 창고이기 때문이다.

(2) '或現涅槃' 이하는 바로 작용을 일으킴을 밝혔다.

經

佛子여 一切諸佛이 入涅槃時에 無量衆生이 悲號涕泣하야 生大憂惱하야 遞相瞻顧하고 而作是言호되 如來世尊

이 有大慈悲하사 哀愍饒益一切世間하야 與諸衆生으로 爲救爲歸니 如來出現이 難可値遇어늘 無上福田이 於今永滅이라하나니 卽以如是令諸衆生으로 悲號戀慕하야 而作佛事하며

復爲化度一切天人과 龍神과 夜叉와 乾闥婆와 阿修羅와 迦樓羅와 緊那羅와 摩睺羅伽와 人非人等故로 隨其樂欲하야 自碎其身하야 以爲舍利호되 無量無數하야 不可思議하야 令諸衆生으로 起淨信心하야 恭敬尊重하고 歡喜供養하야 修諸功德하야 具足圓滿하며

復起於塔하야 種種嚴飾하야 於諸天宮과 龍宮과 夜叉宮과 乾闥婆와 阿修羅와 迦樓羅와 緊那羅와 摩睺羅伽와 人非人等諸宮殿中에 以爲供養하며 牙齒爪髮을 咸以起塔하야 令其見者로 皆悉念佛念法念僧하야 信樂不廻하며 誠敬尊重하야 在在處處에 布施供養하야 修諸功德하고 以是福故로 或生天上하며 或處人間호되 種族尊榮하고 財産備足하며 所有眷屬이 悉皆淸淨하며 不入惡趣하고 常生善道하야 恒得見佛하야 具衆白法하며 於三有中에 速得出離하야 各隨所願하야 獲自乘果하며 於如來所에 知恩報恩하야 永與世間으로 作所歸依하나니

佛子여 諸佛世尊이 雖般涅槃이나 仍與衆生으로 作不思議淸淨福田과 無盡功德最上福田하사 令諸衆生으로 善根具足하며 福德圓滿이니 是爲第十廣大佛事니라

佛子여 此諸佛事 無量廣大하야 不可思議하야 一切世間에 諸天及人과 及去來今聲聞獨覺은 皆不能知오 唯除如來威神所加니라

　불자여, 일체 부처님이 열반에 드실 적에 한량없는 중생이 슬피 울면서 큰 근심과 괴로움으로 서로를 바라보면서 말하였다.

　'여래 세존께서 대자비의 마음으로 일체 세간을 가엾이 여기고 이익을 베풀어, 여러 중생의 구제자요, 귀의처가 되었다. 여래의 출현을 만나기 어려운데, 더없는 복전이 이제 영원히 사라져버렸다.'

　이처럼 중생으로 하여금 슬피 울고 사모하게 하여 불사를 짓고,

　또 모든 하늘과 용과 야차, 건달바, 아수라, 가루라, 긴나라, 마후라가, 사람인 듯 아닌 듯한 이들을 교화하고자 그들의 좋아하는 바를 따라 스스로 당신의 몸을 부수어 한량없고 셀 수 없고 헤아릴 수 없는 사리를 만들어, 중생으로 하여금 신심을 일으키게 하며, 공경하고 존중하고 기쁘게 공양하여 여러 가지 공덕을 닦아 원만케 하며,

　또한 사리탑을 조성하고 여러 가지로 장엄하여 천궁, 용궁, 야차의 궁전과 건달바, 아수라, 가루라, 긴나라, 마후라가, 사람인 듯 아닌 듯한 이들의 궁전에서 공양을 올리게 하고, 치아와 머리카락으로 사리탑을 조성하여 보는 이로 하여금 부처님을 염하고 법을 염하고 스님을 염하여, 신심과 즐거움을 돌이키지 않고 정성으로 존중하며, 어느 곳에서나 보시하고 공양하여 모든 공덕을 닦고, 이러한 복덕으로 천상에도 나고 인간에도 태어나되 문벌이 훌륭하

고 재산이 풍족하고 권속들이 모두 청정하며, 나쁜 길에 떨어지지 않고 항상 좋은 길에 태어나 부처님을 뵈옵고 선한 법을 두루 갖추며, 삼계에서 빨리 벗어나 제각기 원하는 바를 따라 자기의 과보를 얻으며, 여래의 도량에서 은혜를 알고 은혜를 갚으면서 영원히 세간 중생으로 귀의할 대상을 마련해 주었다.

불자여, 여러 부처님 세존이 비록 열반에 드실지라도 모든 중생의 헤아릴 수 없는 청정한 복전, 그지없는 공덕의 최상의 복전이 되어, 모든 중생으로 하여금 선근을 두루 갖추고 복덕이 원만하도록 하였다.

이를 열째 광대한 불사라 한다.

불자여, 이 여러 가지 불사는 한량없고 광대하고 헤아릴 수 없어, 일체 세간의 하늘과 사람과 과거·미래·현재의 성문과 독각들도 모두 알지 못하지만, 오직 여래의 위신으로 가피한 이는 제외되는 것이다.

● 疏 ●

十은 涅槃佛事라 別顯用中之一이라 於中三이니 初는 明涅槃悲戀益이오 次復爲化度下는 舍利流布益이오 後佛子下는 總結益滿이라 若配十問인댄 一은 本願이오 二는 卽種性及國土오 三은 是無礙오 四는 十皆解脫이오 五는 出現이오 六은 音聲이오 七은 身이오 八은 智慧오 九는 自在니라

三結은 可知니라

열째, 열반의 광대한 불사

수많은 작용 가운데 하나를 개별로 밝힌 것이다.

이는 3부분으로 나뉜다.

(1) 열반의 슬픔과 연모의 이익을 밝혔고,

(2) '復爲化度' 이하는 사리 유포의 이익을 밝혔으며,

(3) '佛子' 이하는 이익의 원만함을 총체로 끝맺었다.

만일 10가지의 광대한 불사를 위의 '제불에 관한 10가지 물음'에 짝지어 말한다면,

첫째, 광대한 불사는 제불본원에,

둘째, 광대한 불사는 제불종성 및 제불국토에,

셋째, 광대한 불사는 제불무애에,

넷째, 광대한 불사는 10가지의 광대한 불사가 모두 제불해탈에,

다섯째, 광대한 불사는 제불출현에,

여섯째, 광대한 불사는 제불음성에,

일곱째, 광대한 불사는 제불신에,

여덟째, 광대한 불사는 제불지혜에,

아홉째, 광대한 불사는 제불자재에 짝할 수 있다.

제3의 결론은 설명하지 않아도 알 수 있다.

經

佛子여 諸佛世尊이 有十種無二行自在法하시니
何等이 爲十고

所謂一切諸佛이 悉能善說授記言辭하야 決定無二하며
一切諸佛이 悉能隨順衆生心念하사 令其意滿하야 決定無二하며
一切諸佛이 悉能現覺一切諸法하사 演說其義하야 決定無二하며
一切諸佛이 悉能具足去來今世諸佛智慧하야 決定無二하며
一切諸佛이 悉知三世一切刹那 卽一刹那하야 決定無二하며
一切諸佛이 悉知三世一切佛刹이 入一佛刹하야 決定無二하며
一切諸佛이 悉知三世一切佛語 卽一佛語하야 決定無二하며
一切諸佛이 悉知三世一切諸佛이 與其所化一切衆生으로 體性平等하야 決定無二하며
一切諸佛이 悉知世法과 及諸佛法이 性無差別하야 決定無二하며
一切諸佛이 悉知三世一切諸佛의 所有善根이 同一善根하야 決定無二 是爲十이니라

불자여, 일체 부처님 세존이 둘이 없는 행에 자유자재한 열 가지 법을 지니셨다.

무엇이 둘이 없는 행에 자유자재한 열 가지 법인가?

이른바 일체 부처님이 모두 수기(授記)하는 말씀을 잘 말하여 둘이 없이 결정하고,
　일체 부처님이 모두 중생의 생각을 따라 그 뜻을 만족케 하여 둘이 없이 결정하며,
　일체 부처님이 모두 일체 모든 법을 바로 깨달아 그 뜻을 말씀하여 둘이 없이 결정하고,
　일체 부처님이 모두 과거·미래·현재에 계신 부처님의 지혜를 두루 갖춰 둘이 없이 결정하며,
　일체 부처님이 모두 삼세의 일체 찰나가 곧 하나의 찰나인 줄을 알고서 둘이 없이 결정하고,
　일체 부처님이 모두 삼세의 일체 부처님의 세계가 한 부처님의 세계에 들어감을 알고서 둘이 없이 결정하며,
　일체 부처님이 모두 삼세의 일체 부처님의 말씀이 곧 한 부처님의 말씀임을 알고서 둘이 없이 결정하고,
　일체 부처님이 모두 삼세의 일체 부처님이 그 교화해야 할 일체중생과 성품이 평등함을 알고서 둘이 없이 결정하며,
　일체 부처님이 모두 세간 법과 부처 법의 자체가 차별이 없음을 알고서 둘이 없이 결정하고,
　일체 부처님이 모두 삼세 부처님이 지닌 선근이 똑같은 선근임을 알고서 둘이 없이 결정하였다.
　이를 둘이 없는 행에 자유자재한 열 가지 법이라 한다.

● 疏 ●

第五無二行自在法者는 明無畏自在니 兼答普光無畏之問이라 於事明審하야 決定無疑일세 故云無二오 不畏他難을 名爲自在니라 別中에 初四는 可知오 次三은 通二義니 一은 以理融相이오 二는 事事卽入이며 次二는 唯理오 後一은 有三義하니 一은 同性修故오 二는 互廻向故오 三은 互主伴故니라

제5 법문, 둘이 없는 행에 자유자재한 법이란 無畏의 자재를 밝혔고, 보광명전 법회의 제7 여래문명품에서 말한 '如來無畏'의 물음을 겸하여 답하였다.

사법계를 밝게 살펴 결정코 의심이 없기에 '無二'라 말하고, 타인의 물음과 논란에 두려운 마음이 없는 것을 '自在'라 말한다.

개별로 말한 부분에 앞의 4구는 설명하지 않아도 알 수 있다.

다음 제5~7 3구는 2가지 뜻에 통한다.

(1) 근본의 이치로 현실의 양상을 융합하고,

(2) 일과 일이 서로 하나가 된 것이다.

다음 제8~9 2구는 오직 근본 이치로 말하였고,

맨 끝의 제10구에는 3가지 뜻이 있다.

(1) 똑같은 성품을 닦았기 때문이며,

(2) 서로 모두 회향하기 때문이며,

(3) 서로가 주체와 도반이 되기 때문이다.

經

佛子여 諸佛世尊이 有十種住의 住一切法하시니
何等이 爲十고
所謂一切諸佛이 住覺悟一切法界하며
一切諸佛이 住大悲語하며
一切諸佛이 住本大願하며
一切諸佛이 住不捨調伏衆生하며
一切諸佛이 住無自性法하며
一切諸佛이 住平等利益하며
一切諸佛이 住無忘失法하며
一切諸佛이 住無障礙心하며
一切諸佛이 住恒正定心하며
一切諸佛이 住等入一切法하야 不違實際相이 是爲十이니라

불자여, 일체 부처님 세존은 일체 법에 머무르는 열 가지 머무름이 있다.

무엇이 일체 법에 머무르는 열 가지 머무름인가?

이른바 일체 부처님이 일체 법계를 깨달음에 머물고,

일체 부처님이 대자비의 말씀에 머물며,

일체 부처님이 본래 큰 서원에 머물고,

일체 부처님이 중생들을 버리지 않고 조복함에 머물며,

일체 부처님이 자성이 없는 법에 머물고,

일체 부처님이 평등한 이익에 머물며,

일체 부처님이 잊음이 없는 법에 머물고,

일체 부처님이 장애 없는 마음에 머물며,

일체 부처님이 항상 바른 선정의 마음에 머물고,

일체 부처님이 일체 법에 평등하게 들어가 실제를 어기지 않는 데 머무른다.

이를 일체 법에 머무르는 열 가지 머무름이라 한다.

◉ 疏 ◉

第六은 明住라 住一切法者는 明三昧自在오 兼答普光三昧問이라 如來所住 無非三昧일새 故徧住一切니라 文顯可知니라

제6 법문, 머묾을 밝혔다. 일체 법에 머무른다는 것은 삼매의 자재를 밝혔고, 보광명전 법회의 제7 여래문명품에서 말한 '如來三昧'의 물음을 겸하여 답하였다

여래의 머무른 바는 삼매 아닌 게 없기에 일체에 두루 머무른 것이다. 경문의 뜻이 분명하여 설명하지 않아도 알 수 있다.

經

佛子여 諸佛世尊이 有十種知一切法盡無有餘하시니
何等이 爲十고
所謂知過去一切法하야 盡無有餘하며
知未來一切法하야 盡無有餘하며

知現在一切法하야 盡無有餘하며
知一切言語法하야 盡無有餘하며
知一切世間道하야 盡無有餘하며
知一切衆生心하야 盡無有餘하며
知一切菩薩善根의 上中下種種分位하야 盡無有餘하며
知一切佛圓滿智와 及諸善根의 不增不減하야 盡無有餘하며
知一切法이 皆從緣起하야 盡無有餘하며
知一切世界種하야 盡無有餘하며
知一切法界中에 如因陀羅網諸差別事하사 盡無有餘 是爲十이니라

 불자여, 일체 부처님 세존이 일체 법을 모두 다 알아 남음이 없는 열 가지를 지니셨다.

 무엇이 일체 법을 모두 다 알아 남음이 없는 열 가지인가?

 이른바 과거의 일체 법을 모두 다 알아 남음이 없고,

 미래의 일체 법을 모두 다 알아 남음이 없으며,

 현재의 일체 법을 모두 다 알아 남음이 없고,

 일체 말하는 법을 모두 다 알아 남음이 없으며,

 일체 세간의 도리를 모두 다 알아 남음이 없고,

 일체중생의 마음을 모두 다 알아 남음이 없으며,

 일체 보살의 선근이 상품, 중품, 하품으로 가지가지 나뉘는 지위를 모두 다 알아 남음이 없고,

일체 부처님의 원만한 지혜와 모든 선근이 늘지도 않고 줄지도 않음을 모두 다 알아 남음이 없으며,

일체 법이 모두 인연으로 일어남을 모두 다 알아 남음이 없고,

일체 세계종성을 모두 다 알아 남음이 없으며,

일체 법계 가운데 인다라 그물처럼, 각기 다른 모든 일을 모두 다 알아 남음이 없다.

이를 일체 법을 모두 다 알아 남음이 없는 열 가지라 한다.

● 疏 ●

第七 知一切法盡無有餘者는 明十力自在오 兼答普光十力之問이라 十方智慧 照境無遺故니라 亦顯可知니라

제7 법문, 일체 법을 모두 다 알아 남음이 없다는 것은 十力이 자재함을 밝혔고, 보광명전 법회의 제7 여래문명품에서 말한 '如來十力'이 물음을 겸하여 답하였다.

시방의 지혜가 모든 경계를 비춰 남김이 없기 때문이다. 이 경문 또한 분명하여 설명하지 않아도 알 수 있다.

經

佛子여 諸佛世尊이 有十種力하시니 何等이 爲十고
所謂廣大力과 最上力과 無量力과 大威德力과 難獲力과 不退力과 堅固力과 不可壞力과 一切世間不思議力과 一切衆生無能動力이 是爲十이라

佛子여 **諸佛世尊**이 **有十種大那羅延幢勇健法**하시니[3]

불자여, 일체 부처님 세존은 열 가지 힘을 지니셨다.

무엇이 열 가지 힘인가?

이른바 광대한 힘, 가장 높은 힘, 한량없는 힘, 큰 위덕의 힘, 얻기 어려운 힘, 물러서지 않는 힘, 견고한 힘, 파괴할 수 없는 힘, 모든 세간이 헤아릴 수 없는 힘, 모든 중생이 흔들 수 없는 힘이다.

이를 열 가지 힘이라 한다.

불자여, 일체 부처님 세존은 큰 나라연 당기처럼 굳건한 열 가지 법을 지니셨다.

● 疏 ●

第八廣大力者는 明神力自在오 亦答普光十力之問이라 文中亦三이니 初는 標오 次何等下는 徵釋이오 三은 結이라

今初에 十力은 是別名이오 大那羅延等은 是總稱이라 故下列中에 但依總名이니 是則標中十力이 一一徧下別中하고 別中十門은 一一具前標中十力하야 則成百門이라

古德이 將標中十力하야 次第配下十勇健法하야 謂初爲廣大力等이라하니 則令別中一門으로 不攝前十하야 不成百門이오 亦令餘

---

3 찬요의 대본에서는 단 "佛子 諸佛世尊 有十種 廣大力 最上力 無量力 大威德力 難獲力 不退力 堅固力 不可壞力 一切世間不思議力 一切衆生無能動力 大那羅延幢勇健法"이라 말하였을 뿐이다. 그러나 탄허 스님의 번역본과 기타의 유통본에 따라 위와 같이 기재한 것이다.

338

門으로 無廣大義요 初門에 無最上等이라 說欲從勝配者는 應逆次配之니라

十中에 一廣大者는 周法界故요 二最上者는 無加過故요 三은 無分量故요 四는 可敬畏故요 五는 唯佛得故요 六은 作無屈故요 七은 當體堅故요 八은 緣不壞故요 九는 超言念故요 十은 不可搖故니라

제8 법문, 광대한 힘이란 신통력의 자재를 밝혔고, 보광명전 법회의 제7 여래문명품에서 말한 '如來十力'의 물음에 답하였다.

이의 경문은 또한 3부분이다.

첫째는 명제의 표장이고,

다음 '何等' 이하는 묻고 해석함이며,

셋째는 끝맺음이다.

'첫째, 명제의 표장'에서 말한 十力은 개별의 명제이며, 大那羅延 등은 총칭이다. 이 때문에 아래의 나열 부분에서 단 총칭을 따르고 있다. 이는 명제의 표장에서 말한 十力이 하나하나 아래의 개별로 말한 부분에 두루 존재하고, 개별 부분의 10가지 門이 하나하나 앞 명제의 표장에서 말한 십력을 갖춰 百門을 구성한 것이다.

옛 스님이 명제의 표장에서 말한 십력을 차례로 아래의 10가지 勇健法에 짝지어 말하기를 "첫째는 광대한 힘 등이 된다."고 하는데, 이는 곧 개별의 하나의 문에 앞의 10가지를 포괄하지 못하여 百門을 구성할 수 없고, 또한 나머지 문에 광대한 힘이라는 의의가 없고, 첫째 문에 최상의 힘 등을 말할 수 없게 만들었다. 따

라서 잘 짝지어 말하고자 한다면 당연히 차례를 역으로 짝지어 보아야 한다.[4]

10가지 법문 가운데,

(1) 광대한 힘이란 법계에 두루 가득하기 때문이며,

(2) 가장 높은 힘이란 그보다 더할 수 없기 때문이며,

(3) 한량없는 힘이란 분량이 없기 때문이며,

(4) 큰 위덕의 힘이란 경외하기 때문이며,

(5) 얻기 어려운 힘이란 오직 부처님만이 얻을 수 있기 때문이며,

(6) 물러서지 않는 힘이란 하는 일에 물러서거나 굽힘이 없기 때문이며,

(7) 견고한 힘이란 그 자체가 굳건하기 때문이며,

(8) 파괴할 수 없는 힘이란 그 누구도 무너뜨리지 못하기 때문이며,

(9) 모든 세간이 헤아릴 수 없는 힘이란 언어와 생각을 초월하

----

[4] 이를 도표로 보완하면 아래와 같다.

標中十力 次第配下十勇健法 〈逆次 配之〉	
(1) 廣大力	第十 具足行智力
(2) 最上力	第九 法身微密力
(3) 無量力	第八 心無障礙力
(4) 大威德力	第七 圓音徧徹力
(5) 難獲力	第六 德相降魔力
(6) 不退力	第五 常徧演法力
(7) 堅固力	第四 定用自在力
(8) 不可壞力	第三 毛持大山力
(9) 一切世間不思議力	第二 毛孔容持力
(10) 一切衆生無能動力	第一 身命不可壞力

기 때문이며,

⑽ 모든 중생이 흔들 수 없는 힘이란 그 누구도 흔들 수 없기 때문이다.

經

何者 爲十고
所謂一切諸佛이 身不可壞며 命不可斷이니
世間毒藥의 所不能中이며
一切世界水火風災 皆於佛身에 不能爲害며
一切諸魔와 天龍과 夜叉와 乾闥婆와 阿修羅와 迦樓羅와 緊那羅와 摩睺羅伽와 人非人과 毘舍闍와 羅刹等이 盡其勢力하야 雨大金剛을 如須彌山과 及鐵圍山하야 徧於三千大千世界하야 一時俱下라도 不能令佛로 心有驚怖하며 乃至一毛도 亦不搖動하야 行住坐臥에 初無變易일세 佛所住處四方遠近에 不令其下하야 則不能雨하며 假使不制하야 而從雨之라도 終不爲損이니
若有衆生이 爲佛所持와 及佛所使라도 尙不可害어든 況如來身가
是爲諸佛의 第一大那羅延幢勇健法이니라

무엇이 큰 나라연 당기처럼 굳건한 열 가지 법인가?

이른바 일체 부처님의 몸은 무너뜨릴 수 없고, 부처님의 목숨은 끊을 수 없다.

세간의 그 어떤 독약으로도 중독시킬 수 없고,

일체 세계의 수재, 화재, 풍재로 부처님의 몸을 해칠 수 없으며,

일체 모든 마군, 하늘, 용, 야차, 건달바, 아수라, 가루라, 긴나라, 마후라가, 사람, 사람 아닌 것, 비사사, 나찰 따위가 그들의 힘을 다하여 수미산 같고 철위산 같은 큰 금강을 삼천대천세계에 비 퍼붓듯이 쏟아 한꺼번에 내릴지라도 부처님의 마음을 놀라게 할 수 없고,

내지 털끝 하나도 건드릴 수 없어 가거나 서거나 앉거나 누울지라도 애당초 조금도 변함이 없기에, 부처님 계신 곳에서 사방으로 멀거나 가깝거나 내리지 못하게 하면 내릴 수 없고, 설사 가로막지 아니하여 내린다 할지라도 끝내 손상하지 못한다.

어떤 중생이 부처님의 가피를 입었거나 부처님의 심부름을 할지라도 해칠 수 없는데, 하물며 여래의 몸이야.

이를 여러 부처님의 첫째 큰 나라연 당기처럼 굳건한 법이라 한다.

● 疏 ●

次徵釋中에 第一 身命不可壞力이니 今逆次配면 此卽不可動力이니 乃至一毛不搖動故니라

文中二니 先은 正明不可動壞니 謂情非情境이 俱不能壞오 後若有衆生下는 擧況顯勝이니 如令耆婆入火取子와 入獄問罪等이라

【鈔_ 如令耆婆入火者는 現相已引이오 入獄問罪는 卽報恩經第

四에 令耆婆로 往阿鼻地獄하야 問調達云 '汝今受罪云何오' 調達이 答云 '如第三禪樂이라'하니 今取入中問罪에 苦不能害耳라】

다음 묻고 해석한 부분 가운데, 첫째, 부처님의 몸과 목숨을 해치지 못하는 힘이다.

이를 역으로 차례 지어 짝하면, 이는 '⑩ 흔들 수 없는 힘[一切衆生無能動力]'에 해당한다. '내지 털끝 하나도 건드릴 수 없기' 때문이다.

이의 경문은 2부분이다.

앞은 흔들거나 무너뜨릴 수 없음을 바로 밝혔다. 有情과 非情의 경계를 모두 무너뜨리지 못한다.

뒤의 '若有衆生' 이하는 이런 이들을 비유로 들어 부처님의 훌륭함을 밝혔다. 예컨대 耆婆로 하여금 불 속에 들어가 자식을 안고 오도록 한 것과 아비지옥에 들어가 지옥의 고통을 묻게 한 등등의 일과 같다.【초_ "예컨대 耆婆로 하여금 불 속에 들어감"이란 제3 여래현상품에서 이미 인용한 바 있다.

"아비지옥에 들어가 지옥의 고통을 물었다."는 것은 보은경 제4에 다음과 같이 말하였다.

기바로 하여금 아비지옥에 들어가 조달에게 묻도록 하였다.

"그대는 지옥에서의 고통이 견딜 만한가?"

조달이 대답하였다.

"내가 지옥에 있는 것은 마치 제3 禪天의 쾌락과 같다."

여기에서 말한 '아비지옥에 들어가 지옥의 고통을 물었다.'는 것은 그 어떤 고통도 부처님의 가피와 그 심부름하는 자에게 해칠

수 없다는 뜻을 취하였다.】

經

佛子여 一切諸佛이 以一切法界諸世界中須彌山王과 及鐵圍山과 大鐵圍山과 大海山林과 宮殿屋宅으로 置一毛孔하야 盡未來劫호되 而諸衆生이 不覺不知오 唯除如來神力所被니

佛子여 爾時諸佛이 於一毛孔에 持於爾所一切世界하야 盡未來劫토록 或行或住하며 或坐或臥호되 不生一念勞倦之心하나니

佛子여 譬如虛空이 普持一切徧法界中所有世界호되 而無勞倦인달하야 一切諸佛이 於一毛孔에 持諸世界도 亦復如是니 是爲諸佛의 第二大那羅延幢勇健法이니라

　불자여, 일체 부처님이 일체 법계의 모든 세계 가운데 있는 수미산, 철위산, 큰 철위산, 큰 바다, 산림, 궁전, 집들을 하나의 모공에 넣고서 미래 세월이 다할지라도 모든 중생은 깨닫지 못하고 알지 못하지만, 오직 여래 신통의 가피를 입은 이는 제외된다.

　불자여, 이때 부처님의 하나의 모공에 그러한 일체 모든 세계를 지니고서 미래 세월이 다하도록 가고 서고 앉고 누울지라도 한 생각 순간마저 고달픈 마음을 내지 않는다.

　불자여, 마치 허공이 온 법계에 가득한 모든 세계를 두루 지닐지라도 고달픔이 없는 것처럼, 일체 부처님이 하나의 모공에 여러

세계를 지님 또한 그와 같다.

이를 여러 부처님의 둘째 큰 나라연 당기처럼 굳건한 법이라 한다.

◉ 疏 ◉

第二는 毛孔容持力이니 卽是不可思라 而諸衆生不覺知矣니라

둘째, 하나의 모공에 모든 것을 용납한 힘

이는 '(9) 一切世間不思議力'이기에 모든 중생이 깨달을 수 없고 알 수 없다.

經

佛子여 一切諸佛이 能於一念에 起不可說不可說世界微塵數步하고 一一步에 過不可說不可說佛刹微塵數國土하사 如是而行하야 經一切世界微塵數劫하나니

佛子여 假使有一大金剛山이 與上所經一切佛刹로 其量正等하야 如是量等大金剛山이 有不可說不可說佛刹微塵數어든 諸佛이 能以如是諸山으로 置一毛孔하며 佛身毛孔이 與法界中一切衆生毛孔數等이어든 一一毛孔에 悉置爾許大金剛山하야 持爾許山하고 遊行十方하야 入盡虛空一切世界하야 從於前際로 盡未來際토록 一切諸劫에 無有休息호되 佛身無損하며 亦不勞倦하야 心常在定하야 無有散亂이니

345

是爲諸佛의 第三大那羅延幢勇健法이니라

불자여, 일체 부처님이 한 생각의 찰나에 말할 수 없이 말할 수 없는 세계의 티끌 수처럼 수많은 걸음을 걷고, 한 걸음마다 말할 수 없이 말할 수 없는 세계의 티끌 수처럼 수많은 국토를 지나가면서 이처럼 걸어 일체 세계의 티끌 수처럼 수많은 겁을 지나는 것이다.

불자여, 가령 큰 금강산이 있는데, 위에 지나온 모든 세계와 그 수량이 똑같으며, 이러한 수량의 큰 금강산이 말할 수 없이 말할 수 없는 세계의 티끌 수처럼 수없이 많음에도, 여러 부처님이 이처럼 수많은 산을 하나의 모공에 넣으며, 부처님 몸의 모공이 법계에 있는 일체중생의 모공의 수만큼 많은데, 하나하나 모공에 모두 그처럼 큰 금강산을 넣고서, 그와 같은 산을 지니고 시방으로 다니면서 온 허공의 일체 세계에 들어가, 이전 과거 세월로부터 미래 세월이 다하도록 일체 모든 겁 동안에 쉬지 않지만, 부처님의 몸은 손상된 바 없고, 또한 고달프지도 않아 마음이 항상 선정에 있어 산란함이 없다.

이를 여러 부처님의 셋째 큰 나라연 당기처럼 굳건한 법이라 한다.

● 疏 ●

第三은 毛持大山力이라 卽當不壞니 以雖持多大山이나 身心無勞損故니라

文中에 速行廣步로 多劫行刹을 爲一山之量이라 此山 已無邊矣은

況有多山 在於一毛며 況復多毛窮劫持住야 實難思之境矣로다

셋째, 하나의 모공에 태산을 지니는 힘

이는 '(8) 不可壞力'에 해당한다. 아무리 수많은 큰 산을 지니고 있어도, 몸과 마음은 힘들거나 손상이 없기 때문이다.

경문에 빠른 걸음과 광범위한 행보로 수많은 겁 동안 세계를 다니는 것을 마치 하나의 산을 지나는 양을 삼는다. 이 하나의 산도 이처럼 끝이 없는데, 하물며 수많은 산이 하나의 모공에 있으며, 하물며 또한 수많은 모공이 미래 세월이 다하도록 지주함이야…. 이는 실로 불가사의한 경계이다.

經

佛子여 一切諸佛이 一座食已에 結跏趺坐하야 經前後際 不可說劫토록 入佛所受不思議樂하사 其身安住하야 寂然不動호되 亦不廢捨化衆生事하나니

佛子여 假使有人이 於徧虛空一一世界를 悉以毛端으로 次第度量이라도 諸佛이 能於一毛端處에 結跏趺坐하사 盡未來劫하며 如一毛端處하야 一切毛端處도 悉亦如是니라

佛子여 假使十方一切世界所有衆生에 一一衆生의 其身大小 悉與不可說佛刹微塵數世界로 量等하고 輕重도 亦爾하야 諸佛이 能以爾所衆生으로 置一指端하야 盡於後際所有諸劫하며 一切指端도 皆亦如是하야 盡持爾

許一切衆生하고 **入徧虛空一一世界**하야 **盡於法界**하야 **悉使無餘**호되 **而佛身心**은 **曾無勞倦**이니 **是爲諸佛의 第四大那羅延幢勇健法**이니라

불자여, 일체 부처님이 한자리에 앉아 공양한 후에 가부좌하고 앉아 과거 세상, 미래 세상에 말할 수 없는 겁을 지나도록, 부처님들이 받는 불가사의한 낙을 누리면서, 그 몸이 편안하게 머물러 고요히 움직이지 않지만, 또한 중생 교화하는 일을 버리지 않는다.

불자여, 가령 어떤 사람이 허공에 두루 가득한 하나하나 세계를 모두 털끝으로 차례차례 재는데, 여러 부처님이 하나의 털끝만 한 곳에서 가부좌한 채, 미래 세월이 다하도록 앉아 계시며, 하나의 털끝만 한 곳에서처럼 일체 털끝만 한 곳에서도 모두 그처럼 가부좌하고 앉아 계셨다.

불자여, 가령 시방의 일체 세계에 있는 중생들이 하나하나 중생 몸의 크기가 모두 말할 수 없는 세계의 티끌 수 세계의 분량만큼 많고 무게 역시 그러하지만, 부처님들이 그와 같은 중생을 한 손가락 끝에다가 미래 세계의 모든 겁을 다하도록 올려놓으며, 일체 손가락 끝 또한 모두 그처럼 일체중생을 모두 올려놓고서 온 허공에 두루 가득한 하나하나의 세계에 들어가 법계가 다하도록 남김없이 찾아가지만, 부처님의 몸과 마음은 조금도 고달파하지 않는다.

이를 여러 부처님의 넷째 큰 나라연 당기처럼 굳건한 법이라 한다.

● 疏 ●

第四는 定用自在力이니 卽是堅固니 定力安住故니라

넷째, 선정 작용이 자재한 힘

이는 '(7) 堅固力'이다. 선정의 힘으로 안주하기 때문이다.

經

佛子여 一切諸佛이 能於一身에 化現不可說不可說佛
刹微塵數頭하며
一一頭에 化現不可說不可說佛刹微塵數舌하며
一一舌에 化出不可說不可說佛刹微塵數差別音聲하사
法界衆生이 靡不皆聞하며
一一音聲에 演不可說不可說佛刹微塵數脩多羅藏하며
一一脩多羅藏에 演不可說不可說佛刹微塵數法하며
一一法에 有不可說不可說佛刹微塵數文字句義하니
如是演說하야 盡不可說不可說佛刹微塵數劫하고
盡是劫已에 復更演說하야 盡不可說不可說佛刹微塵數
劫하며
如是次第乃至盡於一切世界微塵數하고 盡一切衆生
心念數어든 未來際劫은 猶可窮盡이어니와 如來化身의
所轉法輪은 無有窮盡이니
所謂智慧演說法輪과
斷諸疑惑法輪과

照一切法法輪과

開無礙藏法輪과

令無量衆生으로 歡喜調伏法輪과

開示一切諸菩薩行法輪과

高昇圓滿大智慧日法輪과

普然照世智慧明燈法輪과

辯才無畏種種莊嚴法輪이라

如一佛身이 以神通力으로 轉如是等差別法輪에 一切世法으로 無能爲喩하야 如是盡虛空界一一毛端分量之處에 有不可說不可說佛刹微塵數世界어든 一一世界中에 念念現不可說不可說佛刹微塵數化身하고 一一化身도 皆亦如是하야 所說音聲文字句義 一一充滿一切法界하야 其中衆生이 皆得解了호되 而佛言音은 無變無斷하며 無有窮盡이니 是爲諸佛의 第五大那羅延幢勇健法이니라

　불자여, 일체 부처님이 하나의 몸에서 말할 수 없이 말할 수 없는 부처 세계의 티끌 수처럼 수많은 머리를 나타내고,

　하나하나의 머리에서 말할 수 없이 말할 수 없는 부처 세계의 티끌 수처럼 수많은 혀를 나타내며,

　하나하나의 혀에서 말할 수 없이 말할 수 없는 부처 세계의 티끌 수처럼 수많은 차별의 음성을 토해내어, 법계의 중생들이 모두 듣지 못하는 이가 없고,

하나하나의 음성이 말할 수 없이 말할 수 없는 부처 세계의 티끌 수처럼 수많은 수다라장(脩多羅藏)을 연설하며,

하나하나의 수다라장에서 말할 수 없이 말할 수 없는 부처 세계의 티끌 수처럼 수많은 법문을 말하고,

하나하나의 법마다 말할 수 없이 말할 수 없는 부처 세계의 티끌 수처럼 수많은 글자와 구절과 이치가 담겨 있다.

이와 같이 말할 수 없이 말할 수 없는 부처 세계의 티끌 수처럼 수많은 겁이 다하도록 연설하고,

이러한 겁을 다하고서 또다시 말할 수 없이 말할 수 없는 부처 세계의 티끌 수 겁이 다하도록 연설하며,

이와 같은 차례로, 내지 일체 세계의 티끌 수가 다하고 일체중생의 생각의 수효가 다하기에, 미래 세월의 겁은 오히려 다할 수 있겠지만, 여래의 분신이 굴리는 법륜은 끝이 없을 것이다.

이른바 지혜로 연설하는 법륜,

모든 미혹을 끊어주는 법륜,

일체 법을 비춰주는 법륜,

걸림 없는 창고를 열어주는 법륜,

한량없는 중생에게 기쁨을 주고 조복케 하는 법륜,

일체 모든 보살의 행을 열어 보이는 법륜,

높이 솟아오른 원만한 지혜 태양의 법륜,

세상을 비춰주는 지혜의 등불을 널리 밝혀주는 법륜,

두려움 없는 변재로 가지가지 장엄한 법륜들이다.

하나의 부처님 몸이 신통한 힘으로 이처럼 각기 다른 법륜을 굴릴 적에 일체 세간 법으로 비유할 수 없는 것처럼, 온 허공계의 하나하나 털끝만 한 곳까지 말할 수 없이 말할 수 없는 부처 세계의 티끌 수처럼 수많은 세계가 있는데,

하나하나의 세계 가운데 한 생각 한 생각의 찰나마다 말할 수 없이 말할 수 없는 부처 세계의 티끌 수처럼 수많은 화신이 있고,

하나하나의 화신 또한 이처럼 연설하는 음성과 글자와 구절과 이치가 모두 일체 법계에 가득하여, 그 안에 있는 중생들이 모두 분명히 이해할지라도, 부처님의 말씀은 변하지 않고 끊이지 않으며, 다함이 없다.

이를 여러 부처님의 다섯째 큰 나라연 당기처럼 굳건한 법이라 한다.

● 疏 ●

第五는 常徧演法力이라 此卽不退니 言音無變하고 無斷盡故니라 文中二니 初는 明一身轉이오 後如一佛下는 明多身轉이라 前中三이니 初는 顯所說多오 次如是演說下는 明所說常이오 後'所謂'下는 示所說體라 後多身可知니 是則常恒之說이 前後無涯어늘 生盲之徒 對而莫覩일새 隨所感見하야 說有始終이니라

다섯째, 항상 두루 설법하는 힘

이는 '(6) 不退力'이다. 언어와 음성이 변함이 없고 간단이나 다함이 없기 때문이다.

경문은 2부분이다.

(1) 하나의 몸으로 전변함을 밝혔고,

(2) '如一佛' 이하는 많은 몸으로 전변함을 밝혔다.

'(1) 하나의 몸으로 전변한' 부분은 다시 3단락으로 나뉜다.

① 설법의 대상이 많음을 밝혔고,

② '如是演說' 이하는 설법한 바가 영원함을 밝혔으며,

③ '所謂' 이하는 설법한 바의 주체를 보여주었다.

'(2) 많은 몸으로 전변한' 부분의 많은 몸은 설명하지 않아도 알 수 있다.

이는 영원한 오랜 겁의 설법이 전후하여 끝이 없는데, 눈먼 중생들이 마주하고서도 보지 못하기에, 제각기 그들이 느끼고 보는 바를 따라 시작과 끝이 있다고 말한다.

經

佛子여 一切諸佛이 皆以德相으로 莊嚴胸臆이 猶若金剛의 不可損壞하야 菩提樹下에 結跏趺坐하시니

魔王軍衆이 其數無邊하며 種種異形이 甚可怖畏하야 衆生見者 靡不驚懾하야 悉發狂亂하고 或時致死하는 如是魔衆이 徧滿虛空이라도 如來見之에 心無恐怖하야 容色不變하며 一毛不豎하야 不動不亂하며 無所分別하야 離諸喜怒하며 寂然淸淨하야 住佛所住하며 具慈悲力하야 諸根調伏하며 心無所畏하야 非諸魔衆의 所能傾動이오

而能摧伏一切魔軍하야 **皆使廻心**하야 **稽首歸依**하고 **然後**에 **復以三輪教化**하사 **令其悉發阿耨多羅三藐三菩提意**하야 **永不退轉**이니 **是爲諸佛**의 **第六大那羅延幢勇健法**이니라

불자여, 일체 부처님이 모두 복덕의 모습으로 가슴을 장엄함이 마치 금강처럼 깨뜨릴 수 없는 몸으로, 보리수 아래에 가부좌하고 앉으셨다.

마왕 군중의 수효가 그지없으며, 가지각색 흉악한 형상이 매우 무서워서 보는 중생들은 모두 놀라 발광하거나 혹은 때로 죽기까지 하였다. 그러한 마군들이 허공에 가득할지라도 부처님은 마군을 볼 적에 마음에 두려움도 없고 얼굴도 변하지 않으며, 털끝 하나 곤두서지 않고 흔들리거나 어지럽지도 않으며, 분별한 바도 없어 기쁘고 노함을 여의고, 고요하고 청정하여 부처들의 머문 자리에 머물며, 자비한 힘을 갖추고서 육근을 조복하고, 두려운 마음이 조금도 없어 마군 따위로 흔들릴 바가 아니었다.

오히려 일체 마군을 항복 받아 모두 마음을 돌이켜 머리를 조아려 귀의케 하고, 다시 세 가지 법륜으로 교화하여 그들로 하여금 아뇩다라삼먁삼보리심을 내어 영원히 물러서지 않도록 하였다.

이를 여러 부처님의 여섯째 큰 나라연 당기처럼 굳건한 법이라 한다.

● 疏 ●

第六는 德相降魔力이니 卽當難獲이라 然十皆難獲이로되 世多魔惑일세 偏立難獲之名이라

여섯째, 공덕의 모습으로 마군을 항복 받는 힘

이는 '(5) 難獲力'에 해당한다. 그러나 10가지 굳건한 법이 모두 얻기 어려운 것이지만, 세상에 마군의 현혹이 많기에, 유독 '얻기 어려운 힘'이라는 명제를 내세운 것이다.

經

佛子여 一切諸佛이 有無礙音하사 其音이 普徧十方世界어든 衆生聞者 自然調伏하나니
彼諸如來의 所出音聲을 須彌盧等一切諸山이 不能爲障이며 天宮과 龍宮과 夜叉宮과 乾闥婆와 阿修羅와 迦樓羅와 緊那羅와 摩睺羅伽와 人非人等一切諸宮의 所不能障이며 一切世界高大音聲도 亦不能障이라 隨所應化하야 一切衆生이 靡不皆聞하야 文字句義를 悉得解了하나니
是爲諸佛의 第七大那羅延幢勇健法이니라

불자여, 일체 부처님이 걸림 없는 음성으로 시방세계에 두루 울리면, 듣는 중생은 절로 조복하게 된다.

저 여래가 내는 음성은 수미산 등도 가로막지 못하고, 천궁, 용궁, 야차궁, 그리고 건달바, 아수라, 가루라, 긴나라, 마후라가, 사람

인 듯 아닌 듯한 모든 궁전이 가로막지 못하고, 일체 세계의 큰 소리도 가로막지 못한다.

　　교화할 바를 따라 일체중생이 모두 듣지 않은 이가 없어, 문자와 구절의 이치를 모두 알게 된다.

　　이를 여러 부처님의 일곱째 큰 나라연 당기처럼 굳건한 법이라 한다.

◉ 疏 ◉

第七은 圓音徧徹力이니 卽是威德이니 聞皆調伏故니라

　　일곱째, 원만한 음성이 두루 사무치는 힘

　　이는 '(4) 大威德力'이다. 이는 법문을 들은 중생이 모두 조복하기 때문이다.

經

佛子여 一切諸佛이 心無障礙하야 於百千億那由他不可說不可說劫에 恒善淸淨하야 去來現在一切諸佛로 同一體性이라 無濁無翳하며 無我無我所하며 非內非外라 了境空寂하야 不生妄想하며 無所依無所作하야 不住諸相하며 永斷分別하야 本性淸淨하며 捨離一切攀緣憶念하야 於一切法에 常無違諍하며 住於實際하야 離欲淸淨하며 入眞法界하야 演說無盡하며 離量非量所有妄想하고 絶爲無爲一切言說하며 於不可說無邊境界에 悉已通達

하야 無礙無盡하며 智慧方便으로 成就十力하야 一切功德이 莊嚴淸淨하며 演說種種無量諸法호되 皆與實相으로 不相違背하며 於諸法界三世諸法에 悉等無異하야 究竟自在하며 入一切法最勝之藏하야 一切法門에 正念不惑하며 安住十方一切佛刹하야 而無動轉하며 得不斷智하야 知一切法究竟無餘하며 盡諸有漏하야 心善解脫하고 慧善解脫하며 住於實際하야 通達無礙하야 心常正定하며 於三世法과 及以一切衆生心行에 一念了達하야 皆無障礙하나니 是爲諸佛의 第八大那羅延幢勇健法이니라

　　불자여, 일체 부처님의 마음은 걸림이 없어 백천억 나유타 말할 수 없이 말할 수 없는 겁에 항상 청정하여, 과거·미래·현재의 일체 부처님과 똑같은 성품이기에 혼탁도 없고 가림도 없으며,

　　'나'라는 것도 없고 '내 것'이라는 것도 없으며,

　　안도 아니고 밖도 아니기에 경계가 고요함을 알아 허망한 생각을 내지 않으며,

　　의지할 데도 없고 조작할 바도 없어 모든 상에 머물지도 않으며,

　　아주 분별이 끊어져 본래 성품이 청정하며,

　　일체 반연하는 생각을 여의고서 일체 법에 어김이 없으며,

　　실제에 머물러 탐욕을 떠나 청정하며,

　　참 법계에 들어가 연설이 그지없으며,

　　요량할 수 있고 요량할 수 없는 모든 허망한 생각을 여의고,

　　유위(有爲)와 무위(無爲)의 일체 언어가 끊어지며,

말할 수 없고 그지없는 경계를 이미 통달하여 걸림이 없고 다함이 없으며,

지혜와 방편으로 열 가지 힘을 성취하여, 일체 공덕이 장엄하고 청정하며,

가지가지 한량없는 법을 연설하되 실상과 어긋나지 않으며,

모든 법계의 삼세 모든 법에 모두 평등하여 끝까지 자재하며,

일체 법의 가장 훌륭한 법장에 들어가 일체 법문에 바른 생각이 미혹되지 않으며,

시방의 일체 부처님 세계에 편안히 머물러 동요하지 않으며,

간단이 없는 지혜를 얻어 일체 법을 끝까지 남김없이 알며,

모든 번뇌를 다하여 마음이 잘 해탈하고 지혜가 잘 해탈하며,

실제에 머물러 걸림 없이 통달하고 마음이 항상 바른 선정에 있으며,

삼세의 법과 일체중생의 마음과 행동을 한 생각에 통달하여 모두 막힘이 없다.

이를 여러 부처님의 여덟째 큰 나라연 당기처럼 굳건한 법이라 한다.

● 疏 ●

第八은 心無障礙力이니 卽無量力이니 離量非量故니라
初는 無塵惑障礙오 後 '於不可說' 下는 起用無障礙니라
心善解脫者는 由三種相이니 一은 於諸行에 徧了知故오 二는 於彼

相應이니 諸煩惱斷得作證故오 三은 煩惱斷已에 於一切處에 離愛住故니라

여덟째, 마음에 장애가 없는 힘

이는 '(3) 無量力'이다. 요량할 수 있는 것과 없는 것을 모두 여의기 때문이다.

앞부분은 塵惑의 장애가 없음이며,

뒤의 '於不可說' 이하는 작용을 일으킴에 장애가 없음을 말한다.

"마음이 잘 해탈하였다[心善解脫]."는 것은 3가지 양상을 따른 것이다.

① 모든 행을 두루 알기 때문이며,

② 상응하는 모든 번뇌를 끊어 증득하기 때문이며,

③ 번뇌가 모두 끊어지자, 일체 모든 곳에 애욕을 벗어나 머물기 때문이다.

經

佛子여 一切諸佛이 同一法身이며 境界無量身이며 功德無邊身이며 世間無盡身이며 三界不染身이며 隨念示現身이며 非實非虛한 平等淸淨身이며 無來無去한 無爲不壞身이며 一相無相한 法自性身이며 無處無方한 徧一切身이며 神變自在한 無邊色相身이며 種種示現하야 普入一切身이며 妙法方便身이며 智藏普照身이며 示法平等

身이며 普徧法界身이며 無動無分別하고 非有非無한 常淸淨身이며 非方便非不方便이며 非滅非不滅이로대 隨所應化一切衆生의 種種信解하야 而示現身이며 從一切功德寶所生身이며 具一切諸佛法眞如身이며 本性寂靜無障礙身이며 成就一切無礙法身이며 徧住一切淸淨法界身이며 分形普徧一切世間身이며 無攀緣無退轉永解脫하야 具一切智普了達身이니 是爲諸佛의 第九大那羅延幢勇健法이니라

불자여, 일체 부처님은
똑같은 법신,
경계가 한량없는 몸,
공덕이 그지없는 몸,
세간에 다함없는 몸,
삼계에 물들지 않는 몸,
생각대로 나타내는 몸,
진실도 아니고 허망함도 아닌 평등하고 청정한 몸,
오는 것도 가는 것도 없이 무너지지 않는 몸,
한 모양이며 모양이 없는 법의 자성인 몸,
곳도 없고 방위도 없이 일체에 두루 한 몸,
신통변화가 자유자재한 그지없는 몸매를 가진 몸,
가지가지로 나타내어 널리 일체에 들어가는 몸,
미묘한 법의 방편인 몸,

지혜장으로 널리 비추는 몸,

법을 평등하게 나타내는 몸,

법계에 두루 가득한 몸,

움직임도 없고 분별도 없고 있지도 않고 없지도 않은, 항상 청정한 몸,

방편도 아니고 방편 아님도 아니며, 열반도 아니고 열반 아님도 아니지만, 교화할 바 일체중생의 믿고 이해함을 따라 나타내는 몸,

일체 공덕 보배로 태어나는 몸,

일체 불법을 갖춘 진여의 몸,

본성이 고요하여 장애가 없는 몸,

일체 걸림 없는 법을 성취한 몸,

일체 청정한 법계에 널리 머무는 몸,

분신을 나타내어 일체 세간에 두루 존재하는 몸,

반연함도 없고 물러감도 없이 영원히 해탈하여 일체 지혜를 두루 갖춰 통달하는 몸이다.

이를 여러 부처님의 아홉째 큰 나라연 당기처럼 굳건한 법이라 한다.

● 疏 ●

第九는 法身微密力이니 卽是最上이라 此는 總收前八이니 後一은 更無加故니라 文列二十五身이니 或卽應之眞과 卽眞之應과 卽性之相과 卽理之智라 十身圓融하야 同一法界之身이니 不可配於報化

일세 故云最上微密이라하니라

아홉째, 법신이 비밀스러운 힘

이는 '(2)最上力'이다.

이는 앞의 8가지 굳건한 법을 총체로 거두었다. 뒤의 '열째 굳건한 법'은 다시 더할 수 없기 때문이다.

이 경문에 25가지의 몸을 나열하였다. 혹은 응신과 하나가 된 진신, 진신과 하나가 된 응신, 성품과 하나가 된 모양, 이치와 하나가 된 지혜이다.

10가지 몸이 원융하여 똑같은 법계의 몸이기에, 보신과 화신에 짝하지 못한 까닭에 '最上微密'이라 말하였다.

經

佛子여 一切諸佛이 等悟一切諸如來法하며 等修一切諸菩薩行하며 若願若智 淸淨平等이 猶如大海하야 悉得滿足하며 行力尊勝하야 未曾退怯하며 住諸三昧無量境界하야 示一切道하야 勸善誡惡하며 智力第一로 演法無畏하며 隨有所問하야 悉能善答하며 智慧說法이 平等淸淨하며 身語意行이 悉皆無雜하며 住佛所住諸佛種性하야 以佛智慧로 而作佛事하며 住一切智하야 演無量法이 無有根本하고 無有邊際하며 神通智慧 不可思議하야 一切世間이 無能解了하며 智慧深入하야 見一切法이 微妙廣大하야 無量無邊하며 三世法門을 咸善通達하며 一切世

界를 悉能開曉하며 以出世智로 於諸世間에 作不可說種種佛事하며 成不退智하야 入諸佛數하며 雖已證得不可言說離文字法이나 而能開示種種言辭하야 以普賢智로 集諸善行하며 成就一念相應妙慧하야 於一切法에 悉能覺了하며 如先所念一切衆生에 皆依自乘하야 而施其法하며 一切諸法과 一切世界와 一切衆生과 一切三世의 於法界內에 如是境界 其量無邊을 以無礙智로 悉能知見이니라

佛子여 一切諸佛이 於一念頃에 隨所應化하사 出興於世하며 住淸淨土하사 成等正覺하며 現神通力하사 開悟三世一切衆生의 心意及識호되 不失於時니라

佛子여 衆生이 無邊하며 世界 無邊하며 法界 無邊하며 三世 無邊이어든 諸佛最勝도 亦無有邊하야 悉現於中하야 成等正覺하사 以佛智慧로 方便開悟호되 無有休息이니라

佛子여 一切諸佛이 以神通力으로 現最妙身하야 住無邊處하며 大悲方便으로 心無障礙하사 於一切時에 常爲衆生하야 演說妙法하나니 是爲諸佛의 第十大那羅延幢勇健法이니라

佛子여 此一切諸佛의 大那羅延幢勇健法이 無量無邊하야 不可思議라 去來現在一切衆生과 及以二乘은 不能解了오 唯除如來神力所加니라

불자여, 일체 부처님이

일체 여래의 법을 평등하게 깨닫고,

일체 보살의 행을 평등하게 닦으며,

서원과 지혜가 청정하고 평등함이 마치 큰 바다가 모두 가득 찬 듯하고,

수행과 힘이 높고 훌륭하여 일찍이 물러서거나 겁내지 않으며,

여러 삼매의 한량없는 경계에 머물면서 일체 도리를 보여 착한 일을 권하고 악한 일을 경계하고,

지혜가 제일이어서 법을 연설함이 두려움이 없으며,

묻는 대로 따라서 잘 대답하며,

지혜로 법문을 말함이 평등하고 청정하며,

몸과 말과 뜻으로 하는 행이 모두 혼잡함이 없고,

부처님이 머무신 부처의 종자인 성품에 머물면서 부처의 지혜로 불사를 지으며,

일체 지혜에 머물면서 한량없는 법을 연설하되 근본도 없고 가장자리도 없으며,

신통과 지혜는 헤아릴 수 없어 일체 세간 중생이 알지 못하고,

지혜가 깊이 들어가 일체 법이 미묘하고 광대하여 한량없고 그지없음을 보며,

삼세의 법문을 모두 잘 통달하며,

일체 세간 중생을 모두 깨우치고,

출세간의 지혜로 여러 세간에서 말할 수 없는 여러 가지 불사를 지으며,

물러서지 않는 지혜를 성취하여 부처님의 수효에 들어가고,

비록 말할 수 없는, 문자를 떠난 법을 증득하였으나 가지가지 말을 열어 보이면서 보현보살의 지혜로 모든 선행을 모으며,

한 생각의 찰나에 서로 응하는 미묘한 지혜를 성취하여 일체법을 모두 깨닫고,

먼저 생각하던 일체중생을 모든 그들의 법에 따라 그 법을 베풀며,

법계 내에 일체 모든 법, 일체 모든 세계, 일체 모든 중생, 일체 모든 삼세의 이런 경계들이 한량없고 그지없는 것을 걸림 없는 지혜로 모두 다 알고 보았다.

불자여, 일체 부처님이 한 생각의 찰나에 교화해야 할 중생을 따라 세상에 몸을 나타내고, 청정한 국토에 머물면서 평등한 바른 깨달음을 성취하며, 신통한 힘을 나타내어 삼세 일체중생의 마음과 뜻과 의식을 깨우치되 때를 놓치지 않는다.

불자여, 중생이 그지없고, 세계가 그지없고, 법계가 그지없고, 삼세가 그지없는데, 여러 부처님의 훌륭함 또한 그지없어 그 가운데 나타나 평등한 바른 깨달음을 이루어, 부처의 지혜로써 방편으로 깨우치되 쉼이 없다.

불자여, 일체 부처님이 신통한 힘으로 가장 미묘한 몸을 나타내어 끝없는 곳에 머무르고, 대비의 방편으로 마음에 걸림이 없어, 일체 모든 시간에 항상 중생을 위하여 미묘한 법을 연설하였다.

이를 여러 부처님의 열째 큰 나라연 당기처럼 굳건한 법이라

한다.

불자여, 이 일체 모든 부처님의 큰 나라연 당기처럼 굳건한 법은 한량없고 그지없어 헤아릴 수 없다. 과거·미래·현재의 일체 모든 중생과 이승은 알 수 없고, 오직 여래의 신통으로 가피한 바는 제외된다.

● 疏 ●

第十은 具足行智力이니 卽是廣大力이라 因行如海하고 果智普周하며 五無邊界에 大用無涯故니라

文中四니 一은 萬行圓淨이오 二'住佛所住'下는 智用圓周오 三'雖已證'下는 動靜自在오 四'佛子一切諸佛'下는 用無涯畔이라 上之十力이 不出三業이니 可以思準이라 第三'佛子此一切'下는 總結可知니라

第八에 有八門하니 答自在 竟하다

열째, 행과 지혜를 두루 갖춘 힘

이는 '(1) 廣大力'이다. 因行이 바다와 같으며, 수행의 결과로 얻어지는 지혜[果智]가 널리 두루 하며, 5가지 그지없는 경계에 큰 작용이 끝이 없기 때문이다.

경문은 4부분이다.

(1) 萬行이 원만, 청정하고,

(2) '住佛所住' 이하는 지혜의 작용이 두루 원만하며,

(3) '雖已證' 이하는 동정이 자재하고,

(4) '佛子一切諸佛' 이하는 작용이 끝없음을 말한다.

위의 10가지 힘이 삼업에서 벗어나지 않는다. 이는 준하여 생각하면 된다.

셋째, '佛子此一切' 이하는 총체로 끝맺음이다. 이는 설명하지 않아도 알 수 있다.

8. 8가지 법문의 '제불자재' 물음에 대한 답을 끝마치다.

第九 三門은 答無礙問이라

9. 3가지 법문은 '제불무애'의 물음에 대한 답이다.

經

佛子여 諸佛世尊이 有十種決定法하시니

何等이 爲十고

所謂一切諸佛이 定從兜率로 壽盡下生하며

一切諸佛이 定示受生하야 處胎十月하며

一切諸佛이 定厭世俗하야 樂求出家하며

一切諸佛이 決定坐於菩提樹下하사 成等正覺하야 悟諸佛法하며

一切諸佛이 定於一念에 悟一切法하야 一切世界에 示現神力하며

一切諸佛이 定能應時하야 轉妙法輪하며

一切諸佛이 **定能隨彼所種善根**하사 **應時說法**하야 **而爲授記**하며

一切諸佛이 **定能應時**하야 **爲作佛事**하며

一切諸佛이 **定能爲諸成就菩薩**하야 **而授記莂**하며

一切諸佛이 **定能一念**에 **普答一切衆生所問**이 **是爲十**이니라

불자여, 부처님 세존은 반드시 결정된 열 가지 법을 지니셨다. 무엇이 반드시 결정된 열 가지 법인가?

이른바 일체 부처님이 반드시 도솔천에서 수명이 다하면 내려오고,

일체 부처님이 반드시 태어나실 적에 열 달 동안 태에 있으며,

일체 부처님이 반드시 세속을 싫어하여 기쁜 마음으로 출가하고,

일체 부처님이 반드시 보리수 아래 앉아 평등한 바른 깨달음을 이루어 모든 불법을 깨달으며,

일체 부처님이 반드시 한 생각의 찰나에 일체 법을 깨달아, 일체 모든 세계에 신통력을 나타내고,

일체 부처님이 반드시 때에 따라 미묘한 법륜을 굴리며,

일체 부처님이 반드시 그들이 심은 선근을 따라 때에 맞추어 법을 말하여 수기를 주고,

일체 부처님이 반드시 때에 따라 불사를 지으며,

일체 부처님이 반드시 보살을 성취하기 위하여 수기를 주고,

일체 부처님이 반드시 한 생각의 찰나에 일체중생의 묻는 일에 대답하였다.

이를 반드시 결정된 열 가지 법이라 한다.

● 疏 ●

一은 明所作決定하야 無能爲礙라 此는 約一類世界일새 故云決定이니 於異類界에 未必定然이라 又約佛定能爲일새 故云決定耳라

제1 법문, 하는 바가 반드시 결정되어 장애가 됨이 없음을 밝혔다.

이는 하나의 같은 세계를 가지고 말한 까닭에 '결정'이라 말하였다. 다른 부류의 세계에서는 반드시 결정코 그렇지 않다. 또한 부처님이 반드시 결정코 하는 일을 가지고 말하기에 '결정'이라 말하였다.

經

佛子여 諸佛世尊이 有十種速疾法하시니
何等이 爲十고
所謂一切諸佛을 若有見者면 速得遠離一切惡趣하며
一切諸佛을 若有見者면 速得圓滿殊勝功德하며
一切諸佛을 若有見者면 速能成就廣大善根하며
一切諸佛을 若有見者면 速得往生淨妙天上하며
一切諸佛을 若有見者면 速能除斷一切疑惑하며

一切諸佛을 若已發菩提心하야 而得見者면 速得成就廣
大信解하야 永不退轉하고 能隨所應하야 敎化衆生이어니와
若未發心이면 卽能速發阿耨多羅三藐三菩提心하며
一切諸佛을 若未入正位하고 而得見者면 速入正位하며
一切諸佛을 若有見者면 速能淸淨世出世間一切諸根하며
一切諸佛을 若有見者면 速得除滅一切障礙하며
一切諸佛을 若有見者면 速能獲得無畏辯才 是爲十이니라

불자여, 부처님 세존은 열 가지 빠른 법을 지니셨다.

무엇이 열 가지 빠른 법인가?

이른바 일체 부처님을 보는 이는 빠르게 일체 나쁜 길을 멀리 여의게 되고,

일체 부처님을 보는 이는 빠르게 훌륭한 공덕이 원만하며,

일체 부처님을 보는 이는 빠르게 넓고 큰 선근을 성취하고,

일체 부처님을 보는 이는 빠르게 청정하고 미묘한 천상에 태어나며,

일체 부처님을 보는 이는 빠르게 모든 의혹을 끊고,

일체 부처님을 이미 보리심을 일으킨 이가 보면 빠르게 광대한 신심과 이해를 성취하여 영원히 물러서지 않고, 응할 바를 따라 중생을 교화하지만, 보리심을 일으키지 못한 이가 보면 빠르게 아뇩다라삼먁삼보리심을 일으키며,

일체 부처님을 바른 지위에 들어가지 못한 이가 보면 빠르게 바른 지위에 들어가고,

일체 부처님을 보는 이는 빠르게 세간과 출세간의 일체 근기를 청정히 하고,

일체 부처님을 보는 이는 빠르게 일체 장애를 없애며,

일체 부처님을 보는 이는 빠르게 두려움 없는 변재를 얻을 것이다.

이를 열 가지 빠른 법이라 한다.

● 疏 ●

二速疾法者는 明令他無礙니 如如意寶 見速獲益이로되 而薄福不覩니라

十句五對니 一은 離惡趣·圓勝德이오 二는 成善因·感樂果오 三은 除疑惑·滿大心이오 四는 始入位·終淸淨이오 五는 淨二礙·具四辯이라

제2 법문, 빠른 법이란 중생으로 하여금 장애가 없게 함을 밝힌 것이다. 여의주를 보면 바로 이익을 얻으나 박복한 이는 보지 못하는 것과 같다.

10구에 5對句이다.

제1 대구, 악도를 여읨과 수승한 공덕이 원만함이며,

제2 대구, 善因의 성취와 樂果의 감득이며,

제3 대구, 의혹을 없앰과 광대한 마음이 원만함이며,

제4 대구, 처음에는 지위에 들어감과 끝에는 청정함이며,

제5 대구, 2가지 장애를 청정히 함과 4가지 변재를 갖춤이다.

佛子여 諸佛世尊이 有十種應常憶念淸淨法하시니
何等이 爲十고
所謂一切諸佛의 過去因緣을 一切菩薩이 應常憶念하며
一切諸佛의 淸淨勝行을 一切菩薩이 應常憶念하며
一切諸佛의 滿足諸度를 一切菩薩이 應常憶念하며
一切諸佛의 成就大願을 一切菩薩이 應常憶念하며
一切諸佛의 積集善根을 一切菩薩이 應常憶念하며
一切諸佛의 已具梵行을 一切菩薩이 應常憶念하며
一切諸佛의 現成正覺을 一切菩薩이 應常憶念하며
一切諸佛의 色身無量을 一切菩薩이 應常憶念하며
一切諸佛의 神通無量을 一切菩薩이 應常憶念하며
一切諸佛의 十力無畏를 一切菩薩이 應常憶念이 是爲
十이니라

불자여, 부처님 세존은 항상 생각해야 할 열 가지 청정한 법을 지니셨다.

무엇이 항상 생각해야 할 열 가지 청정한 법인가?

이른바 일체 부처님의 과거 인연을 일체 보살이 항상 생각해야 하고,

일체 부처님의 청정하고 훌륭한 행을 일체 보살이 항상 생각해야 하며,

일체 부처님의 만족한 바라밀다를 일체 보살이 항상 생각해야

하고,

　　일체 부처님의 성취한 큰 서원을 일체 보살이 항상 생각해야 하며,

　　일체 부처님의 쌓은 선근을 일체 보살이 항상 생각해야 하고,

　　일체 부처님의 구족한 범행을 일체 보살이 항상 생각해야 하며,

　　일체 부처님의 바른 깨달음의 성취를 일체 보살이 항상 생각해야 하고,

　　일체 부처님의 육신이 한량없음을 일체 보살이 항상 생각해야 하며,

　　일체 부처님의 한량없는 신통을 일체 보살이 항상 생각해야 하고,

　　일체 부처님의 열 가지 힘과 두려움이 없음을 일체 보살이 항상 생각해야 한다.

　　이를 항상 생각해야 할 열 가지 청정한 법이라 한다.

● 疏 ●

三 應憶念淸淨者는 擧佛無二礙하야 勸物念持니라
第九 三門 答無礙問 竟하다

　　제3 법문, 당연히 생각해야 할 청정이란, 부처님에게 소지장과 번뇌장 2가지 장애가 없음을 들어, 중생에게 이를 권하여 생각하고 지니도록 함이다.

　　9. 3가지 법문의 '제불무애' 물음에 대한 답을 끝마치다.

第十三門은 答解脫問이라
10. 3가지 법문은 '제불해탈'의 물음에 대한 답이다.

經

佛子야 諸佛世尊이 有十種一切智住하시니
何等爲十고
所謂一切諸佛이 於一念中에 悉知三世一切衆生의 心心所行하며
一切諸佛이 於一念中에 悉知三世一切衆生의 所集諸業과 及業果報하며
一切諸佛이 於一念中에 悉知一切衆生의 所宜하사 以三種輪으로 敎化調伏하며
一切諸佛이 於一念中에 盡知法界一切衆生의 所有心相하사 於一切處에 普現佛興하사 令其得見하야 方便攝受하며
一切諸佛이 於一念中에 普隨法界一切衆生의 心樂欲解하사 示現說法하야 令其調伏하며
一切諸佛이 於一念中에 悉知法界一切衆生心之所樂하사 爲現神力하며
一切諸佛이 於一念中에 遍一切處하사 隨所應化一切衆生하야 示現出興하사 爲說佛身의 不可取著하며

一切諸佛이 於一念中에 普至法界一切處 一切衆生의 彼彼諸道하며
一切諸佛이 於一念中에 隨諸衆生의 有憶念者하사 在在處處에 無不往應하며
一切諸佛이 於一念中에 悉知一切衆生解欲하사 爲其示現無量色相이 是爲十이니라
佛子여 諸佛世尊이 有十種無量不可思議佛三昧하시니 何等이 爲十고
所謂一切諸佛이 恒在正定하사 於一念中에 徧一切處하사 普爲衆生하야 廣說妙法하며
一切諸佛이 恒在正定하사 於一念中에 徧一切處하사 普爲衆生하야 說無我際하며
一切諸佛이 恒住正定하사 於一念中에 徧一切處하사 普入三世하며
一切諸佛이 恒在正定하사 於一念中에 徧一切處하사 普入十方廣大佛刹하며
一切諸佛이 恒在正定하사 於一念中에 徧一切處하사 普現無量種種佛身하며
一切諸佛이 恒在正定하사 於一念中에 徧一切處하사 隨諸衆生의 種種心解하야 現身語意하며
一切諸佛이 恒在正定하사 於一念中에 徧一切處하사 說一切法의 離欲眞際하며

一切諸佛이 恒住正定하사 於一念中에 徧一切處하사 演說一切緣起自性하며
一切諸佛이 恒住正定하사 於一念中에 徧一切處하사 示現無量世出世間廣大莊嚴하야 令諸衆生으로 常得見佛하며
一切諸佛이 恒住正定하사 於一念中에 徧一切處하사 令諸衆生으로 悉得通達一切佛法의 無量解脫하야 究竟到於無上彼岸이
是爲十이니라
佛子여 諸佛世尊이 有十種無礙解脫하시니
何等이 爲十고
所謂一切諸佛이 能於一塵에 現不可說不可說諸佛이 出興於世하며
一切諸佛이 能於一塵에 現不可說不可說諸佛이 轉淨法輪하며
一切諸佛이 能於一塵에 現不可說不可說衆生이 受化調伏하며
一切諸佛이 能於一塵에 現不可說不可說諸佛國土하며
一切諸佛이 能於一塵에 現不可說不可說菩薩授記하며
一切諸佛이 能於一塵에 現去來今一切諸佛하며
一切諸佛이 能於一塵에 現去來今諸世界種하며
一切諸佛이 能於一塵에 現去來今一切神通하며

一切諸佛이 **能於一塵**에 **現去來今一切衆生**하며
一切諸佛이 **能於一塵**에 **現去來今一切佛事 是爲十**이니라

불자여, 부처님 세존은 열 가지 일체 지혜에 머무름을 지니셨다. 무엇이 열 가지 일체 지혜에 머무름인가?

이른바 일체 부처님이 한 생각의 찰나에 삼세 일체중생의 마음과 마음으로 행하는 것을 모두 알고,

일체 부처님이 한 생각의 찰나에 삼세 일체중생의 모든 업과 업의 과보를 모두 알며,

일체 부처님이 한 생각의 찰나에 일체중생의 마땅한 바를 모두 알고서 세 가지 법륜으로 교화하여 조복하고,

일체 부처님이 한 생각의 찰나에 온 법계 일체중생의 마음씨를 다 알고서, 일체 모든 곳에 널리 부처의 몸을 나타내어 그들이 보도록 하여 방편으로 거둬들이며,

일체 부처님이 한 생각의 찰나에 온 법계 일체중생의 마음으로 좋아함과 이해를 따라서 몸을 나타내어 설법하여 그들을 조복하고,

일체 부처님이 한 생각의 찰나에 온 법계 일체중생의 마음에 좋아함을 따라서 신통한 힘을 나타내며,

일체 부처님이 한 생각의 찰나에 일체 모든 곳에 두루 교화할 중생을 따라서 몸을 나타내어 부처의 몸에 집착할 수 없음을 말해주고,

일체 부처님이 한 생각의 찰나에 널리 법계의 모든 곳에 있는 일체중생의 각각 태어난 길에 두루 찾아가며,

일체 부처님이 한 생각의 찰나에 중생의 생각하는 이를 따라

그들이 있는 모든 곳을 찾아가 응하고,

일체 부처님이 한 생각의 찰나에 일체중생의 욕망과 지혜를 알고 그들에게 한량없는 몸매를 보여주었다.

이를 열 가지 일체 지혜에 머무름이라 한다.

불자여, 부처님 세존에게 열 가지 한량없고 헤아릴 수 없는 부처님 삼매가 있다.

무엇이 열 가지 한량없고 헤아릴 수 없는 부처님 삼매인가?

이른바 일체 부처님이 항상 바른 선정에 있으면서 한 생각의 찰나에 일체 모든 곳을 두루 찾아가 일체중생에게 미묘한 법을 널리 말하며,

일체 부처님이 항상 바른 선정에 있으면서 한 생각의 찰나에 일체 모든 곳에 두루 찾아가 널리 중생들에게 '나'라는 것이 없는 경계를 말해주고,

일체 부처님이 항상 바른 선정에 머물면서 한 생각의 찰나에 일체 모든 곳을 두루 찾아가 삼세에 널리 들어가며,

일체 부처님이 항상 바른 선정에 있으면서 한 생각의 찰나에 시방의 넓고 큰 부처 세계에 들어가고,

일체 부처님이 항상 바른 선정에 있으면서 한 생각의 찰나에 일체 모든 곳에 두루 찾아가 한량없는 갖가지 부처 몸을 나타내며,

일체 모든 부처님이 항상 바른 선정에 있으면서 한 생각의 찰나에 일체 모든 곳에 두루 찾아가 중생들의 가지가지 마음을 따라 몸과 말과 뜻을 나타내고,

일체 부처님이 항상 바른 선정에 있으면서 한 생각의 찰나에 일체 모든 곳에 두루 찾아가 모든 법의 욕심을 여읜 참된 근본 자리를 말해주며,

일체 부처님이 항상 바른 선정에 머물면서 한 생각의 찰나에 일체 모든 곳에 두루 찾아가 모든 인연의 제 성품을 연설하고,

일체 부처님이 항상 바른 선정에 머물면서 한 생각의 찰나에 일체 모든 곳에 두루 찾아가 한량없는 세간과 출세간의 광대한 장엄을 나타내어 중생으로 하여금 항상 부처님을 보게 하며,

일체 부처님이 항상 바른 선정에 머물면서 한 생각의 찰나에 일체 모든 곳에 두루 찾아가 중생으로 하여금 모든 불법의 한량없는 해탈을 통달하여 끝내 위없는 피안에 이르도록 하였다.

이를 열 가지 한량없고 헤아릴 수 없는 부처님 삼매라 한다.

불자여, 부처님 세존이 열 가지 걸림 없는 해탈을 지니셨다.

무엇이 열 가지 걸림 없는 해탈인가?

이른바 일체 부처님이 하나의 티끌에 말할 수 없이 말할 수 없는 부처님이 세상에 나심을 나타내고,

일체 부처님이 하나의 티끌에 말할 수 없이 말할 수 없는 부처님이 굴리는 청정한 법륜을 나타내며,

일체 부처님이 하나의 티끌에 말할 수 없이 말할 수 없는 중생이 교화를 받고 조복함을 나타내고,

일체 부처님이 하나의 티끌에 말할 수 없이 말할 수 없는 부처의 국토를 나타내며,

일체 부처님이 하나의 티끌에 말할 수 없이 말할 수 없는 보살이 수기 받음을 나타내고,

일체 부처님이 하나의 티끌에 과거·미래·현재의 일체 부처님을 나타내며,

일체 부처님이 하나의 티끌에 과거·미래·현재의 세계종성을 나타내고,

일체 부처님이 하나의 티끌에 과거·미래·현재의 일체 신통을 나타내며,

일체 부처님이 하나의 티끌에 과거·미래·현재의 일체중생을 나타내고,

일체 부처님이 하나의 티끌에 과거·미래·현재의 일체 불사를 나타내었다.

이를 열 가지 걸림 없는 해탈이라 한다."

● 疏 ●

初門은 明智障解脫이니 智安事理일세 故名爲住니 由離障故로 一切能知니라

二無量不思議三昧者는 明定障解脫이니 由離障故로 用廣爲無量이오 體深不可思議라 故十種之中에 各先明在定이니 後一念徧用이라

三無礙解脫者는 明業用解脫이니 智論云 '菩薩은 有不思議解脫이오 諸佛은 有無礙解脫이라'하니 所作無障하야 脫拘礙故니라 故各

於一塵에 頓爲微細作用이라

若別答十問者인댄 一은 答出現이오 二는 音聲이오 三은 本願이니 願化盡故오 四는 國土오 五는 卽智慧니 能授菩薩之記오 六은 佛身이오 七은 卽種性이니 云世界種은 入世化物之種이오 應非世界海中之種이니 以前有國土竟故니라 八은 自在오 九는 是無礙니 利生無礙故오 十은 卽解脫이니 無不爲故니라 旣隨一門하야 皆答十問인댄 則包含該攝이라 是以로 名不思議니 然文少結束하니 似經來未盡이어나 或顯佛德無盡故니라 相海等이 猶答前問故니라

第十有三門答解脫問 竟하다

    제1 법문은 智障의 해탈을 밝혔다. 지혜로 사법계와 이법계를 편히 받아들이기에 그 이름을 '住'라 한다. 장애를 여읜 까닭에 일체 모든 것을 잘 아는 것이다.

    제2 법문의 '한량없는 불가사의의 삼매[無量不思議三昧]'란 定障의 해탈을 밝혔다. 장애를 여읜 까닭에 자용이 광범위하여 한량이 없고, 본체가 깊어 불가사의하다. 이 때문에 10가지 가운데, 각각 먼저 선정에 있음을 밝힌 것이다. 뒤는 한 생각의 찰나에 작용이 두루 가득함이다.

    제3 법문의 無礙解脫이란 業用의 해탈을 밝혔다. 지도론에 이르기를 "보살은 불가사의의 해탈이 있고, 제불은 무애해탈이 있다."고 하였다. 하는 일마다 장애가 없어 구속에서 벗어났기 때문이다. 따라서 각각 하나의 티끌마다 모두 미세한 작용이 된다.

    만일 10가지 물음을 개별로 답하면 다음과 같다.

제1구, 제불출현을 답하였고,

제2구, 제불음성을 답하였으며,

제3구, 제불본원을 답하였다. 중생을 모두 교화하기를 원하기 때문이다.

제4구, 제불국토를 답하였고,

제5구, 제불지혜를 답하였다. 보살에게 수기를 주기 때문이다.

제6구, 제불신을 답하였고,

제7구, 제불종성을 답하였다. 世界種이라 말한 것은 세간에 들어가 중생을 교화하는 종성이기에, 당연히 世界海의 종성이 아니다. 이는 앞에서 국토를 모두 말하였기 때문이다.

제8구, 제불자재를 답하였고,

제9구, 제불무애를 답하였다. 이는 중생에게 이익을 베푸는 데 걸림이 없기 때문이다.

제10구, 제불해탈을 답하였다. 하지 않는 일이 없기 때문이다.

이미 하나의 법문을 따라 모두 10가지 물음을 답한 것으로 말하면, 이는 모든 것을 다 포함하고 있다. 이 때문에 불가사의하다고 말한다.

그러나 경문에 끝맺은 부분이 없다. 이는 경문의 뒷글에 미진한 면이 있거나 혹은 부처님의 공덕이 그지없음을 밝혔기 때문이다.

'相海' 등은 오히려 앞의 물음에 대해 답하였기 때문이다.

10. 3가지 법문의 '제불해탈' 물음에 대한 답을 끝마치다.

● 論 ●

此品大意는 明從前進修 至此에 自己三業廣大用이 會佛三業廣大用故니라 所明業用이 不離二諦眞俗二門하야 一一十法之中에 身語智로 爲體하고 餘七은 是三業上用일새 故로 以靑蓮華藏菩薩로 答前十問에 有三十二種答하야 一一答中에 皆有十無盡法故니 意明至此佛果三業用中에 眞俗法滿足이라 故로 號佛爲無上兩足尊也니라

佛不思議法品 竟하다

 불부사의법품의 큰 뜻은 앞에서 말한 닦아나간 수행이 여기에 이르러 자신의 삼업인 작용의 광대함이 부처님의 광대한 삼업의 작용에 회통함을 밝힌 까닭이다.

 밝힌 바의 삼업 작용이 眞諦·俗諦 2법문을 여의지 않기에, 하나하나 10가지 법 가운데, 身·語·智의 업으로 본체를 삼고, 나머지 7가지는 삼업 상의 작용임을 밝힌 까닭에 청련화장보살로 앞의 10가지 물음을 답한 데에 32가지의 답이 있다. 하나하나 답한 가운데 모두 10가지 그지없는 법[十無盡法]이 있기 때문이다. 그 뜻은 佛果 삼업의 작용에 이르러 진제와 속제의 법이 모두 만족함을 밝힌 것이다. 이 때문에 불호를 '無上兩足尊'이라 한다.

 제33 불부사의법품을 끝마치다.

불부사의법품 제33-2 佛不思議法品 第三十三之二
화엄경소론찬요 제82권 華嚴經疏論纂要 卷第八十二

화엄경소론찬요 제83권
華嚴經疏論纂要 卷第八十三

◉

여래십신상해품 제34
如來十身相海品 第三十四

初 大意三段

1. 대의
이는 유래한 뜻, 품명의 해석, 종취 3단락이다.

● 疏 ●

初來意者는 前品은 總明果法이오 此品은 別顯相德이니 近答前品身問이오 遠答普光眼等六根이니 非唯眼等徧於法界라 而各具多相用하야 難思議故니라

(1) '유래한 뜻'이란 앞의 제33 불부사의법품에서는 佛果의 법을 총체로 밝혔고, 이 품에서는 부처님 몸매의 공덕을 개별로 밝혔다. 앞 품에서는 부처님의 몸에 관한 물음을 가까이 답하였고, 보광보살의 눈 등 육근을 멀리 답하였다. 오직 눈, 귀 등이 법계에 두루 존재할 뿐 아니라, 각각 많은 몸매의 작용을 갖춰 불가사의하기 때문이다.

二 釋名者는 如來十身은 標人顯德이오 言相海者는 依人顯相이라 如來十身은 竝如前釋이오 福報奇狀과 炳著名相과 相德深廣이라 故稱爲海니라 故文云 '有十蓮華藏微塵數相'은 相體廣矣이오 一一用徧은 相用廣矣오 一一難思하야 互相融入은 體用深矣라 若此之相은 唯屬圓敎니 標以十身故니라

觀佛三昧海經에 辨相有三類하니 一은 畧中畧說에 有三十二相이오 二는 畧說이니 八萬四千相이오 三은 廣說이니 有無量相이니 如雜

華經中에 爲普賢賢首等說이라 雜華는 卽此經異名이라
三中에 初는 通權小하니 示同於人에 端正不亂故오 次는 唯大乘이니 菩薩이 修八萬四千波羅蜜故오 後는 唯一乘이니 一乘은 修無盡行故니라
又初는 化오 次는 報오 後는 屬十身이니 十身之相海는 依主釋也니라
又初는 凡聖同見이오 次는 唯地上이오 後는 唯圓機니라 然通五位라
【鈔 次唯大乘者는 卽明果相이니 如因中에 斷八萬四千煩惱하야 成八萬四千波羅蜜하야 獲八萬四千相好니라 無量壽觀經에 云 阿彌陀佛에 有八萬四千相이나 一一相에 有八萬四千好하고 一一好에 復有八萬四千光明하고 一一光明이 徧照法界念佛衆生攝取不捨라하니 卽此中等相也라】

(2) '품명의 해석'이란 여래의 10가지 몸은 인물을 내세워 그 복덕을 밝혔고, '몸매의 바다[相海]'라 말한 것은 인물에 따라 그 모습을 밝힌 것이다.

여래의 10가지 몸은 모두 앞에서 해석한 바와 같다.

복덕 과보의 남다른 몸매, 빛나는 뚜렷한 몸매, 몸매의 심오하고도 광대한 복덕을 두루 지닌 까닭에 '相海'라 말한다. 이 때문에 "열 가지 蓮華藏의 미진수처럼 수많은 몸매"는 몸매의 본체가 광범위함이며, 하나하나의 작용이 두루 함은 몸매의 작용이 광범위함이며, 하나하나의 몸매가 불가사의하여 서로서로 원융하게 들어가는 것은 몸매의 본체와 작용이 심오함이다. 이와 같은 몸매는 오직 圓敎에 속하기에 10가지의 몸으로 밝힌 까닭이다.

관불삼매해경에서 여래의 몸매를 3가지로 구분하였다.

① 간단하게 말한 가운데 보다 간단하게 말하면 32가지의 거룩한 몸매가 있고,

② 간단하게 말하면 8만 4천 가지의 거룩한 몸매가 있으며,

③ 자세히 말하면 한량없는 거룩한 몸매가 있다. 雜華經에서 "보현·현수 보살 등을 위해 말하였다."고 하는데, 잡화경이란 곧 화엄경의 다른 이름이다.

3가지 가운데, 첫째 32상은 권교 소승에 통한다. 사람들에게 똑같이 어지럽지 않은 단정한 몸매를 보여주기 때문이다.

다음 8만 4천 상은 오직 대승에만 통한다. 보살이 8만 4천 바라밀을 닦았기 때문이다.

뒤의 한량없는 거룩한 몸매는 오직 일승에만 통한다. 일승은 그지없는 행을 닦았기 때문이다.

또한 첫째 32상은 化身, 다음 8만 4천 상은 報身, 뒤의 한량없는 거룩한 몸매는 十身에 속한다. 十身相海의 '십신'이란 주어이고 '상해'란 소유격으로 해석한, 依主釋이다.

또한 첫째 32상은 범부와 성인이 다 함께 볼 수 있고,

다음 8만 4천 상은 地上보살만이 볼 수 있으며,

뒤의 한량없는 거룩한 몸매는 一乘圓機만이 볼 수 있다. 그러나 5位에 모두 통한다.【초_ "다음 8만 4천 상은 오직 대승에만 통한다."는 것은 과보의 모습을 밝힌 것이다. 因地에서 8만 4천 번뇌를 끊고서 8만 4천 바라밀을 성취하여 8만 4천 가지의 거룩한 몸

매를 얻은 것이다.

무량수관경에서 다음과 같이 말하였다.

"아미타불에 8만 4천 가지의 거룩한 몸매가 있으나, 하나하나의 모습마다 8만 4천 가지의 거룩한 몸매가 있고, 하나하나의 거룩한 모습에는 또한 8만 4천 가지의 광명이 있고, 하나하나의 광명마다 법계의 염불하는 중생을 모두 비춰주어 버리지 않고 받아들인다."

이는 中等의 거룩한 몸매이다.】

若語其體인댄 初以形色이오 次卽定慧오 後以無盡法界며 若語其因인댄 後通純雜이 如初會說이라 故一一相果 皆周法界하고 前二相因이 如瑜伽智度等論과 涅槃大集等經에 廣如章說이라【鈔_ '通純雜'者는 卽是圓融相因이니 如前主水神處에 已明이라 '前二相因'者는 指廣有源이니 瑜伽四十九에 云'一切菩薩資糧이 皆感相好니 作業者는 宣說種種業 各各感等하니 如是三十二相이 無有差別이니 當知하라 皆由淨戒爲因이니라 若犯戒면 尙不得下賤人身이온 況佛相好아 若言各各業感인댄 如契經說이니 卽是別因이라 就中에 有一行이 感一相이니 如云若諸有情이 有所希冀하야 隨其所樂하야 正捨珍財면 感得頰如師子 是니라 或一行이 感多相이니 如能施悅意發喜飮食嚴具等이면 感身皮金色과 常光一尋과 一毛孔一毛生과 身皮細滑等이오 或多行이 感一相이니 如言於其父母에 種種供養하고 於諸有情 諸苦惱事를 種種救護면 由往來等 動轉業故로 得足下千輻輪相하고 又由四種修事業하야 感一切

相하나니 謂決定修로 感足下善安住하고 由委悉修하야 感千輻輪等하고 由恒常修하야 感纖長指等하고 由無罪修하야 感餘相皮金色等이라】

그 본체로 말하면 첫째는 形色, 둘째는 定慧, 셋째는 그지없는 법계이며, 그 원인으로 말하면 순수함과 혼잡에 모두 통함이 初會에서 설법한 바와 같다.

따라서 하나하나의 모습의 과보가 모두 법계에 두루 통하고, 앞의 첫째, 둘째 거룩한 모습의 원인이 유가사지론·지도론 등과 열반경·대집경 등에서 자세히 말한 바와 같다.【초_"순수함과 혼잡에 모두 통한다."는 것은 원융하게 서로 인연하는 바, 앞의 主水神 부분에서 이미 밝힌 것과 같다.

"앞의 첫째, 둘째 거룩한 모습의 원인"이란 자세히 근원이 있음을 가리킨 것이다.

유가사지론 49에서 말하였다.

"일체 보살의 복덕과 지혜를 밑바탕으로 모두 거룩한 몸매를 얻은 것이다. 업을 짓는 이는 가지가지 업으로 제각기 지은 업에 따라 그와 똑같이 얻게 됨을 말한다. 이와 같은 32가지의 거룩한 몸매가 복덕과 지혜의 밑바탕으로 얻어졌기에 그와 똑같이 차별이 없다. 이는 모두 청정 계율이 원인이 됨을 알아야 한다. 만약 계율을 범하면 하등의 비천한 사람의 몸마저 얻을 수 없는데, 하물며 부처님의 거룩한 몸매를 얻을 수 있겠는가. 만약 각기 지은 업에 따라 얻은 것으로 말하면 이미 경전에서 말한 바와 같다. 이를 개별의 업보로 얻는 원인이라 한다.

하나의 行이 하나의 거룩한 몸매를 얻기도 한다. 이는 마치 모든 중생이 바라는 바가 있어 그들이 좋아하는 바를 따라 바르게 보배와 재물을 보시하면 사자의 뺨처럼 생긴 모습을 얻는다는 말과 같다.

혹은 하나의 행으로 수많은 거룩한 몸매를 얻기도 한다. 이는 마치 기쁜 마음으로 음식과 장엄 도구 등을 보시하면 몸의 피부가 황금색이 되거나 항상 한 길의 放光이 있다거나 하나의 모공마다 하나의 털이 난다거나 몸의 피부가 섬세하고 매끄럽게 되는 등의 말과 같다.

혹은 많은 행으로 하나의 거룩한 몸매를 얻기도 한다. 이는 마치 부모에게 가지가지 공양을 올린다거나 모든 중생의 가지가지 괴롭고 힘든 일을 가지가지로 구제하고 보호하면 이처럼 오가는 등 바삐 움직였던 업으로 인연하여 발바닥에 1천 개의 살로 만들어진 수레바퀴 같은 금과 무늬가 있고, 또한 4가지 수행을 닦아온 일에 따라 일체 모든 거룩한 몸매를 얻기도 하는 바, 決定修로 발바닥에 善安住를 얻고, 委悉修로 1천 개의 살로 만들어진 수레바퀴 같은 모습 등을 얻고, 恒常修로 가늘고 긴 손가락 등을 얻고, 無罪修로 나머지 모습과 황금 피부색을 얻는 등이다."】

三宗趣者는 顯無盡相海로 爲宗이오 令修無盡之行顯成으로 爲趣니라【鈔_ '令修無盡之行顯成爲趣'者는 顯은 約本有오 成은 約修生이라】

(3) '종취'는 그지없이 거룩한 몸매를 나타내는 것으로 종지를 삼고, 그지없는 행을 닦아 밝히고[顯] 성취[成]하는 것으로 나아갈 바를 삼는다.【초_ "그지없는 행을 닦아 밝히고 성취하는 것으로 나아갈 바를 삼는다."는 顯이란 본래 고유한 것으로 말하고, 成이란 닦아서 생겨난 것으로 말한다.】

● 論 ●

將釋此品에 約分三門호리니 一은 釋品來意오 二는 釋能說法主오 三은 隨文釋義라

품의 해석은 간추려 3가지 부분으로 나누고자 한다.

(1) 품의 유래한 뜻을 해석하였고,

(2) 설교의 주체를 해석하였으며,

(3) 경문을 따라 그 의의를 해석하였다.

·釋品來意者는 明前品은 說白佛의 三業二智 入不思議際徧周하야 廣大無限 饒益衆生이오 此品은 約三業二智로 入不思議智中之報身故로 此品이 來也라

二 釋能說法主者는 明此相海 由行報成이라 普賢이 是行이니 還令行者로 自說自行報德之果라

三 隨文釋義者는 於此一品經에 長分九十九段호리라

'(1) 품의 유래한 뜻을 해석한다.'는 것은 앞의 제33 불부사의법품에서는 그 자체 부처님의 身·語·意 삼업과 眞諦·俗諦 二智가 불가사의의 경지에 들어 두루 중생에게 한없이 널리 이익을 베풂

393

에 대해 말하였고, 이 품에서는 삼업과 二智의 불가사의 지혜 가운데 報身에 들어간 부분으로 말한 까닭에 이 품을 여기에 쓰게 됨을 밝혔다.

'(2) 설교의 주체를 해석한다.'는 것은 이처럼 수많은 거룩한 몸매는 일찍이 수행을 한 데서 연유하여 이와 같은 과보를 성취한 것이다. 보현보살은 行을 닦아온 보살이다. 그러한 수행자로 하여금 도리어 자신이 행하여 얻은 과보의 공덕에 대한 결과를 스스로 말하게 함을 밝힌 것이다.

'(3) 경문을 따라 그 의의를 해석한다.'는 것은 이 품의 경문은 크게 99단락으로 나뉜다.

後正釋文이라

文有三別이니 第一은 誡聽許說이오 二는 正陳相狀이오 三은 結畧顯廣이라

今은 初라

2. 경문의 해석

경문은 3부분으로 나뉜다.

제1. 잘 귀담아듣도록 경계하면서 설법을 허락함이며,

제2. 거룩한 몸매의 양상을 바르게 서술함이며,

제3. 간단하게 끝맺으면서 드넓은 의미를 밝히고 있다.

이는 '제1. 잘 귀담아듣도록 경계하면서 설법을 허락한 부분'

이다.

經
爾時에 **普賢菩薩摩訶薩**이 **告諸菩薩言**하사대 **佛子**여 **今當爲汝**하야 **演說如來**의 **所有相海**호리라

그때, 보현보살마하살이 여러 보살에게 말하였다.

"불자여, 이제 그대들을 위하여 여래께서 가지신 거룩한 몸매 바다를 말해주리라.

● 疏 ●

所以普賢說者는 相海普周故로 令行普行하야 獲普相故며 普賢이 本是會主니 前說已窮일세 此便說故며 或前品末에 經來未盡일세 更應別答國土等問故니라

보현보살이 말한 바는 거룩한 몸매를 두루 지녔기 때문에 여러 보살로 하여금 보현행을 행하여 두루 거룩한 몸매를 얻도록 하기 때문이며,

보현보살이 본래 이 법회의 설법주이다. 앞에서의 설법을 이미 끝마쳤기에 여기에서 바로 이를 설법하기 때문이며,

어떤 사람은 "앞의 불부사의법품 끝부분에서 모두 말하지 못한 경문 부분이 있기에, 여기에서 다시 당연히 국토 등의 물음을 별도로 답한 까닭"이라고 한다.

第二正陳相狀이니 畧擧九十七相이라

文通有五니 一은 依處오 二는 列名이오 三은 體嚴이오 四는 業用이오 五는 結數라 或畧不具는 至文當知오 或加는 成益業用中攝이라 然名은 依體用以立이니 皆以體用釋名일새 或單從體用하고 或雙從二하니 隨文思之니라 或名與體用이 義不相似者는 則是文畧義含耳라 細論一相 各依一處면 則爲九十七段이니 經自標次어니와 今以類例相從일새 依十八處하야 卽爲十八段이니 始自於頂으로 終至於足은 斯卽順觀相海라【鈔_ 一은 從頂至足輪을 名爲順觀이오 二는 從足輪至頂을 名逆觀이라 故云今是順觀이라하니라】

제2. 거룩한 몸매의 양상을 바르게 서술하다

97가지의 거룩한 몸매를 간단하게 들어 말하였다.

경문에는 모두 5단락으로 구성되어 있다.

① 거룩한 몸매의 의지처,

② 거룩한 몸매의 명칭 나열,

③ 거룩한 몸매의 본체 장엄,

④ 거룩한 몸매의 작용,

⑤ 거룩한 몸매의 차례 숫자이다.

어떤 데는 5단락의 구성을 생략한 채 모두 갖추지 않은 것은 해당 경문의 부분에서 알 수 있으며, 혹은 5단락의 구성보다 더한 것은 성취 이익의 業用 부분에 포괄되어 있다.

그러나 거룩한 몸매의 명칭은 몸매의 본체와 작용에 의해 성립된 것이다. 이는 모두 몸매의 본체와 작용으로 명칭을 해석할 적에 혹은 본체와 작용 가운데 하나만을 따르기도 하고, 혹은 본체와 작용 2가지를 모두 따르기도 한다. 경문을 따라 생각해야 한다.

혹은 거룩한 몸매의 명칭 및 본체와 작용의 의의가 똑같지 않은 것은 바로 경문이 생략되고 의의만을 포함하고 있기 때문이다.

하나의 거룩한 몸매가 하나의 부분에 따른 각기 다른 의의를 자세히 논하면, 97단락이다. 아래의 경문에서 그 나름 차례대로 97가지의 몸매를 밝혔지만, 여기에서는 부분의 類例에 따라 말하기에 18부분을 따라 바로 18단락으로 구분하였다. 처음 정수리로부터 비롯하여 마지막에 발에 이른 것은 수많은 거룩한 몸매를 차례로 살펴봄[順觀]이다.【초_ 첫째는 이마로부터 발바닥에 이른 것을 順觀이라 말하고, 둘째는 발바닥으로부터 이마에 이른 것을 逆觀이라 말한다. 이 때문에 이를 順觀이라 말하였다.】

今初依頂中하야 有三十二相이라

1. 정수리에 보이는 32가지의 거룩한 몸매

經

佛子여 如來頂上에 有三十二寶莊嚴大人相이어든 其中에 有大人相하니 名光照一切方 普放無量大光明網이라 一切妙寶로 以爲莊嚴하고 寶髮周徧하야 柔軟密緻하며

一一咸放摩尼寶光하야 **充滿一切無邊世界**하야 **悉現佛身**의 **色相圓滿**이 **是爲一**이니라

불자여, 여래의 정수리에 보배로 장엄한 32가지 거룩한 모습[大人相]이 있는데, 그 가운데 거룩한 몸매가 있다. 그 이름을 '광명이 모든 방위에 비춰 한량없는 큰 광명을 두루 놓은 그물'이라 한다.

일체 미묘한 보배로 장엄하였고, 보배의 머리카락이 두루 가득하여 부드럽고 치밀한데, 하나하나 머리칼마다 마니주 광명이 쏟아져 나와 그지없는 일체 모든 세계에 가득하였고, 광명마다 모두 원만한 부처님의 몸을 나타내었다.

이것이 제1 거룩한 몸매이시다.

◉ 疏 ◉

文三이니 初는 約處總標오 次'其中'下는 別列名相이오 後'佛子'下는 總結爲嚴이라

今初에 寶莊嚴者는 通顯體嚴이니 事寶는 則云'皆摩尼等爲莊嚴'故오 亦顯智寶 圓淨嚴故로 一一相中에 皆有事·理 二嚴하니 隨宜解釋이라 大人相者는 大人之相故니라

二別列中에 三十二相은 文各唯四니 以依處一種은 已總標故니라 此處에 獨有三十二者는 理實應多호되 爲顯圓融하야 一卽一切故로 一頂中에 便具權敎三十二數니라 若爾인댄 餘何不然가 顯頂尊勝故니라 善生經에 云'一切世間福이 不及如來 一毛功德이어 一切毛功德이 不及一好功德이오 一切好功德이 不及一相이오 一切

相이 不及白毫오 白毫復不及無見頂相이라 故知勝也니라
第一相中 四者는 一은 列名이니 名從用立이오 二 '一切妙寶'下는 體嚴이오 三 '一一'下는 業用이오 四 是爲一者는 結數니 他皆倣此니라
【鈔_ '一列名'者는 謂此名光照一切方等은 下辨業用云 '一一咸放摩尼寶光'等이라하니 明知從用以立光名이라 下諸文勢 皆悉如是하야 或從用立하고 或從體德이니 可以意求어다】

경문은 3부분이다.

첫째, 몸매 부분을 들어 총체로 밝혔고,

다음 '其中' 이하는 거룩한 몸매의 명칭과 양상을 개별로 나열하였으며,

뒤의 '佛子' 이하는 거룩한 몸매의 장엄을 총체로 끝맺었다.

첫째, 몸매 부분에 '보배로 장엄하였다.'는 것은 몸의 장엄을 전체로 밝힌 것이다. 현상 사법계에서의 보배는 모두 마니주 등으로 장엄이라 말한 까닭이며, 또한 근본의 이법계로 말하면 지혜광명의 보배가 원만하게 청정 장엄함을 밝힌 것이다. 이 때문에 하나하나의 거룩한 몸매마다 현상의 사법계와 근본의 이법계 2가지 장엄을 모두 갖추고 있다. 이는 편의에 따라 해석해야 한다.

大人相이란 대인의 거룩한 몸매이기 때문이다.

다음 '거룩한 몸매의 명칭과 양상을 개별로 나열한' 부분에서 32가지의 거룩한 몸매에 관한 경문은 각각 4단락으로 구성되어 있다.

'거룩한 몸매의 의지처' 한 부분은 이미 총괄하여 밝혔기 때문

이다. 이 부분에서 오직 32가지의 거룩한 몸매를 말한 것은 실로 여러 이치가 많지만 그 모든 것이 원융하여 하나에 일체 모든 것이 하나가 됨을 밝히기 위한 까닭에 하나의 정수리에다가 문득 權敎의 32수를 구체적으로 말하였다. 그렇다면 나머지 부분이라 하여, 어찌 그렇지 않을 턱이 있겠는가. 정수리의 존엄하고 훌륭함을 밝혔기 때문이다.

善生經에서 다음과 같이 말하였다.

"일체 세간의 복덕이 여래의 한 터럭의 공덕에 미치지 못하고, 일체 모든 터럭의 공덕이 하나의 잘생긴 공덕에 미치지 못하고, 일체 모든 잘생긴 공덕이 하나의 거룩한 몸매에 미치지 못하고, 일체 거룩한 몸매가 白毫에 미치지 못하고,

백호는 또한 '肉髻[無見頂相: 부처님의 정수리에 솟아 있는 상투 모양의 혹]'에 미치지 못한다."

이 때문에 정수리의 훌륭함을 알 수 있다.

'제1 거룩한 몸매' 부분의 4단락은 아래와 같다.

(1) 거룩한 몸매의 명칭 나열이다. 명칭은 몸매의 작용으로 붙여진 것이다.

(2) '一切妙寶' 이하는 몸매의 본체 장엄이다.

(3) '一一咸放' 이하는 몸매의 작용이다.

(4) '是爲一'이란 끝맺은 수효이다. 나머지 부분은 모두 이와 같다.【초_ '(1) 거룩한 몸매의 명칭 나열'이란 "그 이름을 광명이 모든 방위에 비춰 한량없는 큰 광명을 두루 놓은 그물"이라 말한 것은

아래 경문의 작용 부분에서 논변하여 이르기를 "하나하나 머리칼마다 마니주 광명이 쏟아져" 등이라 하였다. 여기에서 분명히 알아야 할 점은 작용으로부터 광명의 명칭을 붙였다는 사실이다. 아래의 모든 문맥이 모두 이와 같기에, 어떤 데는 작용에 따라 이름을 붙이고, 어떤 데는 본체의 공덕을 따라 붙이기도 한다. 이는 해당 경문에 따라 그 의의를 찾아보아야 한다.】

經

次有大人相하니 **名佛眼光明雲**이라 **以摩尼王**으로 **種種莊嚴**하야 **出金色光**호되 **如眉間毫相**의 **所放光明**하야 **其光**이 **普照一切世界 是爲二**니라

다음으로 또 다른 거룩한 몸매가 있다. 그 이름을 '부처 눈 광명 구름'이라 한다.

큰 마니주로 가지가지 장엄하여 황금빛을 쏟아내는 것이 미간 백호상에서 쏟아내는 광명처럼 그 광명이 일체 세계를 널리 비추었다.

이것이 제2 거룩한 몸매이시다.

◉ 疏 ◉

二中體嚴이니 卽釋光明義라 '其光'下는 業用이니 釋佛眼義니 佛眼無不照故니라 餘竝準思어다 毫相放光은 如現相品說이오 雲義는 亦如初會하다

제2 거룩한 몸매 가운데, 본체의 장엄이다. 이는 곧 광명의 의의를 해석하였다.

'其光普照' 이하는 거룩한 몸매의 작용으로, 부처님 눈[佛眼]의 의의를 해석하였다. 부처님의 눈이 비춰보지 않은 데가 없기 때문이다. 나머지는 모두 이에 준하여 생각하면 알 수 있다.

백호상의 방광은 제2 여래현상품에서 말한 바와 같고, 구름[雲]에 대한 뜻 또한 初會에서 말한 바와 같다.

經

次有大人相하니 名充滿法界雲이라 上妙寶輪으로 以爲莊嚴하고 放於如來福智燈明하야 普照十方一切法界諸世界海하며 於中에 普現一切諸佛과 及諸菩薩이 是爲三이니라

次有大人相하니 名示現普照雲이라 眞金摩尼로 種種莊嚴하고 其諸妙寶 咸放光明하야 照不思議諸佛國土어든 一切諸佛이 於中出現이 是爲四니라

次有大人相하니 名放寶光明雲이라 摩尼寶王으로 淸淨莊嚴하고 毘瑠璃寶로 以爲華藥하야 光照十方一切法界어든 於中에 普現種種神變하야 讚歎如來往昔所行智慧功德이 是爲五니라

次有大人相하니 名示現如來徧法界大自在雲이라 菩薩神變寶焰摩尼로 以爲其冠하고 具如來力하야 覺悟一切

하며 寶焰光輪으로 以爲其鬘하야 其光이 普照十方世界어든 於中에 示現一切如來 坐於道場에 一切智雲이 充滿虛空無量法界 是爲六이니라

次有大人相하니 名如來普燈雲이라 以能震動法界國土大自在寶海로 而爲莊嚴하고 放淨光明하야 充滿法界어든 於中에 普現十方諸菩薩功德海와 過現未來佛智慧幢海 是爲七이니라

次有大人相하니 名普照諸佛廣大雲이라 因陀羅寶와 如意王寶와 摩尼王寶로 以爲莊嚴하고 常放菩薩焰燈光明하야 普照十方一切世界어든 於中에 顯現一切諸佛의 衆色相海와 大音聲海와 淸淨力海 是爲八이니라

 다음으로 또 다른 거룩한 몸매가 있다. 그 이름을 '법계에 가득한 구름'이라 한다.

 가장 미묘한 보배 바퀴로 장엄하였고, 여래의 복덕과 지혜 등불 광명을 쏟아내어 시방 일체 법계의 세계 바다에 두루 비추며, 그 가운데 모든 부처님과 보살들을 두루 나타내었다.

 이것이 제3 거룩한 몸매이시다.

 다음으로 또 다른 거룩한 몸매가 있다. 그 이름을 '나타내어 널리 비추는 구름'이라 한다.

 진금 마니주로 가지가지 장엄하였고, 그 미묘한 모든 보배들이 모두 광명을 쏟아내어 불가사의한 여러 부처의 국토에 비추는데, 일체 모든 부처님이 그 가운데 모두 나타났다.

이것이 제4 거룩한 몸매이시다.

다음으로 또 다른 거룩한 몸매가 있다. 그 이름을 '보배 광명 쏟아내는 구름'이라 한다.

큰 마니주로 청정하게 장엄하였고, 비유리 보배로 꽃술을 삼아 그 광명이 시방의 모든 법계에 두루 비추는데, 그 가운데서 가지가지 신통변화를 널리 나타내어 여래의 옛적에 행하셨던 지혜와 공덕을 찬탄하였다.

이것이 제5 거룩한 몸매이시다.

다음으로 또 다른 거룩한 몸매가 있다. 그 이름을 '여래를 나타내어 법계에 두루 하는 크게 자유자재한 구름'이라 한다.

보살이 신통변화의 보배 불꽃 마니주로 관을 만들어 쓰고, 여래의 힘을 갖추어 일체 모든 것을 깨달았으며, 보배 불꽃 광명 바퀴로 화만을 삼아 그 광명이 시방세계에 널리 비추는데, 그 가운데 일체 모든 여래가 도량에 앉으시니 일체 지혜 구름이 허공과 한량없는 법계에 가득함을 보여주었다.

이것이 제6 거룩한 몸매이시다.

다음으로 또 다른 거룩한 몸매가 있다. 그 이름을 '여래의 넓은 등불 구름'이라 한다.

법계의 국토를 진동하는 크게 자유자재한 보배 바다로 장엄하였고, 청정한 광명을 쏟아내어 법계에 가득한데, 그 가운데에 시방 보살의 모든 공덕 바다와 과거·현재·미래 부처님의 지혜 당기 바다[智慧幢海]를 널리 나타내었다.

이것이 제7 거룩한 몸매이시다.

다음으로 또 다른 거룩한 몸매가 있다. 그 이름을 '모든 부처님을 두루 비추는 광대한 구름'이라 한다.

인다라 보배, 여의왕 보배, 마니왕 보배로 장엄하였고, 언제나 보살의 불꽃 등불 광명을 쏟아내어 시방의 일체 세계를 비추는데, 그 가운데에 모든 부처님의 수많은 빛깔 바다, 큰 음성 바다, 청정한 힘의 바다를 나타내었다.

이것이 제8 거룩한 몸매이시다.

◉ 疏 ◉

八中嚴內에 摩尼名意故로 不同如意니라

제8 거룩한 몸매 가운데, 마니왕 보배와 여의왕 보배를 구분한 까닭에 여의주와는 똑같지 않다.

經

次有大人相하니 名圓滿光明雲이라 上妙瑠璃摩尼王種種寶華로 以爲莊嚴하고 一切衆寶 舒大焰網하야 充滿十方一切世界어든 一切衆生이 悉見如來 現坐其前하사 讚歎諸佛과 及諸菩薩의 法身功德하야 令入如來淸淨境界 是爲九니라

次有大人相하니 名普照一切菩薩行藏光明雲이라 衆寶妙華로 以爲莊嚴하고 寶光普照無量世界하며 寶焰普覆

一切國土하야 十方法界에 通達無礙하야 震動佛音하야 宣暢法海 是爲十이니라

次有大人相하니 名普光照耀雲이라 毘瑠璃因陀羅金剛摩尼寶로 以爲莊嚴하고 瑠璃寶光이 色相明徹하야 普照一切諸世界海하야 出妙音聲하야 充滿法界하니 如是皆從諸佛智慧大功德海之所化現이 是爲十一이니라

다음으로 또 다른 거룩한 몸매가 있다. 그 이름을 '원만한 광명 구름'이라 한다.

가장 미묘한 유리와 마니왕으로 된 가지가지 보배 꽃으로 장엄하였고, 일체 모든 보배에서 큰 불꽃 그물을 널리 펼쳐 시방세계에 가득하였는데, 여래께서 그 앞에 앉아서 모든 부처님과 보살의 법신의 공덕을 찬탄함을 모든 중생에게 보여주어, 그들로 하여금 여래의 청정한 경계에 들게 하였다.

이것이 제9 거룩한 몸매이시다.

다음으로 또 다른 거룩한 몸매가 있다. 그 이름을 '모든 보살의 수행의 창고를 비추는 광명 구름'이라 한다.

여러 보배로 만들어진 미묘한 꽃으로 장엄하였고, 보배 광명이 한량없는 세계를 널리 비추며, 보배 불꽃이 모든 국토에 널리 뒤덮여 시방의 법계에 걸림 없이 통하고 부처님의 음성을 진동하여 수많은 법문을 연설하였다.

이것이 제10 거룩한 몸매이시다.

다음으로 또 다른 거룩한 몸매가 있다. 그 이름을 '넓은 광명

비추는 구름'이라 한다.

　비유리, 인다라, 금강 마니 보배로 장엄하였고, 유리 보배 광명의 빛깔이 밝게 사무쳐 일체 세계 바다를 널리 비추며, 미묘한 음성을 울려 내어 법계에 가득하였다. 이처럼 모두 일체 부처님의 지혜, 큰 공덕 바다로부터 나타난 것이다.

　이것이 제11 거룩한 몸매이시다.

◉ 疏 ◉

十一中에 '如是皆從下는 辨業用因이며 亦業用攝이라

　제11 거룩한 몸매 가운데, "이처럼 모두 일체 부처님의" 이하 경문은 거룩한 몸매 작용의 원인을 말한 것이며, 또한 작용을 모두 받아들인 것이다.

經

次有大人相하니 名正覺雲이라 以雜寶華로 而爲莊嚴하고 其諸寶華 悉放光明하니 皆有如來 坐於道場하야 充滿一切無邊世界하사 令諸世界로 普得淸淨하야 永斷一切妄想分別이 是爲十二니라

次有大人相하니 名光明照耀雲이라 以寶焰藏海心王摩尼로 而爲莊嚴하고 放大光明하야 光中에 顯現無量菩薩과 及諸菩薩의 所行之行과 一切如來의 智身法身諸色相海하야 充滿法界 是爲十三이니라

次有大人相하니 **名莊嚴普照雲**이라 **以金剛華毘瑠璃寶**로 **而爲莊嚴**하고 **放大光明**하야 **光中**에 **有大寶蓮華座**호되 **具足莊嚴**하야 **彌覆法界**하야 **自然演說四菩薩行**이어든 **其音**이 **普徧諸法界海 是爲十四**니라

다음으로 또 다른 거룩한 몸매가 있다. 그 이름을 '바른 깨달음의 구름'이라 한다.

여러 가지 보배 꽃으로 장엄하였고, 그 모든 보배 꽃에서는 광명이 쏟아져 나왔다. 광명마다 모두 여래께서 도량에 앉아 그지없는 일체 세계에 가득하여, 모든 세계의 중생으로 하여금 모두 청정하여 일체 허망한 생각과 분별을 영원히 끊도록 하였다.

이것이 제12 거룩한 몸매이시다.

다음으로 또 다른 거룩한 몸매가 있다. 그 이름을 '광명이 빛나게 비추는 구름'이라 한다.

보배 불꽃 창고 바다 심왕(心王) 마니주로 장엄하였고 큰 광명을 쏟아내었는데, 광명의 가운데에 한량없는 보살과 보살들의 행 하였던 행, 그리고 일체 여래의 지혜의 몸과 법신의 여러 빛깔 바다가 법계에 가득함을 보여주었다.

이것이 제13 거룩한 몸매이시다.

다음으로 또 다른 거룩한 몸매가 있다. 그 이름을 '장엄이 널리 비추는 구름'이라 한다.

금강꽃 비유리 보배로 장엄하였고, 큰 광명을 쏟아내었다. 그 광명의 가운데에 있는, 큰 보배로 만들어진 연꽃 사자좌는 구족한

장엄으로 법계를 두루 덮고서 저절로 보살의 네 가지 행을 연설하였는데, 그 음성이 모든 법계에 두루 가득하였다.

이것이 제14 거룩한 몸매이시다.

● 疏 ●

十四用中에 云四菩薩行者는 瑜伽菩薩地에 云'一切菩薩이 畧有四行하니 一은 波羅蜜行이오 二는 菩提分法行이오 三은 神通行이오 四는 成熟有情行이라

제14 거룩한 몸매의 작용 가운데, '보살의 4가지 행[四菩薩行]'이라 말한 것은 유가사지론의 菩薩地에서 다음과 같이 말하였다.

"일체 보살에게 간단한 4가지 행이 있다.

(1) 십바라밀의 행,

(2) 37菩提分法(四念住·四正勤·四如意足·五根·五力·七覺支·八正道 等)의 행,

(3) 6신통력의 행,

(4) 受用法樂智로 일체중생을 성숙시키는 행이다."

經

次有大人相하니 名現佛三昧海行雲이라 於一念中에 示現如來無量莊嚴하야 普徧莊嚴一切法界不思議世界海 是爲十五니라

次有大人相하니 名變化海普照雲이라 妙寶蓮華如須彌山으로 以爲莊嚴하고 衆寶光明이 從佛願生하야 現諸變化하야 無有窮盡이 是爲十六이니라

次有大人相하니 名一切如來解脫雲이라 淸淨妙寶로 以爲莊嚴하고 放大光明하야 莊嚴一切佛師子座하야 示現一切諸佛色像과 及無量佛法과 諸佛刹海 是爲十七이니라

次有大人相하니 名自在方便普照雲이라 毘瑠璃華와 眞金蓮華와 摩尼王燈과 妙法焰雲으로 以爲莊嚴하고 放一切諸佛寶焰密雲淸淨光明하야 充滿法界하야 於中에 普現一切妙好莊嚴之具 是爲十八이니라

次有大人相하니 名覺佛種性雲이라 無量寶光으로 以爲莊嚴하고 具足千輪하야 內外淸淨하니 從於往昔善根所生이라 其光이 徧照十方世界하야 發明智日하야 宣布法海 是爲十九니라

다음으로 또 다른 거룩한 몸매가 있다. 그 이름을 '부처의 삼매 바다의 행을 나타내는 구름'이라 한다.

한 생각의 찰나에 여래의 한량없는 장엄을 나타내어 일체 법계의 불가사의한 세계 바다를 두루 장엄하였다.

이것이 제15 거룩한 몸매이시다.

다음으로 또 다른 거룩한 몸매가 있다. 그 이름을 '변화 바다가 두루 비추는 구름'이라 한다. 수미산처럼 미묘한 보배 연꽃으로 장엄하였고, 여러 보배 광명이 부처의 서원으로부터 나와서 모든 변

화를 나타내어 다함이 없다.

이것이 제16 거룩한 몸매이시다.

다음으로 또 다른 거룩한 몸매가 있다. 그 이름을 '일체 여래의 해탈한 구름'이라 한다.

청정하고 미묘한 보배로 장엄하였고, 큰 광명을 쏟아내어 일체 모든 부처님의 사자좌를 장엄하여, 일체 부처님의 색상, 한량없는 불법, 부처님의 세계 바다를 모두 나타내 보여주었다.

이것이 제17 거룩한 몸매이시다.

다음으로 또 다른 거룩한 몸매가 있다. 그 이름을 '자유자재한 방편으로 두루 비추는 구름'이라 한다.

비유리 꽃, 진금 연화, 마니왕 등과 미묘한 법의 불꽃 구름으로 장엄하였고, 일체 모든 부처님의 보배 불꽃의 빽빽한 구름의 청정한 광명이 법계에 가득 찼는데, 그 가운데 모든 미묘하고 훌륭한 장엄거리를 모두 나타내 보였다.

이것이 제18 거룩한 몸매이시다.

다음으로 또 다른 거룩한 몸매가 있다. 그 이름을 '부처님의 종성(種性)을 깨달은 구름'이라 한다.

한량없는 보배 광명으로 장엄하였고, 1천 개의 바큇살로 만들어진 바퀴[千輻輪]가 구족하여 안팎이 청정하니, 예전의 선근으로 생겨난 것이다. 그 광명이 시방세계에 두루 비춰 지혜 태양을 밝혀 법 바다를 선포하였다.

이것이 제19 거룩한 몸매이시다.

● 疏 ●

十九에 云'具足千輪'者는 梵本에 云'具千輻輪'也라

  제19 거룩한 몸매에서 "1천 개의 바큇살로 만들어진 바퀴가 구족하다."고 말한 것은 범본에서는 "1천 개의 바큇살로 만들어진 바퀴를 갖췄다[具千輻輪]."고 말하였다.

經

次有大人相하니 名現一切如來相自在雲이라 衆寶瓔珞瑠璃寶華로 以爲莊嚴하고 舒大寶焰하야 充滿法界하야 於中에 普現等一切佛刹微塵數去來現在無量諸佛호되 如師子王의 勇猛無畏하야 色相智慧 皆悉具足이 是爲二十이니라

次有大人相하니 名徧照一切法界雲이라 如來寶相으로 淸淨莊嚴하고 放大光明하야 普照法界하야 顯現一切無量無邊諸佛菩薩의 智慧妙藏이 是爲二十一이니라

  다음으로 또 다른 거룩한 몸매가 있다. 그 이름을 '모든 여래의 모양을 나타내는 자재한 구름'이라 한다.

  수많은 보배 영락과 유리 보배 꽃으로 장엄하였고, 큰 보배 불꽃을 쏟아내어 법계에 가득하였는데, 그 가운데 일체 부처님 세계의 티끌 수와도 같은 과거·미래·현재의 한량없는 부처님을 나타내 보였다. 사자왕처럼 용맹하여 두려움이 없고 빛깔과 지혜가 모두 구족하였다.

이것이 제20 거룩한 몸매이시다.

다음으로 또 다른 거룩한 몸매가 있다. 그 이름을 '일체 법계를 두루 비추는 구름'이라 한다.

여래의 보배 형상으로 청정하게 장엄하였고, 큰 광명을 쏟아내어 법계에 널리 비추어, 한량없고 그지없는 일체 부처님과 보살의 지혜 광명을 나타내었다.

이것이 제21 거룩한 몸매이시다.

● 疏 ●

二十一에 示身智二光호되 俱顯智慧니라

제21 거룩한 몸매에서 법신의 광명과 지혜의 광명을 보여주되 모두 지혜를 밝혀주었다.

經

次有大人相하니 名毘盧遮那如來相雲이라 上妙寶華와 及毘瑠璃淸淨妙月로 以爲莊嚴하고 悉放無量百千萬億摩尼寶光하야 充滿一切虛空法界어든 於中에 示現無量佛刹에 皆有如來結跏趺坐 是爲二十二니라

次有大人相하니 名普照一切佛光明雲이라 衆寶妙燈으로 以爲莊嚴하고 放淨光明하야 徧照十方一切世界하야 悉現諸佛轉於法輪이 是爲二十三이니라

次有大人相하니 名普現一切莊嚴雲이라 種種寶焰으로

以爲莊嚴하고 放淨光明하야 充滿法界하야 念念常現不可說不可說一切諸佛이 與諸菩薩로 坐於道場이 是爲二十四니라

次有大人相하니 名出一切法界音聲雲이라 摩尼寶海와 上妙栴檀으로 以爲莊嚴하고 舒大焰網하야 充滿法界어든 其中에 普演微妙音聲하야 示諸衆生의 一切業海 是爲二十五니라

次有大人相하니 名普照諸佛變化輪雲이라 如來淨眼으로 以爲莊嚴하고 光照十方一切世界하야 於中에 普現去來今佛의 所有一切莊嚴之具하며 復出妙音하야 演不思議廣大法海 是爲二十六이니라

　다음으로 또 다른 거룩한 몸매가 있다. 그 이름을 '비로자나 여래의 형상 구름'이라 한다.

　미묘한 보배 꽃과 비유리의 청정한 달로 장엄하였고, 모두 한량없는 백천만억 마니주 광명을 쏟아내어 일체 허공과 법계를 비쳤는데, 그 가운데 한량없는 부처님 세계에 모두 여래께서 가부좌한 채 앉아 계심을 보여주었다.

　이것이 제22 거룩한 몸매이시다.

　다음으로 또 다른 거룩한 몸매가 있다. 그 이름을 '모든 부처를 두루 비추는 광명 구름'이라 한다.

　수많은 보배로 만들어진 미묘한 등불로 장엄하였고, 청정한 광명을 쏟아내어 시방의 일체 세계를 두루 비춰, 모든 곳에서 여러

부처님이 법륜을 굴리는 일을 보여주었다.

이것이 제23 거룩한 몸매이시다.

다음으로 또 다른 거룩한 몸매가 있다. 그 이름을 '모든 장엄을 두루 나타내는 구름'이라 한다. 가지가지 보배의 불꽃으로 장엄하였고, 청정한 광명을 쏟아내어 법계에 가득하였다. 한 생각의 찰나마다 말할 수 없이 말할 수 없는 일체 모든 부처님이 여러 보살과 함께 도량에 앉아 계시는 모습을 나타내 보여주었다.

이것이 제24 거룩한 몸매이시다.

다음으로 또 다른 거룩한 몸매가 있다. 그 이름을 '일체 법계의 음성을 내는 구름'이라 한다.

마니주 바다의 가장 미묘한 전단으로 장엄하였고, 큰 불꽃의 그물을 펼쳐 법계에 가득하였는데, 그 가운데 미묘한 음성이 울려 나와 모든 중생의 일체 모든 업의 바다를 보여주었다.

이것이 제25 거룩한 몸매이시다

다음으로 또 다른 거룩한 몸매가 있다. 그 이름을 '여러 부처님의 변화하는 바퀴를 두루 비추는 구름'이라 한다.

여래의 청정한 눈으로 장엄하였고, 빛이 시방의 모든 세계에 비추며, 그 속에 과거·미래·현재 부처님이 가지신 일체 장엄거리를 나타내고, 또 미묘한 음성을 내어 헤아릴 수 없는 광대한 법 바다를 연설하였다.

이것이 제26 거룩한 몸매이시다.

◉ 疏 ◉

二十六中莊嚴에 云如來淨眼爲莊嚴者는 此通十眼이라 '光照'下
는 顯業用이니 亦通身智二光이라 淨眼及光은 釋前普照하고 現於
嚴具는 是上輪義니 卽法輪故니라

제26 거룩한 몸매의 장엄 부분에서 "여래의 청정한 눈으로 장
엄하였다."고 말한 것은 10가지의 눈[十眼: 肉眼·天眼·慧眼(聖慧眼)·
法眼·佛眼(佛正覺眼)·智眼(智慧眼)·明眼(光明眼)·出生死眼(導利眼)·無
礙眼(無爲眼)·普眼(一切智眼)]에 통한다.

'光照十方' 이하는 거룩한 몸매의 작용을 밝혔다. 이 또한 법
신의 광명과 지혜의 광명 2가지에 모두 통한다.

청정한 눈[淨眼] 및 빛[光]은 앞의 명호에서 말한 '普照諸佛變
化輪雲'의 普照를 해석하였고, '일체 장엄거리를 나타냄[現於嚴具]'
은 앞의 명호에서 말한 '輪' 자의 의의이다. 이는 곧 法輪이기 때문
이다.

經

次有大人相하니 名光照佛海雲이라 其光이 普照一切世
界호되 盡于法界하야 無所障礙어든 悉有如來結跏趺坐
是爲二十七이니라
次有大人相하니 名寶燈雲이라 放於如來廣大光明하야
普照十方一切法界하고 於中에 普現一切諸佛과 及諸菩
薩과 不可思議諸衆生海 是爲二十八이니라

次有大人相하니 名法界無差別雲이라 放於如來大智光明하야 普照十方諸佛國土一切菩薩道場衆會無量法海하고 於中에 普現種種神通하며 復出妙音하야 隨諸衆生心之所樂하야 演說普賢菩薩行願하야 令其廻向이 是爲二十九니라

次有大人相하니 名安住一切世界海普照雲이라 放寶光明하야 充滿一切虛空法界하고 於中에 普現淨妙道場과 及佛菩薩의 莊嚴身相하야 令其見者로 得無所見이 是爲三十이니라

次有大人相하니 名一切寶淸淨光焰雲이라 放於無量諸佛菩薩摩尼妙寶淸淨光明하야 普照十方一切法界하고 於中에 普現諸菩薩海호되 莫不具足如來神力하야 常遊十方盡虛空界一切刹網이 是爲三十一이니라

다음으로 또 다른 거룩한 몸매가 있다. 그 이름을 '광명으로 부처 바다를 비추는 구름'이라 한다.

그 광명이 일체 세계에 널리 비춰 법계의 끝까지 걸린 데가 없는데, 모든 곳에 여래께서 가부좌를 한 채 앉아 계셨다.

이것이 제27 거룩한 몸매이시다.

다음으로 또 다른 거룩한 몸매가 있다. 그 이름을 '보배 등불 구름'이라 한다.

여래의 광대한 광명을 쏟아내어 시방의 일체 법계에 널리 비추고, 그 가운데 모든 부처님과 보살과 불가사의한 중생 바다를 두

루 나타내 보여주었다.

이것이 제28 거룩한 몸매이시다.

다음으로 또 다른 거룩한 몸매가 있다. 그 이름을 '법계의 차별 없는 구름'이라 한다.

여래의 큰 지혜 광명을 쏟아내어 시방의 모든 부처님 국토와 일체 보살의 도량에 모인 대중과 한량없는 법 바다에 두루 비췄는데, 그 가운데 가지가지 신통을 두루 나타내었고, 또한 아름다운 미묘한 음성을 울려 내어 모든 중생의 좋아하는 마음을 따라 보현보살의 행과 원을 연설하여 회향하도록 하였다.

이것이 제29 거룩한 몸매이시다.

다음으로 또 다른 거룩한 몸매가 있다. 그 이름을 '일체 세계 바다에 안주하여 널리 비추는 구름'이라 한다.

보배 광명을 쏟아내어 일체 모든 허공과 법계에 가득하고, 그 가운데 청정하고 미묘한 도량과 부처님, 그리고 보살의 장엄한 몸을 나타내어, 보는 이로 하여금 보는 바가 없도록 하였다.

이것이 제30 거룩한 몸매이시다.

다음으로 또 다른 거룩한 몸매가 있다. 그 이름을 '일체 보배 청정 광명 불꽃 구름'이라 한다.

한량없는 부처님과 보살이 마니주 보배의 청정한 광명을 쏟아내어 시방의 모든 법계에 널리 비추고, 그 가운데 수많은 보살을 나타내 보여주었는데, 모두 여래의 신통한 힘을 갖추고서 언제나 시방의 허공계와 일체 세계를 노닐었다.

이것이 제31 거룩한 몸매이시다.

◉ 疏 ◉

從二十七로 至三十一히 竝畧無莊嚴은 亦由名中已含有故니라

　제27로부터 제31의 거룩한 몸매에 이르기까지 모두 장엄에 대해 전혀 언급한 바 없는 것은 또한 명호의 가운데 이미 장엄의 뜻을 함유한 바 있기 때문이다.

經

次有大人相하니 名普照一切法界莊嚴雲이라 最處於中하야 漸次隆起하야 閻浮檀金因陀羅網으로 以爲莊嚴하고 放淨光雲하야 充滿法界하야 念念常現一切世界諸佛菩薩道場衆會 是爲三十二니라

　다음으로 또 다른 거룩한 몸매가 있다. 그 이름을 '일체 법계에 두루 비추는 장엄 구름'이라 한다.

　가장 한복판에서 차례차례 솟아올라 염부단금 인다라 그물로 장엄하였고, 청정한 광명 구름을 쏟아내어 법계에 가득하였는데, 한 생각의 찰나마다 일체 모든 세계에 있는 부처님과 보살의 도량에 모인 대중을 항상 나타내 보여주었다.

　이것이 제32 거룩한 몸매이시다.

● 疏 ●

三十二에 先名이오 次'最處'下는 體嚴이라 此居頂極이니 特顯別處일세 故云處中이라하니 則知所餘는 皆繞此相이나 畧不明耳라
漸次隆起者는 正顯其相이니 智論第五에 云'如來頂에 有骨髻如拳이라'하고 觀佛三昧經에 云'如合拳이라'하니 卽隆起之相也라【鈔_ '觀佛三昧'者는 卽第四經에 引此成上如拳이니 拳言尚隱이라 合拳은 卽覆拳於頂上이니 有隆起之相也라 然此相이 能滅一切罪하고 長一切福이라 故佛頂尊勝을 正明於此니 卽烏瑟尼沙 暫念暫觀에 延善住之壽하고 滅地獄之苦하며 不受七反畜生하고 永離人間殘報니라】

　　제32 거룩한 몸매에서 먼저 명호를 밝혔고, 다음 '最處' 이하는 거룩한 몸매의 본체 장엄이다. 이는 정수리 맨 위에 있다. 개별 부분을 특별히 밝힌 까닭에 이를 '가장 한복판[處中]'에 있다고 말하였다. 이는 나머지 부분이 모두 肉髻를 중심으로 둘러 있으나, 이를 생략하여 밝히지 않은 것임을 알아야 한다.

　　"차례차례 솟아올랐다[漸次隆起]."는 것은 육계의 모습을 바로 밝힌 것이다. 지도론 제5에 이르기를 "여래의 정수리 위에 주먹처럼 솟아오른 骨髻가 있다." 하였고, 관불삼매경에서는 "두 주먹을 합해놓은 것과 같다."고 하였다. 이것이 바로 정수리 위에 솟아오른[隆起] 모습이다.【초_ '관불삼매경'이란 第四經에서 이 부분을 인용하여, 위에서 말한 "주먹처럼 솟아오른 骨髻"를 끝맺은 것이다. '주먹'처럼 생겼다는 말은 오히려 은유로 말한 것이다. "두 주먹

을 합해놓은 것과 같다."는 것은 바로 정수리 위에 주먹을 엎어놓은 것처럼 융기한 모습을 말한다.

그러나 이러한 육계의 모습은 일체 모든 죄업을 없애주고 일체 모든 복을 키워주는 것이다. 따라서 부처님 정수리의 존엄하고 훌륭함을 바로 여기에서 밝힌 것이다. 이는 烏瑟尼沙[buddhośnīṣa의 음역, 佛頂]를 잠시 생각하거나 잠시만 바라보아도 善住의 장수를 연장하고 지옥의 고통을 없애주며, 일곱 차례 거듭 축생으로 태어나는[七反畜生] 업보를 받지 않고 인간에서의 남은 업보를 길이 여읠 수 있다.】

經

佛子여 如來頂上에 有如是三十二種大人相하야 以爲嚴好하시니라

불자여, 여래의 정수리에 이처럼 32가지의 거룩한 몸매가 있어 훌륭하게 장엄하셨다.

● 疏 ●

三은 總結爲嚴이라

셋째, 총괄하여 장엄을 끝맺었다.

第二는 眉間에 有一相이라

2. 여래의 미간에 보이는 하나의 거룩한 몸매

經

佛子여 如來眉間에 有大人相하니 名徧法界光明雲이라 摩尼寶華로 以爲莊嚴하고 放大光明하야 具衆寶色호되 猶如日月이 洞徹淸淨하야 其光이 普照十方國土어든 於中에 顯現一切佛身하며 復出妙音하야 宣暢法海 是爲三十三이니라

불자여, 여래의 미간에 거룩한 몸매가 있다. 그 이름을 '법계에 두루 한 광명 구름'이라 한다.

마니주 꽃으로 장엄하였고, 큰 광명을 쏟아내니 수많은 보배 광명을 갖춰 마치 태양과 달처럼 밝음이 사무쳐 청정하여, 그 빛이 시방 국토를 널리 비춰주었는데, 그 가운데에 일체 모든 부처님의 몸을 나타내 보여주었고, 또한 아름다운 음성으로 수많은 법문을 연설하였다.

이것이 제33 거룩한 몸매이시다.

● 疏 ●

自下는 竝有依處라 故文皆有五니 初는 依處오 二는 顯名이오 三 '摩尼'下는 體嚴이니 謂此相을 若收면 則右旋如覆瑠璃椀이오 若展이면 則具十楞하야 有大光明하니 嚴唯一寶로되 光具多色이오 中表皆空이 卽是洞徹이라 四 '其光'下는 業用이오 '復出'已下는 卽是法光이니

故此光名이 從用而立이오 五는 結數니 可知니라【鈔_ 則具十楞者는 亦觀佛三昧經第二에 廣說觀白毫之相이라 彼經에 先說白毫之因할세 云'從捨心不慳하야 不見前相하고 不憶財物하야 無所封著而行布施라(下取意引) 持戒·忍辱과 六度·十力과 四無所畏諸妙功德生이라하고 次云 我滅度後에 有諸弟子 晝夜六時로 能於一時中少分이라도 少分之中에 能須臾間에 念佛白毫하야 令心了了하야 無謬亂想이오 分明止住하고 注意不息하야 念白毫者는 若見相好로되 若不得見이라 如是等人은 除九十六億那由他 恒河沙微塵數劫 生死之罪니라 佛告父王하사되 如來有無量相好하시니 一一相中에 有八萬四千諸小相好하나니 如是相好는 不及白毫少分功德이니라 釋曰 故應觀察이온 況依此經하야 如是而觀가】

아래의 경문부터는 모두 의지처가 있다. 따라서 아래의 경문은 5단락으로 구성되어 있다.

(1) 거룩한 몸매의 의지처,

(2) 거룩한 몸매의 명칭,

(3) '摩尼寶華' 이하는 거룩한 몸매의 본체 장엄이다. 몸매의 장엄을 거둬들이면 우측으로 선회한 모습이 유리그릇을 엎어놓은 것과 같고, 이를 펼쳐놓으면 열 모서리[十楞]를 갖춰 큰 광명이 있다. 장엄은 오직 하나의 보배이지만, 광명은 많은 색상을 갖추고 있다. 속과 밖이 모두 비어 있는 것이 바로 洞徹이다.

(4) '其光普照' 이하는 거룩한 몸매의 작용이며, '復出妙音' 이하는 곧 법의 광명이다. 따라서 이 광명의 명제는 작용으로 성립된

것이다.

(5) 거룩한 몸매의 차례 숫자이다. 이는 설명하지 않아도 알 수 있다.【초_ "열 모서리[十楞]를 갖췄다."는 것은 또한 관불삼매경 제2에서 白毫相을 관찰한 데 대해 자세히 말하고 있다. 관불삼매경에서 먼저 백호상의 원인을 말했는데, 다음과 같다.

"희사하는 마음으로 인색하지 않고서 앞의 모습을 보지 않고, 재물을 생각지 않고서 집착한 바 없이 보시를 행하는 것이다. (아래에서는 그 의의를 들어 인용하였다.) 持戒·忍辱, 六度·十力, 四無所畏는 모두 미묘한 공덕을 낳는다."

다음으로 다시 말하였다.

"내가 열반한 후에 여러 제자가 주야 6時로 한 시간 가운데 조금이라도, 그 조금의 시간, 잠깐 사이일지라도 부처님의 백호상을 생각하여 마음을 또렷이 밝혀 어지러운 생각이 없고, 분명히 마음을 멈추고 注意를 그치지 않고서 백호상을 생각한 자는 거룩한 몸매를 보고서도 보지 않은 것과 같다. 이와 같은 사람은 96억 나유타의 항하사 미진수 겁의 생사 죄업을 없애주는 것이다.

부처님이 부왕에게 말씀드렸다.

'여래에게 한량없는 거룩한 몸매가 있다. 하나하나 거룩한 몸매 가운데 8만 4천 가지의 작은 거룩한 몸매가 있다. 이와 같은 거룩한 몸매는 백호상의 작은 공덕에 미치지 못한다.'"

이에 대한 해석은 다음과 같다.

그러므로 당연히 관찰해야 하는데, 하물며 이 경문에 따라 이

처럼 살펴볼 수 있겠는가.】

第三 眼과 第四 鼻에 各有一相이라
   3. 여래의 눈, 4. 여래의 코에 각기 보이는 하나의 거룩한 몸매

經

如來眼에 有大人相하니 名自在普見雲이라 以衆妙寶로 而爲莊嚴하고 摩尼寶光이 淸淨映徹하야 普見一切호되 皆無障礙이 是爲三十四니라
如來鼻에 有大人相하니 名一切神通智慧雲이라 淸淨妙寶로 以爲莊嚴하고 衆寶色光이 彌覆其上이어든 於中에 出現無量化佛이 坐寶蓮華하야 往諸世界하사 爲一切菩薩과 一切衆生하야 演不思議諸佛法海 是爲三十五니라

   여래의 눈에 거룩한 몸매가 있다. 그 이름을 '자유자재하게 두루 나타난 구름'이라 한다.
   여러 가지 미묘한 보배로 장엄하였고, 마니주 광명이 청정하게 사무쳐 일체 모든 것을 널리 보되 모두 걸림이 없다.
   이것이 제34 거룩한 몸매이시다.
   여래의 코에 거룩한 몸매가 있다. 그 이름을 '일체 신통한 지혜 구름'이라 한다.
   청정한 보배로 장엄하였고, 여러 보배 빛이 그 위를 덮었는데,

그 가운데 한량없는 화신불이 보배 연꽃에 앉아 여러 세계에 이르러 일체 보살과 일체중생을 위하여 불가사의한 불법을 연설하는 모습을 나타내었다.

　이것이 제35 거룩한 몸매이시다.

第五 舌有四相
　5. 여래의 혀에 보이는 4가지의 거룩한 몸매

經

如來舌에 有大人相하니 名示現音聲影像雲이라 衆色妙寶로 以爲莊嚴하니 宿世善根之所成就라 其舌이 廣長하야 徧覆一切諸世界海하나니 如來 若或熙怡微笑에 必放一切摩尼寶光하사 其光이 普照十方法界하야 能令一切로 心得淸淨하며 去來現在所有諸佛이 皆於光中에 炳然顯現하사 悉演廣大微妙之音하사 徧一切刹하야 住無量劫이 是爲三十六이니라

如來舌에 復有大人相하니 名法界雲이라 其掌이 安平하야 衆寶爲嚴하고 放妙寶光하니 色相圓滿이 猶如眉間所放光明이라 其光이 普照一切佛刹이 唯塵所成이라 無有自性하고 光中에 復現無量諸佛이 咸發妙音하야 說一切法이 是爲三十七이니라

여래의 혀에 거룩한 몸매가 있다. 그 이름을 '음성과 영상을 나타내는 구름'이라 한다.

여러 가지 빛의 보배로 장엄하였다. 지난 세상의 선근으로 이뤄진 것이다. 그 혀가 넓고 길어서 일체 세계 바다를 두루 덮었다. 여래가 어쩌다 빙긋이 웃으실 때에는 반드시 일체 마니주 광명을 쏟아내어, 그 광명이 시방 법계에 널리 비추어 일체중생의 마음을 청정케 하고, 과거·현재·미래의 부처님이 모두 광명 속에 찬란하게 나타나 모두 광대하고 미묘한 음성을 내어 모든 세계에 가득히 한량없는 겁에 머물렀다.

이것이 제36 거룩한 몸매이시다.

여래의 혀에도 또한 거룩한 몸매가 있다. 그 이름을 '법계 구름'이라 한다.

그 혓바닥이 반듯하여 여러 보배로 장엄하였고, 미묘한 보배 광명을 쏟아내니 빛깔과 모양이 원만하여 미간에서 쏟아내는 광명과도 같았다. 그 광명이 일체 세계에 비춤이 오직 미세한 티끌로 이뤄진 터라, 자체의 성품이 없고, 광명 속에 다시 한량없는 부처님이 나타나 모두 미묘한 음성으로 모든 법을 연설하였다.

이것이 제37 거룩한 몸매이시다.

● 疏 ●

初一은 卽舌廣長相이라 於體嚴中에 宿善成者는 此擧因嚴이니 偏此說因者는 令讚演一乘故니라 其舌廣長은 卽語其體니 福德人은

至鼻하고 權佛은 至髮際하고 餘大乘中에 明現神足이라야 方至梵世하고 或覆三千이어니와 今直語體일새 便覆一切니라

後 '如來'下는 辨其業用이니 演法은 釋音聲하고 現佛은 釋影像이라

【鈔_ '福德人'者는 卽智度論文이라 '或至梵世'는 卽法華經如來神力品에 '爾時에 如來 出廣長舌하시니 上至梵世하고 或覆三千이라'하니라 卽阿彌陀에 云 '出廣長舌하시니 徧覆三千大千世界하사 說誠實言이라' 하다】

첫째는 부처님의 넓고 기다란 혀의 모습이다. 본체의 장엄 부분에서 "지난 세상의 선근으로 이뤄졌다."고 말한 것은 원인의 장엄을 들어 말한 것이다. 혀에서만 宿世의 원인을 들어 말한 것은 하여금 一乘을 찬탄하고 연설하도록 하였기 때문이다.

부처님의 넓고 기다란 혀는 그 본체를 말한다. 복덕이 있는 이의 혀는 코까지 닿고, 權佛은 이마 위 머리털이 난 부분[髮際]까지 닿고, 나머지 대승 가운데 神足通을 나타내는 이는 바야흐로 梵世까지 이르고, 혹은 삼천대천세계를 뒤덮는다고 밝혔지만, 여기에서는 바로 본체를 말한 까닭에 문득 "일체 세계 바다를 두루 덮었다[徧覆一切諸世界海]."고 말하였다.

뒤의 '如來若或' 이하는 혀의 작용을 말하고 있다. '법문을 연설함[演法]'은 명호 '示現音聲影像雲'의 音聲을 해석한 것이며, 부처님의 현신은 影像을 해석한 것이다. 【초_ '福德人'이란 지도론에서 인용한 경문이다.

'或至梵世'는 법화경 如來神力品에서 이르기를 "그때, 여래

께서 넓고 기다란 혀를 내시니 위로는 梵世에 닿았고 혹은 삼천대천세계를 뒤덮었다."고 하였고, 아미타경에서는 다음과 같이 말하였다.

"넓고 기다란 혀를 내시니 삼천대천세계를 뒤덮었으며, 성실한 말씀을 설하였다."】

二는 舌掌之相이니 掌은 謂近根이라 '其光'下는 顯業用이라 光照諸刹하야 令應度者로 無俟觀破搏聚自曉니 但合塵成이어니와 何性之有리오【鈔_ '無俟觀破'者는 金剛經에 云 '須菩提야 於意云何오 三千大千世界所有微塵이 是爲多不아 須菩提言하사대 甚多니이다 世尊이시여 須菩提야 諸微塵은 如來說非微塵일새 是名微塵이며 如來說世界도 非世界일새 是名世界니라'

釋曰 此段은 論名第十色及衆生身搏取中觀破相應行住處니 大意에 云 衆生世界는 但攬塵成하야 令從麤至細하고 乃至極微히 皆無實體라 故云 世界則非世界어늘 今云 '無俟觀破'者는 觀破는 但是假想이오 爲未了者라 若了法本空인댄 不待觀破오 又彼云搏取어늘 今云搏聚는 是義引耳라 什公云 '欲破極微'라하고 覺賢云 '以一故衆이오 以衆故一이니 微自無性이 則爲空矣'라하니라 餘如前說하라】

둘째는 혓바닥의 거룩한 모습이다. 혓바닥은 舌根에 가까운 부분을 말한다. '其光' 이하는 혓바닥의 작용을 밝힌 것이다. 광명이 모든 국토에 널리 비추어 당연히 제도해야 할 사람으로 하여금 끝까지 관찰할 필요가 없이 스스로 깨닫도록 하였다. 다만 티끌이 모여 이뤄진 것일 뿐, 그 무슨 자성이 있을 수 있겠는가.【초_ "끝까지 관찰할 필요가 없다."는 것은 금강경에서 다음과 같이 말하였다.

"수보리여, 그대의 생각은 어떠한가? 삼천대천세계에 있는 미세한 티끌이 많다고 생각하느냐?"

수보리가 말씀드렸다.

"매우 많다고 생각합니다, 세존이시여."

"수보리여, 모든 미세한 티끌은 여래께서 미세한 티끌이 아니라고 말한 까닭에 이를 미세한 티끌이라 이름하며, 여래께서 말한 세계 또한 세계가 아니기에 이를 세계라고 이름하는 것이다."

이에 대해 해석하였다.

이 단락은 논에서 '제10 물질과 중생의 몸을 끝까지 관찰해서 진리와 부합되는 지위[色及衆生身搏取中觀破相應行住處]'라고 말하였다. 이의 큰 뜻은 "중생세계는 단 티끌의 성취를 들어 거친 데로부터 미세한 데에 이르고, 지극히 미세한 데까지 이르는데, 모두 실체가 없다. 이 때문에 세계는 세계가 아니라고 말한 것이다. 여기에서 "끝까지 관찰할 필요가 없다."는 것은 관찰[觀破]이란 단 假想일 뿐, 깨닫지 못한 자이다. 만약 법이 본래 공한 것인 줄 알았다면 끝까지 관찰할 필요 자체가 없다.

또한 금강경에서는 '搏取'로 썼는데, 여기에서 '搏聚'로 바꿔 쓴 것은 의의로 인용한 것이다. 구마라습은 "지극히 미세함을 타파하고자 한다."고 하였고, 覺賢은 "하나이기에 많은 중생이 있고, 많은 중생이기에 하나이다. 미세함이 자성이 없는 바, 空이라 한다."고 하였다. 나머지는 앞에서 말한 바와 같다.】

如來舌端에 有大人相하니 名照法界光明雲이라 如意寶王으로 以爲莊嚴하고 自然恒出金色寶焰하야 於中에 影現一切佛海하며 復震妙音하야 充滿一切無邊世界호되 一一音中에 具一切音하야 悉演妙法하니 聽者心悅하야 經無量劫토록 玩味不忘이 是爲三十八이니라

如來舌端에 復有大人相하니 名照耀法界雲이라 摩尼寶王으로 以爲嚴飾하고 演衆色相微妙光明하야 充滿十方無量國土호되 盡于法界하야 靡不淸淨이어든 於中에 悉有無量諸佛과 及諸菩薩이 各吐妙音하야 種種開示에 一切菩薩이 現前聽受 是爲三十九니라

여래의 혀끝에 거룩한 몸매가 있다. 그 이름을 '법계에 비추는 광명 구름'이라 한다.

큰 여의주로 장엄하였고, 언제나 금빛 보배 불꽃이 절로 일어나 그 가운데에 일체 부처 바다가 그림자처럼 나타나고, 또한 미묘한 음성이 울려 나와 그지없는 일체 세계에 가득하였는데, 하나하나 음성 속에 일체 음성을 두루 갖춰 미묘한 법을 연설하니 듣는 이의 마음이 기뻐 한량없는 세월을 지나도록 음미하면서 잊지 않았다.

이것이 제38 거룩한 몸매이시다.

여래의 혀끝에 또한 거룩한 몸매가 있다. 그 이름을 '법계를 찬란하게 비추는 구름'이라 한다.

큰 마니주로 장엄하게 꾸몄고, 여러 빛깔의 미묘한 광명을 쏟아내어 시방의 한량없는 국토에 가득하였는데, 온 법계가 모두 청정하지 않은 곳이 없었다. 그 가운데 한량없는 부처와 보살들이 제각기 미묘한 음성으로 가지가지로 법문을 열어 보여줌에 일체 모든 보살이 앞에서 귀담아들었다.

이것이 제39 거룩한 몸매이시다.

◉ 疏 ◉

後二는 同在舌端호되 或居左右하고 或在上下라 觀文業用에 但有展卷不同하니 前則卷佛海於舌端하고 後則展諸佛於法界라

뒤의 2가지 거룩한 몸매는 모두 혀끝에 똑같이 있지만, 혹은 좌우에 있기도 하고 혹은 위아래에 있기도 하다.

경문에서는 혀끝의 작용을 살펴봄에 펼치고 말아 들이는 차이가 있다. 앞에서는 부처님의 국토를 혀끝으로 말아 들였고, 뒤에서는 모든 부처님을 법계에 펼쳐놓았다.

第六 上齶一相

6. 여래의 입 윗몸에 보이는 하나의 거룩한 몸매

經

如來口上齶에 有大人相하니 名示現不思議法界雲이

라 因陀羅寶와 毘瑠璃寶로 以爲莊嚴하고 放香燈焰 淸淨光雲하야 充滿十方一切法界하며 示現種種神通方便하야 普於一切諸世界海에 開演甚深不思議法이 是爲四十이니라

여래의 입 윗몸에 거룩한 몸매가 있다. 그 이름을 '불가사의한 법계를 나타내는 구름'이라 한다.

인다라 보배와 비유리 보배로 장엄하였고, 향기로운 등의 불꽃인 청정한 광명 구름을 쏟아내어 시방 모든 법계에 가득하고, 가지가지 신통과 방편을 나타내어, 모든 세계 바다에서 지극히 심오하여 헤아릴 수 없는 법을 연설하였다.

이것이 제40 거룩한 몸매이시다.

◉ 疏 ◉

上齶旣有인댄 下亦宜然이어늘 或是梵本脫漏니라

입의 윗몸이 이처럼 있다면 아랫몸 또한 그처럼 있어야 마땅한 일인데, 어쩌다 범본에서 이를 누락한 것으로 생각된다.

第七은 牙有四相이라
7. 여래의 치아에 보이는 4가지의 거룩한 몸매

經

如來口右輔下牙에 有大人相하니 名佛牙雲이라 衆寶摩尼卍字相輪으로 以爲莊嚴하고 放大光明하야 普照法界어든 於中에 普現一切佛身이 周流十方하야 開悟群生이 是爲四十一이니라

여래의 오른뺨 아랫니에 거룩한 몸매가 있다. 그 이름을 '부처님 어금니 구름'이라 한다.

수많은 마니주로 만들어진 만(卍) 자 바퀴로 장엄하였고, 큰 광명을 쏟아내어 법계에 두루 비쳤다. 그 가운데 일체 부처님의 몸을 널리 나타내어 시방에 두루 계시면서 중생을 깨우쳐주었다.

이것이 제41 거룩한 몸매이시다.

◉ 疏 ◉

謂左右上下四大牙故니라 故佛涅槃에 四牙不碎라하니라 輔는 頰也며 亦云頰車骨也라

좌우상하의 큰 어금니 4개를 말하기 때문이다. 따라서 부처님이 열반하실 적에 4개의 어금니가 부서지지 않았다. 輔는 뺨이며, 또한 頰車骨이라 말하기도 한다.

經

如來口右輔上牙에 有大人相하니 名寶焰彌盧藏雲이라 摩尼寶藏으로 以爲莊嚴하고 放金剛香焰淸淨光明하야

一一光明이 充滿法界하야 示現一切諸佛神力하며 復現一切十方世界淨妙道場이 是爲四十二니라

여래의 오른뺨 윗니에 거룩한 몸매가 있다. 그 이름을 '보배 불꽃 미로장(彌盧藏) 구름'이라 한다.

마니주 광명으로 장엄하였고, 금강과 같은 향기 불꽃의 청정한 광명을 쏟아내어, 하나하나의 광명이 법계에 가득하여 일체 모든 부처님의 신통한 힘을 보여주었고, 또한 일체 시방세계의 청정한 도량을 보여주었다.

이것이 제42 거룩한 몸매이시다.

● 疏 ●

二는 右輔上牙를 名彌盧者는 顯妙高故니라

둘째는 오른뺨 윗니를 彌盧라 이름 붙인 것은 미묘하고 드높음을 나타내기 때문이다.

經

如來口左輔下牙에 有大人相하니 名寶燈普照雲이라 一切妙寶舒華發香으로 以爲莊嚴하고 放燈焰雲淸淨光明하야 充滿一切諸世界海어든 於中에 顯現一切諸佛이 坐蓮華藏師子之座하사 諸菩薩衆의 所共圍遶 是爲四十三이니라

如來口左輔上牙에 有大人相하니 名照現如來雲이라 淸

淨光明閣浮檀金寶網寶華로 **以爲莊嚴**하고 **放大焰輪**하야 **充滿法界**어든 **於中**에 **普現一切諸佛**이 **以神通力**으로 **於虛空中**에 **流布法乳法燈法寶**하사 **敎化一切諸菩薩衆**이 **是爲四十四**니라

여래의 왼뺨 아랫니에 거룩한 몸매가 있다. 그 이름을 '보배 등불 두루 비추는 구름'이라 한다.

일체 온갖 보배로 꽃을 피우고 향을 풍기는 것으로 장엄하였고, 등불 꽃 구름의 청정한 광명을 쏟아내어 모든 세계 바다에 가득하였다. 그 가운데에 일체 부처님이 연화장 사자좌에 앉아 계시는데, 여러 보살 대중이 둘러싸고 있었다.

이것이 제43 거룩한 몸매이시다.

여래의 왼뺨 윗니에 거룩한 몸매가 있다. 그 이름을 '여래를 비쳐 나타내는 구름'이라 한다.

청정한 광명과 염부단금과 보배 그물, 보배 꽃으로 장엄하였고, 큰 불꽃 바퀴를 쏟아내어 법계에 가득하였다. 그 가운데 일체 부처님이 몸을 나타내어 신통한 힘으로 허공에서 법 젖[乳], 법 등불, 법 보배를 널리 펼쳐 일체 보살 대중을 교화하였다.

이것이 제44 거룩한 몸매이시다.

◉ 疏 ◉

四中에 **有法乳等三**이 **同一演法**이니 **約資法身**하야 **名乳**오 **照了萬境**을 **稱燈**이오 **令其圓淨**을 **爲寶**니 **卽演三德涅槃之法**하고 **亦成三**

德涅槃之益也라【鈔_ '四中有法乳'者는 論第三十八에 云 '五想聽法이니 一은 如寶요 二는 如眼이요 三은 如明이요 四는 大果功德이오 五는 無罪想이라 今云法燈에 含明眼二義니 大果는 卽資法身이요 無罪는 總明離過니라】

넷째의 제44 거룩한 몸매에 法乳, 법 등불, 법 보배 등 3가지가 똑같이 법을 연설하였다. 법신의 資糧으로 말하면 '乳'라 하고, 모든 경계를 밝게 비추는 것으로 말하면 '등불'이라 하고, 젖과 등불을 원만 청정하게 하는 것을 '보배'라 한다. 이 3가지가 법신, 반야, 해탈 3가지 덕의 열반법을 연설하고, 또한 3가지 덕의 열반 이익을 성취시켜 주었다.【초_ "넷째의 제44 거룩한 몸매에 法乳"란 유가사지론 제38에서 말하였다.

"5가지의 생각으로 법문을 들어야 한다. 첫째는 보배처럼, 둘째는 눈으로 보는 것처럼, 셋째는 밝은 것처럼, 넷째는 큰 과보의 공덕처럼, 다섯째는 죄를 없애야 한다는 생각으로 들어야 한다."

여기에서 말한 法燈에는 '밝은 것처럼'·'눈으로 보는 것처럼' 2가지의 뜻을 포함하고 있다. '큰 과보의 공덕'은 법신의 資糧이고, '죄를 없애야 한다는 생각'은 허물을 여의어야 함을 총체로 밝힌 것이다.】

第八 齒有一相

8. 여래의 치아에 보이는 하나의 거룩한 몸매

> 經

如來齒에 **有大人相**하니 **名普現光明雲**이라 **一一齒間**에 **相海莊嚴**하야 **若微笑時**엔 **悉放光明**호되 **具衆寶色**하야 **摩尼寶焰**이 **右旋宛轉**하야 **流布法界**하야 **靡不充滿**하며 **演佛言音**하야 **說普賢行**이 **是爲四十五**니라

여래의 치아에 거룩한 몸매가 있다. 그 이름을 '광명을 널리 나타내는 구름'이라 한다.

하나하나 치아 사이를 거룩한 모습의 바다로 장엄하였고, 미소를 지을 때에는 모두 광명이 쏟아져 나왔는데, 여러 가지 보배 빛깔과 마니주 불꽃이 오른쪽으로 서서히 돌면서 법계에 널리 퍼져 가득 차지 않은 데가 없었으며, 부처님의 음성으로 보현보살의 행을 말하였다.

이것이 제45 거룩한 몸매이시다.

第九 脣有一相

9. 여래의 입술에 보이는 하나의 거룩한 몸매

> 經

如來脣에 **有大人相**하니 **名影現一切寶光雲**이라 **放閻浮檀眞金色**과 **蓮華色**과 **一切寶色**의 **廣大光明**하야 **照于法界**하야 **悉令淸淨**이 **是爲四十六**이니라

여래의 입술에 거룩한 몸매가 있다. 그 이름을 '일체 보배 광명의 그림자를 나타내는 구름'이라 한다.

염부단금 빛, 연꽃 빛, 일체 보배 빛의 광대한 광명을 쏟아내어 널리 법계를 비추어 모두 청정케 하였다.

이것이 제46 거룩한 몸매이시다.

● 疏 ●

上二에 各應分出上下라 放閻浮'下는 體嚴이니 以脣色赤好 如日初出紅蓮葉故오 後'照於'下는 業用이라

위의 2가지는 각각 위아래로 나눠야 한다.

'放閻浮檀' 이하는 입술 본체의 장엄이다. 아주 붉은 입술은 마치 태양이 처음 떠오를 적에 붉은 연꽃잎과 같기 때문이며,

뒤의 '照于法界' 이하는 입술의 작용이다.

第十頸有一相

10. 여래의 목에 보이는 하나의 거룩한 몸매

經

如來頸에 有大人相하니 名普照一切世界雲이라 摩尼寶王으로 以爲莊嚴호되 紺蒲成就하야 柔軟細滑하며 放毘盧遮那淸淨光明하야 充滿十方一切世界어든 於中에 普

現一切諸佛이 是爲四十七이니라

여래의 목에 거룩한 몸매가 있다. 그 이름을 '일체 세계에 널리 비추는 구름'이라 한다.

큰 마니주로 장엄하였고, 감포를 성취[紺蒲成就]⁵하여 보드랍고 매끄러우며, 비로자나불의 청정한 광명을 쏟아내어 시방세계에 가득하였다. 그 가운데 일체 모든 부처님을 나타내었다.

이것이 제47 거룩한 몸매이시다.

第十一 肩有五相

11. 여래의 어깨에 보이는 5가지의 거룩한 몸매

經

如來右肩에 有大人相하니 名佛廣大一切寶雲이라 放一切寶色眞金色蓮華色光明하야 成寶焰網하야 普照法界하고 於中에 普現一切菩薩이 是爲四十八이니라
如來右肩에 復有大人相하니 名最勝寶普照雲이라 其色이 淸淨하야 如閻浮金하고 放摩尼光하야 充滿法界어든 於中에 普現一切菩薩이 是爲四十九니라

----

5   감포를 성취[紺蒲成就]: 감포는 과일 이름이다. 옆으로 있는 3줄의 무늬가 부처님의 목에 있는 모습과 같으므로 紺蒲成就라 한다.

如來左肩에 有大人相하니 名最勝光照法界雲이라 猶如頂上과 及以眉間種種莊嚴하고 放閻浮檀金과 及蓮華色衆寶光明하야 成大焰網하야 充滿法界어든 於中에 示現一切神力이 是爲五十이니라

如來左肩에 復有大人相하니 名光明徧照雲이라 其相이 右旋하야 閻浮檀金色摩尼寶王으로 以爲莊嚴하고 放衆寶華香焰光明하야 充滿法界어든 於中에 普現一切諸佛과 及以一切嚴淨國土 是爲五十一이니라

如來左肩에 復有大人相하니 名普照耀雲이라 其相이 右旋하야 微密莊嚴하고 放佛燈焰雲淸淨光明하야 充徧法界어든 於中에 顯現一切菩薩의 種種莊嚴이 悉皆妙好 是爲五十二니라

여래의 오른쪽 어깨에 거룩한 몸매가 있다. 그 이름을 '부처님의 광대한 일체 보배 구름'이라 한다.

일체 보배 빛, 진금 빛, 연꽃 빛 광명을 쏟아내어 보배 불꽃 그물을 이루어 법계에 두루 비췄다. 그 가운데에 일체 보살을 널리 나타내었다.

이것이 제48 거룩한 몸매이시다.

여래의 오른쪽 어깨에 또 거룩한 몸매가 있다. 그 이름을 '가장 훌륭한 보배를 두루 비추는 구름'이라 한다.

그 빛이 청정하여 염부단금과 같고, 마니주 광명을 쏟아내어 법계에 가득하였다. 그 가운데에 일체 보살을 널리 나타내었다.

이것이 제49 거룩한 몸매이시다.

여래의 왼쪽 어깨에 거룩한 몸매가 있다. 그 이름을 '가장 훌륭한 빛으로 법계에 비추는 구름'이라 한다.

정수리와 미간처럼 가지가지로 장엄하였고, 염부단금 빛, 연꽃 빛, 여러 보배 광명을 쏟아내어 큰 불꽃 그물을 이루어 법계를 가득 덮었다. 그 가운데에 부처님의 모든 신통한 힘을 나타내었다.

이것이 제50 거룩한 몸매이시다.

여래의 왼쪽 어깨에 또 거룩한 몸매가 있다. 그 이름을 '광명이 두루 비추는 구름'이라 한다.

그 모양이 오른쪽으로 돌았는데, 염부단금 빛 마니주로 장엄하였고, 여러 보배 꽃과 향기 불꽃 광명을 쏟아내어 법계에 가득하였다. 그 가운데에 일체 모든 부처님과 청정하게 장엄한 일체 국토를 나타내었다.

이것이 제51 거룩한 몸매이시다.

여래의 왼쪽 어깨에 또 거룩한 몸매가 있다. 그 이름을 '널리 비추는 구름'이라 한다.

그 모양이 오른쪽으로 돌았는데, 비밀스럽게 장엄하였고, 부처 등불 꽃 구름과 청정한 광명을 쏟아내어 법계에 가득하였다. 그 가운데에 일체 보살의 가지각색 장엄이 모두 거룩하게 나타났다.

이것이 제52 거룩한 몸매이시다.

◉ 疏 ◉

右二左三은 或亦脫也라

　오른쪽은 2가지 몸매로, 왼쪽은 3가지 몸매로 차이가 난 것은 혹시 이 또한 누락된 부분이 있을 것으로 생각된다.

第十二 胸有十一相

　12. 여래의 가슴에 보이는 11가지의 거룩한 몸매

經

如來胸臆에 有大人相하야 形如卍字하니 名吉祥海雲이라 摩尼寶華로 以爲莊嚴하고 放一切寶色種種光焰輪하야 充滿法界하야 普令淸淨하며 復出妙音하야 宣暢法海是爲五十三이니라
吉祥相右邊에 有大人相하니 名示現光照雲이라 因陀羅網으로 以爲莊嚴하야 放大光輪하고 充滿法界어든 於中에 普現無量諸佛이 是爲五十四니라
吉祥相右邊에 復有大人相하니 名普現如來雲이라 以諸菩薩摩尼寶冠으로 而爲莊嚴하고 放大光明하야 普照十方一切世界하야 悉令淸淨하며 於中에 示現去來今佛이 坐於道場하사 普現神力하야 廣宣法海 是爲五十五니라
吉祥相右邊에 復有大人相하니 名開敷華雲이라 摩尼寶

華로 以爲莊嚴하고 放寶香焰燈淸淨光明호되 狀如蓮華하야 充滿世界 是爲五十六이니라

吉祥相右邊에 復有大人相하니 名可悅樂金色雲이라 以一切寶心王藏摩尼王으로 而爲莊嚴하고 放淨光明하야 照于法界하야 於中普現이 猶如佛眼의 廣大光明摩尼寶藏이 是爲五十七이니라

吉祥相右邊에 復有大人相하니 名佛海雲이라 毘瑠璃寶香燈華鬘으로 以爲莊嚴하고 放滿虛空摩尼寶王香燈大焰淸淨光明하야 充滿十方一切國土어든 於中에 普現道場衆會 是爲五十八이니라

吉祥相左邊에 有大人相하니 名示現光明雲이라 無數菩薩坐寶蓮華로 以爲莊嚴하고 放摩尼王種種間錯寶焰光明하야 普淨一切諸法界海어든 於中에 示現無量諸佛과 及佛妙音으로 演說諸法이 是爲五十九니라

吉祥相左邊에 復有大人相하니 名示現徧法界光明雲이라 摩尼寶海로 以爲莊嚴하고 放大光明하야 徧一切刹이어든 於中에 普現諸菩薩衆이 是爲六十이니라

吉祥相左邊에 復有大人相하니 名普勝雲이라 日光明摩尼王寶輪鬘으로 而爲莊嚴하고 放大光焰하야 充滿法界諸世界海어든 於中에 示現一切世界와 一切如來와 一切衆生이 是爲六十一이니라

吉祥相左邊에 復有大人相하니 名轉法輪妙音雲이라 一

切法燈淸淨香藥로 以爲莊嚴하고 放大光明하야 充滿法界어든 於中에 普現一切諸佛의 所有相海와 及以心海 是爲六十二니라
吉祥相左邊에 復有大人相하니 名莊嚴雲이라 以去來今一切佛海로 而爲莊嚴하고 放淨光明하야 嚴淨一切諸佛國土어든 於中에 普現十方一切諸佛菩薩과 及佛菩薩所行之行이 是爲六十三이니라

여래의 가슴에 거룩한 몸매가 있는데, 그 모습이 만(卍) 자와 같다. 그 이름을 '길상 바다 구름[吉祥海雲]'이라 한다.

마니주 보배 꽃으로 장엄하였고, 일체 보배 빛 가지가지 광명 불꽃 바퀴를 쏟아내어 법계에 가득하여 두루 청정케 하고, 또한 미묘한 음성을 울려 내어 광대하고 심오한 법문을 펼쳤다.

이것이 제53 거룩한 몸매이시다.

길상의 모습 오른편에 거룩한 몸매가 있다. 그 이름을 '광명을 나타내어 비추는 구름'이라 한다.

인다라 그물로 장엄하였고, 큰 광명 바퀴를 쏟아내어 법계에 가득하였다. 그 가운데에 한량없는 부처를 나타내었다.

이것이 제54 거룩한 몸매이시다.

길상의 모습 오른편에 또한 거룩한 몸매가 있다. 그 이름을 '여래를 두루 나타내는 구름'이라 한다.

여러 보살의 마니주 보배 관으로 장엄하였고, 큰 광명을 쏟아내어 시방의 모든 세계를 비추어 모두 청정케 하였다. 그 가운데에

과거·미래·현재의 부처님들이 도량에 앉아서 모두 신통한 힘을 나타내어 법 바다를 널리 선포하였다.

이것이 제55 거룩한 몸매이시다.

길상의 모습 오른편에 또한 거룩한 몸매가 있다. 그 이름을 '꽃송이 피어나는 구름'이라 한다.

마니주 보배 꽃으로 장엄하였고, 보배 향 불꽃 등불의 청정한 광명을 쏟아내었는데, 연꽃을 닮은 그 모습이 세계에 가득하였다.

이것이 제56 거룩한 몸매이시다.

길상의 모습 오른편에 또한 거룩한 몸매가 있다. 그 이름을 '즐거운 금빛 구름'이라 한다.

일체 보배 마음 창고[心王藏] 큰 마니주로 장엄하였고, 청정한 광명을 쏟아내어 법계를 두루 비췄다. 그 가운데에 부처님의 눈처럼 넓고 큰 광명이 쏟아지는 마니주 보배 광명을 나타내었다.

이것이 제57 거룩한 몸매이시다.

길상의 모습 오른편에 또한 거룩한 몸매가 있다. 그 이름을 '부처님 바다의 구름'이라 한다.

비유리 보배, 향기로운 등불 꽃타래로 장엄하였고, 허공에 가득한 마니주 보배 향기 등불의 큰 불꽃 청정한 광명을 쏟아내어 시방의 모든 국토에 가득하였다. 그 가운데 도량에 모인 대중을 나타내었다.

이것이 제58 거룩한 몸매이시다.

길상의 모습 왼편에 거룩한 몸매가 있다. 그 이름을 '광명을 나타내는 구름'이라 한다.

　수없는 보살이 보배 연꽃에 앉은 것으로 장엄하였고, 큰 마니주가 사이사이 섞인 보배 불꽃 광명을 쏟아내어 모든 법계 바다를 청정하게 하였다. 그 가운데에 한량없는 부처님과 부처님의 미묘한 음성을 나타내어 모든 법문을 연설하였다.

　이것이 제59 거룩한 몸매이시다.

　길상의 모습 왼편에 또한 거룩한 몸매가 있다. 그 이름을 '법계에 가득한 광명을 나타내는 구름'이라 한다.

　마니주 보배 바다로 장엄하였고, 큰 광명을 쏟아내어 모든 세계에 가득하였다. 그 가운데에 수많은 보살 대중을 나타내 보였다.

　이것이 제60 거룩한 몸매이시다.

　길상의 모습 왼편에 또한 거룩한 몸매가 있다. 그 이름을 '두루 훌륭한 구름'이라 한다.

　햇빛 마니왕 보배 바퀴와 화만으로 장엄하였고, 크게 빛난 불꽃을 놓아 법계의 모든 세계 바다에 가득하였다. 그 가운데에 일체 세계, 일체 여래, 일체중생을 나타내었다.

　이것이 제61 거룩한 몸매이시다.

　길상의 모습 왼편에 또한 거룩한 몸매가 있다. 그 이름을 '법륜 굴리는 미묘한 음성 구름'이라 한다.

　일체 법 등불과 청정한 향기 꽃술로 장엄하였고, 큰 광명을 쏟아내어 법계에 가득하였다. 그 가운데에 일체 부처님이 지니신 거룩한 몸매와 마음이 널리 나타났다.

이것이 제62 거룩한 몸매이시다.

길상의 모습 왼편에 또한 거룩한 몸매가 있다. 그 이름을 '장엄한 구름'이라 한다. 과거·미래·현재의 모든 부처님으로 장엄하였고, 청정한 광명을 쏟아내어 모든 부처님의 국토를 청정하게 장엄하였다. 그 가운데에 시방의 일체 부처님과 보살, 그리고 부처님과 보살이 행하였던 행이 나타났다.

이것이 제63 거룩한 몸매이시다.

● 疏 ●

初一은 當中하고 左右各五라 今初 卍字는 正翻爲吉祥海雲이니 以依形立名일세 故先標形相이오 應廻安名下면 以屬體攝하야 無違前後라 左右는 可知니라

첫째, 제53 거룩한 몸매는 중앙에 해당하고, 좌우의 가슴에 각각 5개씩의 거룩한 몸매가 있다.

첫째, 제53 거룩한 몸매에서 말한 卍字를 바로 번역하면 '길하고 상서로운 바다 구름[吉祥海雲]'이라는 뜻이다. 그 형체에 따라 그 명제를 붙인 까닭에 그 몸매를 먼저 들어 밝혔지만, 당연히 명제의 아래에 돌려 안배하면 본체에 속한 것으로, 전후 문장에 어긋난 바 없다. 좌우의 가슴에 보이는 거룩한 몸매에 대해서는 말하지 않아도 알 수 있다.

一

第十三手有十三相

13. 여래의 손에 보이는 13가지의 거룩한 몸매

經

如來右手에 有大人相하니 名海照雲이라 衆寶莊嚴하고 恒放月焰淸淨光明하야 充滿虛空一切世界어든 發大音聲하야 歎美一切諸菩薩行이 是爲六十四니라

如來右手에 復有大人相하니 名影現照耀雲이라 以毘瑠璃帝靑摩尼寶華로 而爲莊嚴하고 放大光明하야 普照十方菩薩所住蓮華藏摩尼藏等一切世界어든 於中에 悉現無量諸佛이 以淨法身으로 坐菩提樹하사 震動一切十方國土 是爲六十五니라

如來右手에 復有大人相하니 名燈焰鬘普嚴淨雲이라 毘盧遮那寶로 以爲莊嚴하고 放大光明하야 成變化網이어든 於中에 普現諸菩薩衆이 咸戴寶冠하고 演諸行海 是爲六十六이니라

如來右手에 復有大人相하니 名普現一切摩尼雲이라 蓮華焰燈으로 而爲莊嚴하고 放海藏光하야 充滿法界어든 於中에 普現無量諸佛이 坐蓮華座 是爲六十七이니라

如來右手에 復有大人相하니 名光明雲이라 摩尼焰海로 以爲莊嚴하고 放衆寶焰香焰華焰淸淨光明하야 充滿一

切諸世界網이어든 **於中**에 **普現諸佛道場**이 **是爲六十八**이니라

여래의 오른손에 거룩한 몸매가 있다. 그 이름을 '바다에 비추는 구름'이라 한다.

여러 보배로 장엄하였고, 달의 불꽃 청정한 광명이 항상 쏟아져 허공과 일체 세계에 가득하였는데, 큰 음성이 울려 나와 일체 보살의 행을 찬탄하였다.

이것이 제64 거룩한 몸매이시다.

여래의 오른손에 또한 거룩한 몸매가 있다. 그 이름을 '그림자로 나타나 비추는 구름'이라 한다.

비유리 제청 마니 보배 꽃으로 장엄하였고, 큰 광명을 쏟아내어 시방의 보살들이 머물러 있는 연화장(蓮華藏), 마니장(摩尼藏) 등 일체 세계를 비췄다. 그 가운데에 한량없는 부처님이 청정한 법신으로 보리수 아래 앉아 일체 시방의 국토를 진동함을 나타내 보여주었다.

이것이 제65 거룩한 몸매이시다.

여래의 오른손에 또한 거룩한 몸매가 있다. 그 이름을 '등불 꽃 화만으로 두루 장엄한 구름'이라 한다.

비로자나 보배로 장엄하였고, 큰 광명이 변화하여 그물을 펼쳐놓았다. 그 가운데에 보살 대중들이 모두 보배 관을 쓰고서 모든 행을 연설하는 모습을 나타내 보여주었다.

이것이 제66 거룩한 몸매이시다.

여래의 오른손에 또한 거룩한 몸매가 있다. 그 이름을 '일체 마니주를 나타내는 구름'이라 한다.

연화 불꽃 등으로 장엄하였고, 바다와 같은 광명을 쏟아내어 법계에 가득하였다. 그 가운데에 한량없는 부처님이 연화좌에 앉은 모습을 나타내 보여주었다.

이것이 제67 거룩한 몸매이시다.

여래의 오른손에 또한 거룩한 몸매가 있다. 그 이름을 '광명 구름'이라 한다.

마니주 불꽃 바다로 장엄하였고, 모든 보배 불꽃, 향 불꽃, 꽃 불꽃 청정 광명을 쏟아내어 일체 세계 그물에 가득하였다. 그 가운데에 부처님의 도량이 널리 나타났다.

이것이 제68 거룩한 몸매이시다.

● 疏 ●

分三이니 初九는 直語手相이니 右五左四者는 或左脫一하고 或表右常用故니라 而前肩則右二左三이니 相通正等이라 右中六十六에 云'成變化網'者는 光化爲網也라

이는 3부분으로 나뉜다. 앞의 9가지 거룩한 몸매는 바로 손의 모습을 말한다. 그러나 오른손은 5가지로, 왼손은 4가지로 각기 달리 말한 것은 혹 왼손에 한 가지가 빠졌거나 아니면 혹 오른손이란 항상 사용하는 중요성을 나타내기 때문으로 보인다. 앞의 어깨 부분에서 오른쪽은 2가지로, 왼쪽은 3가지로 각기 달리 말한 것과 똑

같이 상통한다.

 오른손의 제66 거룩한 몸매에서 말한 '成變化網'이란 광명이 변화하여 그물이 만들어진 것을 말한다.

經

如來左手에 有大人相하니 名毘瑠璃淸淨燈雲이라 寶地妙色으로 以爲莊嚴하고 放於如來金色光明하야 念念常現一切上妙莊嚴之具 是爲六十九니라
如來左手에 復有大人相하니 名一切刹智慧燈音聲雲이라 以因陀羅網金剛華로 而爲莊嚴하고 放閻浮檀金淸淨光明하야 普照十方一切世界 是爲七十이니라
如來左手에 復有大人相하니 名安住寶蓮華光明雲이라 衆寶妙華로 以爲莊嚴하고 放大光明호되 如須彌燈하야 普照十方一切世界 是爲七十一이니라
如來左手에 復有大人相하니 名徧照法界雲이라 以妙寶鬘寶輪寶瓶과 因陀羅網과 及衆妙相으로 以爲莊嚴하고 放大光明하야 普照十方一切國土어든 於中에 示現一切法界와 一切世界海에 一切如來 坐蓮華座 是爲七十二니라

 여래의 왼손에 거룩한 몸매가 있다. 그 이름을 '비유리 청정한 등불 구름'이라 한다.

 보배 땅의 미묘한 빛으로 장엄하였고, 여래의 금빛 광명을 쏟

아내어 한 생각 한 생각마다 언제나 일체 가장 미묘한 모든 장엄거리를 나타내었다.

이것이 제69 거룩한 몸매이시다.

여래의 왼손에 또한 거룩한 몸매가 있다. 그 이름을 '모든 세계 지혜 등불 음성의 구름'이라 한다.

인다라 그물 금강꽃으로 장엄하였고, 염부단금의 청정한 광명을 쏟아내어 시방의 모든 세계에 두루 비췄다.

이것이 제70 거룩한 몸매이시다.

여래의 왼손에 또한 거룩한 몸매가 있다. 그 이름을 '보배 연꽃에 머무는 광명 구름'이라 한다.

여러 보배 미묘한 꽃으로 장엄하였고, 수미산 등불처럼 큰 광명을 쏟아내어 시방의 모든 세계에 널리 비췄다.

이것이 제71 거룩한 몸매이시다.

여래의 왼손에 또한 거룩한 몸매가 있다. 그 이름을 '법계에 두루 비추는 구름'이라 한다.

미묘한 보배 화만, 보배 바퀴, 보배 병, 그리고 인다라 그물과 여러 미묘한 모양으로 장엄하였고, 큰 광명을 쏟아내어 시방의 모든 국토를 비추었다. 그 가운데에 일체 법계의 일체 세계 바다에 일체 여래가 연화좌에 앉아 있는 모습을 나타내 보여주었다.

이것이 제72 거룩한 몸매이시다.

● 疏 ●

左中七十二에 云 '因陀羅網爲嚴'者는 卽是網鞔之相이 互涉入故니라

왼손의 제72 거룩한 몸매에서 인다라 그물로 장엄하였다고 말한 것은 곧 손금[網鞔]의 모양이 서로 얽혀 있기 때문이다.

經

如來右手指에 有大人相하니 名現諸劫刹海旋雲이라 水月焰藏摩尼王一切寶華로 以爲莊嚴하고 放大光明하야 充滿法界어든 其中에 恒出微妙音聲하야 滿十方刹이 是爲七十三이니라
如來左手指에 有大人相하니 名安住一切寶雲이라 以帝靑金剛寶로 而爲莊嚴하고 放摩尼王衆寶光明하야 充滿法界어든 其中에 普現一切諸佛과 及諸菩薩이 是爲七十四니라

여래의 오른손가락에 거룩한 몸매가 있다. 그 이름을 '모든 겁과 세계 바다를 나타내는 돌림 구름'이라 한다.

수월(水月) 불꽃 창고 마니왕으로 된 일체 보배 꽃으로 장엄하였고, 큰 광명을 쏟아내어 법계에 가득하였다. 그 가운데에 미묘한 음성을 항상 울려 내어 시방세계에 가득하였다.

이것이 제73 거룩한 몸매이시다.

여래의 왼손가락에 거룩한 몸매가 있다. 그 이름을 '일체 보배

에 편안히 머무는 구름'이라 한다.

제청 금강 보배로 장엄하였고, 큰 마니주 보배 광명을 쏟아내어 법계에 가득하였다. 그 가운데에 일체 부처님과 보살들을 두루 나타내 보여주었다.

이것이 제74 거룩한 몸매이시다.

◉ 疏 ◉

次二는 左右指 二相이라

다음 2가지는 좌우 손가락에 보이는 2가지 거룩한 몸매이다.

經

如來右手掌에 有大人相하니 名照耀雲이라 以摩尼王千輻寶輪으로 而爲莊嚴하고 放寶光明에 其光이 右旋하야 充滿法界어든 於中에 普現一切諸佛의 一一佛身이 光焰熾然하야 說法度人하야 淨諸世界 是爲七十五니라
如來左手掌에 有大人相하니 名焰輪普增長化現法界道場雲이라 以日光摩尼王千輻輪으로 而爲莊嚴하고 放大光明하야 充滿一切諸世界海어든 於中에 示現一切菩薩이 演說普賢所有行海하야 普入一切諸佛國土하야 各各開悟無量衆生이 是爲七十六이니라

여래의 오른손바닥에 거룩한 몸매가 있다. 그 이름을 '밝게 비추는 구름'이라 한다.

큰 마니주로 만들어진 1천 살의 보배 바퀴로 장엄하였고, 보배 광명을 쏟아내자, 그 광명이 오른쪽으로 선회하면서 법계에 가득하였다. 그 가운데에 일체 부처님이 널리 나타나, 하나하나 부처님의 몸에 빛나는 불꽃이 치성하고, 법을 말하고 사람을 제도하여 모든 세계를 청정케 하였다.

이것이 제75 거룩한 몸매이시다.

여래의 왼손바닥에 거룩한 몸매가 있다. 그 이름을 '불꽃 바퀴가 두루 증장하여 법계의 도량을 변화하여 나타내는 구름'이라 한다.

햇빛처럼 빛나는 큰 마니주로 만들어진 1천 살의 바퀴로 장엄하였고, 큰 광명을 쏟아내어 모든 세계 바다에 가득하였다. 그 가운데에 일체 보살을 나타내어 보현보살의 닦았던 행을 연설하여, 일체 부처님 국토에 두루 들어가 각각 한량없는 중생을 깨우쳐주었다.

이것이 제76 거룩한 몸매이시다.

● 疏 ●

後二左右掌에 皆有千輪者는 輪에 轂·輻·輞 三事具足호되 自然成就하야 不待人功이라

뒤의 2가지 거룩한 몸매에 모두 1천 바퀴가 있는 것은 바퀴에 바퀴와 바큇살과 바퀴 테 3가지가 갖춰져 있는데, 이는 모두 절로 만들어진 것이지 사람의 노력을 필요로 하지 않았다.

第十四 陰藏一相

14. 여래의 보이지 않는 성기에 보이는 하나의 거룩한 몸매

經

如來陰藏에 有大人相하니 名普流出佛音聲雲이라 一切妙寶로 以爲莊嚴하고 放摩尼燈華焰光明에 其光이 熾盛하야 具衆寶色하야 普照一切虛空法界어든 其中에 普現一切諸佛이 遊行往來하야 處處周徧이 是爲七十七이니라

여래의 보이지 않는 성기에 거룩한 몸매가 있다. 그 이름을 '부처 음성을 두루 내는 구름'이라 한다.

일체 미묘한 보배로 장엄하였고, 마니주 등불 꽃 불꽃 광명을 쏟아내자, 그 빛이 치성하여 여러 보배 빛을 갖추어 모든 허공과 법계에 두루 비췄다. 그 가운데 일체 부처님이 왕래하면서 곳곳마다 두루 거닐었다.

이것이 제77 거룩한 몸매이시다.

● **疏** ●

陰藏一相은 猶如馬王이라

보이지 않는 성기의 거룩한 몸매는 감춰진 말의 성기와 같았다.

第十五 坐處二相

15. 여래의 볼기에 보이는 2가지의 거룩한 몸매

經

如來右臀에 **有大人相**하니 **名寶燈鬘普照雲**이라 **諸摩尼寶**로 **以爲莊嚴**하고 **放不思議寶焰光明**하야 **彌布十方一切法界**하야 **與虛空法界**로 **同爲一相**호되 **而能出生一切諸相**하야 **一一相中**에 **悉現諸佛自在神變**이 **是爲七十八**이니라

如來左臀에 **有大人相**하니 **名示現一切法界海光明彌覆虛空雲**이라 **猶如蓮華淸淨妙寶**로 **以爲嚴飾**하고 **放光明網**하야 **徧照十方一切法界**어든 **於中**에 **普現種種相雲**이 **是爲七十九**니라

여래의 오른쪽 볼기에 거룩한 몸매가 있다. 그 이름을 '보배 등 불 화만의 널리 비추는 구름'이라 한다.

여러 가지 마니주로 장엄하였고, 불가사의한 보배 불꽃 광명을 쏟아내어 시방의 일체 법계에 가득히 퍼져 허공법계와 한 모양이 되면서도 일체 모든 모양을 나타내고, 하나하나의 모양 속에 모두 부처님의 자유자재한 신통변화를 나타내 보여주었다.

이것이 제78 거룩한 몸매이시다.

여래의 왼쪽 볼기에 거룩한 몸매가 있다. 그 이름을 '일체 법계

바다의 광명을 나타내어 허공을 뒤덮는 구름'이라 한다.

　　연꽃처럼 청정한 보배로 장엄하였고, 광명 그물을 쏟아내어 시방의 모든 법계를 두루 비추었다. 그 가운데에 가지가지 모양의 구름을 나타내 보여주었다.

　　이것이 제79 거룩한 몸매이시다.

第十六 髀有二相
　　16. 여래의 넓적다리에 보이는 2가지의 거룩한 몸매

經

如來右髀에 有大人相하니 名普現雲이라 以衆色摩尼로 而爲莊嚴하고 其髀與腨이 上下相稱하야 放摩尼焰妙法光明하야 於一念中에 能普示現一切寶王의 遊步相海 是爲八十이니라
如來左髀에 有大人相하니 名現一切佛無量相海雲이라 一切寶海隨順安住로 以爲莊嚴하고 廣大遊行에 放淨光明하야 普照衆生하야 悉使希求無上佛法이 是爲八十一이니라

　　여래의 오른쪽 넓적다리에 거룩한 몸매가 있다. 그 이름을 '두루 나타내는 구름'이라 한다.

　　여러 빛깔 마니주로 장엄하였고, 넓적다리와 장딴지가 위아래

가 서로 어울리는데, 마니주 불꽃 미묘한 법 광명을 쏟아내어 한 생각의 찰나에 일체 보배왕이 노니는 몸매 바다를 두루 나타내 보여주었다.

이것이 제80 거룩한 몸매이시다.

여래의 왼쪽 넓적다리에 거룩한 몸매가 있다. 그 이름을 '모든 부처의 한량없는 몸매 바다를 나타내는 구름'이라 한다.

일체 보배 바다가 따라서 편안히 머무는 것으로 장엄하였고, 광대하게 다니면서 청정한 광명을 쏟아내어 중생에게 널리 비추어 모두 가장 존귀한 불법을 구하도록 하였다.

이것이 제81 거룩한 몸매이시다.

◉ 疏 ◉

左云隨順安住者는 髀多行動이라 故須多寶하야 隨順而嚴이라

왼쪽 넓적다리를 '隨順安住'라 말한 것은 넓적다리는 움직임이 많기에 많은 보배를 필요에 따라 장엄하였기 때문이다.

第十七 腨有三相

17. 여래의 장딴지에 보이는 3가지의 거룩한 몸매

經

如來右邊伊尼延鹿王腨에 有大人相하니 名一切虛空法

界雲이라 光明妙寶로 以爲莊嚴하니 其相이 圓直하야 善能遊步하며 放閻浮金色淸淨光明하야 徧照一切諸佛世界하며 發大音聲하야 普皆震動하며 復現一切諸佛國土住於虛空하야 寶焰莊嚴이어든 無量菩薩이 從中化現이 是爲八十二니라

如來左邊伊尼延鹿王腨에 有大人相하니 名莊嚴海雲이라 色如眞金하야 能徧遊行一切佛刹하며 放一切寶淸淨光明하야 充滿法界하야 施作佛事 是爲八十三이니라

如來寶腨上毛에 有大人相하니 名普現法界影像雲이라 其毛 右旋하고 一一毛端에 放寶光明하야 充滿十方一切法界하야 示現一切諸佛神力하며 其諸毛孔에 悉放光明하야 一切佛刹이 於中顯現이 是爲八十四니라

여래의 오른편 이니연(伊尼延) 큰사슴을 닮은 장딴지에 거룩한 몸매가 있다. 그 이름을 '일체 허공법계 구름'이라 한다.

빛나고 미묘한 보배로 장엄하였고, 그 생김새가 둥글고 곧아 잘 걸어 다니며, 염부단금 빛 청정한 광명을 쏟아내어 모든 부처님의 세계에 두루 비추었고, 큰 음성으로 널리 진동하였으며, 또한 일체 모든 부처님의 국토가 허공에 머무른 것을 나타내어 보배 불꽃으로 장엄하였는데, 한량없는 보살이 그 가운데 몸을 나타내 보여주었다.

이것이 제82 거룩한 몸매이시다.

여래의 왼편 이니연 큰사슴을 닮은 장딴지에 거룩한 몸매가

있다. 그 이름을 '장엄 바다 구름'이라 한다.

빛이 진금과 같고 일체 모든 부처님의 세계를 두루 다니며, 일체 보배의 청정한 광명을 쏟아내어 법계에 가득하여 불사를 지었다.

이것이 제83 거룩한 몸매이시다.

여래의 보배 장딴지 털에 거룩한 몸매가 있다. 그 이름을 '법계의 영상을 두루 나타내는 구름'이라 한다.

그 털이 오른쪽으로 감아 돌았으며, 하나하나 털끝마다 보배 광명을 쏟아내어 시방의 모든 법계에 가득하여 일체 부처님의 신통한 힘을 나타내었고, 그 모든 모공마다 광명이 쏟아져 일체 부처님의 세계가 그 가운데에 나타나 보였다.

이것이 제84 거룩한 몸매이시다.

● 疏 ●

第三腨毛는 通於二腨이어니와 若準晉經에 直云毛端이면 則通身一切毛也니 義應如昔인댄 則處成十九니라

셋째의 제84 거룩한 몸매에서 말한 '장딴지 털[腨毛]'이란 위에서 말한 제82, 83의 장딴지와 통하지만, 晉經에서 바로 '毛端'이라 말한 뜻에 준하여 보면 온몸에 돋아 있는 털을 말한다. 그 뜻이 예전에 말한 것과 같다면, 이의 의지처는 제19를 끝맺은 것이다.

第十八 足有十三相

18. 여래의 발에 보이는 13가지의 거룩한 몸매

經

如來足下에 有大人相하니 名一切菩薩海安住雲이라 色如金剛閻浮檀金淸淨蓮華하고 放寶光明하야 普照十方諸世界海어든 寶香焰雲이 處處周徧하야 擧足將步에 香氣周流하야 具衆寶色하야 充滿法界 是爲八十五니라

여래의 발 아래에 거룩한 몸매가 있다. 그 이름을 '일체 보살 바다의 편안히 머무르는 구름'이라 한다.

빛은 금강, 염부단금, 청정한 연꽃과 같고, 보배 광명을 쏟아내어 시방의 모든 세계 바다를 널리 비춰주었다. 보배 향 불꽃 구름이 간 데마다 두루 가득하여 발을 들어 걸을 적에 온통 향기가 풍겨 흐르며, 모든 보배 빛이 갖추어져 법계에 가득하였다.

이것이 제85 거룩한 몸매이시다.

● **疏** ●

通分爲七이니 初 足下一相은 畧無左右로되 而晉經 足跌之後에 別有足下千輻輪相하니 此必合有니라 故後品에 明足下輪相하야 名普照王이라 今經 '千輪'之言은 乃在指間이니 或以常明은 易知어니와 指間 有異일새 故擧之耳라 名安住者는 以足下安平하야 一切著地에 不容針故니라

발의 전체는 7단락으로 나뉜다.

첫째는 발의 아래 하나의 모습은 왼쪽인지 오른쪽인지 이를 언급하지 않았지만, 晉經에서 발등[足趺]의 뒤에 별개로 발의 아래 '1천 바퀴살로 만들어진 바퀴의 모습[千輻輪相]'이 있다. 여기에 반드시 있어야 할 부분이다. 따라서 뒤의 품에서 발바닥의 눈금 모습[足下輪相]을 밝히면서 '普照王'이라 이름 붙였다. 이 화엄경에서 '千輪'이라는 말은 이에 손가락 사이[指間]에 쓰여 있다. 이는 혹시 언제나 밝은 것은 쉽게 알 수 있지만, 손가락 사이는 차이가 있기 때문에 이를 들어 말한 것이다.

이의 명호[一切菩薩海安住雲]에서 安住라 이름 붙인 것은 발바닥이 평평하여 모두 땅에 달라붙어 바늘 하나 들어갈 수 없기 때문이다.

經

如來右足上에 有大人相하니 名普照一切光明雲이라 一切衆寶로 以爲莊嚴하고 放大光明하야 充滿法界하야 示現一切諸佛菩薩이 是爲八十六이니라

如來左足上에 有大人相하니 名普現一切諸佛雲이라 寶藏摩尼로 以爲莊嚴하고 放寶光明하야 於念念中에 現一切佛神通變化와 及其法海하야 所坐道場에 盡未來際劫토록 無有間斷이 是爲八十七이니라

여래의 오른발 위에 거룩한 몸매가 있다. 그 이름을 '모든 것에 두루 비추는 광명 구름'이라 한다.

일체 보배로 장엄하였고, 큰 광명을 쏟아내어 법계에 가득하여 일체 모든 부처님과 보살들을 나타내 보여주었다.

이것이 제86 거룩한 몸매이시다.

여래의 왼발 위에 거룩한 몸매가 있다. 그 이름을 '일체 부처님을 나타내는 구름'이라 한다.

보배 창고 마니주로 장엄하였고, 보배 광명을 쏟아내어 한 생각 한 생각마다 모든 부처님의 신통변화와 법 바다를 나타내어, 그 앉았던 도량이 미래 세월이 다하도록 끊임이 없었다.

이것이 제87 거룩한 몸매이시다.

● 疏 ●

二는 足 上이라

둘째는 발 위의 거룩한 몸매이다.

經

如來右足指間에 有大人相하니 名光照一切法界海雲이라 須彌燈摩尼王千輻焰輪으로 種種莊嚴하고 放大光明하야 充滿十方一切法界諸世界海어든 於中에 普現一切諸佛의 所有種種寶莊嚴相이 是爲八十八이니라

如來左足指間에 有大人相하니 名現一切佛海雲이라 摩尼寶華香焰燈鬘一切寶輪으로 以爲莊嚴하고 恒放寶海淸淨光明하야 充滿虛空하야 普及十方一切世界어든 於

中에 示現一切諸佛과 及諸菩薩의 圓滿音聲卍字等相하야 利益無量一切衆生이 是爲八十九니라

여래의 오른 발가락 사이에 거룩한 몸매가 있다. 그 이름을 '빛이 일체 법계 바다에 비추는 구름'이라 한다.

수미산처럼 커다란 마니주로 만들어진 1천 바큇살 불꽃 바퀴로 가지가지 장엄하였고, 큰 광명을 쏟아내어 시방 일체 법계의 세계 바다에 가득하였다. 그 가운데 일체 부처님이 지니신 갖가지 보배로 장엄한 모양을 나타내 보여주었다.

이것이 제88 거룩한 몸매이시다.

여래의 왼 발가락 사이에 거룩한 몸매가 있다. 그 이름을 '일체 부처 바다를 나타내는 구름'이라 한다.

마니주 보배 꽃, 향기 불꽃 등불 화만과 일체 보배 바퀴로 장엄하였고, 보배 바다의 청정한 광명을 항상 쏟아내어 허공에 가득하여 시방의 일체 모든 세계에 두루 미치었다. 그 가운데 일체 모든 부처님과 보살들을 나타내어 원만한 음성과 만(卍) 자 모양으로 한량없는 중생에게 이익을 베풀었다.

이것이 제89 거룩한 몸매이시다.

◉ 疏 ◉

三은 足指間이라

셋째는 발가락 사이의 거룩한 몸매이다.

如來右足跟에 有大人相하니 名自在照耀雲이라 帝靑寶
末로 以爲莊嚴하고 常放如來妙寶光明에 其光이 妙好
하야 充滿法界하야 皆同一相이라 無有差別이어든 於中에
示現一切諸佛이 坐於道場하사 演說妙法이 是爲九十이
니라

如來左足跟에 有大人相하니 名示現妙音演說諸法海
雲이라 以變化海摩尼寶와 香焰海須彌華摩尼寶와 及毘
瑠璃로 而爲莊嚴하고 放大光明하야 充滿法界어든 於中
에 普現諸佛神力이 是爲九十一이니라

여래의 오른 발꿈치에 거룩한 몸매가 있다. 그 이름을 '자유자
재하게 비추는 구름'이라 한다.

제청 보배 가루로 장엄하였고, 여래의 미묘한 보배 광명을 항
상 쏟아내어 법계에 가득하여 모두가 하나의 모양으로 차별이 없
었다. 그 가운데 일체 모든 부처님이 도량에 앉아서 미묘한 법을
연설하는 모습을 나타내 보여주었다.

이것이 제90 거룩한 몸매이시다.

여래의 왼 발꿈치에 거룩한 몸매가 있다. 그 이름을 '미묘한 음
성을 나타내어 법 바다를 연설하는 구름'이라 한다.

변화하는 바다, 마니 보배 향 불꽃 바다, 수미꽃 마니 보배, 비
유리로 장엄하였고, 큰 광명을 쏟아내어 법계에 가득하였다. 그 가
운데에 여러 부처님의 신통한 힘을 나타내 보여주었다.

이것이 제91 거룩한 몸매이시다.

◉ 疏 ◉

四는 足跟이라

넷째는 발꿈치의 거룩한 몸매이다.

經

如來右足趺에 有大人相하니 名示現一切莊嚴光明雲이라 衆寶所成으로 極妙莊嚴하고 放閻浮檀金色淸淨光明하야 普照十方一切法界하니 其光明相이 猶如大雲하야 普覆一切諸佛道場이 是爲九十二니라
如來左足趺에 有大人相하니 名現衆色相雲이라 以一切月焰藏毘盧遮那寶와 因陀羅尼羅寶로 而爲莊嚴하고 念念遊行諸法界海하야 放摩尼燈香焰光明하니 其光이 徧滿一切法界 是爲九十三이니라

여래의 오른쪽 발등에 거룩한 몸매가 있다. 그 이름을 '모든 장엄을 나타내는 광명 구름'이라 한다.

수많은 보배로 만들어진 것으로 지극히 미묘하게 장엄하였고, 염부단금 빛 청정한 광명을 쏟아내어 시방의 일체 법계에 비추었다. 그 광명의 모습이 큰 구름처럼 일체 부처님의 도량을 모두 덮어주었다.

이것이 제92 거룩한 몸매이시다.

여래의 왼쪽 발등에 거룩한 몸매가 있다. 그 이름을 '모든 빛깔 나타내는 구름'이라 한다.

일체 달의 불꽃 창고인 비로자나 보배, 인다라니라 보배로 장엄하였고, 한 생각 한 생각의 찰나에 법계 바다를 노닐면서, 마니주등 향기 불꽃 광명을 쏟아내자, 일체 모든 법계에 가득하였다.

이것이 제93 거룩한 몸매이시다.

◉ 疏 ◉

五는 足趺라

다섯째는 발등의 거룩한 몸매이다.

經

如來右足四周에 有大人相하니 名普藏雲이라 因陀羅尼羅金剛寶로 以爲莊嚴하고 放寶光明하야 充滿虛空이어든 於中에 示現一切諸佛이 坐於道場摩尼寶王師子之座 是爲九十四니라
如來左足四周에 有大人相하니 名光明徧照法界雲이라 摩尼寶華로 以爲莊嚴하고 放大光明하야 充滿法界하니 平等一相이라 於中에 示現一切諸佛과 及諸菩薩의 自在神力하야 以大妙音으로 演說法界無盡法門이 是爲九十五니라

여래의 오른발 사방 둘레에 거룩한 몸매가 있다. 그 이름을 '두

169

루 갈무리한 구름'이라 한다.

　인다라니라 금강 보배로 장엄하였고, 보배 광명을 쏟아내어 허공에 가득하였다. 그 가운데에 일체 부처님이 도량의 마니주로 만든 사자좌에 앉아 계심을 나타내 보여주었다.

　이것이 제94 거룩한 몸매이시다.

　여래의 왼발 사방 둘레에 거룩한 몸매가 있다. 그 이름을 '광명이 법계에 두루 비추는 구름'이라 한다.

　마니 보배 꽃으로 장엄하였고, 큰 광명을 쏟아내어 법계에 가득하니 평등하여 하나의 모양이었다. 그 가운데 일체 부처님과 보살의 자유자재한 신통한 힘을 나타내어 우렁차고 미묘한 음성으로 법계의 그지없는 법문을 연설하였다.

　이것이 제95 거룩한 몸매이시다.

● 疏 ●

六은 足四周라 因陀羅尼羅者는 此云帝青이라

　여섯째는 발 사방 주위의 거룩한 몸매이다.

　'인다라니라'란 중국에서는 帝青의 뜻으로 말한다.

如來右足指端에 有大人相하니 名示現莊嚴雲이라 甚可愛樂閻浮檀清淨眞金으로 以爲莊嚴하고 放大光明하야 充滿十方一切法界어든 於中에 示現一切諸佛과 及諸

菩薩의 無盡法海와 種種功德과 神通變化 是爲九十六이니라

如來左足指端에 有大人相하니 名現一切佛神變雲이라 不思議佛光明月焰普香摩尼寶焰輪으로 以爲莊嚴하고 放衆寶色淸淨光明하야 充滿一切諸世界海어든 於中에 示現一切諸佛과 及諸菩薩이 演說一切諸佛法海 是爲九十七이니라

여래의 오른 발가락 끝에 거룩한 몸매가 있다. 그 이름을 '장엄을 나타내는 구름'이라 한다.

매우 사랑스럽고 청정한 염부단진금으로 장엄하였고, 큰 광명을 쏟아내어 시방 일체 법계에 가득하였다. 그 가운데에 일체 모든 부처님과 보살들의 그지없는 법 바다, 가지가지 공덕, 신통변화를 나타내 보여주었다.

이것이 제96 거룩한 몸매이시다

여래의 왼 발가락 끝에 거룩한 몸매가 있다. 그 이름을 '모든 부처의 신통변화를 나타내는 구름'이라 한다.

불가사의한 부처님의 광명, 달 불꽃 넓은 향기, 마니 보배 불꽃 바퀴로 장엄하였고, 여러 보배 빛 청정한 광명을 쏟아내어 모든 세계 바다에 가득하였다. 그 가운데 일체 모든 부처님과 보살들이 일체 불법의 바다 연설하는 것을 나타내 보여주었다.

이것이 제97 거룩한 몸매이시다.

◉ 疏 ◉

七은 足指端이라 上六이 各左右爲二니 文顯可知니라

上來에 畧列九十七相이니 次第數名을 譯者安置호되 旣不說盡이니 豈不盈百가 足下 闕一하고 脣齶不開하니 設合此二라도 六根皆辨에 耳何獨殊아 若加兩耳와 及足下一이면 則圓百數라 以顯無盡이니 豈不妙哉아 況此中所列이 於三十二에 尙有未盡이니 豈普賢力이 不及百耶아 晉經有遺하야 但九十四오 亦無次第之數니 故知九十七數 不在生情하야 配屬諸法이라

일곱째는 발가락 끝의 거룩한 몸매이다.

위의 6가지 거룩한 몸매는 각각 좌우로 2가지씩이다. 경문의 뜻이 분명하여 설명하지 않아도 알 수 있다.

위에서 간단하게 97가지의 거룩한 몸매를 나열하였다. 차례의 숫자와 명칭은 이의 번역자가 마련한 것으로, 이처럼 설명이 미진한 부분이 있다. 어찌 1백의 숫자를 채우지 못할 턱이 있겠는가. 발바닥에서는 하나를 빠뜨렸고, 입술과 잇몸을 나누어 보지 않았다. 설령 입술과 잇몸 2가지를 합한다 할지라도 육근을 모두 논변함에 있어 귀는 어찌하여 유독 다른 부위와는 달리 말하지 않았는가. 만일 두 귀와 발바닥의 하나를 더하면 바로 1백이라는 수효가 원만하게 이뤄지는 것이다. 1백이라는 수효를 통하여 無盡함을 나타낼 수 있으니, 어찌 미묘하지 않겠는가. 하물며 여기에서 나열한 바 32가지의 상호에도 오히려 미진한 부분이 있다. 어찌 보현의 힘이 1백이라는 수효를 언급하지 못할 턱이 있겠는가. 晉經에서도

누락된 부분이 있어 94가지 상호에 그칠 뿐이며, 또한 거룩한 몸매를 말한 말미에 차례의 수효를 전혀 언급한 바 없다. 따라서 97가지 상호의 수효는 마음을 내어 모든 법에 배속하지 않았음을 알 수 있다.

第三 結畧顯廣
제3. 간단하게 끝맺으면서 드넓은 의미를 밝히다

經

佛子여 **毘盧遮那如來** 有如是等**十華藏世界海微塵數大人相**하사 一一**身**分에 **衆寶妙相**으로 **以爲莊嚴**하시니라

불자여, 비로자나여래는 이러한 열 화장세계 바다의 티끌 수처럼 수많은 거룩한 몸매가 있어, 하나하나의 몸에 수많은 보배의 미묘한 모양으로 장엄하셨다.

◉ 疏 ◉

別說難周일세 故須結畧하고 非畧能盡일세 故須顯廣이라 一華藏塵도 相已無邊이온 況十華藏가 則無盡無盡이니 非普眼者면 安能覩歟아 旣三十二相은 權實不同하야 互有互無일세 故不會釋이라 如來十身相海 竟하다

하나하나 개별로 모두 설명하기 어렵기에 간단하게 끝맺고자

하였지만, 간단하게 끝맺을 수도 없는 일이기에 반드시 광범위하게 밝혀야 할 필요성이 있다.

하나의 화장세계 티끌도 그 모습이 끝이 없으련만, 하물며 열 화장세계 바다의 티끌 수야 오죽하겠는가. 이는 그지없고 그지없음을 말한다. 널리 볼 수 있는 안목을 지닌 이가 아니면 어떻게 이처럼 볼 수 있겠는가. 이미 32相에 대해 權敎와 實敎의 의견이 똑같지 않아 서로 있기도 하고 서로 없기도 하기에 회통하여 해석하지 않는다.

여래십신상해품을 끝마치다.

여래십신상해품 제34 如來十身相海品 第三十四
화엄경소론찬요 제83권 華嚴經疏論纂要 卷第八十三

화엄경소론찬요 제84권
華嚴經疏論纂要 卷第八十四

◉

여래수호광명공덕품 제35
如來隨好光明功德品 第三十五

初 大意三段

1. 대의

이는 유래한 뜻, 품명의 해석, 종취 3단락이다.

● 疏 ●

初來意者는 前品은 明相이오 此品은 辨好니 相·好 雖殊나 俱用嚴身이니 以答前身及眼等과 兼自在問이라
好依相有라 德劣於相일새 故次明之니라 劣德之用이 用成頓益하나니 翻顯大相이 德難思矣니라

(1) '유래한 뜻'이란 앞의 제34 여래십신상해품에서는 부처님의 거룩한 몸매[相]를 밝혔고, 이 품에서는 부처님의 거룩한 몸매 가운데서 다시 세밀하게 좋은 부분[好]을 말하였다. '거룩한 몸매와 세밀하게 좋은 부분[相·好]'은 비록 다른 뜻으로 쓰이지만, 모두 이로써 부처님의 몸을 장엄하였다. 이로써 앞서 말한 '부처님의 몸 및 눈 등과 겸하여 자재의 물음'에 답하였다.

세밀하게 좋은 부분[好]은 거룩한 32가지의 몸매[相]를 따라 존재하는 것이다. 그 세밀하게 좋은 부분의 공덕이 거룩한 32가지의 몸매에 견주어 미치지 못한 까닭에 다음으로 이를 밝혔다.

세밀하게 좋은 부분의 다소 용렬한 공덕의 작용만으로도 단번에 이익을 성취하기에, 거룩한 몸매의 위대한 공덕이 그 얼마만큼 불가사의한 것인가를 거꾸로 밝힌 것이다.

二 釋名者는 如來는 標人表德이오 隨好等은 顯德依人이니 隨好는 是體니 隨逐大相하야 益姿好故며 光明者는 用이오 功德者는 德이란 謂從好發光에 光能益物이니 顯好之德일세 故以爲名이라 如來之 隨好等이며 亦如來有隨好等이 通二釋也니라

(2) '품명의 해석'이란 '如來' 2글자는 그 사람을 내세워 공덕을 밝혔고,

'隨好' 등은 공덕이 그 사람의 거룩한 32가지의 몸매에 의지함을 밝혔는데, 隨好는 본체이다. 이는 거룩한 몸매를 따라 더욱 그 자태가 아름다움을 더하기 때문이다.

'光明'이란 작용이며,

'功德'이란 德은 거룩한 몸매로부터 광명이 발산함에 그 광명이 중생에게 이익을 주니, 거룩한 몸매의 공덕을 밝히고자, 이를 품명으로 삼은 것이다.

여래의 아름다움은 거룩한 몸매를 따라 광명을 쏟아냈음을 말하며, 또한 여래에게 아름다운 몸매를 따라 광명을 쏟아내는 공덕이 있다는 것으로, 2가지 해석에 모두 통한다.

三宗趣者는 明好勝德으로 爲宗이오 令物敬修로 爲趣니라

(3) '종취'란 아름다운 몸매에 훌륭한 공덕을 밝히는 것으로 종지를 삼고,

중생으로 하여금 존경하고 수행하도록 하는 것으로 나아갈 바를 삼는다.

◉ 論 ◉

將釋此品에 約立四門호리니 一은 釋品名目이오 二는 釋品來意오 三은 釋能說法主오 四는 隨文釋義니라

품의 해석은 간추려 4단락으로 나누고자 한다.

⑴ 품의 명목을 해석하였고,

⑵ 품의 유래한 뜻을 해석하였으며,

⑶ 설교의 주체를 해석하였고,

⑷ 경문을 따라 그 의의를 해석하였다.

一은 釋品名目는 何故로 名爲隨好光明功德者오 明前品에 已明十身相海 有十蓮華藏世界微塵數相海로 莊嚴其身일세 此品은 約其佛身相中에 隨相無性功德故니 以約行報得하야 成大人之相이오 隨行法身之理智로 以成光明故로 以立品名故니 以隨行破煩惱之妙理智慧 以成報相之光이라

'⑴ 품의 명목을 해석한다.'는 것은 무엇 때문에 품명을 '隨好光明功德'이라 하였는가이다. 앞의 제34 여래십신상해품에서 이미 10가지 몸의 거룩한 몸매가 '10연화장세계 미진수의 거룩한 몸매'로 그 몸을 장엄하였음을 밝혔기에, 이 품에서는 부처님 몸의 그 거룩한 몸매를 따르되 자성이 없는 공덕으로 말하였기 때문이다. 이는 수행의 과보에 의해 거룩한 몸매를 성취하고, 수행을 따른 법신의 진리와 지혜로써 광명을 성취한 까닭에 이를 품명으로 내세운 것이다. 이는 수행을 따라 번뇌를 타파해 주는 미묘한 진리의 지혜가 과보로 얻어온 거룩한 몸매의 광명을 성취하였음을 밝

했다.

二 釋品來意者는 明前品大人之相은 約如來行生報得일세 故로 卽令普賢說이니 爲普賢行이 是一切諸佛行故오 此隨好光明은 明法身根本智 無性隨行하야 無體無相功德으로 以爲光明하야 能大利物일세 還以無形質無體性光으로 照有緣이 如無形質天鼓音聲說法하야 令解脫故라 此品이 須來니라 然雖理行이 無二하야 同爲一體나 今約感果利物之殊일세 不可無其次第라

'(2) 품의 유래한 뜻을 해석한다.'는 것은 앞의 여래십신상해품에서 거룩한 몸매는 여래의 행으로 생겨난 과보에 의한 것임을 말한 까닭에 이를 보현보살로 하여금 말하게 한 것이다. 이는 보현행이 일체 제불의 행임을 밝혔기 때문이며, 거룩한 몸매를 따라 쏟아지는 광명은 법신 根本智가 자성이 없이 행함을 따라 자체가 없고 모양이 없는 공덕으로 광명이 성취되어 중생에게 큰 이익이 된다.

따라서 형질이 없고 체성이 없는 광명으로써 인연이 있는 중생을 비춰줌이 마치 형질이 없는 하늘의 북소리로 설법하여, 그들로 하여금 해탈을 얻게 하는 것과 같다는 점을 밝힌 것이다. 이 때문에 이 품을 여기에 쓰게 된 것이다.

그러나 진리와 수행이 둘의 차이가 없어 하나라고 하지만, 여기에서는 과보로 얻은 것과 중생에게 이익을 주는 차이점을 따라 말한 까닭에 그에 따른 차례가 없지 않다.

三 釋說敎之主者는 明如是妙理之果에 寶手 是引接義故니 表以法身妙慧性光으로 引接一切衆生故라 立此品에 何故로 如來

自說고 如來 自說此品者는 明佛果中二愚니 一은 數法廣大愚오 二는 隨好光明功德愚라 此二位法은 非諸菩薩智所及이오 至佛果滿方明이니 以理智法身은 但與行作無依之體하야 達妄之緣이오 其行中所感功德之相은 即屬普賢行成하야 即普賢自行報生일새 還令普賢으로 自說自行報終之果어니와 阿僧祇品은 是數法廣大오 隨好光明功德品은 是法身智身自體無性無依功德故니 此二法은 皆非依行作得이라 不由普賢行之所及故며 但與行爲依止故로 是當普賢行滿佛果位終之法이라 是故로 如來自說이시니 明當位에 自說自位法門하야 令後學者로 不惑故라

'(3) 설교의 주체를 해석한다.'는 것은 이와 같은 미묘한 진리의 결과를 보수보살이 맞이한다는 뜻임을 밝혔기 때문이다. 이는 법신의 미묘한 지혜의 자성 광명으로 일체중생을 맞이하기 때문이다.

이 품을 세울 때에 무슨 이유로 여래께서 스스로 말씀하였을까? 여래께서 이 品을 스스로 말씀하신 것은 佛果의 가운데 2가지 어리석음을 밝힌 것이다.

첫째는 數法이 광대함을 알지 못하는 어리석음과

둘째는 隨好光明功德을 알지 못하는 어리석음 때문이다.

이런 지위의 법은 모든 보살의 지혜로 알 수 있는 바가 아니다. 佛果가 원만한 지위에 이르러야 비로소 이를 밝힐 수 있다. 진리 지혜의 법신은 단 行과 의지하는 데 없는 본체로서 그릇된 생각의 인연을 통달하고, 그러한 행으로 얻어진 거룩한 공덕의 몸매는 普賢行 성취에 속하여, 곧 보현보살 스스로가 행한 데에서 얻어진 과

보로 생겨난 것이다. 따라서 도리어 보현보살로 하여금 스스로 행한 데에서 얻어진 과보를 그 스스로 말하게 한 것이지만, 제30 아승지품은 數法이 광대하며, 여래수호광명공덕품은 法身과 智身의 자체가 자성이 없고 의지가 없는 공덕이기 때문이다.

이러한 2가지 법은 모두 행에 의해 만들어진 게 아니라, 보현행의 미치는 바에서 연유하지 않기 때문이며, 다만 행과 의지가 되는 까닭에 보현행이 원만한 佛果의 끝 지위의 법에 상당하는 것이다. 이 때문에 여래 스스로 말씀하신 것이다. 이는 해당 지위에서 자신의 지위에 관한 법문을 스스로 말하여 후학으로 하여금 미혹하지 않도록 함을 밝힌 까닭이다.

次釋文
中二니 先畧 後廣이라
畧中二니 先은 標果好요 二는 擧因對顯이라
今은 初라

2. 경문의 해석

이는 2단락으로 나뉜다.

제1. 간략히 논변하였고,

제2. 자세히 논변하였다.

'제1. 간략히 논변한' 부분은 다시 2단락으로 나뉜다.

(1) 과보에 의한 아름다움을 밝혔고,

⑵ 원인을 들어 상대로 밝혔다.

이는 '⑴ 과보에 의한 아름다움'이다.

經

爾時에 世尊이 告寶手菩薩言하사대 佛子여 如來應正等覺이 有隨好하니 名圓滿王이오 此隨好中에 出大光明하니 名爲熾盛이라 七百萬阿僧祇光明으로 而爲眷屬하니라

그때, 세존께서 보수보살에게 말씀하셨다.

"불자여, 여래·응공(應供)·정등각(正等覺)에게 아름다운 모습이 있는데, 그 이름을 '원만왕'이라 한다.

이처럼 아름다운 모습에서 큰 광명이 쏟아져 나오는데, 그 이름을 '치성(熾盛)'이라 한다.

7백만 아승지 광명으로 권속을 삼았노라.

● 疏 ●

佛自說者는 有二意故라 一은 僧祇는 因終이오 此品은 果極이라 故二皆佛說이며 二는 好用劣相이나 而用難思하야 恐物不信일새 故佛自說이라

告寶手者도 亦有二義하니 一은 說手隨好에 彼主此門故오 二는 令當寶重하야 起信手故니라 有隨好者는 總相擧也니 卽足下之好니 與後名同故니라 德用周備일새 故云圓滿이오 攝益自在最勝을 名王이오 光名熾盛者는 如日具德이라 由此復能攝諸眷屬이니 百

萬等은 顯多니라 復云七者는 淨七支하고 修七覺하고 照七地故니라
【鈔_ 照七地者는 一은 種性地요 二는 勝解行地요 三은 淨勝意樂地니 卽是初地요 四는 正行地니 從二地至七地요 五는 決定地니 八地요 六은 決定行地니 九地요 七은 到究竟地니 從十地로 至如來地니라】

부처님이 스스로 말씀하신 것은 2가지 의의가 있기 때문이다.

① 제30 아승지품은 因位의 끝이요, 이 품은 果位의 끝이기에, 2품에서 모두 부처님이 스스로 말씀하신 것이며,

② 아름다운 모습이 거룩한 32가지의 몸매보다는 못하지만, 그 작용이 불가사의하여 중생이 믿지 않을까 두려운 마음에 부처님이 스스로 말씀하신 것이다.

보수보살에게 말한 것 또한 2가지 의의가 있기 때문이다.

① 손의 아름다움을 말함에 그가 이 법문의 법주이기 때문이며,

② 그로 하여금 당연히 귀중히 여겨 '믿음의 손[信手]'을 일으키게 하기 위한 때문이다.

80가지의 아름다움이 있다는 것은 총체의 아름다운 모습을 들어 말한 것이다. 이는 곧 발바닥[足下]의 아름다움이다. 뒤에서 말한 바와 그 이름이 똑같기 때문이다.

공덕의 작용이 두루 갖춰져 있는 까닭에 그 명호를 '圓滿'이라 말하고,

중생을 모두 받아들인 이익이 자재한 까닭에 '王'이라 이름 붙였다.

광명을 '熾盛'이라 명명한 것은 태양과 같은 공덕이 있기 때문이다. 이런 연유로 또한 모든 권속을 받아들일 수 있다.

'백만' 등이라는 수효는 많음을 나타낸 것인데, 이에 다시 '七'을 말한 것은 七支[身三·口四의 악업. 身三의 殺生·偸盜·邪淫, 口四의 妄言·綺語·惡口·兩舌 등. 七惡支分]를 청정하게 하고, 七覺[七覺支: 念覺支, 擇法覺支, 精進覺支, 喜覺支, 輕安覺支, 定覺支, 捨覺支]을 닦으며, 七地를 비춰주기 때문이다.【초_ '照七地'란 ① 種性地, ② 勝解行地, ③ 淨勝意樂地, 즉 初地. ④ 正行地, 二地에서 七地까지. ⑤ 決定地, 즉 八地. ⑥ 決定行地, 즉 九地. ⑦ 到究竟地, 十地로부터 如來地이다.】

―

第二. 擧因對顯

(2) 원인을 들어 상대로 밝히다

經

佛子여 我爲菩薩時에 於兜率天宮에 放大光明하니 名光幢王이라 照十佛刹微塵數世界하니
彼世界中에 地獄衆生이 遇斯光者는 衆苦休息하야 得十種淸淨眼하고 耳鼻舌身意도 亦復如是하야 咸生歡喜하야 踊躍稱慶하며
從彼命終하야 生兜率天하니 天中에 有鼓호되 名甚可愛

樂이라 彼天生已에 此鼓發音하야 而告之言호되 諸天子야 汝以心不放逸하야 於如來所에 種諸善根하며 往昔에 親近衆善知識하며 毘盧遮那의 大威神力으로 於彼命終하야 來生此天하니라

불자여, 내가 보살이었을 적에 도솔천궁에서 큰 광명을 쏟아냈는데, 그 이름을 '광당왕(光幢王)'이라 하였다. 그 광명은 열 부처 세계의 티끌 수처럼 수많은 세계를 비추었다.

그 세계의 지옥 중생으로서 이런 광명을 본 자들은 많은 고통이 사라지고, 열 가지 청정한 눈을 얻었으며, 귀·코·혀·몸·뜻도 그와 같아 모두가 즐거운 마음으로 날뛰며 좋아하였다.

그곳에서 그들의 목숨이 다한 후에는 도솔천에 태어났다. 그 하늘에 북이 있는데, 그 북의 이름을 '많은 사랑과 즐거움을 주는 북'이라 하였다.

그들이 도솔천에서 태어나자, 그 북이 소리를 내어 그들에게 말하였다.

'여러 천자여, 그대들은 마음을 방일하지 않고서, 여래가 계신 도량에서 많은 선근을 심었으며, 옛적에 여러 선지식을 가까이하였기에 비로자나불의 큰 위엄과 헤아릴 수 없는 신통력으로 지옥에서 목숨을 마치고 이 도솔천에 태어나게 된 것이다.'

● 疏 ●

擧因對顯者는 爲顯勝故니라

此有數重하니

一은 以相德深廣하야 言不能備일세 故置之說好오

二는 好德復多하니 以三十二相에 旣有八十隨好하니 十蓮華藏之相은 好彌多矣일세 且擧其一이오

三은 一中置勝하고 但說劣者일세 故明足下오

四는 足下一好 復有多光일세 但說一光이오

五는 果位一光도 亦不可說일세 故寄因顯이니 因光成益도 三重頓圓이온 況果一光이 如是展轉하고 況於諸相이며 況復總說가 如來 諸德 果海絕言도 亦斯義矣라

文中二니 先은 光照分齊니 卽前圓滿好中放光일세 故不別標放處오 而非前光은 好具多光故니라

後'彼世界'下는 光所成益이라

於中二니 先은 令離苦하야 淨宿善益이라

後'從彼命'下는 轉報生天하야 得聞法益이라

於中에 初는 示宿因이니 謂昔近善友일세 必聞普法하야 成金剛種이라 心不放逸은 顯曾修行이오 種諸善根은 通見聞等이라 次'毘盧'下는 顯其現緣이오 後'於彼'下는 結因屬果니 文從畧故로 結屬生天이언정 理實息苦와 及淨眼等이 皆由此因緣也니 是知佛光等照나 不種善因이면 無斯勝益이라 何以一光이 頓成斯益고 無盡功德之所顯故며 純淨法界之所流故니라 非如權敎 八十隨好 但嚴於形하야 生信而已니라 此中에 畧無墮獄之因하니 謂雖修乘이나 戒行寬故니라【鈔_ '謂雖修乘'者는 初地已引이로되 別有一解하니 以全

悟意라 往昔에 親近衆善知識하고 親近法華涅槃經等衆善知識하야 心不放逸하고 顯曾修行하야 依諸經修行이라가 後聞此經因該果海와 果徹因源하고 便生毁謗이라 故墮地獄이로되 由聞歷耳하야 種金剛種하야 以爲宿因이라 毘盧遮那大威神力으로 以爲現緣하야 因緣相資하야 頓升十地等이라하니 據此면 即非是戒緩으로 墮於地獄이라

故十地品에 云'雖此衆淨廣智慧하며 甚深明利能決擇하며 其心不動如山王하며 不可傾覆猶大海나 有行未久(十生五生)解未得(未有華嚴圓融之解)하야 隨識而行不隨智라 聞此生疑墮惡道하나니 我愍是等故不說이로라'하니 此即是生疑墮地獄이라

又偈讚品에 云'如來廣大身이 究竟於法界실세 不離於此座하고 而徧一切處로다 若聞如是法하고 恭敬信樂者는 永離三惡道의 一切諸苦難이로다'

釋曰 定知不是戒緩이라

又出現品에 云'如乾草積等須彌라도 投芥子火悉燒盡인달하야 供養諸佛少功德도 必斷煩惱至涅槃이로다' 何以故오 性究竟故니라 全悟는 雖是後輩나 不忍見疏 失於經意라 所以扶同拯敎 異於古人이나 緣疏已行이라 不可改疏니 請後賢審詳이어다】

"원인을 들어 상대로 밝혔다."는 것은 훌륭함을 나타내기 위함이다.

여기에는 5중의 뜻으로 이루어져 있다.

① 거룩한 공덕의 몸매가 심오하고도 광대하여 말로 다할 수

없기에 그만두고 아름다운 것만을 말하였고,

② 아름다운 모습의 공덕 또한 많다. 거룩한 32가지의 몸매에 이미 80가지의 아름다움이 담겨 있다. '十蓮華藏'의 거룩한 몸매는 아름다움이 더욱 많기에 그중 하나만을 들어 말했으며,

③ 하나의 가운데 훌륭한 부분은 그만두고, 단 그보다 못난 부분을 들어 말한 까닭에 발바닥을 들어 밝혔고,

④ 발바닥의 하나의 아름다움에 또한 광명이 있기에, 여기에서 또한 그중 하나의 광명만을 들어 말했으며,

⑤ 果位의 하나의 광명마저도 또한 말로 다할 수 없기에 因位에 붙여 밝혔다. 因位 광명의 성취 이익 또한 3중을 단번에 원만케 하는데, 하물며 果位의 한 광명이 이처럼 전전하고, 하물며 수많은 거룩한 몸매이며, 하물며 다시 총체로 말한 것이야. "여래의 여러 공덕에 수많은 과보는 전혀 말을 붙일 수 없다."는 것 또한 이런 뜻이다.

경문은 2단락으로 나뉜다.

제1 단락, 광명이 비치는 부분과 한계이다. 앞서 말한 원만한 相好에서 광명이 쏟아져 나오기에 放光한 부분을 별도로 밝히지 않았고, 앞서 말한 광명이 아니라는 것은 아름다운 상호에 수많은 광명을 갖추고 있기 때문이다.

제2 단락, '彼世界' 이하는 광명의 성취 이익이 되는 대상이다. 이는 다시 2단락으로 나뉜다.

앞은 그 세계의 일체중생으로 하여금 괴로움에서 벗어나 숙세

의 선근을 청정하게 하는 이익이다.

뒤의 '從彼命' 이하는 과보가 얻은 바, 전전하여 하늘에 태어나 법문을 들을 수 있는 이익을 얻는 것이다. 그 가운데 3가지가 있다.

첫째는 숙세의 인연을 보여주는 것이다. 옛적에 선지식을 가까이한 까닭에 반드시 많은 법문을 듣고서 금강 종자를 성취함을 말한다. "마음을 방일하지 않음[心不放逸]"은 일찍이 숙세에 수행하였음을 밝힌 것이며, "많은 선근을 심었다[種諸善根]."는 것은 불법을 보고 들음 등을 모두 들어 말한 것이다.

둘째, '毘盧' 이하는 그 현재의 인연을 밝힌 것이며,

셋째, '於彼' 이하는 원인을 끝맺으면서 결과에 귀속시켜 말한 것이다.

경문을 생략하고자 하늘에 태어나는 것으로 귀결 지어 말했을 뿐, 이치는 실로 고통을 멈추는 것과 청정한 눈 등은 모두 이 인연에 의한 것이다. 이로써 부처님의 광명 등이 비칠지라도 일찍이 善因을 심지 않으면 이처럼 훌륭한 이익이란 얻을 수 없다는 사실을 알 수 있다.

어찌하여 하나의 광명이 이처럼 훌륭한 이익을 단번에 성취할 수 있는 것일까? 그지없는 공덕으로 나타난 것이기 때문이며, 순수 청정한 법계에서 흘러나온 것이기 때문이다. 따라서 權敎에서 말한 80가지의 아름다운 상호는 단 형체만을 장엄하여 신심을 내도록 하는 데에 그치는 것과는 똑같지 않다. 여기에는 지옥에 떨어지게 되는 원인에 대해 전혀 언급한 바 없다. 이는 아무리 대승을 닦

는다 할지라도 戒行이 느슨하고 늑장을 부리기 때문이다.【초_ "아무리 대승을 닦는다 할지라도…"는 初地에서 이미 인용하여 말한 바 있다. 그러나 또 다른 하나의 해석이 있다. 廣智全悟大禪師(1284~1344. 元代 임제종 大慧派 선승)의 말에 따르면 다음과 같다.

"지난 생에 수많은 선지식을 가까이하고 법화경과 열반경 등을 받드는 수많은 선지식을 가까이하면서 마음을 방일하지 않고 분명하게 일찍이 수행하고, 많은 경전에 따라 수행하다가, 훗날 화엄경에서 因位는 佛果의 바다를 갖추고 果位는 因位에 통한다는 사실을 듣고서 곧 비방과 험담을 한 까닭에 바로 지옥에 떨어졌다.

그러나 귀에 익숙하게 경전을 들어옴으로써 금강의 종자를 심어 숙세의 인연이 되었다. 이 때문에 비로자나불의 큰 위엄과 헤아릴 수 없는 신통력으로 현세의 인연을 삼았기에 인연이 서로 힘입어 곧바로 십지 등에 오르게 되었다."

위의 전오선사의 말에 따르면, 이는 계행을 방만하게 닦은 죄업으로 지옥에 떨어진 게 아니다. 이 때문에 제26 십지품에서 다음과 같이 말하였다.

"이 대중은 청정하고 지혜가 많으며, 영리하고 총명하여 잘 결정하여 선택하며, 동하지 않은 마음은 수미산과 같고 바다와 같아 기울일 수 없다. 하지만 오랫동안 수행을 이어가지 못하고(10번 태어나고 5차례 태어남) 이해가 얕아서(화엄의 원융함을 아는 이해가 없음) 알음알이만을 따를 뿐, 행하는 데에 지혜가 없다. 이러한 법을 듣고서도 의심하면 악도에 떨어지게 된다. 나는 이런 이들을 가엾이 여졌기에 더 이상 말하지 않았다."

이는 곧 의심을 품음으로써 지옥에 떨어지게 되었음을 말해주는 것이다.

또 제20 야마천궁게찬품에서 다음과 같이 말하였다.

"여래의 넓고 크신 몸이, 허공법계에 모두 두루 나타나심에도, 이 자리에서 떠나지 않고서, 일체 모든 곳에 두루 현신하셨다. 이러한 법을 듣고서, 공경하고 믿고 좋아하는 이는, 영원히 삼악도에서 모든 고난을 여의리라."

이에 대한 해석은 다음과 같다.

바로 계행이 느슨하고 늑장을 부리기 때문이 아님을 알 수 있다.

또 제37 여래출현품에서 다음과 같이 말하였다.

"마른풀 더미가 쌓여 수미산과 같을지라도, 겨자씨만큼 작은 불씨 하나로 모두 불태울 수 있는 것처럼, 부처님께 공양한 작은 공덕만으로도 모든 번뇌를 끊고 열반을 얻을 수 있다."

이는 무엇 때문일까? 자성을 지극히 다한 자리이기 때문이다.

전오선사는 비록 元代 順帝 당시에 살았던 후배이지만, 경문의 본의에 벗어난 청량소의 실수를 차마 볼 수 없었다. 이 때문에 똑같이 부지하고 불교를 구원하고자 옛사람과 달리 말했지만, 청량소는 이미 세간에 널리 유포된 이후라, 청량소의 미진한 부분을 고칠 수는 없다. 후학들이 이런 부분을 자세히 살펴보기를 바라는 바이다.】

第二廣辨

但廣於因이니 果難說故니라

文中亦二니 先은 廣淨宿善益이오 後는 廣聞法益이라

今은 初라

제2. 자세히 논변하다

단 因位에 대해 자세히 말하였을 뿐이다. 果位는 말로 설명하기 어렵기 때문이다.

경문은 또한 2단락으로 나뉜다.

[1] 숙세의 선근을 청정하게 하는 이익을 자세히 말하였고,

[2] '旣生天已' 이하는 법문을 들은 데서 얻어지는 이익을 자세히 말하였다.

이는 '[1] 숙세의 선근을 청정하게 하는 이익'이다.

經

佛子여 菩薩足下에 千輻輪이 名光明普照王이오 此有隨好하니 名圓滿王이라 常放四十種光明이어든 中有一光하니 名淸淨功德이라

能照億那由他佛刹微塵數世界하야 隨諸衆生의 種種業行과 種種欲樂하야 皆令成熟하며 阿鼻地獄極苦衆生이 遇斯光者는 皆悉命終하야 生兜率天하나니

불자여, 보살의 발바닥에 1천 바큇살로 만들어진 바퀴 문양의

493

잔금을 '광명을 두루 비추는 왕'이라 부르고, 여기에 아름다운 모습이 있는데, 그 이름을 '원만왕'이라 한다.

여기에서 항상 마흔 가지 광명이 쏟아져 나오는데, 그 가운데 한 줄기의 광명을 이름 붙여 '청정 공덕'이라 부른다.

억 나유타 부처님 세계의 티끌 수만큼 헤아릴 수 없는 세계를 비춰주는데, 모든 중생의 가지가지 업행, 가지가지 좋아하는 것을 따라 모두 성숙시켜 주며, 아비지옥에서 극심한 고통을 받는 중생이 이러한 빛줄기를 보면 모두가 목숨이 다하는 날, 도솔천에 태어나게 된다.

● 疏 ●

摧下惡趣之苦일세 放足下輪光이라 四十光者는 表四十位에 無不照故니라 '中有一'者는 置廣說畧이라 '能照'已下는 分齊過前이오 '隨諸'已下는 淨惑成德이라 故前光이 受淸淨等名이니 以重況輕일세 擧阿鼻耳라

가장 극악한 지옥의 고통을 없애주기에 발바닥의 잔금에서 광명이 쏟아져 나온 것이다.

'마흔 가지 광명'이란 40位에 비추지 않음이 없음을 밝힌 까닭이다.

'그 가운데 한 줄기의 광명'이란 자세한 부분을 그만두고 간단한 부분만을 말하였다.

'能照億那由他' 이하는 구분과 한계가 앞서 말한 부분을 넘어

섰고,

 '隨諸衆生' 이하는 미혹의 중생을 청정하게 하여 공덕을 성취함이다. 이 때문에 앞서 말한 광명의 이름을 '淸淨功德' 등이라 부르는 것이다.

 극중한 부분을 들어 가벼운 부분을 포함하여 비유한 까닭에 아비지옥을 들어 말하였다.

第二,廣聞法中에 長分爲六이라
一은 畧標勸誨요
二 '爾時諸天子'下는 聞已生疑요
三 '是時天鼓'下는 總示所因이요
四 '諸天子如我說'下는 正明勸敎요
五 '時諸天子聞是音'下는 依勸詣佛이요
六 '說是法時'下는 見聞益深이라

 [2] 법문을 들은 데서 얻어지는 이익을 자세히 말하다
 이 부분은 크게 6단락으로 나뉜다.
 1. 권면과 가르침을 간단하게 밝혔고,
 2. '爾時諸天子' 이하는 법문을 듣고서 의심을 냄이며,
 3. '是時天鼓' 이하는 원인이 되는 바를 총체로 보여주었고,
 4. '諸天子如我說' 이하는 권면과 가르침을 바로 밝혔으며,
 5. '時諸天子聞是音' 이하는 권유에 따라 비로자나불을 찾아

감이고,

6. '說是法時' 이하는 보고 들은 이익이 심오함이다.

經

旣生天已에 **聞天鼓音**하니 **而告之言**호되 **善哉善哉**라 **諸天子**야 **毘盧遮那菩薩**이 **入離垢三昧**하시니 **汝當敬禮**니라
爾時에 **諸天子 聞天鼓音**이 **如是勸誨**하고 **咸生是念**호되 **奇哉希有**여 **何因發此微妙之音**고
是時天鼓 告諸天子言호되 **我所發聲**은 **諸善根力之所成就**니라

이미 도솔천에 태어나면 이러한 하늘 북의 소리를 듣게 되는데, 북소리가 그들에게 말해주었다.

'착하고 착하다. 여러 천자여, 비로자나보살이 더러운 때를 여읜 삼매에 드셨다. 그대들은 경건한 마음으로 예배를 올리도록 하라.'

그때, 여러 천자는 하늘 북이 이처럼 권하는 소리를 듣고서, 모두가 이런 생각을 하였다.

'기이하고 보기 드문 일이다. 무슨 인연으로 이처럼 미묘한 소리를 내는 것일까?'

그때, 하늘 북은 여러 천자에게 말하였다.

'내가 울려 내는 소리는 많은 선근에 의해 이뤄진 것이다.'

◉ 疏 ◉

前三은 可知라

앞의 3가지[1. 간단한 권면, 2. 법문 들은 후의 의심, 3. 원인이 되는 총체]는 설명하지 않아도 알 수 있다.

―

四는 正明勸教니 有四라

4. 권면과 가르침을 바로 밝히다

여기에는 4가지 비유가 있다.

經

諸天子야 如我說我호되 而不著我하며 不著我所인달하야 一切諸佛도 亦復如是하야 自說是佛호되 不著於我하며 不著我所시니라
諸天子야 如我音聲이 不從東方來며 不從南西北方四維上下來인달하야 業報成佛도 亦復如是하야 非十方來니라

여러 천자여, 내가 나라고 말하여도 나에 집착하지도 않고 내 것에 집착하지도 않는 것처럼, 일체 모든 부처님도 그와 같다. 스스로 부처라 말하여도 나에 집착하지도 않고 내 것에 집착하지도 않는다.

여러 천자여, 나의 음성이 동쪽에서 나오는 것도 아니고, 남방·서방·북방과 네 곳의 간방과 위와 아래서 오는 것도 아닌 것처

럼, 업보와 성불 또한 그와 같이 시방에서 오는 것이 아니다.

◉ 疏 ◉

一은 以己喩佛의 無我無來라

(1) 자기의 몸으로, 부처님에게 자아에 집착함이 없음과 오는 곳이 없음을 비유하였다.

經

諸天子야 譬如汝等이 昔在地獄에 地獄及身이 非十方來오 但由於汝의 顚倒惡業과 愚癡纏縛하야 生地獄身이니 此無根本하야 無有來處하며
諸天子야 毘盧遮那菩薩이 威德力故로 放大光明이나 而此光明이 非十方來인달하야 諸天子야 我天鼓音도 亦復如是하야 非十方來오 但以三昧善根力故며 般若波羅蜜威德力故로 出生如是淸淨音聲하야 示現如是種種自在니라
諸天子야 譬如須彌山王에 有三十三天의 上妙宮殿種種樂具나 而此樂具 非十方來인달하야 我天鼓音도 亦復如是하야 非十方來니라

여러 천자여, 마치 그대들이 지난날 지옥에 있었을 적에, 그 지옥과 몸이 시방에서 온 것이 아니다. 다만 너희의 전도된 악업과 어리석음에 얽매여 지옥과 몸이 생겨난 것이다. 그것은 근본이 없

어 온 데도 없다.

여러 천자여, 비로자나보살이 위엄과 공덕의 힘으로 큰 광명을 쏟아냈지만, 그 광명은 시방에서 찾아온 게 아닌 것처럼, 여러 천자여, 나의 하늘 북 소리도 그와 같다. 시방에서 온 것이 아니다. 다만 삼매 선근의 힘이며, 반야바라밀다의 위엄과 공덕의 힘으로 이처럼 청정한 음성을 내어 이처럼 가지가지로 자재함을 나타낸 것이다.

여러 천자여, 마치 수미산에 삼십삼천의 가장 미묘한 궁전과 가지가지 오락거리가 있지만, 그 오락거리는 시방에서 온 게 아닌 것처럼, 나의 하늘 북 소리도 그와 같다. 시방에서 이르러 온 것이 아니다.

◉ 疏 ◉

二는 以他喩己하야 顯來卽無來니라
文有三喩니 竝顯可知니라 然惡業善根이 是來因緣이나 因緣이 無性故로 來卽無來니 非先有法 在十方中이라가 從彼來也니라 故因緣者는 卽是智慧니 智慧之法은 本非因緣이어니 云何念言有何因緣가【鈔_ '然惡業'下는 遮難釋文이라 恐有難言호되 地獄及身은 旣由惡業이니 卽從惡業中來며 前業成佛은 卽從善根中來어늘 何以竝言非十方來오 故今釋에 云 '正由從業이 卽是從緣無性이라 來卽無來어니와 若不從緣이면 則有定性 不得無來니라 中論에 云若法從緣生인댄 是卽無定性이오 若無定性者는 云何有是法고 卽因緣

故空義耳라 故因緣者는 卽畧暗引涅槃二十一하야 爲證하고 前疏
已引이라 彼經에 云智慧之法은 不從因緣이어늘 云何問於因緣고 今
取此勢컨대 汝諸天子는 何因向疑며 何因發此微妙之音고】

(2) 다른 존재로서 자기의 입장을 비유하여, 그 소리가 울려왔지만 온 데가 없음을 밝힌 것이다.

이의 경문에는 3가지의 비유가 있다. 모두 그 뜻이 분명하여 설명하지 않아도 알 수 있다.

그러나 악업과 선근이 그 유래의 인연이나, 인연이란 그 자체가 없는 것이기에 그런 일이 찾아왔지만 그 어디서 온 게 아니다. 먼저 법이 시방세계 그 어디에 본래 있다가 그곳에서 이곳으로 찾아온 것이 아니다.

그러므로 인연이란 곧 지혜이다. 지혜의 법은 본래 존재한 인연이 아니다. 어떻게 그 무슨 인연일까를 생각할 수 있겠는가.【초_ "그러나 악업과 선근" 이하는 논란을 차단하기 위한 해석의 문장이다. 어떤 사람이 이런 논란을 할까 두렵다.

"지옥과 나의 몸은 이미 악업에 따른 것이니, 이는 곧 악업에서 온 것이며, 前業의 성불은 곧 선근에서 찾아온 것인데, 어떻게 모두 다 시방에서 온 게 아니라고 말할 수 있겠는가."

이러한 이유로 여기에서 다음과 같이 해석한 것이다.

"바로 업을 따른다는 사실이 곧 인연을 따라 그 자체가 없는 것이다. 그처럼 찾아왔지만 온 데가 없다고 말할 수 있다. 만약에 인연을 따르지 않는다면 일정한 자성이 있는 것으로 온 데가 없다고 말할 수 없을 것이다. 중론에서 다음과 같이 말하였다.

'법이 인연 따라 나온 것이라면 그것은 곧 일정한 자성이 없는 것이다. 일정한 자성이 없는데 어떻게 이러한 법이 있다고 말할 수 있겠는가.'

이는 인연이기 때문에 空이라는 뜻이다. 따라서 인연에 대해 간단하게 은연중 열반경 제21 부분을 인용하여 증명하였고, 앞의 청량소에서 이미 인용한 바 있다. 열반경에서 '지혜의 법이란 인연을 따르지 않는다. 어떻게 인연을 물을 수 있겠는가.'라고 말하였다.

여기에서 그 문맥을 살펴보면, '너희 여러 천자는 무슨 인연으로 의심을 일으키며, 무슨 인연으로 이런 미묘한 음성에 의심을 일으키는가.'라는 뜻이다."】

經

諸天子야 譬如億那由他佛刹微塵數世界를 盡末爲塵이어든 我爲如是塵數衆生하야 隨其所樂하야 而演說法하야 令大歡喜나 然我於彼에 不生疲厭하며 不生退怯하며 不生憍慢하며 不生放逸인달하야 諸天子야 毘盧遮那菩薩이 住離垢三昧도 亦復如是하야 於右手掌一隨好中에 放一光明하야 出現無量自在神力하나니 一切聲聞辟支佛도 尙不能知어든 況諸衆生가

여러 천자여, 비유하자면, 억 나유타 부처 세계의 티끌 수 세계를 모두 부수어 티끌을 만들었는데, 내가 그 티끌 수와도 같은 중

501

생들을 위하여 그들이 좋아하는 바를 따라 법을 연설하여 매우 즐겁게 하였지만, 나는 저 중생에 대하여 고달파하거나 싫다는 생각을 내지 않았고, 겁을 내어 물러설 생각도 내지 않았고, 교만한 생각도 내지 않았고, 방일한 생각도 내지 않았다.

그랬던 것처럼 여러 천자여, 비로자나보살이 더러운 때를 여읜 삼매에 머무르는 것도 그와 같다. 오른쪽 손바닥에 있는 하나의 아름다운 모습에서 한 줄기 광명을 쏟아내어 한량없이 자유자재한 신통력을 나타내었다. 일체 성문과 벽지불로서도 이런 경지를 알 수 없는데, 하물며 중생이야 오죽하겠는가.

● 疏 ●

三은 以己況佛難思之境이라
合中에 擧手隨好者는 別擧顯勝이니 上救下趣일새 故擧足光이오 今約現通일새 故說手也니라

(3) 자기의 처지로서 부처님의 불가사의한 경계를 비유하였다.

종합한 부분에서 아름다운 손의 모습을 들어 말한 것은 별개로 열거하여 그 훌륭함을 밝힌 것이다. 위에서는 가장 극악한 지옥의 중생을 구제한 까닭에 발바닥에서의 방광을 들어 말하였고, 여기에서는 신통력을 나타내는 것으로 말한 까닭에 손의 방광을 들어 말하였다.

諸天子야 汝當往詣彼菩薩所하야 親近供養하고 勿復貪
著五欲樂具니 著五欲樂이면 障諸善根이니라

諸天子야 譬如劫火 燒須彌山에 悉令除盡하야 無餘可
得인달하야 貪欲纏心도 亦復如是하야 終不能生念佛之
意니라

諸天子야 汝等은 應當知恩報恩이니 諸天子야 其有衆生
이 不知報恩이면 多遭橫死하야 生於地獄이니라

諸天子야 汝等이 昔在地獄之中이라 蒙光照身하야 捨彼
生此하니 汝等은 今者에 宜疾廻向하야 增長善根이니라

諸天子야 如我天鼓 非男非女로대 而能出生無量無邊
不思議事인달하야 汝天子天女도 亦復如是하야 非男非
女로대 而能受用種種上妙宮殿園林이니라

如我天鼓 不生不滅인달하야 色受想行識도 亦復如是하
야 不生不滅이니 汝等이 若能於此에 悟解하면 應知則入
無依印三昧니라

　여러 천자여, 그대들은 비로자나보살의 도량을 찾아가 가까이
모시고 공양할지언정 다섯 가지 욕심[財, 色, 名, 食, 睡 또는 色, 聲, 香,
味, 觸]의 쾌락에 탐착하지 말라. 다섯 가지 욕심의 쾌락에 집착하면
모든 선근에 장애가 되는 것이다.

　여러 천자여, 세계가 멸망될 때 일어나는 거센 불길이 수미산
을 모두 불태워 한 점 남긴 게 없는 것처럼, 마음에 얽혀 있는 탐욕

의 불길 또한 그처럼 결국은 염불할 생각조차 일어나지 못하도록 만드는 것이다.

여러 천자여, 그대들은 당연히 은혜를 알고 은혜를 갚아야 한다.

여러 천자여, 어느 중생이 은혜를 갚을 줄 알지 못하면 흔히 비명횡사를 당하여 지옥에 태어나게 된다.

여러 천자여, 그대들은 지난날 지옥에 있다가 비추는 광명을 받고서 그곳을 버리고 여기에 태어났다. 너희들은 서둘러 회향하여 더욱 선근을 키워나가야 할 것이다.

여러 천자여, 나의 하늘 북이 남자의 몸도 아니고 여자도 아니지만, 한량없고 그지없는 불가사의한 일을 생겨나게 하는 것처럼, 너희 하늘의 아들과 여인들도 그처럼 해야 한다. 남자도 아니고 여자의 몸도 아니지만, 가지가지 훌륭한 궁전과 동산을 누리며 살게 되었다.

나의 하늘 북이 생겨나지도 않고 사라지지도 않는 것처럼, 너희의 물질[色], 느낌[受], 생각[想], 지어감[行], 의식[識]도 그와 같다. 생겨나지도 않고 사라지지도 않는다.

그대들이 이를 깨달으면 의지한 바 없는 지혜의 법인 삼매에 들어가게 됨을 알아야 한다."

● 疏 ●

四는 正勸往詣하야 誡不應留니라

於中二니 先은 總誡勸이오 後 著五欲 下는 廣釋이니

於中에 亦二라 先釋前誡니 有法·喩·合이라

後'諸天子'下는 釋勸이니 於中有六이라

一은 順釋이니 爲報恩故오 二'諸天子其有'下는 反釋이오 三'諸天子汝等'下는 示其恩相이오 四'汝等今者'下는 勸往增善이오 五'諸天子如我天鼓非男非女'下는 示法令修니 謂說二空이니 非男女喩는 以顯人空이오 不生滅喩는 以顯法空이라 六'汝等若能'下는 勸修成益이라 言無依印者는 旣解悟無生면 則能所雙絶하야 儻然靡據일새 故曰無依오 以斯智印으로 印定萬法하야 不收不攝하야 任心自安일새 故稱三昧니라

(4) 비로자나보살의 도량을 찾아갈 것을 권하면서 멈칫거리지 말기를 경계하였다.

이의 경문은 2단락으로 나뉜다.

앞에서는 총괄하여 경계하고 권면하였다.

뒤의 '著五欲' 이하는 자세히 해석하였는데, 이 부분은 또한 2단락으로 나뉜다.

앞에서는 앞서 말한 경계를 자세히 해석하였는데, 법과 비유와 종합으로 구성되어 있다.

뒤의 '諸天子' 이하는 권면을 자세히 해석하였다.

여기에는 6가지가 있다.

① 차례대로 해석하였다. 은혜를 갚아야 하기 때문이다.

② '諸天子其有' 이하는 반대로 해석하였다.

③ '諸天子汝等' 이하는 그 은혜의 양상을 보여주었다.

505

④ '汝等今者' 이하는 비로자나보살의 도량을 찾아가 선근을 더욱 키워나갈 것을 권하였다.

⑤ '諸天子 如我天鼓 非男非女' 이하는 법을 보여주면서 그처럼 닦아나가도록 하였다. 이는 人空과 法空 2가지를 말하고 있다. "남자의 몸도 아니고 여자도 아니다."는 비유는 人空을, "생겨나지도 않고 사라지지도 않는다."는 비유는 法空을 밝혀주는 것이다.

⑥ '汝等若能' 이하는 수행을 권면하여 이익을 성취하도록 하였다. "의지한 바 없는 지혜의 법인"이라 말한 것은 이미 無生을 깨달으면 곧 주체와 대상이 모두 사라져 전혀 휩쓸리거나 의지할 곳이 없기에 의지한 바 없다[無依]고 말하였고, 지혜의 인장[智印]으로 모든 법을 도장 찍어 거둬들이지 않고 받아들이지도 않고서 마음에 맡겨 절로 편안할 뿐이기에 이를 삼매라 말하였다.

▬

第五依勸詣佛
中에 分五니
一은 獻供不遇오
二 時有 下는 聞其所在오
三 時諸天 下는 觀見 下生이오
四 諸天子衆 下는 發心欲往라

5. 권유에 따라 비로자나불을 찾아가다

이 부분은 5단락으로 나뉜다.
(1) 공양을 올리려 했지만 만나지 못함이고,
(2) '時有' 이하는 비로자나불이 계신 도량을 들음이며,
(3) '時諸天' 이하는 어느 곳에서나 나심을 봄이고,
(4) '諸天子衆' 이하는 발심하여 찾아가고자 함이다.

經

時에 諸天子 聞是音已하고 得未曾有하야 卽皆化作一萬華雲과 一萬香雲과 一萬音樂雲과 一萬幢雲과 一萬蓋雲과 一萬歌讚雲하야 作是化已에 卽共往詣毘盧遮那菩薩所住宮殿하야 合掌恭敬하고 於一面立하야 欲申瞻覲호되 而不得見이러니

時에 有天子 作如是言호되 毘盧遮那菩薩이 已從此沒하사 生於人間淨飯王家하사 乘栴檀樓閣하고 處摩耶夫人胎라하야늘

時에 諸天子 以天眼으로 觀見菩薩身이 處在人間淨飯王家어든 梵天欲天이 承事供養하고

諸天子衆이 咸作是念호되 我等이 若不往菩薩所하야 問訊起居하며 乃至 一念이라도 於此天宮에 而生愛著이면 則爲不可라하고 時에 一一天子 與十那由他眷屬으로 欲下閻浮提러니

그때, 여러 천자가 이런 소리를 듣고서 일찍이 없었던 일이라

생각하고 곧바로 1만 꽃 구름, 1만 향 구름, 1만 음악 구름, 1만 당기 구름, 1만 일산 구름, 1만 찬송하는 구름을 변화하여 만들었다. 이처럼 공양할 구름을 만든 후에 다 함께 비로자나보살이 머무르는 궁전에 찾아가 합장하고 공경하고 한쪽에 서서 찾아뵈려고 했지만 만날 수가 없었다.

그때, 어떤 천자가 이렇게 말하였다.

"비로자나보살은 이미 여기에서 생을 마치고서 인간세계의 정반왕 집안에 태어나고자 전단누각을 타고서 마야부인의 태 속에 계신다."

그때, 여러 천자가 천안통으로 살펴보니, 보살이 인간세계의 정반왕 집안에 계신데, 범천과 욕계천이 받들어 섬기고 공양하고 있었다.

여러 천자는 이렇게 생각하였다.

'우리들이 보살의 계신 곳을 찾아가 문안하지 않고, 한 생각의 찰나라도 이 천궁에 머물면서 애착을 낸다면 옳지 못한 일이다.'

그때, 하나하나 모든 천자가 열 나유타 권속들과 함께 염부제로 내려가려 하였는데,

● 疏 ●

前四는 可知라

앞의 4가지[(1) 공양을 올리려~(4) 발심하여 찾아가고자 함]는 설명하지 않아도 알 수 있다.

五 敎見佛儀
於中二니 先은 敎識受生하야 令捨曲見이오 後는 敎發心悔過하야 令其必見이라
今은 初라

(5) 비로자나불을 친견하는 위의를 가르치다

이는 2단락으로 나뉜다.

㈀ 어느 곳에서 태어남을 알아서 잘못된 견해를 버리도록 가르쳤고,

㈁ 발심하여 잘못을 뉘우치고서 그로 하여금 반드시 친견하도록 가르쳤다.

經
時에 天鼓中에 出聲告言호되 諸天子야 菩薩摩訶薩이 非此命終하고 而生彼間이라 但以神通으로 隨諸衆生心之所宜하사 令其得見이니라
諸天子야 如我今者에 非眼所見이로대 而能出聲인달하야 菩薩摩訶薩이 入離垢三昧도 亦復如是하야 非眼所見이로대 而能處處에 示現受生하야 離分別하며 除憍慢하며 無染著이니라

때마침, 하늘 북에서 소리를 내어 말하였다.

"여러 천자여, 보살마하살이 여기서 목숨이 다하여 저 인간세

계에 태어난 것이 아니다. 다만 신통력으로 중생이 좋아하는 마음을 따라서 그들로 하여금 보도록 하고자 했을 뿐이다.

　여러 천자여, 내가 지금 눈으로 보는 것이 아니지만 이처럼 소리를 낼 수 있는 것처럼, 보살마하살이 더러운 때를 여읜 삼매에 든 것 또한 그와 같다. 눈으로 볼 수 있는 바가 아니지만, 어느 곳에서나 태어나 일체 분별심을 여의고 일체 교만심을 없애며 일체 물들거나 집착이 없음을 보여준 것이다.

● 疏 ●

由前不遇하야 後觀下生이니 不離有無하야 情存彼此일새 故示體用하야 顯無生現生이라

文中에 有法·喩·合하니 法中에 先은 誡其曲見이오 後'但以'下는 示其正見이니 是知佛化所生은 非歿生也라【鈔_ '先敎識'者는 涅槃二十一說호되 '若見如來 實王宮生하야 納妃生子하고 雙林滅等이면 是二乘曲見이라'하니라 '是知'已下는 卽淨名經 觀衆生品에 '舍利弗이 問天女호되 汝於此沒하야 當生何所오 天曰 佛化所生이니 吾如彼生이로다 曰佛化所生은 非沒生也니라 天曰 衆生猶然하야 非沒生也'라하니라】

　앞서 만나지 못함으로 연유하여, 뒤이어서 정반왕의 집안에 태어나려는 모습을 보았다. 有와 無를 여의지 않고서 마음이 여기저기에 모두 있기 때문에 본체와 작용을 보여주어 無生과 現生의 도리를 밝혀주었다.

이의 경문에 법과 비유와 종합이 있다.

첫째, 법의 부분에 있어 앞에서는 여러 천자의 잘못된 견해를 경계하였고, 뒤의 '但以神通' 이하는 그들에게 바른 견해를 보여주었다. 여기에서 알아야 할 점은 부처님이 화신으로 태어난 바는 죽어서 다시 태어남이 아니라는 사실이다.【초_ "앞에서는 여러 천자의 잘못된 견해를 경계하였다."는 것은 열반경 21에서 말하였다.

"만일 여래가 진실로 왕궁에 태어나 왕비를 맞이하고 자식을 낳고 쌍림에서 열반에 들었다느니 등등으로 보면 이는 이승의 잘못된 견해이다."

'是知佛化' 이하는 유마경 觀衆生品에서 다음과 같이 말하였다.

"사리불이 천녀에게 물었다.

'네가 여기에서 죽으면 어느 곳에서 다시 태어나는가?'

'부처님은 화신으로 태어난 몸이니 나 역시 그런 생과 같다.'

'부처님이 화신으로 태어난 바는 죽어서 다시 태어난 것이 아니다.'

'중생도 오히려 그처럼 죽어서 다시 태어난 게 아니다.'"】

二'諸天子如我'下는 喩오 三'菩薩'下는 合이라
於中에 先은 明法身無生이니 徧而叵見이오 後'而能'下는 應無不生이니 卽處處皆有니라 有感 此中亦見이니 何須更下閻浮리오 '離分別' 下는 顯應生之德하야 拂其諸見이니 以無分別智而生이라 非謂有選生處니 雖處王宮이나 而無憍慢하고 諸天圍遶나 而無染著이니라

둘째, '諸天子如我' 이하는 비유이고,

셋째, '菩薩' 이하는 종합이다. 그 가운데 앞에서는 법신의 無生 도리를 밝혔다. 이는 두루 어느 곳에나 존재하지만 찾아볼 수 없음을 말한다.

뒤의 '而能處處' 이하는 중생이 좋아하는 바에 따라 태어나지 않음이 없다. 이는 어느 곳이든 모두 화신이 있는 것이다. 감응에 따라 화신이 내려갔지만, 여기에서도 또한 여전히 친견할 수 있는데, 어찌 굳이 염부제에 내려갈 필요가 있겠는가.

'離分別' 이하는 중생이 좋아하는 바에 따라 태어나는 공덕을 밝혀, 그들의 잘못된 모든 견해를 말끔히 떨쳐버린 것이다. 비로자나불은 분별심이 없는 지혜로 태어나기에, 태어날 곳을 가린다는 말이 아니다. 아무리 왕궁에 거처할지라도 일체 교만심이 없으며, 여러 하늘이 둘러싸고 있으나 일체 오염되거나 집착하는 마음이 없다.

第二 敎發心悔過

中三이니 先은 標敎誨오 次는 徵問其方이오 後는 如法正敎니라 夫欲悔過인맨 須識逆順十心이니 謂先識十種順生死心하야 以爲所治니 一은 妄計人我하야 起於身見이오 二는 內具煩惱일세 外遇惡緣하야 我心隆盛이오 三은 內外旣具에 滅善心事하야 不喜他善이오 四는 縱恣三業하야 無惡不爲오 五는 事雖不廣이나 惡心徧布오 六은 惡心相續하야 晝夜不斷이오 七은 覆諱過失하야 不欲人知오 八은 虜扈抵突하야 不畏惡道오 九는 無慚無愧하야 不懼凡聖이오 十은 撥無因

果하야 作一闡提니라【鈔_ '夫欲悔過'下는 先明所治之病이니 此卽
天台止觀之意라 今初에 但畧彼名이오 若具인댄 云一은 自從無始
로 闇識昏迷하야 煩惱所醉로 妄計我人하야 計我人故로 起於身見
하고 由身見故로 妄想顚倒하고 由顚倒故로 起貪瞋痴하고 痴故로 廣
造諸業이오 業則流轉生死니라 二者는 內具煩惱일새 外值惡友하야
扇動邪法하야 勸惑我心이 倍加隆盛이니라 三者는 內外惡緣旣具면
則能內滅善心하고 外滅善事하며 又於他善에 都無隨喜니라
'四者縱恣'下 七은 全同이로되 但 八言 '虜扈' 者는 亦云 跋扈니 皆不
尊敬貌니라

下結에 云 '是爲十種順生死流니 昏倒造惡이 如廁蟲樂廁하야 不
覺不知에 積集重累하야 不可稱計라 四重五逆으로 極至闡提하야
生死浩然하야 而無際畔라'하니라】

(ㄴ) 발심하여 잘못을 뉘우치도록 가르치다

이는 3단락으로 나뉘다.

제1 단락, 가르침을 밝혔고,

제2 단락, 그 방법을 물었으며,

제3 단락, 如法한 바른 가르침이다.

대체로 잘못을 뉘우치고자 한다면 반드시 생사를 따르거나 거
스르는 10가지의 마음을 알아야 한다.

생사를 따르는 10가지의 마음을 먼저 알고서 잘못된 점을 다
스려 나가야 한다.

① 나와 남을 부질없이 헤아려 '나의 몸이라는 견해[身見]'를 일

으킨다.

② 안으로 번뇌를 지니고 있기에 밖으로 악연을 만나 '나라는 마음[我心]'이 커나간다.

③ 안팎으로 이처럼 잘못되어 선한 마음의 일들이 사라지고 남들의 잘한 점을 좋아하지 않는다.

④ 몸과 입과 생각의 업을 방종하여 악을 범하지 않음이 없다.

⑤ 하는 일이 비록 광대하지 않지만 악한 마음은 두루 가득히 펼쳐져 있다.

⑥ 악한 마음이 줄지어 일어나 밤낮으로 끊이지 않는다.

⑦ 잘못을 덮고 감추어 남들이 알지 못하도록 한다.

⑧ 권력을 함부로 휘두르고 당돌하여 악한 일을 두려워하지 않는다.

⑨ 부끄러워하는 마음이 없어 범부나 성자를 두려워하지 않는다.

⑩ 인과가 없다고 하여 결국 하나의 闡提가 된 것이다.【초_ "대체로 잘못을 뉘우치고자 한다면" 이하는 먼저 다스려야 할 병폐의 대상을 밝힌 것이다. 이는 天台 止觀의 뜻이다. 이의 첫 부분에서 그에 관한 명제들을 생략했을 뿐이다. 이를 구체적으로 말하면 다음과 같다.

① 無始 이래로부터 어리석은 식견이 혼미하여 번뇌에 취한 바로 부질없이 나와 남을 헤아리고, 나와 남을 헤아린 까닭에 나의 몸이라는 견해가 일어나고, 나의 몸이라는 견해 때문에 전도된 망상을 지니게 되고, 망상의 전도에 의하여 貪瞋痴가 일어나고, 탐진치 때

문에 많은 업을 짓게 되고, 많은 업을 지으면 생사의 바다에 돌고 돌게 되는 것이다.

② 안으로 번뇌를 지니고 있기에 밖으로 악한 사람을 만나 삿된 법을 선동하여 나의 마음을 미혹함이 곱절이나 커나가게 된다.

③ 안팎으로 이처럼 악연이 갖춰지면 안으로는 선한 마음을 잃게 되고 밖으로는 선한 일을 버리게 되며, 또한 남들의 잘한 점을 전혀 좋아하는 마음이 없다.

'④ 방종' 이하 7가지는 모두 똑같지만, 단 ⑧에서 말한 '虜扈'는 또한 跋扈라 말하기도 한다. 이는 모두 존경하지 않는 모습이다.

그리고 아래의 결미에서 다음과 같이 말하였다.

"이를 생사를 따르는 10가지의 마음이라 한다. 혼미와 전도로 악업을 짓는 것이 마치 똥간의 벌레가 똥을 좋아하는 것처럼 나도 모르는 사이에 모여지고 쌓여서 그 수효를 헤아릴 수 없다. 四重罪와 五逆罪[6]로 결국 도저히 성불할 수 없는 闡提에 이르러 끝없이 드넓은 생사의 바다에 떠돌게 된다."】

次는 起十種逆生死心하야 從後翻破니 一은 明信因果오 二는 自愧尅責이오 三은 怖畏惡道오 四는 不覆瑕疵오 五는 斷相續心이오 六은

---

6 四重罪와 五逆罪: 사중죄는 殺生·偸盜·邪淫·妄語이며, 오역죄는 소승에서 말한 害母·害父·害阿羅漢·惡心出佛身血·破僧 등 은혜의 복전을 버리는 것이며, 대승에서 말한 (1)寺塔을 파괴하는 행위, (2)성문·연각·대승법을 훼방하는 행위, (3)출가인의 수행을 방해하거나 살해하는 행위, (4)소승 오역죄의 하나를 범하는 행위, (5)업보를 부정한 나머지 열 가지 不善한 악업을 자행하거나 남들에게 十惡을 행하도록 교사하는 행위이다.

發菩提心이오 七은 修功補過오 八은 隨喜他善이오 九는 念十方佛이오 十은 觀罪性空이라

今此三段은 文皆具有로되 而爲次不同하니 向은 以起心之次第오 此는 以勝劣言故니라【鈔_ 次起十種下는 二 顯能治之藥이라 彼云今欲懺悔인댄 應當逆此罪流하야 用十種心하야 翻除惡法이니 先은 正信因果니 決定屬然이면 業種雖久나 久不敗亡이오 終無自作이니라 他人受果에 精識善惡하야 不生疑惑이면 是爲深信이니 翻破一闡提心이라

二는 自愧尅責이니 鄙極罪人은 無羞無恥하야 習畜生法하고 棄捨白淨第一莊嚴하나니 咄哉라 無鈎여 造斯重罪에 天見我屛罪라 是故慚天이오 人見我顯罪라 是故愧人이니 以此로 翻破無慚無愧心이니라

三은 怖畏惡道니 人命無常이라 一息不追오 千載長往에 幽途綿邈이어늘 無有資糧이오 苦海悠深이어늘 船筏安寄오 聖賢訶棄에 無所恃怙라 年事稍去에 風刀不賖어니 豈可宴然 坐待酸痛이리오 譬如野干이 失耳尾牙하고 詐眠望脫이라가 忽聞斷頭하고 心大驚怖니라 遭生老病이야 尙不爲急이로되 死事不賖하니 那得不怖리오 怖心起時에 如履湯火하야 六塵五欲을 不暇貪染이라 如阿育王弟 坐於御牀하야 希大帝王이라가 聞旃陀羅 朝朝振鈴에 一日已盡에 六日當死라 雖有五欲이나 無一念受⁷라 行者怖畏하야 苦到懺悔하야 不惜

---

7 受: 찬요의 대본에는 受 자로 쓰여 있으나, 마하지관에서는 愛 자로 쓰여 있기에 마하지관을 따라 번역하는 바이다.

身命이니 如野干決死에 絶無思念如彼怖王이라 以此로 翻破不畏 惡道心이니라

四는 當發露오 不覆瑕疵니 賊毒惡草를 急須除之니 根露條枯하고 源乾流竭이라 若覆藏罪면 是不良人이라 迦葉頭陀 令大衆中發 露하고 方等은 令向一人發露하며 其餘行法은 但以實心으로 向佛像 前하야 自求改革이니 如隱處有癰을 覆諱不治면 則致於死라 以此로 翻破覆藏罪心이니라

五 斷相續心者는 一懺已後에 更不復作오 若懺悔已에 更重作者 면 譬如王法을 初犯得輕이나 若更作則重이라 初入道場에 罪則易 滅이로되 更作難除니라 若能吐之면 云何更噉이리오 以此로 翻破常 念惡事心이니라

六 發菩提心者는 昔自安危人이 徧惱一切境이러니 今廣起兼濟하야 徧至虛空界하야 利益於他라 以此로 翻破於一切處起惡心也니라

七 修功補過者는 昔三業造罪에 不計晝夜러니 今善身口意하야 策 勵不休라 匪移山岳이면 安塡江海리오 以此로 翻破縱恣三業之心 이니라

八 守護正法者는 昔自滅善하고 亦滅他善하며 不自隨喜하고 亦不 喜他러니 今守護諸善하야 方便增廣하야 不令斷絶이라 勝鬘經云 守 護正法하고 攝受正法이 最爲第一이라하니 翻破無隨喜心이니라 今 疏에 但云'隨喜他善'者는 取意對上耳라

九 念十方佛者는 昔親狎惡友하야 信受其言이라가 今念十方佛하 고 念無等慈하야 作不請友하고 念無等智하야 作大導師니 翻破順惡

友心이니라

十觀罪性空者는 了達貪欲瞋痴之心이 皆是寂靜門이라 何以故오 貪瞋若起면 在何處住오 知此貪瞋이 住於妄念하고 妄念이 住於顚倒하고 顚倒 住於身見하고 身見이 住於我見이니 我見則無住處라 十方諦求라도 我不可得이라 我心自空이면 罪福無主오 深達罪福相이 徧照於十方이라 令此空慧로 與心相應이니 如日出時에 朝露皆失이라 一切諸心이 皆是寂靜門은 樂寂靜故니 以此로 翻破無明昏暗이니라

是爲十種懺悔 順涅槃道하고 逆生死流하야 能滅四重五逆之過라 若不解此十心이면 全不識是非어니 云何懺悔리오 設入道場이라도 徒爲苦行이니 終無大益이라 向以起心者는 從微至著라 故翻破니 則從粗至細니라 謂先起信心하고 次生慚愧等은 如垢衣受垢에 先微後著라 洗濯之時에 先去粗垢하고 後除細垢니 言此中則以勝劣言故者는 謂菩提心最勝等故니라】

　다음은 생사를 거스르는 10가지의 마음을 일으켜 거꾸로 뒤로부터 타파해 나가는 것이다.

　① 인과를 분명히 알고 믿는다.

　② 스스로 부끄러워하고 호되게 자신을 꾸짖는다.

　③ 악한 도를 겁내고 두려워한다.

　④ 하자를 덮거나 감추지 않는다.

　⑤ 밤낮으로 일어나는 악한 마음을 끊는다.

　⑥ 보리심을 일으킨다.

⑦ 수행으로 잘못을 보완해 나간다.

⑧ 남들의 잘한 점을 따라서 좋아한다.

⑨ 시방세계 부처님을 생각한다.

⑩ 죄업의 자성이 공한 것임을 살펴보는 것이다.

여기에 3단락의 경문이 모두 구체적으로 서술되어 있으나, 차례가 똑같지 않다. 앞에서는 잘못이 일어나는 마음의 차례로 말하였고, 여기에서는 우열에 따라 말하였기 때문이다. 【초_ 다음 "10가지의 마음을 일으켜[起十種]" 이하는 둘째 치료의 주체가 되는 약을 밝히고 있다.

摩訶止觀 제4권에 의하면 다음과 같다.

이제 참회하고자 한다면 당연히 이런 죄악의 유형과는 반대로 10가지 마음에 따라 악한 법을 번복하여 없애야 한다.

① 바로 인과를 믿음이다. 결정된 마음이 이어가면 아무리 심어놓은 업의 종자가 오래되었을지라도 오랜 세월 속에서 패망하지 않고 끝내 스스로 죄업을 짓는 일이 없을 것이다. 남들이 받는 과보에 대해 선악의 결과임을 정밀하게 알고서 의혹을 내지 않으면 이를 깊은 신심이라 한다. 이는 하나의 闡提 마음을 번복하여 없애주는 것이다.

② 스스로 부끄러워하는 마음으로 지극히 꾸짖는 것이다. 비루함이 극에 이른 죄인은 부끄러워하는 마음이 없이 축생의 법을 익히면서 청정의 제일 장엄을 버리고 있다. 쯧쯧! 이처럼 중대한 죄업을 짓고서도 이를 알지 못함이여. 하늘이 나를 둘러싸고 있는 죄

업을 보고 있기에 우러러 하늘 보기 부끄럽고, 사람들이 나의 뚜렷한 죄업을 보고 있기에 구부려 사람 보기 부끄럽다. 이로써 부끄러움이 없는 마음을 번복하여 없애주는 것이다.

③ 악도를 두려워하는 것이다. 사람의 목숨이란 덧없다. 한 호흡의 찰나마저도 뒤따라 붙잡을 수 없다. 천년의 기나긴 세월에 어둠의 길은 아득한데 노자는 없고, 苦海는 깊고도 먼 길인데 배를 그 어디에 댈까? 성현의 꾸지람에 믿을 곳이 전혀 없다. 세월은 차츰차츰 떠나감에 죽음의 날은 멀지 않다. 어떻게 마냥 편히 앉아 그 괴로움을 기다릴 수 있겠는가. 비유하면 여우가 귀와 꼬리와 어금니를 잃고서 잠시 선잠 속에 해탈을 꿈꾸다가 갑자기 목을 자른다는 말을 듣고서 몹시 놀라는 꼴이다. 태어나고 늙어가고 병든 것쯤이야 아직은 다급하지 않다고 생각하겠지만, 죽음이 멀지 않았으니 어찌 두렵지 않겠는가. 불길을 밟는 것처럼 두려운 마음이 일어나, 六塵과 五欲을 탐할 겨를도 없다. 마치 아육왕의 아우가 왕좌에 앉아 제왕이 되기를 바라다가 전다라가 아침마다 방울을 울리면서 하루가 이미 다했으니 엿새면 죽을 것이라는 말을 듣고서, 아무리 五欲이 있어도 그 어느 것 하나 애착을 느끼는 생각이 없었던 것과 같다. 수행자는 죽음을 두려워하여 고행으로 참회하면서 목숨을 아끼지 않는다. 마치 여우가 죽음을 결단하면 그 여우의 왕마저도 두려워하는 생각이 없는 것과 같다. 이로써 악도를 두려워하지 않는 마음을 번복하여 없애주는 것이다.

④ 잘못이 있으면 숨기지 말고 들춰내야 한다. 사람을 해치는

독초를 서둘러 없애야 한다. 뿌리가 드러나면 가지가 메마르고 원류가 마르면 물줄기가 고갈되는 법이다. 만일 죄업을 숨긴다면 이는 불량한 사람이다. 가섭두타는 대중들에게 죄업을 드러내도록 하였고, 方等은 한 사람에게 죄업을 드러내도록 하였으며, 그 나머지 수행법은 단 진실한 마음으로 불상 앞에서 스스로 잘못을 고쳐나가도록 하였다. 마치 보이지 않는 곳에 있는 악창을 숨긴 채, 치료하지 않으면 죽음에 이르는 것과 같다. 이로써 죄업을 감추려는 마음을 번복하여 없애주는 것이다.

⑤ 서로 이어가는 마음이 끊긴 자는 한 차례 참회한 후에는 다시는 잘못을 범해서는 안 된다. 만약 참회하고서 다시 범하면 마치 국법을 처음 범할 적에는 가볍지만, 다시 범할 경우 가중처벌의 중죄가 되는 것과 같다. 그렇듯이 처음 도량에 들어가면 죄업이 쉽사리 사라지지만, 다시 범하면 그 죄업을 없애기 어렵다. 한 번 토한 음식을 어떻게 다시 먹을 수 있겠는가. 항상 악한 일을 생각하는 마음을 번복하여 없애주는 것이다.

⑥ 보리심을 일으킨 자는 예전에 남들을 괴롭혔던 일로 모든 경계에 온통 고뇌하다가 이제는 널리 중생을 제도하려는 생각으로 두루 허공법계에 이르러 남들에게 이익을 주었다. 이로써 일체 모든 곳에 악이 일어나는 마음을 번복하여 없애주는 것이다.

⑦ 공덕을 닦고 허물을 보완해 가는 자는 옛적 삼업의 죄업으로 밤낮을 가리지 않다가 이제는 신·구·의 선업으로 끊임없이 힘쓰고 있다. 큰 산자락을 옮겨놓지 않으면 어떻게 깊고 깊은 강과

바다를 메울 수 있겠는가. 이로써 삼업을 방종하였던 마음을 번복하여 없애주는 것이다.

⑧ 바른 법을 수호한 자는 옛적에 자신의 선을 없애고 또한 남의 선을 없애며, 스스로 기쁨을 따르지 않고 또한 남들을 좋아하지 않다가 이제는 모든 선업을 수호하여 방편으로 키워나가면서 끊이지 않도록 하였다. 승만경에 이르기를 "바른 법을 수호하고 바른 법을 받아들임이 가장 으뜸이다."고 하였다. 이는 따라서 기뻐하지 않은 마음을 번복하여 없애주는 것이다. 이의 청량소에서 '남의 선업을 따라 기뻐한다.'는 것은 의미로 취하여 위의 문장을 상대로 말한 것이다.

⑨ 시방제불을 생각하는 자는 옛적에 악한 이들을 가까이하면서 그들의 말을 믿다가 이제는 시방제불을 생각하고, 그 어떤 것과 견줄 수 없는 자비를 생각하여 생각지도 않은 벗을 삼고, 그 어떤 것과 견줄 수 없는 지혜를 생각하여 큰 스승으로 삼았다. 이는 악한 이들을 따르는 마음을 번복하여 없애주는 것이다.

⑩ 죄업의 자성이 공함을 관찰한 자는 탐진치의 마음이 모두 寂靜의 법문임을 알아야 한다. 무엇 때문인가? 탐욕과 성내는 마음이 망상의 생각에 집착하고, 망상의 생각이 전도에 집착하고, 전도는 '나의 몸'이라는 생각의 견해에 집착하고, '나의 몸'이라는 견해는 '나'라는 생각의 견해에 집착하는 것임을 알아야 한다. 시방으로 자세히 구한다 할지라도 '나'라는 존재를 찾을 수 없다. 나의 마음이 비워지면 죄업과 복덕은 주체가 없고, 죄업과 복덕의 양상이

두루 사방에 비춤을 깊이 통달해야 한다. 이러한 空의 지혜로 마음과 상응하니 마치 태양이 떠오르면 아침 이슬이 모두 사라지는 것과 같다. 일체 모든 마음이 모두 고요한 법문인 것은 고요함을 좋아하기 때문이다. 이로써 무명의 어둠을 번복하여 없애주는 것이다.

이러한 10가지의 참회는 열반의 도를 따르고 생사의 흐름을 거스르면서 四重·五逆의 허물을 없애주는 것이다. 만약 이러한 10가지의 마음을 이해하지 못하면 전혀 시비를 알 수 없다. 어떻게 참회할 수 있겠는가. 설령 도량에 들어간다 할지라도 한낱 고행만을 겪을 뿐, 끝내 큰 이익은 얻지 못할 것이다. 지난날 마음을 일으킨 자는 미세한 데서 뚜렷한 데 이르기에, 잘못된 일들을 번복하여 타파해야 하는 것이다. 이는 거친 부분의 잘못으로부터 미세한 잘못을 다스려 나가는 것이다. 먼저 신심을 일으키고 다음으로 부끄러워하는 마음을 내는 등은 마치 때 묻은 옷을 빨 적에 앞에는 미세하지만 뒤에는 또렷이 나타나게 된다. 세탁할 적에 먼저 묵은 때를 없애고 뒤에 작은 때를 씻어내는 것과 같다.

"여기에서는 우열에 따라 말하였기 때문이다."는 것은 보리심이 가장 훌륭하기 때문이다.】

今初 標教誨
    제1 단락, 가르침을 밝히다

諸天子야 汝等이 應發阿耨多羅三藐三菩提心하야 淨治
其意하고 住善威儀하야 悔除一切業障煩惱障報障見障
호되 以盡法界衆生數等身하며 以盡法界衆生數等頭하
며 以盡法界衆生數等舌하며 以盡法界衆生數等善身
業과 善語業과 善意業하야 悔除所有諸障過惡이니라

　여러 천자여, 그대들은 당연히 아뇩다라삼먁삼보리 마음을 일
으켜 그 생각을 깨끗이 다스리고, 좋은 위의에 머물면서 일체 모든
업의 장애, 번뇌의 장애, 과보의 장애, 소견의 장애를 뉘우치며 없
애되, 모든 법계 중생의 수와 같은 몸을 다하고, 모든 법계 중생의
수와 같은 머리를 다하며, 모든 법계 중생의 수와 같은 혀를 다하
고, 모든 법계 중생의 수와 같은 착한 몸의 업, 착한 말의 업, 착한
뜻의 업을 다하여, 지녀왔던 모든 장애의 허물을 참회하고 없애야
한다."

◉疏◉

敎誨中에 文有四節하야 治其六失이라
一은 發菩提心으로 爲懺所依니 以是行本이라 攝衆德故로 首而明
之니라 翻昔惡心徧布하야 自安危人이니 今悲覆法界하야 廣利有情
이라【鈔_ '一發菩提心'者는 依菩提心懺이라야 方爲眞懺이오 不發
心懺이면 非是眞善故니라 五十八經에 云'忘失菩提心코 修諸善根
은 是爲魔業故니라 '以是行本'下는 通不次妨이니 義如前說이라】

가르침에 관한 경문은 4절이다. 이는 그 6가지의 허물을 다스리는 것이다.

제1절, 아뇩다라삼먁삼보리 마음을 일으키는 것으로 참회의 의지한 바를 삼는다. 이는 모든 행의 근본이라, 모든 공덕을 받아들이기에 맨 처음 이를 밝혔다. 옛적에 악독한 마음이 가득하여 자신만을 편히 하고 남들을 위태롭게 했던 잘못을 뒤집는 것이다. 따라서 이제는 자비의 마음이 법계에 가득하여 모든 중생에게 큰 이익을 베푸는 것이다.【초_ "아뇩다라삼먁삼보리 마음을 일으킨다."는 것은 보리심에 의한 참회만이 비로소 진정한 참회이다. 보리심의 참회를 일으키지 않으면 진정한 참회가 아니기 때문이다. 58경에서 말하였다.

"보리심을 망각하고서 모든 선근을 닦는다는 것은 마군의 일이기 때문이다."

'以是行本' 이하는 차례가 맞지 않다는 비방에 대한 답이다. 그 의의는 앞에서 말한 바와 같다.】

二淨治'下는 令淨三業으로 爲能懺體니 淨治其意는 是意止行이오 住善威儀는 義通止作이니 謂當發露하야 不覆瑕疵하고 及斷相續心이니 翻前六七이라

제2절, '淨治' 이하는 청정한 삼업으로 참회 주체의 근간을 삼는다.

"그 생각을 깨끗이 다스린다."는 것은 생각의 止行(사마타 수행, 즉 禪定)이며,

"좋은 위의에 머무른다."는 의의는 소극적인 止持戒와 적극적인 作持戒에 모두 통한다.

이는 모든 잘못을 당연히 드러내어 감추지 않는다거나 밤낮으로 이어지는 악독한 마음을 끊는 것으로, 앞서 말한 '⑥ 밤낮으로 끊이지 않는 악한 마음'과 '⑦ 잘못을 덮고 감추는' 잘못을 뒤집는 일이다.

三悔除一切下는 令懺四障이 卽所滅之非니 謂惑業苦니 業報二障은 約因果分異니라 旣懺報障이면 則怖畏惡道니 以翻不畏니 天子는 新從彼來일새 故不廣明이라 於煩惱中에 利鈍分二니 邪見은 斷善이라 最可畏故로 別明見障하고 又障所知 亦見障故니라 餘如別說이라

제3절, '悔除一切' 이하는 '업의 장애, 번뇌의 장애, 과보의 장애, 소견의 장애' 4가지를 참회하도록 하는 것이 곧 없애야 할 대상의 그릇된 죄업들이다. 업의 장애와 과보의 장애 2가지는 인과로 구분 지어 달리 보는 것이다. 이미 과보의 장애를 참회하면 악한 도에 대해 겁을 내거나 두려워하게 된다. 이는 '⑧ 당돌하여 악한 일을 두려워하지 않는' 잘못을 뒤집는 일이다.

'하늘의 남자[天子], 하늘의 여자[天女]'에 대해서는 처음 그 하늘에서 찾아온 이들이기에 자세히 밝히지 않았다.

번뇌에 있어서 예리하고 둔탁함을 2가지로 구분 지었다. 삿된 견해는 선근을 잘라버리기에 가장 두려운 대상이다. 이 때문에 '소견의 장애'를 별도로 밝혔고, 또한 所知障 역시 '소견의 장애'이기

때문이다. 나머지는 별도로 말한 바와 같다.

四 '以盡法界' 下는 運心普徧하야 令無不盡이니 由昔起過하야 旣徧諸境하니 今悔昔非일새 故普運三業호되 等衆生界하야 一一佛前과 及衆生前에 皆發露懺悔니 旣人天凡聖에 皆對懺悔니 則自愧尅責하야 翻無慚愧니라 由意徧運하야 令身口徧하고 頭卽頂禮면 兼身爲總이니 五輪著地니라 此言徧者는 爲以何徧고 故下次言 善三業徧이라하니 此는 卽修功補過니 翻縱恣三業이라【鈔_ 於一一佛前者는 佛爲懺悔之主라 憑佛能除오 衆生은 是所觀對之境이라 昔曾惱害故로 旣於人天者는 一一衆生中에 有天이라 一一佛前은 卽聖이니 聖天이 見我屏過하고 人見我顯過라 故爲慚愧니라 此一段疏는 用一段經이나 而有二意하니 一은 以徧對로 翻無慚愧오 二 由意徧運 下는 亦以徧對로 翻第四縱恣三業이라】

　제4절, '以盡法界' 이하는 마음의 운용을 빠뜨림 없이 두루 다 하지 않음이 없도록 하였다 옛적에 일으킨 허물에 의하여 이미 모든 경계에 두루 범하였다. 그러나 이제는 지난날의 잘못을 참회한 까닭에 三業을 두루 운용하되 중생세계와 같이 하여 한 분 한 분의 부처님 앞에서, 그리고 중생의 앞에 모두 드러내어 참회하였다. 이처럼 이미 人天과 凡聖을 모두 마주하여 참회하면, 스스로 부끄러워하는 마음으로 지극히 자책하면서 '⑨ 부끄러워하는 마음이 없는' 잘못을 뒤집는 것이다.

　생각을 두루 운용함으로 연유하여 몸과 입에 두루 운용하도록 하며, 머리를 숙여 頂禮를 올리면 몸을 겸하여 총괄한 것이니, 온 몸의 五輪[頂, 面, 胸, 臍, 膝]이 땅에 닿은 것이다. 여기에서 '두루[徧]'라고 말한 것은 그 무엇으로 두루 한다는 것일까? 이 때문에 아래의 차례에서 '선으로 삼업을 두루 한다[善三業徧].'라고 말하였다. 이는 바로 수행으로 잘못을 보완해 나가는 것이다. 이는 지난날 '삼업을 방종하게 행하였던 잘못'을 뒤집는 것이다.【초_ "한 분 한 분의 부처님 앞"이란 부처님은 참회하는 데 주체이다. 부처님에게 의지해야만 그 잘못을 없애줄 수 있으며, 중생이란 상대적으로 관찰할 수 있는 경계이기 때문이다. 옛적에 일찍이 고뇌와 해악을 당하였기 때문에 이처럼 人天에게 참회하는 것은 하나하나의 중생의 가운데 하늘이 있다. "한 분 한 분의 부처님 앞"은 성인에게 나아감이다. 聖天은 내가 허물을 감추는 것을 보고, 사람들은 나의 드러난 허물을 보기 때문에 부끄러워한 것이다.

　이 한 단락의 청량소에서는 한 단락의 경문을 인용하였지만, 2가지 뜻이 있다. 첫째는 두루 상대하는 것으로 부끄러움이 없는 잘못을 뒤집었고, 둘째 '由意徧運' 이하 또한 두루 상대하는 것으로 ④의 방종한 삼업의 잘못을 뒤집었다.】

第二 徵問其方
　제2 단락, 그 방법을 묻다

經

時에 諸天子 聞是語已하고 得未曾有하야 心大歡喜하야 而問之言호되 菩薩摩訶薩이 云何悔除一切過惡이니잇고

때마침, 여러 천자가 이런 말을 듣고서 없었던 일이라 하여 매우 기쁜 마음으로 물었다.

"보살마하살이 어떻게 모든 허물을 참회하는가?"

◉ 疏 ◉

上言猶畧이니 餘義未盡일세 故次徵之니라

위에서 말한 부분에 오히려 생략된 점이 있어 나머지 의의가 미진한 까닭에 다음으로 이를 물은 것이다.

第三 如法正敎

正敎觀罪性空하고 兼顯妄計我人과 撥無因果와 外遇惡緣이나 而文分二니 先은 明發聲之因이라

제3 단락, 여법한 바른 가르침

죄업의 자성이 공한 것을 바르게 가르쳐주었고, 부질없이 나와 남을 차별하는 잘못, 인과가 전혀 없다고 생각하는 잘못, 밖으로 악연을 만나게 되는 잘못을 모두 밝혀주었다.

그러나 경문은 2단락으로 나뉜다.

① 소리가 울려 나오게 되는 원인을 밝혔다.

> 經

爾時에 天鼓 以菩薩三昧善根力故로 發聲告言호되

그때, 하늘 북은 보살 삼매의 선근 힘으로 소리를 내어 말하였다.

後 正說教誨

於中分五니 一은 別觀業空이오 二는 總觀四障이오 三은 別觀見惑이오 四는 對業觀報오 五는 總結懺益이라

今은 初라

② 가르침을 바르게 말하다

이는 5단락으로 나뉜다.

㉠ 죄업의 자성이 공함을 개별로 살폈고,

㉡ 4가지 장애를 총괄하여 살폈으며,

㉢ 견해의 미혹을 개별로 살폈고,

㉣ 업을 상대로 과보를 살폈으며,

㉤ 참회의 이익을 총괄하여 끝맺었다.

이는 '㉠ 죄업의 자성이 공함을 개별로 살핌'이다.

> 經

諸天子야 菩薩이 知諸業이 不從東方來며 不從南西北方四維上下來로대 而共積集하야 止住於心이라 但從顛

倒生하야 **無有住處**니 **菩薩**이 **如是決定明見**하야 **無有疑惑**이니라

"여러 천자여, 보살은 모든 업이 동쪽에서 온 것이 아니며, 남방·서방·북방과 네 곳의 간방과 상방·하방에서 온 것도 아니지만, 한곳에 모두 함께 쌓이어 마음속에 남아 있는 것이다. 단 전도에 의해 생겨나 머문 자리가 없음을 알고 있다.

보살이 이처럼 결정코 밝게 보아야 의혹이 없을 것이다.

● 疏 ●

業爲報因이오 三障首故니라 非先有體하야 從十方來는 正顯空義이오 但從顚倒生은 釋空所以니 由業障海 從妄想生일새 故無自性이라 令此空慧로 與心相應이면 則決定無疑니 能如是知면 卽名菩薩이라【鈔_ '由業障海'下는 卽普賢觀經에 引此하야 成上二義니 卽 '一切業障海 皆從妄想生'이라 若欲懺悔者는 端坐念實相'이 是也니라 言'令此空慧 與心相應'者는 亦卽普賢觀經이라】

업이란 과보의 원인이고 3가지 장애의 첫머리이기 때문이다. 먼저 일정한 본체가 있다가 시방에서 찾아온 것이 아니라는 것은 空의 의의를 밝힌 것이며, 단 전도망상에 의해 생겨났다는 것은 空의 이유가 되는 바를 해석한 것이다. 업장의 바다가 망상으로부터 생겨난 까닭에 자성이 없다.

이러한 공의 지혜로 마음과 상응하게 되면, 결코 의심이 없다. 이와 같이 알면 곧 보살이라 말한다.【초_ "업장의 바다" 이하는 보

현관경에서 이 부분을 인용하여 위의 2가지 뜻을 끝맺었다. "일체 업장의 바다는 모두 망상에서 생겨난 것이다. 만약 참회하고자 한 자는 단정히 앉아 實相을 생각하라."는 말이 바로 이를 말한다.

"이러한 공의 지혜로 마음과 상응"하게 한다는 것 또한 보현관경이다.】

第二는 總觀四障이라
ⓛ 4가지 장애를 총괄하여 살피다

經

諸天子야 如我天鼓 說業說報하며 說行說戒하며 說喜說安하며 說諸三昧인달하야 諸佛菩薩도 亦復如是하야 說我說我所하며 說衆生하며 說貪恚癡種種諸業이나 而實無我하며 無有我所하며 諸所作業과 六趣果報를 十方推求하야도 悉不可得이니라

여러 천자여, 마치 나의 하늘 북이 업을 말하고 과보를 말하며, 행을 말하고 계를 말하며, 기쁨을 말하고 편안함을 말하며, 모든 삼매를 말하는 것처럼, 모든 부처님과 보살 또한 이와 같다.

'나'를 말하고 '나의 것'을 말하며, 중생을 말하고 탐욕·성냄·어리석음의 가지가지 업을 말하지만, 실제로는 '나'라는 것도 없고 '나의 것'이라는 것도 없으며, 여러 가지 지은 업과 여섯 길[地

獄, 餓鬼, 畜生, 修羅, 人間, 天道]의 과보를 시방에서 찾아보아도 찾을 수 없다.

● 疏 ●
即天鼓說法無說喩로 以喩俗有眞無라 先喩中에 初擧所治니 謂業報二障이오 後說行等五는 即是能治니 謂行善·止惡·喜他·安他·住定이라【鈔_ 以喩俗有者는 即中論意니 緣生幻有로 爲俗이오 無性空理로 爲眞이라】

이는 하늘 북이 설법을 하면서도 설법한 바 없다는 비유로써, 현상의 俗諦는 有이고 본체의 眞諦는 無임을 비유하였다.

첫 비유 가운데, 다스려야 할 대상을 처음으로 들어 말하였다. 업의 장애와 과보의 장애를 말한다.

뒤에서 行·戒·喜·安·三昧 5가지를 말한 것은 다스림의 주체이다. 이는 선을 행함, 악을 그침, 남들의 선을 좋아함, 남을 편히 해줌, 선정에 머묾을 말한다.【초_ '이로써 현상의 俗諦는 …을 비유하였다.'는 것은 중론에서 말한 뜻이다. 인연으로 생겨나고 허깨비처럼 있는 것을 俗諦라 하고, 자체가 없고 공한 이치를 眞諦라 말한다.】

後'諸佛'下는 合이라 於中에 先은 隨俗說有니 言我·我所者는 即是見障이오 說貪恚癡는 即煩惱障이라 後'而實'下는 勝義實無라 有無二文은 三障影畧이니 既無我所면 翻破第一妄計人我니라【鈔_ '有無二文'者는 謂說有中에 畧無報障하고 說無之中에 畧無煩惱

니라 從'旣無我'下는 會前十心이라】

　뒤의 '諸佛' 이하는 종합이다. 그 가운데, 앞은 속제를 따라 有를 말하였다. '나'와 '나의 것'이라 말한 것은 바로 견해의 장애이며, 탐욕·성냄·어리석음을 말한 것은 곧 번뇌의 장애이다.

　뒤의 '而實' 이하는 진리의 의의는 실로 없는 것이다. 有와 無라는 2글자는 3가지 장애를 생략한 말이다. 이미 '나의 것'이라는 것을 없애는 것은 '① 나와 남을 부질없이 헤아리는 병폐'를 번복하여 타파한 것이다.【초_ "有와 無라는 2글자"란 속제의 有를 말한 가운데, 과보의 장애가 없다는 말을 생략하였고, 진제의 無를 말한 가운데, 번뇌의 장애가 없다는 말을 생략하였다.

　"이미 나의 것" 이하는 앞서 말한 10가지의 마음을 종합한 것이다.】

第三 別破見惑

　ⓒ 견해의 미혹을 개별로 타파하다

經

諸天子야 譬如我聲이 不生不滅호되 造惡諸天은 不聞餘聲하고 唯聞以地獄覺悟之聲인달하야 一切諸業도 亦復如是하야 非生非滅이로대 隨有修集하야 則受其報니라

　여러 천자여, 마치 나의 소리가 생겨나지도 않고 사라지지도 않지만, 악업을 지은 하늘은 여타의 소리를 듣지 못한 채, 오직 지옥 중생이 고통받는 소리로써 그들을 깨우쳐주는 소리만을 듣는 것처럼, 일체 모든 업 또한 그와 같다. 생겨나지도 않고 사라지지도 않지만, 닦아 쌓아가는 행업에 따라 그와 똑같은 과보를 받게 되는 것이다.

● 疏 ●

見惑深險일세 故廣破之라

文有三喩니

一 鼓無生滅隨聞喩는 喩業雖無生이나 隨修感報니 謂向觀業空은 爲遣執有니 若謂爲空이면 諸佛不化일세 故今顯非斷無하야 翻破撥無因果니라【鈔_ '若謂爲空'者는 中論에 云 '諸佛說空法은 爲離於有見이라 若復見有空은 諸佛所不化니라' '故今顯'下는 會上十心이니 以是緣으로 成無性之無일세 故非斷無니라 所以經言 '而受其報'도 亦同淨名의 '無我·無浩·無受者는 善惡之業도 亦不亡이라'하니라】

견해의 미혹이 깊고 험한 까닭에 이를 자세히 타파해 주었다.

이의 경문에는 3가지 비유가 있다.

제1 비유, 북의 소리에는 생겨나거나 사라짐이 없으나 자신의 행업에 따라 듣는다는 비유는 중생의 업이 비록 생겨남이 없으나 닦아가는 행업을 따라 그에 똑같은 과보를 얻게 됨을 비유한 것이다. 이는 앞서 업이 공한 것임을 관찰하는 것은 유에 대한 집착을 말끔히 떨쳐버리기 위함임을 말한다. 만일 공이 되었다고 말하면

535

여러 부처님마저도 그를 가르치지 못할 것이다. 따라서 여기에서는 斷滅의 無가 아님을 밝혀, '⑩ 인과가 없다 하여 결국 闡提가 된' 잘못을 뒤집어 타파해 준 것이다.【초_ "만일 空이 되었다고 말하면"이란 중론에서 다음과 같이 말하였다.

"여러 부처님이 공이라는 법을 말씀하신 것은 有라는 견해를 여의기 위함이다. 만약 有라는 견해가 이미 공해지면 여러 부처님도 더 이상 교화할 수 없는 대상이다."

'故今顯非斷無' 이하는 위에서 말한 10가지의 마음을 종합한 것이다. 이러한 인연으로 자성이 없는 無를 성취할 수 있기에 斷滅의 無가 아니다. 이 때문에 경문에서 말한 "그에 똑같은 과보를 받는다."는 것 또한 유마경에서 말한 바와 같다.

"자아도 없고, 조작도 없고, 받음도 없다고 말하는 자는 선악의 업 또한 없앨 수 없다."】

經

諸天子야 如我天鼓의 所出音聲이 於無量劫에 不可窮盡이며 無有間斷이라 若來若去를 皆不可得이니
諸天子야 若有去來면 則有斷常인달하야 一切諸佛도 終不演說有斷常法이오 除爲方便으로 成熟衆生이니라

여러 천자여, 나의 하늘 북에서 울려 나오는 소리가 한량없는 겁에 다하지 않고, 끊어짐도 없다. 오고 가는 것을 모두 말할 수 없다.

여러 천자여, 만일 가고 오는 것이 있다면 단견(斷見)과 상견(常

見)이 있는 것처럼, 일체 모든 부처님도 끝까지 단견과 상견의 법을 말씀하지 않는다. 방편으로 중생을 교화, 성숙시키는 일은 제외된다.

◉ 疏 ◉

二 聲無去來喩는 喩歸中道니 定有는 卽常이오 定無는 則斷이오 俱亦是二일세 故雙破二見하야 顯離斷常이라
文中에 先은 喩오 '諸天子若有'下는 合이니 若有可來면 卽常이오 去而不來면 則斷이라 故雖空이나 不斷이오 雖有나 不常이니라【鈔_ 中論偈에 云'雖空이나 亦不斷이오 雖有나 而不常이라 罪福亦不失을 是名佛所說이라'】

제2 비유, 소리에 오감이 없다는 비유는 中道에 귀결해야 함을 비유한 것이다. 반드시 있다고 고집하는 것은 常見이며, 반드시 없다고 고집하는 것은 斷見이며, 2가지 모두 인정하는 것 또한 2가지이다 따라서 2가지의 견해를 모두 타파하여 단견과 상견을 여의어야 함을 밝히고 있다.

이 경문의 앞에서는 비유를 들어 말하였고, 뒤의 '諸天子若有' 이하는 종합이다. 만일 오는 것이 있다고 고집하면 그것은 곧 상견이고, 오고 가는 것이 없다고 고집하면 그것은 곧 단견이다. 이 때문에 비록 空이라 하지만 단견이 아니며, 비록 有라 하지만 상견이 아니다.【초_ 중론의 게송에서 말한 바는 다음과 같다.

"비록 空이라 하지만 또한 단견이 아니며, 비록 有라 하지만 상견이 아니다. 죄업과 복덕을 또한 잃지 않는 법을 부처님께서 말씀

하신 것이라 말한다."】

經

諸天子야 譬如我聲이 於無量世界에 隨衆生心하야 皆使得聞인달하야 一切諸佛도 亦復如是하야 隨衆生心하야 悉令得見이니라

여러 천자여, 비유하면 나의 음성이 한량없는 세계에 중생의 마음을 따라 모두 듣도록 하는 것처럼, 일체 모든 부처님 또한 이와 같이 중생의 마음을 따라 모두 볼 수 있도록 마련해 주었다.

 疏 ◉

三 鼓聲隨心喩는 喩佛由心見이니 遣其心外定執일새 懺主 令其眞念十方諸佛하야 翻破外遇惡緣이라【鈔_ '令其眞念'者는 若不了唯心이면 見從外來하야 取色分齊니 豈知卽心卽佛이리오 若知心·佛·衆生이 三無差別이면 爲眞念佛이라 善知識云 '念佛은 卽是念心이오 念心은 卽是念佛이라 佛無形相이오 心無生滅하야 心境一致라 故爲眞念이니라'】

제3 비유, 북의 소리는 듣는 이의 마음을 따른다는 비유는 부처님이 중생의 마음에 따라 몸을 나타냄을 비유한 것이다. 그 마음 밖의 일정한 집착을 떨쳐버려야 하기에, 참회하는 법주로 하여금 시방세계 일체 부처님을 그 진심으로 생각해야 한다는 것으로, '② 안으로 번뇌를 지니고 있기에 밖으로 악연을 만나는' 잘못을 뒤집

어 타파한 것이다.【초_"그 진심으로 생각해야 한다."는 것은 만약 마음을 깨닫지 못하면 견해가 밖으로부터 찾아오게 되어 색의 부분과 한계를 취하게 된다. 그렇다면 어떻게 마음이 곧 부처임을 알 수 있겠는가. 만약 마음·부처·중생 3가지가 차별이 없음을 알면 참으로 부처님을 생각하는 것이다.

어느 선지식이 말하였다.

"부처를 생각하는 것은 곧 마음을 생각하는 것이며, 마음을 생각하는 것은 곧 부처를 생각하는 것이다. 부처는 형상이 없고, 마음은 생겨나고 사라짐이 없다. 마음과 경계가 하나이기에 참으로 부처를 생각하는 것이라 한다.】

第四는 對業觀報라

㉠ 업을 상대로 과보를 살피다

經

諸天子야 如有頗梨鏡하니 名爲能照라 淸淨鑒徹호되 與十世界로 其量正等하야 無量無邊諸國土中에 一切山川과 一切衆生과 乃至地獄畜生餓鬼의 所有影像이 皆於中現하나니

諸天子야 於汝意云何오 彼諸影像을 可得說言來入鏡中하며 從鏡去否아

答言호되 不也니이다
諸天子야 一切諸業도 亦復如是하야 雖能出生諸業果報나 無來去處니라
諸天子야 譬如幻師 幻惑人眼인달하야 當知諸業도 亦復如是하니라

여러 천자여, 여기 파리의 거울이 있다. 그 이름을 '잘 비치는 거울[能照]'이라 한다. 청정하여 해맑게 비치되 열 세계와 그 분량이 같기에 한량없고 그지없는 여러 국토에 있는 일체 모든 산천, 일체 모든 중생 내지 지옥·축생·아귀들의 영상이 모두 거울 속에 나타나는 것과 같다.

여러 천자여, 그대들의 생각은 어떠한가. 저 모든 영상이 거울 속으로 들어가고 거울 속에서 나와 떠나간다고 말할 수 있겠는가?"

여러 천자가 "아니다."고 대답하였다.

"여러 천자여, 일체 모든 업 또한 그와 같다. 모든 업의 과보를 만들어 내지만, 오는 곳도 가는 곳도 없다.

여러 천자여, 마치 요술쟁이가 사람의 눈을 속이는 것처럼, 모든 업 또한 그와 같음을 알아야 한다.

◉ 疏 ◉

文有二喩니 一 鏡像體虛喩는 喩雖有而無니 謂鏡像依鏡現이라 像非去來니 果報由業生이어니 何有來去리오 二 幻師惑眼喩는 喩業招報니 雖無而有니라 又業亦如幻하고 又幻非有無니 即中道矣라

경문에는 2가지 비유가 있다.

제1 비유, 거울의 영상 자체가 공허하다는 비유는 비록 있다지만 없음을 비유하였다. 이는 거울의 영상이 거울을 의지하여 나타나는 것일 뿐, 영상이 오고 가는 것이 아니다. 과보란 업에 의해 생겨난 것일 뿐, 어찌 오고 감이 있겠는가.

제2 비유, 요술쟁이가 사람의 눈을 속인다는 비유는 업에 의해 자초하는 과보를 비유하였다. 비록 없는 것처럼 보이지만 있는 것이다. 업 또한 요술과 같으며, 또한 요술은 있고 없는 것이 아니다. 그것은 곧 중도이다.

第五 總結懺益

㉤ 참회의 이익을 총괄하여 끝맺다

經

若如是知하면 是眞實懺悔니 一切罪惡이 悉得淸淨하리라

만일 이와 같이 알면 이는 진실한 참회이다. 일체 모든 죄악이 모두 청정하게 될 것이다."

● 疏 ●

可知니라

이는 설명하지 않아도 알 수 있다.

一

第六 見聞益深

中二니 先은 明餘衆益이라

6. 보고 들은 이익이 심오하다

이는 2단락으로 나뉜다.

앞은 나머지 대중의 이익을 밝혔다.

經

說此法時에 **百千億那由他佛刹微塵數世界中兜率陀諸天子 得無生法忍**하며 **無量不思議阿僧祇六欲諸天子 發阿耨多羅三藐三菩提心**하며 **六欲天中一切天女皆捨女身**하고 **發於無上菩提之意**하니라

이런 법을 말할 때에 백천억 나유타 부처 세계의 미진수처럼 수많은 세계에 있는 도솔천 모든 천자들이 생사 없는 법 지혜를 얻었고, 한량없고 헤아릴 수 없는 여섯 욕계의 모든 천자들은 아뇩다라삼먁삼보리 마음을 일으켰으며, 여섯 욕계 하늘에 있는 모든 천녀들이 모두 여인의 몸을 버리고 위없는 보리의 마음을 내었다.

● 疏 ●

以三昧力으로 聲普聞故니라【鈔_ '以三昧力'者는 釋妨이라 妨云 '此土兜率天鼓說法에 云何益及百千億等刹耶'아 答意는 可知니라】

삼매의 힘으로 소리가 널리 들렸기 때문이다.【초_ "삼매의 힘으로"란 논란에 대한 해석이다. "이 국토의 도솔천 북이 설법하는데 어떻게 백천억 나유타 부처 세계에 이익이 미친다고 말할 수 있는가."라는 논란에 대해 답한 뜻은 설명하지 않아도 알 수 있다.】

後正辨當機益
於中에 二니 先은 一重益이오 後'其諸香雲'下는 展轉益이라
今은 初라

뒤는 바로 중생의 근기에 알맞은 이익을 말하였다.

이는 2단락으로 나뉜다.

1) 한 차례 거듭되는 이익을 말하였고,

2) 뒤의 '其諸香雲' 이하는 전전하여 더해가는 이익을 말하였다.

이는 '1) 한 차례 거듭되는 이익'이다.

經

爾時에 諸天子 聞說普賢의 廣大廻向하고 得十地故며 獲諸力莊嚴三昧故며 以衆生數等淸淨三業으로 悔除一切諸重障故로 卽見百千億那由他佛刹微塵數七寶蓮華의 一一華上에 皆有菩薩이 結跏趺坐하야 放大光明하며 彼諸菩薩의 一一隨好에 放衆生數等光明하며 彼光

明中에 有衆生數等諸佛이 結跏趺坐하사 隨衆生心하야 而爲說法호되 而猶未現離垢三昧少分之力하니라
爾時에 彼諸天子 以上衆華하며 復於身上一一毛孔에 化作衆生數等衆妙華雲하야 供養毘盧遮那如來호되 持以散佛하니 一切皆於佛身上住하니라

그때, 여러 천자가 보현보살의 광대한 회향을 들었기에 십지를 얻었고, 모든 힘으로 장엄한 삼매를 얻었으며, 중생 수와 똑같은 청정한 삼업으로 모든 중대한 업장을 참회하였다.

이 때문에 바로 백천억 나유타 불국토의 티끌 수와 똑같은 칠보 연꽃을 보았는데, 한 송이 한 송이 연꽃 위에 모두 보살이 가부좌하고 앉아서 큰 광명을 쏟아냈고, 저 보살의 한 분 한 분 아름다운 모습에서 중생 수와 똑같은 광명을 쏟아냈으며, 그 광명 속에는 중생 수와 똑같은 부처님들이 가부좌하고 앉아서 중생이 좋아하는 마음을 따라 설법하였지만, 오히려 더러운 때를 여읜 삼매의 일부분 힘마저도 모두 나타내지 못하였다.

그때, 그 여러 천자는 수많은 연꽃을 올렸고, 또한 하나하나의 모공에서 중생 수와 똑같은 미묘한 꽃의 구름을 만들어 내어 비로자나여래에게 공양하되, 미묘한 꽃을 받들고서 부처님께 흩뿌리자, 모든 꽃송이가 모두 부처님의 몸 위에 놓여 있었다.

◉ 疏 ◉

文二니 先은 得法益이오 後'以衆生'下는 見佛益이라

今初에 皆有故字하니 義似牒前爲因하야 則見佛爲益이니 而前來에 未有得十地等處어니 爲何所牒가 是以 晉經에 皆無故字니 應言호되 聞說普賢廣大廻向故로 便得十地오 獲諸力莊嚴三昧니라 上句는 得位오 下句는 成行이니 分得十力하야 爲莊嚴故니라

二明見佛益中三이니 一은 明見因이오 二'卽見'下는 正明見佛이오 三'爾時'下는 敬心興供이라 言'以上'者는 上來에 持華詣佛하야 猶未散故니라 '毛孔出華'者는 已得地位故니라 上所持中에 有香蓋等故로 下見香見蓋에 竝皆成益이라

이의 경문은 2단락으로 나뉜다.

앞에서는 법을 얻은 이익을, 뒤의 '以衆生' 이하는 부처님을 친견한 이익을 말하였다.

앞의 법을 얻은 이익 부분에 모두 '故' 자를 쓰고 있다. 그 뜻이 앞의 문장을 이어 원인을 삼아서 이것으로 부처님을 친견한 이익을 마련한 것과 같다. 앞에서 십지의 경지를 얻었다는 등을 말한 부분이 있지 않은데, 그 무엇을 뒤이을 수 있겠는가. 이 때문에 晉經에는 모두 '故' 자가 없다.

따라서 당연히 이처럼 말해야 한다.

"보현의 광대한 회향에 대해 설법하는 말을 들었기에 곧 십지를 얻었고, 모든 힘으로 장엄한 삼매를 얻었다."라고….

위 구절은 지위를 얻음이며, 아래 구절은 보현행을 성취한 것이다. 十力을 나누어서 장엄하였기 때문이다.

뒤의 부처님을 친견한 이익을 밝힌 부분은 다시 3절로 나뉜다.

(1) 부처님을 친견할 수 있었던 원인을 밝혔고,

(2) '卽見' 이하는 부처님의 친견을 바로 밝혔으며,

(3) '爾時' 이하는 공경하는 마음으로 공양을 올림이다.

'以上衆華'의 以上이란 위의 경문에서 연꽃을 받들고 부처님의 도량에 찾아갔다가 아직까지는 법회에서 해산하지 않았기 때문이다.

'毛孔出華'란 이미 지위를 얻었기 때문이다.

위의 경문에서 말한 공양물로 받든 가운데 香蓋 등이 있었기 때문에 아래에서 향을 보고 덮개[蓋]를 봄에 아울러 모두 이익을 성취한 것이다.

第二 展轉益
中二니 一은 聞香益이오 二는 見蓋益이니 竝依前供成이라
今은 初라

2) 전전하여 더해가는 이익

이는 2단락으로 나뉜다.

(1) 향기를 맡음에 따른 이익,

(2) 일산을 봄에 따른 이익이다.

이는 모두 앞의 공양에 의해 이뤄진 것이다.

이는 '(1) 향기를 맡음에 따른 이익'이다.

其諸香雲이 普雨無量佛刹微塵數世界하니
若有衆生이 身蒙香者면 其身安樂이 譬如比丘 入第四
禪에 一切業障이 皆得消滅하며 若有聞者면 彼諸衆生이
於色聲香味觸에 其內에 具有五百煩惱하고 其外에 亦有
五百煩惱하야 貪行多者 二萬一千이오 瞋行多者 二萬
一千이오 癡行多者 二萬一千이오 等分行者 二萬一千이
오 了知如是 悉是虛妄하야 如是知已에 成就香幢雲自
在光明淸淨善根하니라

그 수많은 향기 구름이 한량없는 부처 세계의 티끌 수처럼 헤아릴 수 없는 세계에 널리 비처럼 내렸다.

어느 중생이 그의 몸에 향기를 쏘이기만 하면 그 몸의 안락함이 마치 제4 선정[第四禪]에 들어간 비구처럼 모두 업장이 소멸되고, 이런 향기를 맡으면 그 모든 중생에게 빛·소리·향기·맛·접촉에 있어 안으로는 5백 가지의 번뇌가 있고 밖으로도 5백 가지의 번뇌가 있으며, 그중에서도 탐욕이 많은 이는 2만 1천 가지의 번뇌, 성냄이 많은 이는 2만 1천 가지의 번뇌, 어리석음이 많은 이는 2만 1천 가지의 번뇌, 탐진치 세 가지를 똑같이 지닌 이는 2만 1천 가지의 번뇌가 있는데, 이처럼 수많은 번뇌가 모두 허망한 줄을 알게 된다. 그처럼 허망한 줄을 알게 되면 향 당기 구름의 자유자재한 광명의 청정한 선근을 성취하게 된다.

● 疏 ●

有法·喩·合이니 法中에 由脫障故로 得解脫樂이니 故喩四禪에 無八災患이라 若有下는 合이니 由滅障故로 得淨善根이니 是爲益相이라 文中에 先顯所滅이니 卽八萬四千이라 古有二釋하니

一은 云衆生煩惱根本有十이나 然一惑力에 復各有十이라 卽爲一百이오 計應分爲九品이나 但上品重故로 開爲三品이오 中下輕故로 各爲一品이라 合爲五百이어늘 復於內外境起하나니 謂自五塵으로 爲內하고 以他五塵으로 爲外하야 一一各五百이라 卽爲五千이오 別迷四諦면 則成二萬이니 幷本一千이면 則有二萬一千이어늘 依三毒等分하야 成八萬四千하나니 經文自具니라

二는 有云以十惡爲本하야 展轉相成이면 一一各十이라 故成一百하고 迷自他五塵爲一千하고 正迷十諦法門하나니 謂四諦·三諦·二諦·一諦니라 或迷說成諦等十諦하고 或迷十善일새 故成一萬이라 然迷十諦 空有不同일새 分成二萬하고 或迷十善二諦일새 亦分二萬이니 幷本一千이라 餘如經辨하다

然二皆有理하니 任情去取니라 更有異釋하니 如賢劫經等이어니와 非今經意니라【鈔_ 或迷說成者는 卽五地中十諦之義라】

　　법과 비유와 종합이 있다.

　　법을 말한 부분에 의하면, 업장의 해탈에 의해 해탈의 즐거움을 얻게 된다. 이 때문에 第四禪에 8가지 災患[8]이 없는 자리를 비

8　8가지 災患: 色界 第四禪을 들어가는 데에 방해가 되는 8가지, 憂·喜·苦·樂 四受 및

548

유하였다.

'若有' 이하는 종합이다. 업장이 소멸된 까닭에 선근을 청정하게 할 수 있다. 이것이 이익의 형상이다.

경문에서 업장의 소멸을 먼저 밝혔는데, 이것이 바로 8만 4천 번뇌이다. 이에 대해서는 옛사람의 2가지 해석이 있다.

① 중생의 근본번뇌에는 10가지가 있다. 그러나 하나의 미혹의 힘에 의해 다시 각각 10가지가 있기에 바로 1백 가지가 되는데, 이는 9品으로 나뉘지만 上品은 가장 무거운 까닭에 이를 3품으로 나누고, 중품과 하품의 번뇌는 가볍기 때문에 각각 1품씩이다. 이를 합하면 5백 가지의 번뇌가 된다. 이는 다시 내면의 번뇌와 외면의 번뇌 경계를 일으킨다. 이는 자신의 五塵으로 내면의 번뇌를, 타인의 오진으로 외면의 번뇌를 삼아서 하나하나가 각각 5백 가지씩이기에 5천 가지의 번뇌가 되고, 四諦를 개별로 혼미하면 곧 2만 가지의 번뇌를 이루게 된다. 여기에 근본번뇌 1천 가지를 합하면 곧 2만 1천 번뇌인데, 탐진치 삼독을 똑같이 나눔에 의하여 8만 4천 번뇌를 이루게 된다. 이에 대해서는 경문 자체에 구체적으로 언급되어 있다.

② 十惡[殺生, 偸盜, 邪淫, 妄語, 兩舌, 惡口, 綺語, 貪欲, 瞋恚, 邪見]으로써 근본을 삼아 전전하면서 서로 이뤄지면 하나하나 각기 10가지의 악이 있기에 1백 번뇌를 이루고, 자신의 오진과 타인의 오진을

尋 · 伺 · 出息 · 入息을 말한다.

미혹하여 1천 번뇌가 되어, 바로 10가지 진리[十諦] 법문을 혼미하게 만드는 것이다. 十諦 법문은 四諦와 三諦와 二諦와 一諦를 말한다. 혹자는 "說成諦 등 10가지 진리를 혼미한 데서 번뇌가 이뤄진다." 하고, 혹자는 "10가지 선업을 혼미한 데서 1만 번뇌가 이뤄진다."고 한다. 그러나 10가지 진리의 空·有가 다른 것을 혼미한 데서 이뤄진 번뇌를 나누어서 2만 번뇌를 이루고, 혹은 10가지 선업의 眞·俗 二諦를 혼미한 데서 이뤄진 번뇌를 또한 나누어서 2만 번뇌를 이루니, 근본번뇌인 1천 번뇌를 합한 것이다. 나머지는 경문에서 말한 바와 같다.

그러나 위의 2가지 설은 모두 그 나름 이치가 있다. 독자 마음의 선택에 맡긴다. 이 밖에도 또 다른 해석이 있는데, 賢劫經 등에서 말한 바와 같지만, 화엄경에서 말한 본의는 아니다.【초_ "說成諦 등 10가지 진리를 혼미"란 五地에서 말한 十諦의 뜻이다.】

後'了知'下는 能滅이니 謂了惑本虛하야 居然不生일새 故晉經에 云 '此諸煩惱 皆悉除滅이라'하니 除滅故淸淨이오 惑亡智顯일새 卽自在光明 善根成就니라 言'香幢雲'者는 卽九地善根이니 至下當明 호리라

뒤의 '了知' 이하는 업장 소멸의 주체이다. 이는 미혹의 번뇌가 본래 공허한 것임을 알고서 번뇌를 쉽사리 일으키지 않음을 말한다. 이 때문에 晉經에서는 "모든 번뇌가 모두 소멸된다."고 말했다. 업장의 번뇌가 소멸된 까닭에 청정하고, 미혹이 사라짐에 지혜가 나타난 까닭에 바로 자재한 광명의 선근이 성취되는 것이다. '香幢

雲'이란 즉 九地의 선근을 말한다. 아래의 해당 부분에서 이를 밝히고자 한다.

第二明見蓋益
於中二니 先은 正明得益이오 二는 明攝化轉益이라
今은 初라
　(2) 일산을 봄에 따른 이익을 밝히다
　이는 2단락으로 나뉜다.
　(ㄱ) 일산을 보고서 얻은 이익을 바로 밝혔고,
　(ㄴ) 중생 교화의 전전한 이익을 밝혔다.
　이는 '(ㄱ) 일산을 보고서 얻은 이익' 부분이다.

經

若有衆生이 見其蓋者면 種一淸淨金網轉輪王의 一恒河沙善根이니라

　만일 어느 중생이 그 일산을 보면 한 '청정한 황금 그물 전륜왕'의 한 항하 모래 수와 같은 선근을 심게 된다.

◉ 疏 ◉

準晉經云'種一恒河沙轉輪聖王所植善根'이니 所謂白淨寶網輪王等이라하니 是則多箇輪王이라 非一輪王之多善也니 梵本亦

然이라 而言'淸淨金網'者는 準瓔珞上卷컨대 金輪은 在十廻向이오 初地已上은 皆是琉璃輪이로되 而增寶數爲別이니 是知舊譯爲寶網者는 勝金網也라 言'一恒沙'者는 謂從九地已還으로 乃至十住銅輪이니 以此十地所化分齊로 比前如恒沙矣라 故晉經에 云'寶網輪王等'이라하니 等取前也니라

晉經에 준하여 살펴보면, "하나의 항하 모래 수와 같은 전륜성왕이 선근을 심었다."고 한다. 이른바 白淨寶網輪王 등이다. 이는 많은 전륜왕을 말한 것이지, 한 분 전륜왕의 많은 선근을 말한 게 아니다. 범본 또한 그와 같다.

전륜왕의 명호를 '淸淨金網'이라 말한 것은 영락경 상권에 준하여 보면, 金輪은 십회향의 지위에 있고, 初地 이상은 모두 똑같이 琉璃輪으로 말하면서도 그 수효를 더해가는 것으로 구별하였다. 이는 옛 번역본에서 寶網이라 말한 것은 金網보다 더 훌륭한 것임을 알 수 있다.

'一恒沙'라 말한 것은 九地 이후로부터 十住 銅輪에 다다름을 말한다. 이 十地에서 교화한 구분과 한계를 앞서 말한 것과 비해 보면 항하의 모래알만큼 많다. 이 때문에 晉經에서 '寶網輪王' 등이라 말한 것은 앞서 말한 것과 똑같이 취한 것이다.

第二 攝化轉益
中二니 先은 明得位益이오 後는 成德益이라

今은 初라

(ㄴ) 중생 교화의 전전한 이익을 밝히다

이는 2단락으로 나뉜다.

제1 단락, 지위를 얻은 이익을 바로 밝혔고,

제2 단락, 공덕 성취의 이익을 밝혔다.

이는 '제1 단락, 지위를 얻은 이익'이다.

經

佛子여 菩薩이 住此轉輪王位하야 於百千億那由他佛刹
微塵數世界中에 教化衆生하나니
佛子여 譬如明鏡世界에 月智如來 常有無量諸世界中
比丘比丘尼優婆塞優婆夷等이 化現其身하야 而來聽
法에 廣爲演說本生之事하사대 未曾一念도 而有間斷이
니 若有衆生이 聞其佛名이면 必得往生彼佛國土인달하야
菩薩이 安住淸淨金網轉輪王位도 亦復如是하야 若有暫
得遇其光明이면 必獲菩薩第十地位하나니 以先修行善
根力故니라

불자여, 보살이 전륜왕 지위에 머물면서 백천억 나유타 부처
세계, 티끌 수처럼 수많은 세계에서 중생을 교화하였다.

불자여, 마치 명경세계의 월지여래에게 한량없는 세계의 비구,
비구니, 우바새, 우바이 등이 그 몸을 변화하여 항상 찾아와 법을
들을 적에, 본생(本生)의 일을 자세히 연설하여 한 생각의 찰나도

끊이지 않았다.

만일 어느 중생이 그 부처님의 명호를 들으면 반드시 그 부처님의 국토에 태어나는 것처럼, 보살이 '청정한 황금 그물 전륜왕'의 지위에 머무름 또한 그와 같다. 만약 잠깐이라도 그 광명을 보게 되면 그는 반드시 보살의 제십지의 지위를 얻게 된다. 이는 먼저 수행한 선근의 힘 때문이다.

◉ 疏 ◉

有法·喻·合이니 法中에 直明攝化分齊니 已如前釋이오 喻中에 初는 化無間斷이니 喻上法中敎化衆生이오 後'若有聞名必生其國'은 喻下合中에 遇斯光明이면 獲十地位라

後合中에 初句는 總合이라 準晉經컨대 '亦復如是'下는 欠'放曼陀羅自在光明'之言이니 今經은 影在後喻合中이라 若直云'得遇斯光'인댄 前文에 無放光處어니 爲遇何耶아

言'得十地'者는 此品에 總有三重 皆得十地라 故名展轉益이라

一은 諸天子 聞鼓說法하고 得十地오

二는 此天子毛孔에 出華蓋雲할새 見者 得輪王位 卽是十地오

三은 輪王放光에 遇者 復得十地니

此三位 皆齊等하야 同時頓成이 各塵數多類나 總是一隨好中一光之力이니 餘光好等은 彌更難說이라 言'以先修行善根力'者는 顯頓益之因이니 因聞普法하야 修普善故니라 【鈔_ '今經影在'者는 出今經闕光之理니 卽後得初禪喩合中이니 經云'菩薩摩訶薩이

住淸淨金網轉輪王位하사 放摩尼髻淸淨光明'이 是也라 '若直云 得'下는 以理成立이라】

법과 비유와 종합이 있다.

법에서는 바로 중생 교화의 구분과 한계를 밝혔는데, 이미 앞서 해석한 바와 같다.

비유 가운데, 첫 부분은 끊임이 없는 교화이다. 위의 법에서 말한 중생 교화를 비유하였고, 뒤의 "만일 어느 중생이 그 부처님의 명호를 들으면 반드시 그 부처님의 국토에 태어난다."는 것은 아래의 종합 부분에서 말한 '이 광명을 보면 十地의 지위를 얻음'을 비유하였다.

뒤의 종합 부분에서의 첫 구절은 총괄하여 종합하였다. 晉經에 준하여 살펴보면, '亦復如是' 아래에 "만다라의 자재한 광명을 쏟아냈다[放曼陀羅自在光明]."는 구절이 빠졌다. 이 화엄경에서는 뒤의 비유와 종합 부분에 반영되어 있다. 만일 곧바로 '이런 광명을 보면[得遇斯光]'이라고 말할 경우, 앞의 경문에 放光 부분 그 자체를 밝힌 바 없는데, 무슨 광명을 만나볼 수 있겠는가.

'得十地'라 말한 것은 이 품에 모두 3차례 반복하여 '모두 十地를 얻는다.'는 말이 있기에 그 작은 명제를 "전전하여 더해가는 이익[展轉益]"이라 말한 것이다.

① 여러 천자가 하늘 북의 설법을 듣고서 십지를 얻었고,

② 여러 천자의 모공에서 연꽃 일산의 구름을 피워냄에 이를 보는 이들은 전륜왕의 지위를 얻음이 바로 십지이며,

③ 전륜왕이 방광할 적에 그 광명을 본 자 또한 십지를 얻었다.

이처럼 3가지의 지위가 모두 똑같으며, 동시 한꺼번에 성취함에 있어 각각 미진수의 수효만큼이나 많은 이가 함께하였다. 이는 모두 하나의 아름다운 모습에서 쏟아내는 한 줄기의 광명에 의한 힘이다. 나머지 아름다운 모습에서 쏟아져 나오는 광명은 더더욱 또한 말로 이루 다 표현하기 어렵다.

"이는 먼저 수행한 선근의 힘 때문"이라 말한 것은 한꺼번에 성취하게 된 이익의 원인을 밝힌 것이다. 전생에 법문을 널리 들음으로 인연하여 많은 선근을 널리 닦아온 까닭이다.【초_ "이 화엄경에서는 뒤의 비유와 종합 부분에 반영되어 있다."는 것은 이 화엄경에서 광명에 대해 언급하지 않은 이유를 밝힌 것이다. 이는 뒤의 '初禪을 얻은 비유와 종합 부분' 속에 담겨 있다. 경문에서 "보살마하살이 '청정한 황금 그물 전륜왕'의 지위에 머물면서 摩尼髻의 청정한 광명을 쏟아냈다."는 말이 바로 이를 말한다. "만일 곧바로 '이런 광명을 보면'이라고 말할 경우" 이하는 문맥에 따라 성립한 문장이다.】

━━━

第二 成德益
中에 先喩라

제2 단락, 공덕 성취의 이익

이는 2단락 가운데 '첫째, 비유'이다.

佛子여 **如得初禪**에 **雖未命終**이나 **見梵天處所有宮殿**하야 **而得受於梵世安樂**하며 **得諸禪者**도 **悉亦如是**인달하야

　불자여, 마치 첫째 선정을 얻었을 적에 비록 목숨이 다하지 않았을지라도 범천에 있는 궁전들을 보고서 범천 세계의 안락을 누리며, 모든 선정을 얻은 자들 또한 모두 그와 같은 것처럼,

◉ 疏 ◉

喩意에 云欲界修得色定하야 以欲界眼으로 見色界境이니 喩菩薩頓證에 未轉凡身하고 見十地境이니 以法力故니라 是則三祇 可一念而屆者는 明一攝一切故오 塵劫不窮一位者는 明一切攝一故라 如是遲速自在 是此圓教라 非餘宗也니라

　비유 부분의 뜻은 "욕계에서 色定을 닦아 욕계의 눈으로써 色界의 경계를 보는" 것을 말하는 바, 보살이 단번에 깨달음을 얻음에 범부의 몸을 전변하지 않고서도 十地의 경계를 바라봄을 비유한 것이다. 이는 법력 때문이다. 이에 3아승지겁을 한 생각의 찰나에 이른 것은 하나의 자리가 일체 모든 것을 받아들임을 밝혔기 때문이며, 아무리 微塵劫 동안 장구히 수행할지라도 하나의 지위마저 다할 수 없는 것은 일체가 하나의 자리를 받아들임을 밝혔기 때문이다. 이처럼 자유자재로 빨리 이루기도 하고 더디 이루기도 함이 圓敎이다. 나머지의 종파는 이처럼 할 수 없다.

二合

中에 初는 正明得益이오 後는 顯境分齊라

今은 初라

둘째, 종합

이 또한 2단락 가운데, 앞은 얻은 이익을 바로 밝혔고, 뒤는 경계의 구분과 한계를 밝혔다.

이는 '앞의 얻은 이익'이다.

經

菩薩摩訶薩이 住淸淨金網轉輪王位하야 放摩尼髻淸淨光明이어든 若有衆生이 遇斯光者면 皆得菩薩第十地位하야 成就無量智慧光明하며 得十種淸淨眼과 乃至十種淸淨意하야 具足無量甚深三昧하야 成就如是淸淨肉眼이니라

보살마하살이 청정한 황금 그물 전륜왕 지위에 머물면서 마니주 육계(肉髻)에서 청정한 광명을 쏟아내는데, 어느 중생이 이런 광명을 보게 되면 그들은 모두 보살의 제십지의 자리를 얻어 한량없는 지혜 광명을 성취하고, 열 가지 청정한 눈으로부터 열 가지 청정한 뜻까지 얻고서, 한량없이 지극히 깊은 삼매가 구족하여 이와 같은 청정한 육신의 눈을 성취하게 된다.

● 疏 ●

言得菩薩第十地者는 猶是牒前合中에 以德依地成일세 所以重牒이라 不然인댄 則成兩度放光에 各得十地니라 言'成就如是淸淨肉眼'者는 謂上諸德·十眼이 皆依凡身肉眼而成일세 故就結之니라【鈔_ '猶是牒前'者는 卽是前明鏡世界喩中에 合文에 云'菩薩이 安住淸淨金網轉輪王位도 亦復如是라 若有暫得이라도 遇其光明이면 必獲菩薩第十地位니라 '以德依地成'下는 出重牒所以이오 '不然'下는 反以成立이라】

'보살의 제십지'라 말한 것은 오히려 앞의 종합 부분에 '공덕이 그 지위에 의하여 성취됨'을 뒤이어 말한 까닭에 중복하여 뒤이어 쓴 것이다. 그처럼 이해하지 않을 경우, 2차례의 放光에 제각기 별도로 십지를 성취한 셈이다.

"이와 같은 청정한 육신의 눈을 성취하였다."고 말한 것은 위에서 말한 여러 가지의 공덕과 十眼이 모두 범부의 육신의 눈을 의지하여 성취한 까닭에 이로 끝맺었다.【초_ '오히려 앞의 종합 부분을 뒤이어 말하였다.'는 것은 곧 앞서 말한 '명경세계'의 비유를 밝힌 가운데, 종합 부분에서 말한 '보살이 淸淨金網轉輪王位에 안주함' 또한 이와 같다. 만일 잠깐만이라도 그 광명을 보게 되면 반드시 보살의 십지 지위를 얻을 수 있다.

"공덕이 그 지위에 의하여 성취됨" 이하는 거듭 뒤이어 쓰게 된 이유를 밝힌 것이고, "그처럼 이해하지 않을 경우" 이하는 반어법으로 앞서 말한 부분을 성립한 것이다.】

一

後顯境分齊者는 卽顯肉眼境界廣大니 肉眼도 尙爾은 餘眼은 玄妙하야 不可說也니라

文中三이니 初는 假設譬喩하야 以顯境多오 次는 正明能見이오 後는 結德有歸니라

今은 初라

'뒤의 경계의 구분과 한계를 밝힌' 부분은 육신의 눈으로 보는 경계가 광대함을 밝힌 것이다. 육신의 눈도 오히려 그와 같은데, 나머지 눈이야 보다 더 현묘하여 이루 말로 다할 수 없다.

이의 경문은 3단락으로 나뉜다.

① 비유를 가설하여 이로써 경계가 많음을 밝혔고,

② 볼 수 있는 주체를 바로 밝혔으며,

③ 공덕의 귀결처로 끝을 맺었다.

이는 '① 비유의 가설' 부분이다.

經

佛子여 假使有人이 以億那由他佛刹로 碎爲微塵하야 一塵一刹이어든 復以爾許微塵數佛刹로 碎爲微塵하야 如是微塵을 悉置左手하고 持以東行호되 過爾許微塵數世界하야 乃下一塵하고 如是東行하야 盡此微塵하며 南西北方과 四維上下도 亦復如是하야 如是十方所有世界의 若著微塵과 及不著者를 悉以集成一佛國土하면 寶手야

於汝意云何오 如是佛土의 廣大無量을 可思議不아
答曰不也니이다 如是佛土의 廣大無量이 希有奇特하야 不可思議니 若有衆生이 聞此譬喩하고 能生信解하면 當知更爲希有奇特이니이다
佛言하사대 寶手야 如是如是하다 如汝所說하야 若有善男子善女人이 聞此譬喩하고 而生信者면 我授彼記호되 決定當成阿耨多羅三藐三菩提하야 當獲如來無上智慧라호리라
寶手야 設復有人이 以千億佛刹微塵數如上所說廣大佛土로 抹爲微塵하고 以此微塵으로 依前譬喩하야 一一下盡하야 乃至集成一佛國土하며 復末爲塵하야 如是次第展轉하야 乃至經八十反이라도

불자여, 가령 어떤 사람이 억 나유타 세계를 모두 부수어 미세한 티끌을 만들어, 하나의 티끌로 하나의 세계를 만들었는데, 이를 다시 그처럼 수많은 티끌 수만큼의 세계를 모두 부수어 미세한 티끌을 만들어, 그런 미세한 티끌들을 모조리 왼손 위에 얹은 채 동쪽으로 향하여 길을 가되, 그와 같은 티끌 수만큼 헤아릴 수 없는 세계를 스쳐 지나가면서 하나의 세계마다 하나의 티끌씩 떨어뜨렸다. 이처럼 동쪽으로 가면서 그 미세한 티끌이 다할 때까지 걷고 또 걸었다.

또한 남방·서방·북방과 네 곳의 간방과 위와 아래의 세계에서도 또한 그처럼 길을 걸었다.

이와 같이 시방에 있는 세계에 티끌을 떨어뜨린 곳이나 티끌을 떨어뜨리지 않은 곳이나 모두 한데 모아서 하나의 불국토를 만든다면, 보수보살이여, 그대의 뜻에는 어떻다고 생각하느냐? 이처럼 한량없이 광대한 불국토를 가늠한다거나 말할 수 있겠느냐?"

　보수보살이 대답하였다.

　"헤아릴 수 없습니다. 이처럼 한량없이 광대한 불국토는 일찍이 없었고 기특하여 가늠한다거나 말할 수 없습니다. 만약 어느 중생이 이런 비유를 듣고서 신심과 이해를 낸다면 이는 보다 더 일찍이 없었고 기특한 일임을 알게 될 것입니다."

　부처님이 말씀하셨다.

　"보수보살이여, 그러하고 그렇다. 그대의 말처럼, 만일 선남자, 선여인이 이러한 비유를 듣고서 신심을 낸다면 나는 그들에게 수기를 내릴 것이다.

　'반드시 아뇩다라삼먁삼보리를 이루어, 당연히 여래의 더없는 지혜를 얻을 것이다.'라고….

　보수보살이여, 가령 어느 사람이 천억 세계의 티끌 수만큼 많은, 위에서 말한 엄청난 부처님의 국토를 모두 부수어 티끌을 만들고, 이러한 티끌을 가지고 앞에서 비유한 것처럼 하나의 세계에 하나의 티끌씩 떨어뜨려 모두 다하고, 내지 그런 세계를 모두 한데 모아서 하나의 불국토를 만들고, 또다시 그런 세계들을 부수어 티끌을 만들고서, 이처럼 차례차례 되풀이하여 여든 번까지 다할지라도,

● 疏 ●

分三이니

初는 明一重廣大요

二'寶手於汝意'下는 問答顯廣이오

三'寶手設復'下는 復積前數하야 重顯廣大니라

위의 경문은 3단락으로 나뉜다.

㉠ 한 차례의 광대한 세계를 밝혔고,

㉡ '寶手於汝意' 이하는 문답을 통하여 광대한 세계를 밝혔으며,

㉢ '寶手設復' 이하는 다시 앞의 수효를 쌓아가면서 광대한 세계를 거듭 밝혔다.

第二 正明能見

② 볼 수 있는 주체를 바로 밝히다

經

如是一切廣大佛土의 所有微塵을 菩薩業報淸淨肉眼으로 於一念中에 悉能明見하며
亦見百億廣大佛刹微塵數佛호되 如頗梨鏡의 淸淨光明이 照十佛刹微塵數世界하나니

이처럼 엄청나게 광대한 불국토에 있는 미세한 티끌들을, 보살의 업보로 얻은 청정한 육안으로 한 생각의 찰나에 모조리 분명하

게 모두 다 보았다.

　또 백억이나 되는 광대한 불국토의 티끌 수만큼 수많은 부처님을 친견하되 마치 유리거울의 해맑은 광명이 열 부처님 세계의 티끌 수만큼 헤아릴 수 없는 세계를 비추듯 하였다.

● 疏 ●

先見前廣刹之塵이니 肉眼能見도 已是超勝이온 況一念耶아
次'亦見'下는 明見多佛이오
後'如玻瓈'下는 明見之相無心이며 無來去矣니라

　㉠ 앞서 말한 미세한 티끌만큼 수많은, 광대한 세계를 보았음을 말한다. 육신의 눈으로도 볼 수 있는 주체가 이처럼 훌륭하고 뛰어난데, 하물며 한 생각의 찰나에 모두 본 것이야.

　㉡ '亦見' 이하는 수많은 부처님을 봄에 대해 밝혔고,

　㉢ '如玻瓈' 이하는 보는 양상이 무심이며, 오고 감이 없음을 밝혔다.

第三 結德有歸
　③ 공덕의 귀결처로 끝을 맺다

經

寶手야 如是 皆是淸淨金網轉輪王의 甚深三昧와 福德

善根之所成就니라

　　보수보살이여, 이와 같은 것은 모두가 '청정한 황금 그물 전륜왕'의 지극히 깊은 삼매와 복덕의 선근으로 성취한 것들이다."

◉ 疏 ◉

歸輪王善이라

差別因果 竟하다

此品之末에 經來未盡이라【鈔_ 此品之末者는 以說展轉益竟이니 應須結歸本光과 及隨好力과 幷現瑞成益等이어늘 今竝無此하니 明是未盡이라】

　　전륜왕의 선근에 귀결 지었다.

　　차별의 인과를 끝맺다.

　　이 품의 끝부분은 경문에 미진한 부분이 있다.【초_ '이 품의 끝부분'이란 차례차례 되풀이되는 이익에 관한 말을 끝마쳤으니, 이는 당연히 근본 광명 및 아름다운 모습에 의한 힘과 아울러 상서가 나타나 이익을 성취하는 등으로 귀결 지어 말했어야 한다. 그럼에도 이 끝부분에 이런 대목이 없다는 것은 분명 미진한 것이라 하겠다.】

◉ 論 ◉

隨文釋義者는 於此品中 十三段文에 約立三門호리니

一은 說光明所因이 從何所來오 二는 蒙光觸者 以何因緣이오 三은

明天鼓 從何所因하야 而能說法이라

'⑷ 경문을 따라 그 의의를 해석한다.'는 것은 이 품의 13단락 경문에 대해 간단하게 3부분으로 성립하였다.

① 광명의 원인이 되는 바가 어느 곳에서 왔는가를 말하였고,

② 광명을 접촉할 수 있는 자는 무슨 인연으로 얻어지는 것일까를 말하였으며,

③ 하늘 북이 무슨 원인으로 이처럼 설법할 수 있는가를 밝혀 주었다.

第一은 說光所因이 從何所來者는 從如來自體性自淸淨法身根本無依住智의 自性淸淨功德所生이니 能成相好하야 無所依止일세 故名隨好光明功德品이라 此之光明은 一切衆生이 同共有之로대 爲不以普賢行願으로 助揚顯發이면 不能顯現이며 普賢願行도 不以此光明體면 亦不能得成法界無限大用이라 是故로 此經이 名爲覺行互嚴經이니 至此二行圓滿하야사 遂乃各各自顯其功이라 前品大人之相은 因普賢行成일세 還令普賢說故며 此品隨好光明은 是佛自果無作法身無依住根本智光일세 是佛自說이니 但依敎主하야 以取經意어다

擧光之中에 其隨好光이 無量이로대 今依此品하야 畧擧其三호리니 一은 初擧如來應正等覺이 有隨好하니 名圓滿王者는 都陳根本智 無依無性이로대 而能普照自在 名圓滿王이오 別擧此光中隨用云호대 此隨好中에 出大光明하니 名爲熾盛은 此明隨用이 能破迷惑이오 七百萬阿僧祇光明으로 而爲眷屬者는 此明隨用備根이

니 七百者는 都數니 約七菩提分으로 息六道苦하야 乃爲七百이니 百者는 數之長也라 皆令發起一乘中十地道故니 爲此光體 是佛果光이라 光所及者 皆依本故라

次擧兜率天爲菩薩時에 放大光明하니 名光幢王이라 照十佛刹塵世界하야 地獄衆生이 得衆苦休息하며 得十種眼耳鼻舌身意淸淨하야 捨地獄身하고 生兜率天하야 聞天鼓音이 而爲說法하고 得離垢三昧하야 登十地道는 此明光照往因에 十信解心이 修力不固하야 有因放逸生惡道者하야 遇光苦息하야 三業復本이니 此는 明三生成果니 第一生은 修十信解心에 心不精專하야 作諸惡業이오 第二生은 惡道하야 住地獄中이오 三은 蒙光照觸하야 苦息生兜率天에 天鼓響音告法하야 成十地果라 此爲三生이니 若也於此敎中에 依智發心하야 專求不懈하야 無放逸心하고 修方便定하야 入佛智慧하야 生如來家하면 爲佛眞子하리니 便名成佛이니라 如輪王第一夫人의 所生太子 具輪干相에 雖未當位나 是干眞種이라 體無差別인달하야 如是十住初發心菩薩이 創從信種으로 修方便定하야 自顯正智하야 生如來家에 雖未有神足通力이 當其佛位나 然其眞智慧種은 與佛不殊니 從此一生을 加行修治하면 隨其正智하야 入變易生하야 神通自在하리니 如人이 一生에 身語意業으로 修有爲十善이라도 尙得生天하야 報得天神通이어든 何況正智慧現前에 法身體會하야 無心作惡하고 專學慈悲어니 豈可不入變易生身也리오 若也直約第一義論인댄 通於生死하야 總爲變化오 悟智卽佛이라 不約神通이니 爲神通은 是利衆生之權方便故며 若直取覺義인댄 智

是正覺이오 自餘神通과 降生成佛은 總屬行收니 今至此品하야 明覺行圓滿佛이라 前之二種光明에 一名圓滿王이오 一名光幢王者는 且約佛果法身根本智圓明破惑之大用이니 一切修道 不會此根本智光이면 無成佛期라

二는 擧足下千輻輪光이 名圓滿王者는 明成菩薩升進加行之光이니 爲足表所行 行故라 常放四十種光明者는 成十信 十住 十行 十廻向의 地前四位也오 中有一光은 隨於一切六道種種諸欲所樂하야 皆令成熟하며 乃至阿鼻地獄에 受無間苦라도 遇斯光者는 皆生兜率天하야 天鼓 響音說法하고 及以悔除諸惑하야 得離垢三昧하며 或得無依智 印定이니 一光은 是一切六道에 應根起信之光이오 餘三은 是十住 十行 十廻向 加行하야 成十地道果滿之光이니 爲地前三賢位는 是圓會悲智 願行已終이오 十地는 但成此地前十廻向之功일세 不別有位니 以此로 但放四十光明이오 不放五十也라 無功之果는 是佛自位라 不屬行故니 明足下光은 是表十信十住十行十廻向願行之位오 十地는 約法而成하야 功滿前願故라

三은 右手掌中 一隨好光明이 出現無量自在神力者는 此表引接光이니 以手是引接義故라 此乃宜同一切世間三界所行方便이니 非世間天人과 及三乘의 所知故라 且擧此三種光明에 備世諸有已徧일세 自餘廣多는 不論이니라

'① 광명의 원인이 되는 바가 어느 곳에서 왔는가를 말하였다.'는 것은 여래 자체의 본성인 스스로 청정한 '법신의 근본인 의지함이 없는 지혜', 자성 청정공덕으로부터 생겨난 것이다. 거룩하고 아

름다운 32가지의 몸매와 80가지의 모습을 성취하여 의지하는 바가 없기에, 그 이름을 '수호광명공덕품'이라 말한다.

이러한 광명은 일체중생이 모두 똑같이 지니고 있지만, 보현보살의 行願으로 보조하여 떨치고 밝혀내지 않으면 그 광명은 나타나지 못하고, 보현보살의 행원도 이러한 광명의 자체로 하지 않으면 그 또한 법계의 한량없는 큰 작용을 성취할 수 없는 것이다. 이 때문에 이 경전의 명칭을 '覺行互嚴經'이라고 말한다.

이처럼 복덕과 지혜 2가지 행이 원만한 자리에 이르러야 마침내 각각 스스로 그 공덕이 나타나게 된다. 제34 여래십신상호품에서 말한 거룩한 몸매는 보현행의 인연으로 성취된 것이기에 도리어 보현보살로 하여금 이를 말하도록 하였고, 이 품에서 말한 아름다운 모습에서 광명이 쏟아져 나오는 것은 부처님 자체의 과보인 작위 없는 법신의 의지한 바 없는, 근본 지혜 광명이기에 부처님 스스로 말씀하신 것이다. 오직 가르침의 法 에 따라 경문의 뜻을 취해야 한다.

放光을 들어 말한 가운데, 부처님의 그 아름다운 모습에서 쏟아져 나오는 광명이 한량없이 많지만, 여기에서는 이 품에서 논급한 바를 따라 그 3가지 부분으로 간추려 말하고자 한다.

첫째, "여래·응공·정등각에게 아름다운 모습이 있다. 그 이름을 원만왕이라 한다."는 대목을 들어 말한 것은 그 모두가 근본 지혜란 의지함도 없고 체성도 없지만, 광명이 자재하게 널리 시방세계를 비추는 것을 이름 붙여 '원만왕'이라 함을 말한다.

이러한 광명의 작용을 따라 별도로 들어 "이처럼 아름다운 모습에서 큰 광명이 쏟아져 나온다. 그 이름을 '치성'이라 한다."고 말한 것은 광명에 따른 작용이 미혹을 타파해 줌을 밝히고 있다.

"7백만 아승지 광명으로 권속을 삼았다."는 것은 광명에 따른 작용이 근본 지혜에 갖춰져 있음을 밝힌 것이다. '7백'이란 모두 합한 수효[都數]이다. 七菩提分[9]으로 육도의 고통을 멈추게 함을 들어 '7백'이라 말하였다. '백'이란 큰 숫자이다. 모두 중생으로 하여금 一乘 가운데 十地의 도를 일으키도록 하기 위한 까닭이다. 이러한 광명의 본체가 부처님 果位에 의한 광명이기에, 광명의 미치는 바가 모두 근본을 따르기 때문이다.

다음으로 "도솔천의 보살로 머물면서 큰 광명을 쏟아내었는데, 그 이름을 '光幢王'이라 한다. 열 불국토의 미세한 티끌 수처럼 헤아릴 수 없는 세계를 두루 비춰주어 지옥 중생의 수많은 고통을 멈춰주었으며, 그리고 열 가지의 눈·귀·코·혀·몸·뜻의 청정을 얻어 지옥의 몸을 버리고 도솔천에 태어나자, 하늘 북이 그들을 위해 소리를 내어 설법해 주었다. 그들은 하늘 북의 설법을 듣고서 더러운 때를 여읜 삼매를 얻어서 十地의 도에 올랐다."는 점을 들어 말

- - - - - - - - - - -
9 七菩提分: 七覺支를 말함. 범어 saptabodhyaṅgāni. 또는 七等覺支·七遍覺支·七菩提分寶·七覺分·七覺意·七覺志·七覺支法·七覺意法이라 하고, 약칭 七覺이다. 三十七道品 가운데 제6품의 수행법. 7가지의 법이 보리지혜의 깨달음에 도움이 되기에 이를 覺支라 한다. (1) 念覺支, (2) 擇法覺支, (3) 精進覺支, (4) 喜覺支, (5) 輕安覺支, (6) 定覺支, (7) 捨覺支.〈雜阿含經卷二十六·大毘婆沙論卷九十六·大乘義章卷十六末〉

한 것은 과거의 因位에서 10가지 信解(범어, adhimukti. 이 이치를 분명하게 간파하여 마음에 의심이 없다는 뜻) 마음의 수행력이 굳건하지 못하여 방일함으로 인해서 악도에 떨어져 태어난 자에게 광명을 비춰주어 그 광명을 보게 되면, 지옥의 고통이 사라져 삼업이 근본 청정으로 돌아감을 밝힌 것이다. 이는 3차례 태어나는 역정을 통하여 이뤄진 과보 성취를 밝힌 것이다.

제1의 생에서는 10가지 신해의 마음을 닦는데 마음이 전일하지 못하여 모든 악업을 지었던 것이며, 제2의 생에서는 악도에 태어나 지옥 속에 머물렀던 것이며, 제3의 생에서는 부처님의 광명을 만남으로써 고통이 사라지고 도솔천에 태어나자, 하늘 북이 소리를 내어 설법하는 소리를 듣고서 십지의 果位를 성취한 것이다. 이것이 3차례 태어난 역정이다.

만약 이러한 가르침 속에서 근본 지혜에 의지하여 발심하고 오롯한 마음으로 게으름이 없이 추구하여 방일한 마음 없이 方便禪定을 닦아 부처님의 지혜에 들어가 여래 집안에 태어나면 부처님의 참된 자식이 되는 것이다. 이를 명명하여 '성불'이라 한다.

전륜왕의 제1 부인이 낳은 태자가 거룩한 輪王의 몸매를 지녔다. 이는 비록 제왕의 지위에 오르지는 않았지만, 제왕의 참된 종자이기에 그의 몸은 제왕과 차별이 없었다. 이와 같이 십주 초발심의 보살이 처음 신심의 종자로부터 방편선정을 닦아서 스스로 바른 지혜를 밝혀 여래의 집안에 태어나게 되었다. 그는 비록 신족통의 능력이 부처님의 지위에는 미치지 못하지만, 그의 진실한 지혜

종자야 부처님과 다를 바 없다.

　이로부터 한 차례 태어나 살아가는 동안, 더욱 수행을 가하여 몸을 닦아 다스리면 그 바른 지혜를 따라 變易生에 들어가서 신통력이 자재하게 될 것이다. 어느 사람이 일생 동안 身·語·意 삼업으로 有爲의 10가지 선업을 닦는 것만으로도 오히려 천상에 태어나 그 과보로 하늘의 신통력을 얻기까지 하였다. 하물며 바른 지혜가 앞에 나타나 법신으로 체득하고 회통하여 악업을 지을 마음이 없고 오로지 자비만을 배우니, 어찌 변역생의 몸에 들어가지 못하겠는가.

　만약 곧바로 第一義諦로 논한다면, 생사를 통틀어 모두 변화가 되고, 깨달음의 지혜가 곧 부처인 터라, 신통력으로 말하지 않는다. 신통력이란 중생에게 이익을 주는 權道의 방편이기 때문이다. 그러나 깨달음의 의의를 들어 말하면, 지혜가 바로 정각이고, 나머지 신통력과 세간으로 내려와 태어나 성불하는 것은 모두 행을 거둬들이는 데 속하는 일이다. 여기 이 품에 이르러서는 覺行이 원만한 부처님을 밝히는 것이다.

　앞의 2가지 광명 가운데 하나의 이름은 '圓滿王'이라 하고, 또 다른 하나의 이름은 '光幢王'이라 한 것은 또한 佛果의 法身根本智가 원만하고 밝아서 미혹을 타파하는 큰 작용으로 말한 것이다. 일체 모든 修道가 이러한 근본 지혜의 광명을 알지 못하면 성불할 기약이 없는 것이다.

　둘째, 발바닥의 1천 바큇살로 이뤄진 바퀴 눈금에서 나오는 광명을 이름하여 '원만왕'이라 들어 말한 것은 보살의 지위가 한 단계씩 올라가고자 더욱 수행을 가한 데서 성취한 광명임을 밝히는 것이다. 발이란 행해야 할 바를 행하여 나가는 것을 나타내기 위한 까닭이다. "언제나 40가지의 광명을 쏟아놓는다."는 것은 십신·십주·십행·십회향의 地前 4지위를 성취함이며, 그 가운데 하나의 광명이 있는 것은 일체 육도 중생의 가지가지 모든 욕망에 따른 좋아하는 마음을 따라서 그들을 모두 성숙시켜 주었고, 심지어는 잠시도 고통이 쉴 날이 없는 아비지옥의 중생이라 할지라도 이런 광명을 마주 보는 자는 모두 도솔천에 태어나, 하늘의 북이 메아리 소리로 설법하는 것을 들었고, 모든 미혹을 없애어 더러운 때를 여읜 삼매를 얻었으며, 혹은 의지함이 없는 지혜의 印定 삼매를 얻기까지 하였다.

이처럼 한 줄기의 광명은 일체 육도 중생의 근기에 부응하여 신심을 일으켜주는 광명이며, 나머지 3가지 지위인 십주·십행·십회향으로 더욱 정진 수행하여 십지의 도를 성취하는, 果位가 원만한 광명이다.

地前의 십주·십행·십회향 三賢 지위는 大悲大智와 願行을 원만히 회통하여 이미 끝마친 것이며, 십지는 다만 地前의 십회향 수행을 성취하는 데에 있기 때문에 별도로 그 지위를 마련하지 않은 것이다. 이 때문에 40가지의 광명을 쏟아내는 데에 그쳤을 뿐, 50가지의 광명을 말하지 않았다. 더 이상 수행의 공부를 필요로 하지 않는 果位는 부처님만의 지위이기에 수행에 속하지 않는다. 발바닥의 광명은 십신·십주·십행·십회향의 원행 지위를 나타낸 것이며, 십지는 법을 기준으로 하여 공덕을 성취함으로써 이전에 세웠던 원력을 원만케 함을 밝힌 것이다.

셋째, 아름다운 오른쪽 손바닥에서 한 차례 광명이 한량없이 자재한 신통력을 나타내는 것으로 말함은 바로 중생을 인도하고 맞이하는 광명을 나타낸 것이다. 손이란 인도하고 맞이하는 뜻이 있기 때문이다. 이는 일체 세간, 欲界·色界·無色界의 중생과 함께하는 방편이다. 세간과 天人, 그리고 삼승으로서 알 바가 아니기 때문이다. 또한 이 3가지 광명을 들어 말할 적에 세간 중생의 모든 일을 이미 두루 갖춰 말하였기에 나머지 광범위하고 많은 부분에 대해서 다시 논하지 않겠다.

第二는 蒙光觸者 何因緣者는 經意는 明先世에 有信心故니 如經에 云汝往昔에 親近衆善知識은 即明昔曾有信心之種일새 雖造惡業하야 生於地獄이나 爲有信種하야 光及其身하야 苦息種存에 便能發意하야 捨身生天이니 若無先世信種이면 設光照身者라도 不覺不知니라

'② 광명을 접촉할 수 있는 자는 무슨 인연일까?'라는 데 대한 경문의 뜻은 전생에 이미 신심이 있었음을 밝힌 것이다. 경문에서 "그대가 지난 생에 수많은 선지식을 친견하여 가까이하였다."고 말한 것은 예전에 일찍이 신심의 종자를 심어놓았기에, 아무리 악업을 지어 지옥에 태어났을지라도 신심의 종자 때문에 부처님의 광명이 그의 몸에 비춰 고통이 사라졌고, 종자가 있었기에 곧 발심하

여 지옥의 몸을 버리고서 도솔천에 태어나게 됨을 밝힌 것이다. 만약 전생에 일찍이 신심의 종자를 심어놓지 않았다면 설령 광명이 몸에 비출지라도 이를 깨닫지 못하고 알지도 못했을 것이다.

三은 明天鼓 從何所因緣하야 而能說法은 如經에 云但以毘盧遮那三昧力故며 般若波羅蜜威德力 故로 出音聲이라하시니 大約三緣으로 而得聞之니 一은 毘盧遮那菩薩三昧之力이오 二는 於無體性三昧中에 有自在無作妙慧오 三은 衆生이 昔曾聞此無性法身大智慧之種일세 方堪得聞如是妙聲하고 迷除得道라 如離垢三昧者는 是無性妙理라 自體無中邊하야 等虛空性하야 性自無垢하야 具無限智慧知見호되 自無我所일세 須以方便定으로 發起方明이니 如法慧菩薩이 入無量方便三昧 是也며 又如善財 於妙峯山上에 得憶念一切諸佛智慧光明者 是也라 總是十住初心에 創始發顯故며 至此品中하야 不離初處滿故로 還向普光明殿 說十信心處하야 說此十一品 十一地와 及佛果之門이 表此意也니 不離一念하며 不隔一時코 而成果故라 方便三昧者는 任無作性에 蕩然自定하야 不收不攝코 任心自安하야 萬惑自淨에 道自現爾니 方可任用施爲에 不失其理라 然以普賢願行으로 方成悲智大用인 無作法界緣起之門이니 一如其上五位進修行者 是也라 若約此品法門인댄 天鼓所說無生理智와 及說悔除過惡之法이 甚善甚妙하니 修道發菩提心者 可以持誦作意하야 倣而學之하야 以方便定慧力으로 勤思觀察하면 還同此品에 刹那成佛하야 於中法門融通次第 具如此品하리니 此普光明殿中十一品法은 是都該一部와

及無盡古今하야 總不移毫念也라 須當如是信解修行하야사 名悟佛知見이며 入佛知見故니 當知十地와 及等妙二位 總依十信 十住 十行 十廻向法則而成이니라
隨好品 竟하다

'③ 하늘의 북이 무슨 원인으로 이처럼 설법할 수 있는가를 밝혀주었다.'는 것은 경문에서 "오직 비로자나보살의 삼매력 때문이며, 반야바라밀의 威德力 때문에 이런 음성을 낼 수 있었다."고 하였다.

이는 간추려 말하면 3가지 인연으로 들을 수 있었다.

㉠ 비로자나보살의 삼매력 때문이며,

㉡ 체성이 없는 삼매 속에 자재한 작위 없는 미묘한 지혜가 있기 때문이며,

㉢ 중생이 예전에 일찍이 자성이 없는 법신 대지혜의 종자를 들은 적이 있었기에 바야흐로 이처럼 미묘한 소리를 들을 수 있었고, 미혹을 없애어 도를 얻을 수 있었다.

'더러운 때를 여읜 삼매[離垢三昧]'란 것은 자성이 없는 미묘한 진리이다. 그 자체가 중간이나 변두리가 없어 허공의 자성과 똑같아, 자성 자체에 더러운 때가 없어 한량없는 지혜의 지견을 갖췄음에도 스스로 '나의 것'이라는 생각이 없기 때문에 반드시 방편선정 삼매를 일으켜야 비로소 밝음을 얻을 수 있다. 법혜보살이 한량없는 방편삼매에 들어갔던 것이 바로 이에 해당되고, 또한 선재동자가 묘봉산 위에서 일체 모든 부처님의 지혜 광명을 생각했던 것이

바로 이에 해당된다.

 총체적으로 이 십주 초심의 첫 시작으로부터 나타났기 때문이며, 이 품에 이르러서 처음 시작했던 곳을 여의지 않고 이를 원만하게 이루었기 때문이다. 따라서 보광명전에서 십신의 마음을 설법할 적에 11品 11地 및 佛果의 법문을 말한 것은 이러한 뜻을 밝히기 위함이었다. 한 생각의 찰나에도 이를 여의지 않고 어느 한때도 막히지 않은 채, 果位를 성취하였기 때문이다.

 '방편삼매'란 것은 작위 없는 자성에 맡겨 광대하게 절로 선정에 들어가, 마음을 거둬들일 것도 없고 받아들일 것조차 없다. 마음에 맡겨 스스로 편안하여 만 가지 미혹이 절로 청정하여 도가 스스로 나타나니, 바야흐로 작용하는 대로 맡겨 둘지라도 그 이치를 잃지 않는다. 그러나 보현의 行願으로써 바야흐로 大悲大智의 큰 작용인 작위 없는 법계연기의 법문을 성취하는 것이다. 한결같이 그 위의 5위를 닦아나가는 수행의 경우, 바로 이에 해당된다.

 만약 이 품의 법문으로 말하면, 하늘 북이 설법한 無生의 理智 및 허물과 악업을 참회하고 없애는 법을 말한 바, 매우 훌륭하고 매우 미묘하다. 도를 닦아 보리심을 일으킨 자가 이를 받아 지니고 독송하는 것으로 마음을 지니고서 이를 본받아 배워가고 방편의 선정 지혜의 힘으로 부지런히 사유하면서 관찰하면 또한 이 품에서 말한 것처럼 찰나에 성불하여, 그 가운데 법문의 융통 차례가 모두 이 품에서 구체적으로 말한 바와 같다.

 보광명전에서 설법한 11품은 이 화엄경 1부와 그지없는 고금을 모두 포괄하여 총체적으로 일호의 생각마저 바꿀 수 없다. 반드시 이처럼 믿고 이해하고 수행해야 이를 이름 지어 "부처님의 지견을 깨달아 부처님의 지견에 들어간다."고 말할 수 있기 때문이다.

반드시 알아야 할 점은 十地 및 등각·묘각의 2位가 모두 십신·십주·십행·십회향의 법칙에 의해 성취된다는 사실이다.

제35 여래수호광명공덕품을 끝마치다.

여래수호광명공덕품 제35 如來隨好光明功德品 第三十五

화엄경소론찬요 제84권 華嚴經疏論纂要 卷第八十四

화엄경소론찬요 제85권
華嚴經疏論纂要 卷第八十五

●

보현행품 제36
普賢行品 第三十六

一

初 大意三段

1. 대의

이는 유래한 뜻, 품명의 해석, 종취 3단락이다.

● 疏 ●

初來意者는 先通後別이니 通은 謂二品에 明出現因果일새 故次來也니라 亦名平等因果니 謂會前差別因하야 成此普賢之圓因하고 會差別果하야 成性起出現之果니라

又前約修生이오 此約修顯故니라 若爾인댄 何以更無別問이며 復何以差別果終而無瑞證하고 平等因竟에 便有瑞耶아 卽以此義로 顯是會前이니 若更別問인댄 便有隔絶이라 欲會前故로 不以瑞隔하고 普法은 希奇일새 因果各瑞니라 又前應有瑞어늘 經來未盡故로 所以無耳니라【鈔 '若更別問'下는 別答二問이니 初는 答不問之難이오 二는 欲會前故로 不以瑞隔하고 通前第二差別果終而無瑞難이오 三'普法希奇'下는 通第三平等因竟에 便有瑞難이오 '又前應有'下는 第二經來未盡答이니 以第四十八經終에 無結束故로 此後更合有經이라 然此但通第二前無瑞證難이라】

(1) '유래한 뜻'이란 앞에서는 통합으로, 뒤에서는 개별로 말하였다.

앞에서의 통합은 제35, 36의 2품에서 몸을 나타내는 인과를 밝힌 까닭에 다음으로 이를 쓴 것이다. 또한 그 이름을 '平等因果'라 말한다. 이는 앞의 차별 원인[差別因↔平等因]을 회통하여 여기에서

581

보현보살의 원만한 원인을 성취하고, 차별 결과[差別果↔平等果]를 회통하여 본성에서 일어나 몸을 나타내는 결과를 성취한 까닭이다. 또한 앞의 품에서는 닦아서 생겨난[修生↔本有] 것으로, 여기에서는 닦아서 나타난[修顯] 것으로 말하였다.

"그렇다면 어찌하여 다시 별도로 물음이 없으며, 또한 어찌하여 差別果가 끝났을 적에는 상서의 증명이 없다가, 平等因이 다한 데에 갑자기 상서가 있는 것일까?"

바로 이런 뜻이 있기에 앞의 품과 회통하여 밝힌 것이다. 만일 다시 별도로 묻는다면 이는 앞뒤가 서로 끊긴 것이다. 앞의 품과 회통하고자 한 까닭에 상서를 들어 가로막지 않았으며, 보현보살의 법은 희기하기에 인과에 각기 다른 상서가 있다.

또한 앞의 품에도 당연히 상서가 있어야 할 부분인 것으로 보아, 경문을 씀에 있어 미진한 부분이 있었기에 상서 부분이 없는 것이다.【초_"만일 다시 별도로 묻는다면[若更別問]" 이하는 3가지 물음에 개별로 답한 것이다.

① 왜 묻지 않았는가에 대한 논란의 대답이고,

② 앞의 품과 회통하고자 한 까닭에 상서로 가로막지 않고, 앞의 제2 差別果가 끝났음에도 왜 상서가 없었는가에 대한 논란을 통틀어 대답하였으며,

③ "보현보살의 법은 희기[普法希奇]" 이하는 제3 平等因이 끝남에 왜 곧 상서가 있었는가에 대한 논란을 통틀어 대답하였고. "또한 앞의 품에도 당연히 상서가 있어야 할 부분[又前應有瑞]" 이

하는 제2 경문을 씀에 있어 미진한 부분이 있었음으로 답한 것이다. 제48 經의 끝부분에 끝맺은 바가 없기에, 그 뒤에 또한 당연히 경문이 있어야 했다. 그러나 이는 앞의 제2 差別果가 끝났음에도 왜 상서가 없었는가에 대한 논란을 통틀어 대답한 데 그칠 뿐이다.】
別은 謂此品先因後果니 義次第故며 亦遠答前第二會初所行問과 及不思議品에 念請本願問故니라 前雖已答이나 下二深妙일세 故重明之니 亦猶相海隨好而妙中之妙일세 古德이 別爲一段因果니라【鈔_ '古德'等者는 然平等因果는 乃是古意니 爲欲順古라 故爲此通이니 若疏正意는 欲將五品하야 皆答所成果問이니 已如 不思議品初說하다】

개별로 말하면, 이 품은 앞에서는 因을, 뒤에서는 果를 말하였다. 그 의의에 차례가 있기 때문이며, 또한 앞의 제2 법회 초에 '행해야 할 대상에 대한 물음'과 제33 불부사의품에서 물었던 '念請本願'을 멀리서 답한 것이다 앞에서 이미 답했지만, 아래의 2가지가 심오하고 미묘하기에 거듭 이를 밝힌 것이다. 또한 32가지의 거룩한 몸매[相海]와 80가지의 아름다운 모습[隨好]은 미묘한 가운데 보다 미묘한 부분이기에, 옛 스님이 이를 별도로 하나의 인과를 삼은 것과 같다.【초_ '옛 스님이' 등이란 '평등인과'는 옛 스님이 말한 뜻이다. 이는 옛 스님이 말한 뜻을 따르고자 하였다. 이 때문에 이처럼 통틀어 말한 것이다. 청량소에서 말한 정의는 5품을 가지고서 모두 성취한 과[所成果]에 대한 물음에 답한 것이다. 이는 이미 제33 불부사의품 첫 부분에서 말한 바와 같다.】

二釋名者는 初通顯二品義名이니 依性起修하고 依性起用하야 差別相盡하고 因果體均일세 故云平等因果니라 又因是果因이라 量周法界하고 果是果果라 境界如空하야 因果 俱盡未來토록 利樂含識일세 故名出現이라【鈔_ '初通顯二品'은 疏文二니 先은 約平等釋이니 於中에 亦二라 先은 約同歸一理라 所以平等이니 依性起修는 約因이오 起用은 約果라 相盡同眞일세 所以平等이라 後 '又因是果因'下는 約二事交徹이라 故云平等이니 以是得果不捨之因일세 故云因是果因이오 依果起果之果일세 故云果是果果라 如空·法界는 二文影畧이라】

(2) '품명의 해석'이란 첫째, 2품의 의의에 대한 명제를 통괄하여 밝혔다. 본성에 의하여 수행을 일으키고, 본성에 의하여 작용을 일으켜 차별의 양상이 다하고, 인과의 본체가 똑같은 까닭에 이를 '평등인과'라 말한다.

또한 因은 果에 의한 因이라, 그 양이 법계에 두루 가득하며, 果는 果에 의한 果이기에 그 경계가 허공과 같다. 따라서 인과가 모두 미래가 다하도록 일체중생에게 이익과 즐거움을 주기에 그 이름을 '出現'이라 한다.【초_ "첫째, 2품의 의의에 대한 명제를 통괄하여 밝혔다."는 것은 청량소에서는 2부분으로 말하였다. 앞에서는 평등으로 해석하였다. 이는 또다시 2부분이다. 앞에서는 하나의 이치에 모두 귀결하는 것으로 말하였다. 이 때문에 평등이라 한다. "본성에 의하여 수행을 일으킴"은 因으로, "본성에 의하여 작용을 일으킴"은 果로 말하였다. 현상의 차별이 다하여 진공에 함께한 까닭에 이를 평등이라 한다. 뒤의 "因은 果에 의한 因"이하는 인·과 2가지가 서로 통하기에 이를 평등이라 한다. 이는 果를 얻을지라도 버리지 않는 因이기에 "因은 果에 의한 因"이라 하고, 果에 의해 果를 일으키는 果이기에 "果는 果에 의한 果"라고 말한다. "그 경계가 허공과 같다[境界如空]."·"그 양이 법계에 두루 가득하다[量周法界]."는 2구절의 문장은 한 부분씩을 생략하였다.】

別則品名普賢은 卽標人顯法이니 明此行法이 非次第之法이오 行者는 顯法非人일새 德周法界 爲普오 至順調善 曰賢이오 依性造修 曰行이라 然普賢行은 諸經에 多有其名하고 品中에 雖廣이나 今畧顯十義以表無盡호리라

一은 所求普니 謂要求證一切如來平等所證故오

二는 所化普니 一毛端處에 有多衆生 皆化盡故오

三은 所斷普니 無有一惑而不斷故오

四는 所行事行普니 無有一行而不行故오

五는 所行理行普니 卽上事行이 皆徹理源하야 性具足故오

六은 無礙行普니 上二交徹故오

七은 融通行普니 隨一一行하야 融攝無盡故오

八은 所起用普니 用無不能하고 無不周故오

九는 所行處普니 上之八門이 徧帝網刹而修行故오

十은 所行時普니 窮三際時하야 念劫圓融하야 無竟期故니라

上之十行이 參而不雜하야 涉入重重이라 故善財入普賢一毛하야 所得法門이 過諸善友不可說倍니라

又上十行을 通收爲二니 若位後普賢인댄 則得果不捨因하야 徹窮來際토록 爲普賢行이니 以人彰法이면 則普賢之行이오 若位前位中普賢인댄 則以德成人이니 但修普行일세 卽曰普賢이오 亦則普賢卽行이니 但從行名故니라

개별로는 품의 명칭을 '보현'이라 말한 것은 해당 인물을 내세워 그에 따른 법을 밝힌 것이다. 그의 수행법이 차례로 닦아가는 법이 아님을 밝혔고, 行이란 법이지 사람을 말한 게 아님을 밝혔다.

공덕이 법계에 두루 가득한 것을 '普'라 하고,

지극히 유순하여 선으로 잘 조복되어 있는 것을 '賢'이라 하며,

본성에 의하여 닦아나가는 것을 '行'이라 말한다.

그러나 普賢行은 수많은 경전에 그 이름이 수없이 언급되어 있으며, 이 품에서도 자세히 말하고 있으나, 여기에서는 10가지의 의의로 간추려서 그지없는 보현행을 밝히고자 한다.

① 추구하는 대상이 두루 많다. 일체 여래의 평등하게 증득한 바를 증득하고자 추구하기 때문이다.

② 교화의 대상이 두루 많다. 하나의 털끝에 있는 수많은 중생을 모두 교화하여 다하고자 하기 때문이다.

③ 끊어야 할 대상이 두루 많다. 그 어떤 미혹이든 끊지 않음이 없기 때문이다.

④ 행해야 할 대상의 사법계의 일들이 두루 많다. 그 어떤 행이든 행하지 않음이 없기 때문이다.

⑤ 행해야 할 대상의 이법계의 행들이 두루 많다. 곧 위에서 말

한 사법계의 일들이 모두 이법계의 본원에 통하여 본성이 구족하기 때문이다.

⑥ 걸림 없는 行이 두루 많다. 위에서 말한 사법계의 일들과 이법계의 행들이 서로 통하기 때문이다.

⑦ 융통한 行이 두루 많다. 하나하나의 행을 따라서 두루 원융하게 섭수함이 그지없기 때문이다.

⑧ 일으키는 바의 작용이 두루 많다. 작용이 능하지 않음이 없으며, 두루 원만하지 않음이 없기 때문이다.

⑨ 행해야 할 대상의 곳이 두루 많다. 위에서 말한 8가지의 법문이 제망찰해에 두루 가득하여 모두 수행하기 때문이다.

⑩ 행해야 할 대상의 시간이 두루 많다. 과거·현재·미래의 시간을 다하여, 한 생각의 찰나이든 영겁이든 원융하여 다할 시기가 없기 때문이다.

위에서 말한 10가지의 행이 서로 함께하면서도 뒤섞이지 않고서 서로 거듭거듭 관계되고 들어가는 것이다. 이 때문에 선재동자가 보현보살의 하나의 모공에 들어가 얻은 바의 법문이 모든 선지식에 비해 훨씬 뛰어나기에, 이를 곱으로 말할 수 없다.

또한 위에서 말한 10가지의 행을 전체로 수습하면 2가지이다. 位後의 보현이라면 곧 果를 얻으면서도 그 因을 버리지 않아서 미래의 즈음이 다하도록 보현행을 행하는 것이다. 해당 인물로서 그에 상당하는 법을 나타내면 보현의 행이고, 位前의 보현이라면 곧 공덕으로써 그에 상당하는 인물을 성취하는 것이다. 다만 '두루 수

많은 행[普行]'을 닦았기에 보현이라 말하고, 또한 곧 보현이 곧 행
이다. 단 그 행을 따라 이름을 붙였기 때문이다.

三 宗趣者도 亦先通後別이라
通은 以二品 明平等因果로 爲宗하고 會前差別로 爲趣이며
別은 以此品 明平等圓因으로 爲宗하고 成平等果無二로 爲趣니라

(3) '종취' 또한 앞에서는 통합으로, 뒤에서는 개별로 말하였다.

앞에서의 통합은 제35, 36의 2품에서 '평등인과'를 밝히는 것
으로 종지를 삼고, 앞서 말한 차별의 인과를 회통하는 것으로 나아
갈 바를 삼으며,

뒤에서의 개별은 이 품에서는 평등의 원만한 원인[圓因]으로 종
지를 삼고, 평등의 결과인 둘이 없는 것으로 나아갈 바를 삼는다.

◉ 論 ◉

將釋此品에 約作四門分別호리니 一은 釋品名目이오 二는 釋品來
意오 三은 釋說教之主오 四는 隨文釋義라

장차 이 품을 해석하는 데 간추려 4부문으로 나누고자 한다.

(1) 품의 명목을 해석하였고,

(2) 품의 유래한 뜻을 해석하였으며,

(3) 설법의 주체를 해석하였고,

(4) 경문에 따라 그 의의를 해석하였다.

一 釋品名目者는 何故로 名爲普賢行品고 爲明從初會菩提場으
로 如來는 是佛果오 如十普賢菩薩과 并已下 菩薩神天等衆은 是

佛普賢行故며 從第二會普光明殿으로 說不動智佛無礙智等十
智如來하야 以成十信心은 明其能信自心이 是不動智佛이라 是自
心之本果며 餘九도 亦然이오 文殊師利覺首目首等十首菩薩은
是自身所行普賢之行며 以次十住·十行·十廻向·十地·十一地
의 所有十十等佛號와 十十等菩薩名과 乃至無量佛號와 無量菩
薩名은 皆是自身自心의 進修佛果와 自普賢行이오 直至於此普
賢行品은 是一箇自心佛果와 一箇自心普賢行이며 至如來出現
品하야사 方明自己佛果의 現理智體用方終일세 以此出現品中에
如來 放眉間光하야 灌文殊頂하시고 放口中光하야 灌普賢口하사 令
其理智法身妙慧인 文殊師利와 共普賢菩薩로 自相問答 如來
出現所有境界하야 方明自身의 理智妙慧와 普賢行海와 佛果進
修 始終圓滿이니 付囑流通도 亦在出現品內라 離世間品은 是佛
果後常道니 無始終普賢行故며 法界品은 是佛常道法界니 如以
佛果後普賢行인댄 依義하야 亦可作利世間品이니 是自己道行已
滿에 純是利益世間하야 無世間可離며 無出世間可至故로 以普
賢行으로 恒利益衆生爲本故니라
餘義는 至後品重明호리라 以此品이 通該十信已來로 至出現品히
一勢始終因果本末하야 以立其品名이니 大約此一會의 十定已
來 十一品經은 總以十定之體로 通收 始末하야 不出一刹那際故
니 此品은 以明佛果位內自行普賢行滿故니라

'(1) 품의 명목을 해석한다.'는 것은 무엇 때문에 품의 명제를
'보현행품'이라 하였는가이다. 제1 법회의 보리도량으로부터 여래

는 佛果이며, 열 보현보살과 그 이하 보살과 神과 天 등의 무리는 부처의 보현행이기 때문이다.

제2 법회 보광명전에서부터 부동지불과 무애지불 등 10智 여래를 말하여 십신의 마음을 성취하는 것은 그 자신의 마음이 부동지불이기에 자기 마음의 本果이며, 나머지 아홉 부처 또한 마찬가지이다. 문수사리, 각수·목수 등 十首 보살은 자신이 행해야 할 바가 보현의 행임을 믿음에 대해 밝힌 것이다.

그다음 십주·십행·십회향·십지·11지에 있는 十十 등의 부처 명호, 十十 등의 보살 명칭, 나아가 한량없는 부처님의 명호, 한량없는 보살의 명칭은 모두 자기의 몸과 자기의 마음으로 닦아나가야 하는 佛果와 자신의 보현행이며, 곧바로 이 보현행품에 이른 것은 하나의 자기 마음의 佛果와 하나의 자기 마음의 보현행이며, 제37 여래출현품에 이르러야 비로소 자기 불과의 理智體用이 바야흐로 끝맺음을 밝히고 있다.

따라서 제37 여래출현품에서는 여래가 미간의 광명을 쏟아내어 문수보살의 정수리에 부어주었고, 입안의 광명을 쏟아내어 보현의 입에 부어주어, 그 理智 법신의 미묘한 지혜인 문수사리와 함께 보현보살로 하여금 그 스스로가 서로 여래의 출현 경계를 묻고 답하도록 하였다.

이는 바야흐로 자신의 理智의 미묘한 지혜와 보현행의 바다와 佛果를 닦아나가는 시종 원만함을 밝힌 것이다. 付囑과 유통 또한 여래출현품에 언급되어 있다.

제38 이세간품은 佛果 후의 常道이다. 시작도 끝도 없는 보현행이기 때문이다. 제39 입법계품은 부처님의 常道 법계이다.

만약 불과 이후의 보현행으로 말한다면, 그 의의에 따라 또한 제38 이세간품이라 할 것이다. 이는 자신의 道와 行이 이미 원만함에 따라서 순전히 세간을 이롭게 함으로써 세간을 여읠 게 없으며, 출세간에 이를 필요가 없기 때문에 보현행으로 언제나 중생에게 이익을 베푸는 것으로 근본을 삼기 때문이다. 나머지 뜻은 뒤의 해당 품에서 거듭 밝히고자 한다.

이 품은 십신 이후로 여래출현품에 이르기까지 하나의 문맥으로 시종 인과의 본말을 총괄하여 품의 명목을 세운 것이다. 대략 이 법회의 제27 십정품 이후 제37 여래출현품까지의 11품 경문은 총체적으로 십정의 본체로서 처음과 끝을 통틀어 거두어 1찰나의 즈음에서 벗어나지 않기 때문이다. 이 품은 佛果의 지위 내에서 스스로 행하는 보현행이 원만함을 밝힌 것이다.

二 釋品來意者는 爲明前品은 果極 性智光明으로 以利衆生일세 此品으로 明普賢行能利物故니 有理智無行이면 理智乃處俗不圓이오 有行無理智면 其行이 無由出俗 故로 理行體徹하야사 方成 不二自在之門이니 以此로 此品須來니라

'(2) 품의 유래한 뜻을 해석한다.'는 것은 앞의 품에서는 佛果의 지극한 자리에서의 性智의 광명으로써 중생에게 이익을 베풂을 밝히고 있다. 이 품은 보현행으로 중생에게 이익을 베풂을 밝히기 위한 까닭이다. 理智만 있을 뿐 행이 없으면 이지는 곧 세속에 처

하여 원만하지 못하고, 행만 있을 뿐 이지가 없으면 그 행은 세속을 벗어날 수 없다. 따라서 이지와 행의 자체가 서로 사무쳐야 비로소 '둘이 아닌 자재한 법문'을 성취할 수 있다. 이 때문에 이 품을 반드시 여기에 쓰게 된 것이다.

三 釋說敎之主者는 此品은 何故로 普賢이 爲能說敎之主者오 爲此品行門이 是普賢之行滿故로 還令普賢自說이니 明普賢是法身本智妙理之用故니 二法獨行에 卽不圓故로 先擧法身性智之光하고 次說普賢之行故니라

'(3) 설법의 주체를 해석한다.'는 것은 이 품은 무슨 까닭에 보현보살이 설법의 주인이 되었는가이다. 이 품의 수행 법문은 보현행이 원만하기 때문에 또한 보현보살로 하여금 스스로 설법하도록 한 것이다. 보현보살이 바로 법신의 근본지의 미묘한 이치에 의한 작용이기 때문이다. 근본 지혜와 보현행, 2가지 법은 각자 혼자 행하면 원만하지 못하기 때문에 먼저 법신의 性智 광명을 들어 말하고, 그다음에 보현행을 말하게 됨을 밝힌 까닭이다.

四 隨文釋義者는 於此一品經에 長科爲十五段호리라

'(4) 경문에 따라 그 의의를 해석한다.'는 것은 이 품의 경문을 크게 15단락으로 나누고자 한다.

次正釋文
中二니 此品은 辨因이오 後品은 明果라

前中亦二니 先은 長行直明이오 後는 以偈重顯이라

前中又二니 先은 正說이오 後는 瑞證이라

今初亦二니 先은 明說因이오 後는 正陳今義니라

今은 初라

2. 경문의 해석

이는 2단락으로 나뉜다.

이 품에서는 因을, 뒤의 제37 여래출현품에서는 果를 밝혔다.

이 품에서 말한 因은 또다시 2단락으로 나뉜다.

앞에서는 산문으로 직접 밝혔고, 뒤에서는 게송으로 거듭 밝혔다.

앞의 산문은 또다시 2단락으로 나뉜다.

제1. 바로 말하였고,

제2. 상서로 증명하였다.

'제1. 바로 말한 부분'은 또다시 2단락으로 나뉜다.

1. 因을 분명히 말하였고,

2. 바로 보현행의 의의를 말하였다.

이는 '1. 因을 분명히 말한 부분'이다.

經

爾時에 普賢菩薩摩訶薩이 復告諸菩薩大衆言하사대 佛子여 如向所演은 此但隨衆生根器所宜하야 略說如來少分境界니

何以故오 **諸佛世尊**이 **爲諸衆生**의 **無智·作惡**하며 **計我我所**하며 **執着於身**하며 **顚倒疑惑**하며 **邪見·分別**하며 **與諸結縛**으로 **恒共相應**하며 **隨生死流**하며 **遠如來道故**로 **出興于世**하시니라

그때, 보현보살마하살이 다시 보살 대중에게 말하였다.

"불자여, 지난번에 말한 바는 중생의 근기에 따라서 여래 경계의 일부분을 간추려 말한 것이다.

이는 무슨 까닭일까?

여러 부처님 세존은 모든 중생이

(1) 밝은 지혜가 없고,

(2) 악행을 범하며,

(3) '나'와 '내 것'이라는 생각을 하며,

(4) 몸에 집착하고,

(5) 전도된 의혹으로 결단이 없으며,

(6) 삿된 소견과

(7) 분별심이 있고,

(8) 여러 가지 결박으로 언제나 같이 어울리며,

(9) 생사의 흐름을 따르고,

(10) 여래의 도를 멀리하기에

그들을 위해 세상에 몸을 나타내는 것이다.

● 疏 ●

文二니 先은 標前少說이라 然普賢說者는 以人表法故니라

言指向者는 一은 近指向前隨好品이니 爲障重地獄衆生하야 畧說隨好少分用故이니 廣說難思니라 二는 通指前所說之果爲少分境이니 果海絕言故오 三은 遠通差別因果니 雖有圓融之義나 以五位漸次로 因果殊分하야 逐機就病하고 未盡法源일새 故名少分이니 則顯下平等因果는 逐法性說이라 因果圓融일새 名廣大說이라

二'何以故'下는 徵釋所由니 徵意에 云'何以前名少說고' 釋文二意니 一者는 成上이니 諸佛世尊이 所以出世者는 以衆生有無明等十過하야 未宜廣說이라 故先明差別等이오 二者는 生後니 謂衆生旣過滋多하고 障累無盡이면 則一治一切治하고 一現一切現이라 衆生無盡일새 因果도 亦窮來際니 前之所隨由未盡故니라

十過者는 一者는 無明이오 二는 作惡行이니 晉經에 名諸纏이라하니 則亦是惑이띠 此二는 爲總이오 次六은 皆無明이라 三은 計我我所오 四는 著身見이니 故로 六地에 云'世間受身이 皆由著我'라하니라 五는 三倒四倒等을 不能決斷이오 六은 乖僻正理오 七은 徧計分別이오 八은 結縛恒隨오 九는 隨生死流니 義通業苦니 因流果流故오 十遠如來는 行邪徑故니 此結成其失이라 結縛等名은 如常所辨이라【鈔_'結縛'等者는 非唯易故로 指於常解니라 然上經文에 早已頻釋이로되 恐後學難尋일새 今更具出이라

經云'一無智'者는 卽是無明이니 此는 通獨頭·相應二種이라 二作惡者는 卽諸纏也니 此有八種十種이니 言八種者는 謂一은 昏沈이

오 二는 睡眠이니 此二는 障止니라 雜集第七에 云謂修止時에 昏沈·睡眠이 爲障於內하야 能引昏沈故니라

三은 掉擧오 四는 惡作이니 此二는 障觀이라 論云於修觀時에 掉擧·惡作이 爲障於外하야 能引散亂故니라

五는 慳이오 六은 嫉이니 此二는 障捨니 論云於修捨時에 慳嫉爲障이라 由成就此하야 於自他利의 悋妬門中에 數數搖動行人心故니라

七은 無慚이오 八은 無愧니 此二는 障尸羅니 論云淨尸羅時에 無慚·無愧爲障이니 由具此二하야 犯諸學處하야 無羞恥故니라

言十纏者는 更加忿覆이니 雜集論에 云數數增盛纏繞身心일세 故名爲纏이니 由此諸纏이 數數增盛하야 纏繞一切觀行者心이라 於修善品에 能爲障礙니라

更有五纏하니 謂愛·恚·慢·嫉·慳이라 經云結者는 雜集第六에 問云結有幾種가 云何結耶아 何處結耶아 此有三問에 答結有九種이니 謂愛結·恚結·慢結·無明結·見結·取結·疑結·嫉結·慳結이라 應爲頌曰 愛恚慢無明이오 見取疑嫉慳이라하니라 論云愛結者는 謂欲界貪이오 恚結者는 謂於有情 苦 及順苦法에 心生損害오 慢結者는 卽七慢等이오 無明結者는 謂三界無知오 見結者는 卽三見이니 謂薩迦耶見·邊執見·邪見이오 取結者는 謂見取니 戒禁取오 疑結者는 謂於諦理猶豫오 嫉結者는 謂耽著利養하야 不耐他榮하고 發起心妬오 慳結者는 耽著利養이니 於資生具에 其心慳惜이니라 釋曰 云何結이며 何處結고 二問은 廣答如論이라】

이의 경문은 2단락으로 나뉜다.

(1) 앞에서 일부분만을 말한 부분을 밝혔다. 그러나 보현보살이 말한 것은 해당 인물로서 법을 밝힌 까닭이다.

'지난번에 말한 바'라 말한 데에는 3가지의 뜻이 있다.

① 가까이로는 지난번의 제35 여래수호광명품을 말한다. 업장이 중후한 지옥 중생을 위하여, 부처님의 80가지의 아름다운 모습 가운데 일부분의 작용을 간단하게 말하였기 때문이다. 자세히 말하려면 불가사의하다.

② 앞에서 말하였던 佛果가 일부분의 경계임을 전반적으로 가리킨다. 佛果의 바다[果海]는 말을 붙일 수 없는 자리이기 때문이다.

③ 멀리는 차별의 인과를 전반적으로 말하였다. 비록 원융의 의의가 있으나, 5位[資糧位, 加行位, 通達位, 修習位, 究竟位]의 차례에 따라 그에 상응한 인과의 분수가 달라 그들의 근기를 따르며, 그들의 병에 맞춰 나갔을 뿐, 법의 본원에는 미진함이 있기에 그 이름을 '여래 경계의 일부분을 갖추려 말하였다.'고 말한다. 이는 아래에서 말한 평등인과는 법성을 따라 말한 것이라 인과가 원융한 까닭에 그 이름을 '광대한 말'임을 밝힌 것이다.

(2) '何以故' 이하는 그 유래가 되는 바를 묻고 해석하였다.

물은 뜻은 다음과 같다.

"어찌하여 앞에서는 '여래 경계의 일부분을 갖추려 말하였다.'고 말했는가?"

이에 대한 해석에는 2가지의 뜻이 있다.

① 위의 문장을 끝맺었다. 여러 부처님 세존이 세상에 나오는

바는 중생이 無明 등 10가지의 허물이 있기 때문이다. 이에 대해 자세히 모두 말할 수 없기에 차별 등을 먼저 밝힌 것이다.

② 뒤의 문장을 일으키고 있다. 이는 중생이 이처럼 허물이 더욱 많고 장애의 누가 그지없다. 그러므로 곧 하나의 허물을 다스리면 일체 모든 허물을 다스리고, 하나의 몸을 나타내면 일체 모든 곳에 몸을 나타냄을 말한다. 중생이 그지없기에 인과 또한 미래의 즈음까지 다하는 것이다. 앞서 말한 따르는 바가 미진한 데서 연유한 까닭이다.

10가지의 허물은 다음과 같다.

① 무명이며,

② 악행을 범하는 것이다. 晉經에서는 이를 '諸纏'이라고 명명하였다. 이 또한 의혹을 말한다. 위의 2가지는 총체이기에 다음 6가지의 허물은 모두 무명이다.

③ '나'와 '내 것'이라는 생각을 내며,

④ 자기의 몸에 집착하는 견해이다. 이 때문에 六地에서 "세간에 받은 몸은 모두 '나'라는 생각에 집착한 데서 연유한다."고 말하였다.

⑤ 三倒[想顚倒, 見顚倒, 心顚倒]·四倒[10] 등으로 결단하지 못함을

----

10 四倒: 또는 四顚倒, 여기에는 有爲의 4가지 전도와 無爲의 4가지 전도가 있다. '유위의 4가지 전도'는 범부의 常顚倒(범어 nitya-viparyāsa), 樂顚倒(범어 sukha-viparyāsa), 我顚倒(범어 ātma-viparyāsa), 淨顚倒(범어 śuci-viparyāsa)이다. 無爲의 4가지 전도는 聲聞과 緣覺이 범부 유위의 4가지 전도는 없지만, 涅槃이 곧 常·樂·我·淨을 깨닫지 못한 것이다. 이상의 8가지 妄見을 종합하여 八顚倒라 말한다.

말하고,

⑥ 바른 이치에 어긋나거나 치우치며,

⑦ 망상의 집착으로 분별하고,

⑧ 결박이 언제나 따르며,

⑨ 생사의 흐름을 따르는 것이다. 그 뜻은 業苦에 통한다. 因流에 의한 果流이기 때문이다.

⑩ 여래를 멀리함은 삿된 길을 행하기 때문이다.

이는 중생의 과실을 끝맺은 것이다.

結縛 등의 명칭은 일상으로 논변한 바와 같다.【초_ '결박' 등이란 쉽게 이해할 수 있기에 일상의 이해로 말한 데에 그치지 않는다. 그러나 위의 경문에서 일찍이 자주 해석했지만 후학들이 이를 찾기 어려울까 두려운 마음에 여기에서 다시 구체적으로 말한 것이다.

경문에서 다음과 같이 말하였다.

"(1) 지혜가 없다.'는 것은 곧 無明이다. 이는 獨頭偸蘭(重罪)·相應俱生의 번뇌 2가지에 모두 통한다.

'(2) 악행을 범한다.'는 것은 곧 여러 가지의 얽힘[諸纏]이다. 여기에는 8가지와 10가지가 있다.

8가지라 말한 것은 ① 혼침, ② 수면이다. 이 2가지는 止(定)의 장애이다.

잡집론 제7에서 말하였다.

'止를 닦을 때에 혼침·수면이 내면에 장애가 되어 혼침을 이끌

599

어내기 때문이다.'

③ 마음이 들뜨고 혼란스럽고[掉擧], ④ 악행[惡作]이다. 이 2가지는 觀(慧)의 장애이다.

잡집론에서 말하였다.

'觀을 닦을 때에 掉擧·惡作이 밖에 장애가 되어 산란을 이끌어내기 때문이다.'

⑤ 인색, ⑥ 질투이다. 이 2가지는 捨(布施)의 장애이다.

잡집론에서 말하였다.

'捨를 닦을 때에 인색·질투가 장애이다. 이러한 성취에 의하여 자리이타의 인색과 질투의 문에서 자주자주 수행하는 사람의 마음을 흔들기 때문이다.'

⑦ 자신의 잘못을 성찰하여 부끄러워[慙]하는 마음이 없음이며, ⑧ 자신의 잘못을 타인을 상대로 하여 부끄러워[愧]하는 마음이 없음이다. 이 2가지는 尸羅(持戒)의 장애이다.

잡집론에서 말하였다.

'계율을 청정히 닦을 때 자신의 잘못을 성찰하여 부끄러워하는 마음이 없음과 자신의 잘못을 타인을 상대로 하여 부끄러워하는 마음이 없음이 장애이다. 이 2가지를 갖춤에 따라서 학문하는 모든 곳에 범하면서도 부끄러워하는 마음이 없기 때문이다.'

十纏이라 말한 것은 8가지의 장애에 다시 忿·覆을 더한 것이다.

잡집론에서 말하였다.

'자주자주 몸과 마음을 옭아매고 둘러싸고 있기에 그 이름을

纏이라 한다. 이러한 모든 纏이 자주자주 더욱 성하여 일체 觀을 수행한 자의 마음을 옭아매는 것이다. 따라서 善品을 닦는 데에 장애가 된다.'

또한 五纏이 있다. 애착·성냄·거만·질투·인색을 말한다.

경문에서 말하였다.

結이란 잡집론 제6에서 말하였다.

'結에는 몇 가지가 있는가? 어떤 結을 말하는가? 어느 곳에서 結하는 것일까?'

이처럼 3가지의 물음에 대한 답은 다음과 같다.

結에는 9가지가 있다. 愛結·恚結·慢結·無明結·見結·取結·疑結·嫉結·慳結을 말한다.

이의 게송은 다음과 같다.

'愛·恚·慢·無明이오 見·取·疑·嫉·慳이다.'

잡집론에서 말하였다

'愛結이란 欲界의 탐욕을 말하고, 恚結이란 중생의 苦와 順苦의 법에 마음으로 손해라는 생각을 내기 때문이며, 慢結이란 곧 七慢[11] 등을 말하고, 無明結이란 삼계의 無知를 말하고, 見結이란 곧 三見이니 薩迦耶見·邊執見·邪見을 말하고, 取結이란 見取를 말하니 戒禁取見이며, 疑結이란 근본진리에 멈칫거리는 것을 말

---

11 七慢: 大毘婆沙論 권43, 俱舍論 권19에서 열거한 七慢은 다음과 같다. (1) 慢, (2) 過慢 (범 ati-māna), (3) 慢過慢 (범 mi-māna), (4) 我慢 (범 ātma-māna), (5) 增上慢 (범 adhi-māna), (6) 卑慢 (범 na-māna), (7) 邪慢 (범 mithyā-māna)이다.

하며, 嫉結이란 자신의 이익과 봉양만을 탐착한 나머지 남들의 영화를 참지 못하고 마음에 질투를 일으키는 것을 말하며, 慳結이란 자신의 이익과 봉양만을 탐착함이니 생활의 도구에 그 마음이 인색하고 아끼는 것을 말한다.'"

이에 대한 해석은 다음과 같다.

"어떤 結을 말하는가? 어느 곳에서 結하는 것일까? 2가지의 물음은 논에서 자세히 논한 바와 같다."】

第二正陳普賢行
中二니 先은 明所治廣多요 後'是故諸菩薩'下는 能治深妙라
今初는 旣一惑成百萬障이니 則一障一切障이라 義則惑惑皆然이니 今從重說이라
文中三이니 初는 標요 次는 徵釋이오 後는 結成이라
今은 初라

2. 바로 보현행을 말하다

이는 2단락이다.

(1) 다스려야 할 대상이 광대하고 많음을 밝혔고,

(2) 뒤의 '是故諸菩薩' 이하는 다스림의 주체가 심오하고도 미묘함을 말하였다.

이의 '(1) 다스려야 할 대상'에서는 이미 하나의 미혹이 백만 가지의 장애를 만드는 것이니, 하나의 장애가 일체 모든 것의 장애이

다. 그 의의는 바로 모든 미혹이 모두 그와 같다. 그러나 여기에서는 중대한 장애를 따라 말하였다.

    이의 경문은 3부분이다.

    ㈀ 표장, ㈁ 묻고 해석함, ㈂ 끝맺음으로 말하였다.

    이는 '㈀ 표장 부분'이다.

經

佛子여 我不見一法도 爲大過失이 如諸菩薩이 於他菩薩에 起瞋心者로니

    불자여, 나는 그 어떤 법도 큰 허물로는 여러 보살이 다른 보살에게 성내는 마음을 일으키는 것보다 더 큰 잘못을 보지 못하였다.

● 疏 ●

標瞋最重이니 除瞋之外에 更徧推求면 無有一惡如瞋之重이라 故晉經에 云'起一瞋心이면 一切惡中에 無過此惡이라'하고 決定毘尼經에 云'菩薩이 寧起百千貪心이언정 不起一瞋하니 以違害大悲莫過此故라'하고 菩薩善戒도 亦同此說이라 言'於他菩薩'者는 若於菩薩起瞋이면 其過尤重이니 以令菩薩廢大行故니라 是以로 大般若中에 '天魔 見諸菩薩 互相是非코 過常大喜라'하니라【鈔_ '故晉經'者는 以今經譯者 爲順文하야 令人誤解라 故引三經하야 以正其義니 謂習禪者는 聞經不見諸法爲大過惡하고 便云惡本性空일세 故云不見이오 見則妄想이라하니 雖是正理나 不順今經이라 故引

三經하야 明是無惡過此라하야 爲不見有耳니라 決定毘尼者는 經但一卷이니 優波離 白佛言하사되 世尊이시여 或有欲相應心而犯於戒어나 或有嗔相應心而犯於戒어나 或有痴相應心而犯於戒에 何者爲重이니잇고 佛言하사되 若有菩薩이 如恒河沙欲相應心而犯於戒라도 或有菩薩由一嗔心而犯於戒면 因嗔犯者는 當知最重하라 所以者何오 因瞋恚故로 能捨衆生하고 乃至云所有諸結이 能生親愛로되 菩薩은 於此에 不應生畏하고 所有諸結이 能捨衆生를 菩薩이 於此에 應生大畏니라 乃至云大乘之人은 因欲犯戒라도 我說是人은 不名爲犯이오 因嗔犯者를 名大過惡이오 名大墮落이라 於佛法中에 是大留難이니라

是以大般若下는 證於菩薩起嗔最重이니 彼說魔見衆生이 互相是非코 亦生歡喜로되 而非大喜오 若見菩薩이 互相是非면 則生大喜하야 過於常喜니라 如二虎鬪에 小亡大傷하야 二俱無益하나니 菩薩도 亦爾라 自他竝損하야 皆失二利故니라】

　　이의 첫 부분에서는 성냄이 가장 중대한 허물임을 나타낸 것이다. 성냄을 제외한 이외에 다시 두루 찾아보면 그 어떤 악행도 성냄만큼 가장 중대한 허물이 없다. 이 때문에 晉經에서 말하였다.

　　"하나의 성낸 마음을 일으키면 일체 그 모든 악 가운데, 성냄의 악보다 더한 것은 없다."

　　결정비니경에서는 다음과 같이 말하였다.

　　"보살이 차라리 백천 가지 탐욕의 마음을 일으킬지언정, 하나의 성낸 마음을 일으키지 않는다. 이는 大悲의 마음을 어김이 이보

다 더한 것이 없기 때문이다."

보살선계경 또한 이처럼 말한 바와 같다.

'다른 보살에게[於他菩薩]'라 말한 것은 만일 다른 보살에게 성을 내면 그 허물은 더욱 중대하다. 다른 보살로 하여금 큰 수행을 버리도록 만들기 때문이다. 이 때문에 대반야경[大般若波羅蜜多經]에서 "하늘의 마군은 여러 보살이 서로 시비하는 것을 보면 여느 때보다 너무 좋아한다."고 말하였다. 【초_ '故晉經'이란 오늘날 화엄경을 번역한 자가 범어의 어순을 따라 번역하였기에 사람들의 오해를 불러들인 것이다. 이 때문에 3가지 경전을 인용하여 그 의의를 바로잡은 것이다.

禪을 익히는 사람들은 '모든 법으로서 큰 잘못이 되는 것을 볼 수 없다[不見諸法爲大過惡].'는 경문을 듣고서 곧바로 이런 생각을 하게 된다.

"악의 본성은 空한 것이어서 '볼 수 없다.'고 말한 것이다. 악을 보았다면 그것은 망상이다."라고⋯.

선을 익히는 사람의 말은 아무리 바른 이치로 말했다고 하지만, 화엄경의 뜻을 따른 것은 아니다. 이 때문에 3가지 경전을 인용하여 '이보다 더한 악행은 없다.'는 점을 밝혀, 더 이상 그런 악이 있음을 볼 수 없다는 것이다.

'결정비니경'이란 단 1권의 경인데, 다음과 같이 말하였다.

"우바리가 부처님께 말씀드렸다.

'세존이시여, 혹 탐욕에 상응하는 마음이 있어 계율을 범하거나, 혹 성냄에 상응하는 마음이 있어 계율을 범하거나, 혹 어리석음에 상응하는 마음이 있어 계율을 범한 것 가운데, 그 어느 것이 가장 중대한 잘못입니까?'

부처님이 말씀하셨다.

'만약 어느 보살이 혹시라도 하나의 성내는 마음에 따라서 계율을 범하면, 성내는 마음으로 계율을 범할 경우 가장 크나큰 잘못임을 알아야 한다. 그 이유는 무엇 때문일까? 성내는 마음 때문에 중생을 버리고, (…) 소유한 모든 結이 친애의 집착을 내지만, 보살은 이에 두려운 마음을 내지 않고, 소유한 모든 結이 중생을 버리도록 만드는 것에 대해서 보살은 큰 두려운 마음을 지니는 것이다. (…) 대승의 사람이 탐욕으로 인하여 계율을 범한다 할지라도 나는 그 사람에 대해서 계율을 범했다고 말하지 않을 것이며, 성내는 마음으로 계율을 범한 자를 큰 잘못[大過惡]이라 말하고, 큰 타락이라 말할 것이다. 불법 가운데 큰 어려움을 남겨 둔 것이다.'"

"이 때문에 대반야경[是以大般若]" 이하는 보살이 성내는 마음을 일으킴이 가장 큰 잘못임을 증명한 것이다. 대반야경에서 다음과 같이 말하였다.

"마군은 중생들이 서로 시비하는 것을 보면 또한 좋아하지만 그래도 아주 좋아하는 것은 아니다. 만약 보살들이 서로 시비하는 것을 보면 아주 좋아하여 그 여느 때보다도 너무 좋아한다. 이는 마치 2마리의 범이 서로 싸우면 작은 범은 목숨을 잃고 큰 범도 크게 상처를 입어 2마리 모두에게 아무런 이익이 없는 것과 같다. 보

살 또한 이와 같다. 이 보살이나 저 보살이 모두 손상되어 모두가 자리이타를 잃기 때문이다."】

二 徵釋

 ⑴ 묻고 해석하다

經

何以故오

佛子여 若諸菩薩이 於餘菩薩에 起瞋恚心하면 卽成就百萬障門故니라

何等이 爲百萬障고

所謂不見菩提障과 不聞正法障과 生不淨世界障과 生諸惡趣障과 生諸難處障과 多諸疾病障과 多被謗毀障과 生頑鈍諸趣障과 壞失正念障과 闕少智慧障과 眼障과 耳障과 鼻障과 舌障과 身障과 意障과 惡知識障과 惡伴黨障과 樂習小乘障과 樂近凡庸障과 不信樂大威德人障과 樂與離正見人同住障과 生外道家障과 住魔境界障과 離佛正敎障과 不見善友障과 善根留難障과 增不善法障과 得下劣處障과 生邊地障과 生惡人家障과 生惡神中障과 生惡龍惡夜叉惡乾闥婆惡阿修羅惡迦樓羅惡緊那羅惡摩睺羅伽惡羅刹中障과 不樂佛法障과

607

習童蒙法障과 樂着小乘障과 不樂大乘障과 性多驚怖障과 心常憂惱障과 愛着生死障과 不專佛法障과 不喜見聞佛自在神通障과

不得菩薩諸根障과 不行菩薩淨行障과 退怯菩薩深心障과 不生菩薩大願障과 不發一切智心障과 於菩薩行懈怠障과 不能淨治諸業障과 不能攝取大福障과 智力不能明利障과 斷於廣大智慧障과 不護持菩薩諸行障과 樂誹謗一切智語障과 遠離諸佛菩提障과 樂住衆魔境界障과 不專修佛境界障과 不決定發菩薩弘誓障과

不樂與菩薩同住障과

不求菩薩善根障과

性多見疑障과

心常愚闇障과

不能行菩薩平等施故로 起不捨障과

不能持如來戒故로 起破戒障과

不能入堪忍門故로 起愚癡惱害瞋恚障과

不能行菩薩大精進故로 起懈怠垢障과

不能得諸三昧故로 起散亂障과

不修治般若波羅蜜故로 起惡慧障과

於處非處中無善巧障과

於度衆生中無方便障과

於菩薩智慧中不能觀察障과

於菩薩出離法中不能了知障과
不成就菩薩十種廣大眼故로眼如生盲障과
耳不聞無礙法故로口如啞羊障과
不具相好故로鼻根破壞障과
不能辯了衆生語言故로成就舌根障과
輕賤衆生故로成就身根障과
心多狂亂故로成就意根障과
不持三種律儀故로成就身業障과
恒起四種過失故로成就語業障과
多生貪瞋邪見故로成就意業障과
賊心求法障과
斷絕菩薩境界障과
於菩薩勇猛法中에心生退怯障과
於菩薩出離道中에心生懶惰障과
於菩薩智慧光明門中에心生止息障과
於菩薩念力中에心生劣弱障과
於如來教法中에不能住持障과
於菩薩離生道에不能親近障과
於菩薩無失壞道에不能修習障과
隨順二乘正位障과
遠離三世諸佛菩薩種性障이니

　　무슨 까닭일까?

불자여, 만약 어느 보살이 다른 보살에게 성내는 마음을 일으키면 백만 가지 장애의 문이 이뤄지기 때문이다.

무엇을 백만 가지의 장애라 말하는가?

이른바 보리를 보지 못하는 장애,

바른 법을 듣지 못하는 장애,

부정한 세계에 태어난 장애,

온갖 악도[아수라·축생·아귀·지옥]에 태어난 장애,

여러 어려운 곳[八難: 地獄·餓鬼·畜生·北俱廬州·長壽天·盲聾瘖啞·世智辯聰·佛前佛後]에 태어난 장애,

질병이 많은 장애,

많은 비방을 받는 장애,

우둔한 길에 태어난 장애,

바른 생각을 파괴하거나 잃게 되는 장애,

지혜가 모자라는 장애,

눈으로 부처님을 친견하지 못하는 장애,

귀로 불법을 듣지 못하는 장애,

코로 향기를 맡지 못하는 장애,

혀로 맛을 느끼지 못하는 장애,

몸이 건강하지 못하는 장애,

뜻이 청정하지 못하는 장애,

악지식의 장애,

나쁜 친구의 장애,

소승을 좋아하는 장애,

용렬한 이를 가까이하기를 좋아하는 장애,

큰 위엄과 공덕이 있는 이를 믿지 않는 장애,

바른 소견이 없는 사람과 함께 있기를 좋아하는 장애,

외도의 집에 태어난 장애,

마군의 경계에 머무는 장애,

부처님의 바른 가르침을 여의는 장애,

선지식을 보지 못하는 장애,

선근이 어려움에 처한 장애,

착하지 못한 법이 더해가는 장애,

못난 곳을 얻게 되는 장애,

변방에 태어난 장애,

악한 사람의 집안에 태어난 장애,

아독한 귀신 중에 태어난 장애,

악독한 용, 악독한 야차, 악독한 건달바, 악독한 아수라, 악독한 가루라, 악독한 긴나라, 악독한 마후라가, 악독한 나찰 속에 태어난 장애,

불법을 좋아하지 않는 장애,

어린아이의 장난이 심한 행위를 익히는 장애,

소승을 좋아하고 집착하는 장애,

대승을 좋아하지 않는 장애,

놀라는 성질이 많은 장애,

마음이 항상 걱정되는 장애,

생사에 애착하는 장애,

불법에 전념하지 못하는 장애,

부처님의 자재한 신통을 보고 듣기를 좋아하지 않는 장애,

보살의 모든 선근을 얻지 못하는 장애,

보살의 청정행을 행하지 못하는 장애,

보살의 깊은 마음을 겁내는 장애,

보살의 큰 서원을 내지 못하는 장애,

일체 지혜의 마음을 내지 못하는 장애,

보살의 행에 게으른 장애,

모든 업을 청정하게 다스리지 못하는 장애,

큰 복을 받아들이지 못하는 장애,

지혜의 힘이 날카롭지 못하는 장애,

광대한 지혜를 끊는 장애,

보살의 모든 행을 보호하여 지니지 못하는 장애,

일체 지혜로 하는 말을 비방하기 좋아하는 장애,

부처님의 보리를 멀리 여의는 장애,

여러 마군의 경계에 있기를 좋아하는 장애,

부처님의 경계를 오롯하게 닦지 않는 장애,

보살의 큰 서원을 결정하지 못하는 장애,

보살과 함께 있기를 좋아하지 않는 장애,

보살의 선근을 구하지 않는 장애,

성품에 의심이 많은 장애,

마음이 항상 어리석은 장애,

보살의 평등한 보시를 행하지 못한 까닭에 희사하지 못함을 일으키는 장애,

여래의 계율을 지니지 못한 까닭에 계율을 파하는 장애,

견디고 참는 법문에 들어가지 못한 까닭에 어리석고 괴롭고 성내는 일을 일으키는 장애,

보살의 큰 정진을 행하지 못한 까닭에 게으른 때를 일으키는 장애,

여러 삼매를 얻지 못한 까닭에 산란을 일으키는 장애,

반야바라밀다를 닦지 못한 까닭에 나쁜 지혜를 일으키는 장애,

옳은 곳과 옳지 못한 곳에 뛰어난 방편이 없는 장애,

중생을 제도하는 가운데 방편이 없는 장애,

보살의 지혜 가운데 잘 관찰하지 못하는 장애,

보살의 삼계를 벗어난 법을 분명하게 알지 못하는 장애,

보살의 열 가지 광대한 눈을 성취하지 못한 까닭에 태어나면서 눈먼 소경과 같은 눈을 지닌 장애,

귀로 걸림 없는 법을 듣지 못한 까닭에 입이 벙어리 양과 같은 장애,

거룩한 몸매와 아름다운 모습을 갖추지 못한 까닭에 후각이 없는 코를 지닌 장애,

중생의 말을 잘 알지 못한 까닭에 제대로 말을 하지 못하는 혀

613

를 지닌 장애,

중생을 업신여긴 까닭에 온전하지 못한 몸을 지닌 장애,

마음에 광란이 많은 까닭에 의식이 불안하게 된 장애,

세 가지 계율[殺·盜·淫]을 지니지 못한 까닭에 몸으로 악업을 짓는 장애,

언제나 네 가지 허물[妄言·綺語·惡口·兩舌]을 일으킨 까닭에 구업을 짓는 장애,

탐욕, 성냄, 삿된 소견을 많이 낸 까닭에 의업을 짓는 장애,

도둑의 마음으로 남들 몰래 법을 구하는 장애,

보살의 경계를 끊는 장애,

보살의 용맹한 법에 겁을 내어 뒷전으로 물러서는 마음을 내는 장애,

보살의 삼계를 벗어난 도에 게으른 마음을 내는 장애,

보살의 지혜 광명 법문에 그만두는 마음을 내는 장애,

보살의 기억하는 힘에 용렬한 마음을 내는 장애,

여래의 가르친 법에 머물거나 지니지 못하는 장애,

보살의 생사를 여의는 도에 가까이하지 못하는 장애,

보살의 잘못이 없는 도를 닦지 못하는 장애,

이승의 법문을 따르는 장애,

삼세의 모든 부처님의 보살 종성을 멀리 여의는 장애이다.

● 疏 ●

釋中二니 一은 總顯이오 二'何等'下는 徵列이니 標雖百萬이나 畧列百門이라

古人이 寄位分五니 初는 障十信行이오 二'不樂佛法'下는 障十住行이오 三'不得菩薩諸根'下는 障十行之行이오 四'樂誹謗一切'下는 障十向行이오 五'不樂與菩薩同住'下는 障十地行이라

言'口如瘂羊障'者는 此是耳根障이니 以生邊地 不聞法處일새 故口無所說이라

舌根之障은 次下自明이라 昔結云'菩薩萬行이 不過此五'일새 起一瞋心에 一切頓障이라'하니 此釋非不有理니라 如賊心求法이 豈獨障於地耶아 是知通障一切니 信尚不起온 況後位耶아 又所障法界 如帝網重重하니 能障同所하야 亦皆無盡이라 故知百萬도 猶是畧明이라【鈔_ '古人寄位'下는 二斥古釋이니 刊定同此니라 '又所障'下는 四結成正義니 猶是古釋일새 故有又言이라 疏意取此하야 不欲局配일새 故爲正義니라】

해석 부분은 2단락이다.

첫째, 총체로 밝혔고,

둘째, '何等' 이하는 묻고 장애의 명목을 열거하였다. 앞의 표장에서는 비록 '백만' 가지의 장애로 말했지만, 정작 1백 가지의 장애만을 간추려 나열하였다.

옛사람이 이를 5位에 붙여 5단락으로 구분하였다.

① 十信을 행하는 데에 장애,

② '不樂佛法' 이하는 십주를 행하는 데에 장애,

③ '不得菩薩諸根' 이하는 십행을 행하는 데에 장애,

④ '樂誹謗一初' 이하는 십회향을 행하는 데에 장애,

⑤ '不樂與菩薩同住' 이하는 십지를 행하는 데에 장애이다.

'입이 벙어리 양과 같은 장애[口如啞羊障]'라 말한 것은 耳根의 장애이다. 후미진 변방, 즉 불법을 들을 수 없는 곳에 태어나 들은 바가 없기에 입으로 말할 수 있는 거리가 없다.

말을 못하는 舌根의 장애는 다음 아래에서 밝혔다. 옛적에 끝맺어 이르기를 "보살의 모든 행은 다음 5가지에 지나지 않는다. 하나의 성내는 마음을 일으키면 일체 모든 일에 문득 장애가 된다."고 하였다.

위의 해석에 그럴 만한 이치가 없지 않다. 하지만, 예컨대 "도둑의 마음으로 남들 몰래 법을 구하는 장애"가 어찌 유독 십지를 행하는 장애에 그치겠는가. 이는 일체에 모두 통하는 장애라는 사실을 알아야 한다. 십신의 신심도 오히려 일어날 수 없는 법인데, 하물며 그 이후의 지위야 오죽하겠는가.

또한 장애가 되는 법계가 帝網처럼 거듭거듭 얽혀 있다. 장애의 주체와 장애의 대상 또한 그처럼 모두가 그지없다. 따라서 백만 가지의 장애도 오히려 자세히 말한 게 아니라, 이 역시 간추려 밝힌 사실임을 알아야 한다.【초_ '古人寄位' 이하는 옛사람의 잘못된 해석을 배척하였다. 刊定記도 이와 같은 의견이다.

'又所障' 이하는 '(4) 正義를 끝맺음'이다. 이 역시 옛사람의 해석이기에 '또[又]'라는 말을 쓴 것이다. 청량소에서 말한 뜻은 이를 취하여 국한 지어 配對하고자 하지 않은 까닭에 이를 '正義'라 말한 것이다.】

―

三 結成

㈐ 끝맺다

經

佛子여 若菩薩이 於諸菩薩에 起一瞋心이면 則成就如是等百萬障門이니라
何以故오 佛子여 我不見有一法도 爲大過惡이 如諸菩薩이 於餘菩薩에 起瞋心者호라

불자여, 만일 어느 보살이 여러 보살에게 한 차례 성내는 마음을 일으키면 이와 같은 백만 가지 장애되는 문을 이루게 된다.

무슨 까닭일까?

불자여, 나는 그 어떤 법의 허물이라도 보살이 다른 보살에게 성내는 마음을 일으키는 것보다 더 큰 것을 보지 못하였다.

◉ 疏 ◉

可知니라

이는 설명하지 않아도 알 수 있다.

● 論 ●

第三은 何等爲百萬障門已下에 說一百箇障門이 與百萬障門으로 爲首하야 以防修道者의 於他菩薩에 起一念瞋心이니 如經自具라 如有修道者인댄 大須愼之어다

如上修道는 創始發心에 須慮亡想盡하야사 其道乃會오 情在想存하야 我見求道면 終不相應이니 須依智人하야 自摧憍慢하고 敬心徹到하야사 方以定觀二門으로 決擇上二界禪과 聲聞外道와 及權教菩薩所修定慧니 一一須知하야사 方識正法하며 方始心無邪正하야 求差別智門하야 以大願力으로 長大慈悲하야 成普賢行이어니와 如作賊心求法하야 不善調心하고 懈慢心增하야 於他菩薩에 起一念瞋恨이면 當入百萬障門이니 如經具明이라 作惡神惡鬼等難에 已得一分求道之心이 助成勢力하야 怒不可當하리니 諸有發心者는 應當防之호되 如法謙敬하야 一心志求하며 亦可常須誦持此普賢行品하야 以防三業하야 令使應眞이어다

셋째, '何等爲百萬障門' 이하는 1백 가지의 장애 문이 백만 가지의 장애 문의 첫머리가 됨을 말하여, 도를 닦은 이로서 다른 보살에게 한 차례라도 성내는 마음을 일으킬까 이를 막고자 한 것이다. 이는 경문에서 구체적으로 말한 바와 같다. 만약 도를 닦은 이라면 반드시 이를 삼가야 한다.

위와 같은 수도는 첫 발심에서 오직 생각이 사라지고 상념이 다하여야 그 도가 이에 회통할 수 있다. 情識이 남아 있고 상념을 간직하여 我見으로 도를 구하면 끝내 상응하지 못할 것이다. 반드

시 지혜로운 사람에 의지하여 스스로 교만한 마음을 꺾고 공경하는 마음이 철저한 데 이르러야 비로소 定·觀 2가지 법문으로써, 위에서 말한 2가지 경계의 禪, 성문, 외도, 권교 보살이 닦는 정혜와 다름을 판단하여 결정할 수 있다. 하나하나를 반드시 알아야 바야흐로 바른 법을 알고, 비로소 마음에 邪·正이 없어 差別智의 법문을 구하여 대원력으로써 대자비의 마음을 길이 함양하여 보현행을 성취하겠지만, 만약 도둑처럼 남몰래 법을 구하여 마음을 잘 다스리지 않고 오만한 마음이 더하여 다른 보살에게 한 생각의 성내는 마음을 일으키면 반드시 백만 가지 장애의 문에 들어가게 될 것이다. 이는 경문에서 구체적으로 밝힌 것과 같다.

악신과 악귀 등이 고난으로 시험할지라도 이미 1분이나마 도를 구하는 마음이 힘을 얻어 성내는 마음이 일어나지 못할 것이다. 발심한 모든 이들은 당연히 성내는 마음을 막으면서도 여법하게 겸손하고 공경하여 하나같은 마음으로 구해야 할 것이며, 또한 항상 이 보현행품을 받아 지니고서 독송함으로써 삼업을 가로막고 진공의 자리에 상응하도록 해야 할 것이다.

第二 能治深妙
中二니 先은 正顯이오 後는 結勸이라
今初에 文有六位호되 位各十行이니 初一은 始修오 後五는 成益이라
故後五段이 展轉依初하니 是爲初卽攝後이니 一治一切治也니라

說有前後나 得卽一時라
今은 初라

  ⑵ 다스림의 주체가 심오하고도 미묘하다

  이의 경문은 2부분이다.

  ㈀ 다스림의 주체를 바로 밝혔고,

  ㈁ 수지독송의 권면으로 끝맺었다.

  이의 '㈀ 다스림의 주체'에 관한 경문에는 6位가 있는데, 지위마다 각각 10줄이다.

  첫째 지위는 처음 닦아감이며, 뒤의 5지위는 성취의 이익이다.

  이 때문에 뒤의 5지위에 관한 5단락은 뒤로 가면 갈수록 첫째 지위를 의지하고 있다. 이는 첫째 지위가 곧 뒤의 지위를 모두 받아들인 것이니, 하나를 다스리면 일체 모든 것이 다스려짐이다.

  전후의 차이가 있다고 말하지만, 얻으면 일시에 이루어진 것이다.

  이는 '첫째 지위의 처음 닦아감'이다.

經

是故로 諸菩薩摩訶薩이 欲疾滿足諸菩薩行인댄 應勤修十種法이니
何等이 爲十고
所謂心不棄捨一切衆生하며
於諸菩薩에 生如來想하며

永不誹謗一切佛法하며
知諸國土 無有窮盡하며
於菩薩行에 深生信樂하며
不捨平等虛空法界菩提之心하며
觀察菩提하야 入如來力하며
精勤修習無礙辯才하며
敎化衆生호되 無有疲厭하며
住一切世界호되 心無所着이 是爲十이니라

　이 때문에 보살마하살이 보살의 모든 행을 빨리 만족하고자 한다면 열 가지 법을 부지런히 닦아야 한다.
　무엇이 열 가지 법인가?
　이른바 마음에 일체중생을 버리지 않고,
　여러 보살에게 여래라는 생각을 내며,
　일체 불법을 영원히 비방하지 않고,
　모든 국토가 다함이 없음을 알며,
　보살의 행을 깊이 믿고 좋아하는 마음을 내고,
　평등한 허공법계와 같은 보리심을 버리지 않으며,
　보리를 관찰하여 여래의 힘에 들어가고,
　걸림 없는 변재를 부지런히 익히며,
　중생을 교화하되 고달파하거나 싫어함이 없고,
　일체 세계에 머무르되 마음에 집착한 바 없어야 한다.
　이를 열 가지 법이라 한다.

● 疏 ●

分二니 先은 標擧勸修오 後'何等'下는 徵列及結이라

於中十法은 攝爲五對하야 辨五種修리라

初二는 約人하야 明謙敬修니 敬上愛下故오

次二는 約法하야 明眞正修니 順敎知事故오

次二는 約心行하야 明廣大修니 樂大行하고 堅大心故오

次二는 約智하야 明增勝修니 內入果智하고 外起勝辯故오

後二는 約悲願하야 明長時修니 衆生無盡을 悲此(化)不疲하고 世界無邊을 願住不著故니라

이의 경문은 2단락으로 나뉜다.

앞에서는 표장을 들어 말하였고 수행을 권면하였으며,

뒤의 '何等' 이하는 10가지의 법을 묻고 그 명목을 나열함 및 끝맺음이다.

그 가운데 10가지 법은 5가지 對句로 포괄하여 5가지의 수행으로 말하고자 한다.

제1 대구[心不~衆生, 於諸~如來想], 사람을 들어서 겸손과 공경하는 마음으로 수행할 것을 밝혔다. 윗사람을 공경하고 아랫사람을 사랑해야 하기 때문이다.

제2 대구[永不~佛法, 知諸~窮盡], 법을 들어서 진실하고 바른 마음으로 수행할 것을 밝혔다. 가르침을 따르고 일처리를 알아야 하기 때문이다.

제3 대구[於菩薩~信樂, 不捨~之心], 마음을 들어서 광대하게 수행

해야 함을 밝혔다. 큰 보살행을 좋아하고 큰 보리심을 굳건히 지녀야 하기 때문이다.

제4 대구[觀察~如來力, 精勤~辯才], 지혜를 들어서 더욱 훌륭하게 닦아나갈 것을 밝혔다. 안으로는 佛果의 지혜에 들어가고 밖으로는 뛰어난 변재를 일으키기 때문이다.

제5 대구[敎化~疲厭, 住一切~無所着], 悲願을 들어서 장시간의 수행을 밝혔다. 그지없는 중생을 자비의 마음으로 교화하되 고달파하지 않으며, 끝없는 세계를 서원을 세워 머물되 집착하지 않기 때문이다.

第二 淸淨

둘째, 10가지 청정

經

佛子여 菩薩摩訶薩이 安住此十法已에 則能具足十種淸淨이니
何等이 爲十고
所謂通達甚深法淸淨과
親近善知識淸淨과
護持諸佛法淸淨과
了達虛空界淸淨과

深入法界淸淨과

觀察無邊心淸淨과

與一切菩薩同善根淸淨과

不着諸劫淸淨과

觀察三世淸淨과

修行一切諸佛法淸淨이 是爲十이니라

　불자여, 보살마하살이 열 가지 법에 머무르면 열 가지 청정함을 두루 갖출 수 있다.

　무엇이 열 가지 청정인가?

　이른바 매우 깊은 법을 통달하는 청정,

　선지식을 가까이하는 청정,

　부처님 법을 보호하는 청정,

　허공계를 분명히 아는 청정,

　법계에 깊이 들어가는 청정,

　그지없는 마음을 관찰하는 청정,

　일체 보살의 선근과 같은 청정,

　모든 겁에 집착하지 않는 청정,

　과거·현재·미래의 세계를 관찰하는 청정,

　일체 불법을 수행하는 청정이다.

　이를 열 가지 청정이라 한다.

● 疏 ●

淸淨者는 依前正修行時하야 成離染故니라

文中二니 初는 躡前起後오 後는 徵數列名이니 下皆倣此니라

列中十句는 次第 從前十句而成이니

一은 由不捨衆生이라 故達深法淨이니 以衆生皆有佛性하야 卽妄而眞일새 爲深法故오

二는 由敬上일새 故能近이오

三은 由不謗일새 故能護오

四는 由知無盡일새 故了如空이오

五는 由菩薩行不離法界일새 故深入이오

六은 知菩提心等虛空일새 故無邊이오

七은 觀察菩薩皆同此觀能入佛力일새 故名 爲根이오

八은 精修不懈일새 故不著劫數오

九는 由化無厭일새 故觀三世衆生 化未化等이오

十은 由願住世界일새 故能修一切佛法이라

　　청정이란 앞서 말한 바로 수행할 때를 의거하여 오염에서 벗어남을 이룰 수 있기 때문이다.

　　이의 경문은 2단락이다.

　　앞부분은 앞의 문장을 이어서 뒤의 문장을 일으켰고, 뒷부분은 청정의 수효를 묻고 그 명목을 나열하였다. 아래는 모두 이와 같다.

　　그 명목을 나열한 10구의 차례는 앞의 10구 순서를 따라 이뤄지고 있다.

① 중생을 버리지 않은 까닭에 지극히 심오한 법의 청정을 통달할 수 있다. 이는 중생이 모두 불성을 소유하여 허망한 것과 하나가 된 진리이기에 심오한 법이기 때문이다.

② 윗사람을 공경한 까닭에 선지식을 가까이하고,

③ 불법을 비방하지 않기에 불법을 수호할 수 있으며,

④ 그지없는 국토를 알기에 허공법계와 같음을 알고,

⑤ 보살행이 법계를 여의지 않기에 법계에 깊이 들어가며,

⑥ 보리지혜의 마음이 허공과 같음을 알기에 그지없는 마음을 관찰하고,

⑦ 보살이 모두 이 觀처럼 여래의 힘에 들어갈 수 있음을 관찰한 까닭에 그 이름을 선근이라 하며,

⑧ 정진수행으로 게으름이 없기에 시간[劫數]에 집착하지 않고,

⑨ 중생 교화를 싫어하지 않은 까닭에 삼세 중생의 교화와 교화하지 못함 등을 관찰하며,

⑩ 일체 세계에 머물기를 원하는 까닭에 일체 불법을 닦아가는 것이다.

第三 廣大智

셋째, 10가지 광대한 지혜

經

佛子여 菩薩摩訶薩이 住此十法已에 則具足十種廣大智니

何等이 爲十고

所謂知一切衆生心行智와

知一切衆生業報智와

知一切佛法智와

知一切佛法深密理趣智와

知一切陀羅尼門智와

知一切文字辯才智와

知一切衆生語言音聲辭辯善巧智와

於一切世界中普現其身智와

於一切衆會中普現影像智와

於一切受生處中具一切智智 是爲十이니라

불자여, 보살마하살이 이 열 가지 법에 머무르면 열 가지 광대한 지혜를 두루 갖출 수 있다.

무엇이 열 가지 광대한 지혜인가?

이른바 일체중생의 마음과 행을 아는 지혜,

일체중생의 업보를 아는 지혜,

일체 부처님의 법을 아는 지혜,

일체 불법의 심오하고 비밀스러운 이치를 아는 지혜,

일체 다라니 법문을 아는 지혜,

일체 문자와 변재를 아는 지혜,

일체중생의 언어와 음성과 말을 잘하는 방편을 아는 지혜,

일체 세계에 두루 몸을 나타내는 지혜,

일체 대중법회에 두루 영상을 나타내는 지혜,

모든 태어나는 곳에서 일체지(一切智)의 지혜를 갖춘 지혜이다.

이를 열 가지 광대한 지혜라 한다.

● 疏 ●

廣大智者는 垢染旣拂에 本智自明하야 稱性相知일새 故云廣大니 亦從前十과 及次十而成이라 然有開合이나 恐煩不配니 說者隨宜어다

광대한 지혜란 때와 오염이 이미 말끔히 사라짐에 근본 지혜가 절로 밝아 性相에 알맞게 아는 까닭에 '광대한 지혜'라고 말한다.

또한 앞의 '10가지 청정[十種淸淨]' 및 다음 '10가지 두루 들어감[十種普入]'에 따라 이뤄진 것이다. 그러나 여기에는 분리와 종합이 있지만, 번거로울까 두려워 짝지어 말하지 않는다. 이를 강설하는 자는 편의를 따라 보기 바란다.

第四 普入

넷째, 10가지 두루 들어감

佛子여 菩薩摩訶薩이 住此十智已에 則得入十種普入이니

何等이 爲十고

所謂一切世界 入一毛道하고 一毛道 入一切世界와

一切衆生身이 入一身하고 一身이 入一切衆生身과

不可說劫이 入一念하고 一念이 入不可說劫과

一切佛法이 入一法하고 一法이 入一切佛法과

不可說處 入一處하고 一處 入不可說處와

不可說根이 入一根하고 一根이 入不可說根과

一切根이 入非根하고 非根이 入一切根과

一切想이 入一想하고 一想이 入一切想과

一切言音이 入一言音하고 一言音이 入一切言音과

一切三世 入一世하고 一世 入一切三世 是爲十이니라

불자여, 보살마하살이 이 열 가지 광대한 지혜에 머무르면 열 가지 두루 들어감에 들어가게 된다.

무엇이 열 가지 두루 들어감인가?

이른바 일체 세계가 하나의 모공 속으로 들어가고, 하나의 모공이 일체 세계에 들어가며,

일체중생의 몸이 한 중생의 몸으로 들어가고, 한 중생의 몸이 일체중생의 몸에 들어가며,

말할 수 없는 겁이 한 생각의 찰나에 들어가고, 한 생각의 찰나

가 말할 수 없는 겁에 들어가며,

　일체 부처님 법이 하나의 근본법에 들어가고, 하나의 근본법이 일체 부처님 법에 들어가며,

　말할 수 없는 곳이 하나의 곳에 들어가고, 하나의 곳이 말할 수 없는 곳에 들어가며,

　말할 수 없는 근(根)이 하나의 근에 들어가고, 하나의 근이 말할 수 없는 근에 들어가며,

　일체 모든 근이 근 아닌 데 들어가고, 근 아닌 것이 일체 모든 근에 들어가며,

　일체 생각이 하나의 생각에 들어가고, 하나의 생각이 일체 생각에 들어가며,

　일체 음성이 하나의 음성에 들어가고, 하나의 음성이 일체 음성에 들어가며,

　일체 삼세가 하나의 세계에 들어가고, 하나의 세계가 일체 삼세에 들어가는 것이다.

　이를 열 가지 두루 들어감이라 말한다.

● 疏 ●

普入者는 事隨理融이라 本來卽入하고 智了法爾이라 無境不通일세 故身心皆入이라 亦從前三生이니 可以意得이라 非根者는 境識及理는 皆非根也니라

　普入이란 현상의 사법계가 근본 자리의 이법계를 따라 원융

한 것이다. 본래 하나가 되어 들어가고, 지혜로 법을 알기에 모든 경계에 통하지 않음이 없다. 이 때문에 몸과 마음이 모두 들어가는 것이다.

이는 또한 앞의 3단락[十種法, 淸淨, 廣大智]에 의하여 생겨난 것이다. 이는 깊이 생각하면 알 수 있다.

'근 아닌 것[非根]'이란 六境과 六識 및 眞空의 이치는 모두 根이 아니다.

第五.勝妙心

다섯째, 10가지 훌륭하고 미묘한 마음

經

佛子여 菩薩摩訶薩이 如是觀察已에 則住十種勝妙心이니

何等이 爲十고

所謂住一切世界語言非語言勝妙心과

住一切衆生想念無所依止勝妙心과

住究竟虛空界勝妙心과

住無邊法界勝妙心과

住一切深密佛法勝妙心과

住甚深無差別法勝妙心과

住除滅一切疑惑勝妙心과
住一切世平等差別勝妙心과
住三世諸佛平等勝妙心과
住一切諸佛力無量勝妙心이 爲是十이니라

불자여, 보살마하살이 이처럼 관찰하면 열 가지 훌륭하고 미묘한 마음에 머물게 된다.

무엇이 열 가지 훌륭하고 미묘한 마음인가?

이른바 일체 세계의 언어와 언어가 아닌 훌륭하고 미묘한 마음에 머무름,

일체중생의 생각이 의지한 바 없는 훌륭하고 미묘한 마음에 머무름,

구경의 허공계에 훌륭하고 미묘한 마음에 머무름,

끝없는 법계의 훌륭하고 미묘한 마음에 머무름,

일체 깊고 비밀한 불법의 훌륭하고 미묘한 마음에 머무름,

매우 깊고 차별이 없는 법의 훌륭하고 미묘한 마음에 머무름,

일체 의혹을 없앤 훌륭하고 미묘한 마음에 머무름,

일체 세상이 평등하고 차별이 없는 훌륭하고 미묘한 마음에 머무름,

삼세 부처님의 평등한 훌륭하고 미묘한 마음에 머무름,

일체 부처님의 힘이 한량없는 훌륭하고 미묘한 마음에 머무름이다.

이를 열 가지 훌륭하고 미묘한 마음이라 말한다.

● 疏 ●

勝妙心者는 由前知法本融하야 則事理無礙하야 應機成益일새 名勝妙心이라 從前四生이니 亦可意得이라

'훌륭하고 미묘한 마음'이란 앞서 말한 '법을 알아 근본 이치와 원융함'을 따라서 곧 사법계와 이법계에 걸림이 없어 중생의 근기에 부응하여 이익을 이뤄주기에 그 이름을 '훌륭하고 미묘한 마음'이라 한다. 앞의 4단락[十種法, 淸淨, 廣大智, 普入]에 의하여 생겨난 것이니, 이는 깊이 생각하면 알 수 있다.

第六 善巧智

여섯째, 10가지 훌륭한 방편의 지혜

經

佛子여 菩薩摩訶薩이 住此十種勝妙心已에 則得十種佛法善巧智니
何等이 爲十고
所謂了達甚深佛法善巧智와
出生廣大佛法善巧智와
宣說種種佛法善巧智와
證入平等佛法善巧智와
明了差別佛法善巧智와

悟解無差別佛法善巧智와
深入莊嚴佛法善巧智와
一方便入佛法善巧智와
無量方便入佛法善巧智와
知無邊佛法無差別善巧智와
以自心自力으로 於一切佛法에 不退轉善巧智 是爲十이니라

불자여, 보살마하살이 이 열 가지 훌륭하고 미묘한 마음에 머무르면 열 가지 불법의 훌륭한 방편의 지혜를 얻게 된다.

무엇이 열 가지 불법의 훌륭한 방편의 지혜인가?

이른바 매우 깊은 불법을 잘 아는 훌륭한 방편의 지혜,

광대한 불법을 내는 훌륭한 방편의 지혜,

가지가지 불법을 연설하는 훌륭한 방편의 지혜,

평등한 불법에 깨달아 들어가는 훌륭한 방편의 지혜,

차별이 있는 불법을 밝게 아는 훌륭한 방편의 지혜,

차별이 없는 불법을 깨닫는 훌륭한 방편의 지혜,

장엄한 불법에 깊이 들어가는 훌륭한 방편의 지혜,

하나의 방편으로 불법에 들어가는 훌륭한 방편의 지혜,

한량없는 방편으로 불법에 들어가는 훌륭한 방편의 지혜,

그지없는 불법에 차별이 없음을 아는 훌륭한 방편의 지혜,

제 마음, 제 힘으로 일체 모든 불법에서 물러서지 않는 훌륭한 방편의 지혜이다.

이를 열 가지 불법의 훌륭한 방편의 지혜라 한다.

● 疏 ●

善巧智者는 由上理事無礙하야 今則權實決斷일새 名善巧智니라
有十一句하니 後二는 合一이오 餘皆如次니라 從前十成이니
一은 卽言亡言이 爲甚深이오
二는 無依故로 廣大오
三은 如依空生色일새 故能說種種이오
四는 住無二邊일새 故證平等이오
五는 了種智深密일새 故了差別이오
六은 無差全同이오
七은 若無疑惑이면 則佛法莊嚴이오
八은 以平等으로 成一方便이오
九는 三世法이 約差別門하야 爲無量方便이오
十은 由住佛力하야 得知佛無邊하야 自力不退니라
從前十旣爾오 從前四段도 亦然하니 如是展轉하야 不離始修일새
故隨一法하야 具一切矣니라

'훌륭한 방편의 지혜'란 위에서 말한 "사법계와 이법계에 걸림이 없음"에 따라서 여기에서는 곧 방편의 權敎와 진여의 實敎로 결단하기에, 그 이름을 '훌륭한 방편의 지혜'라 한다.

이의 경문은 11구이다. 뒤의 2구[(10) 知無邊~善巧智, (11) 以自心自力~善巧智]는 한 구절로 합해진 부분이며, 나머지는 모두 차례와 같

635

다. 앞의 '다섯째, 10가지 훌륭하고 미묘한 마음'을 따라 이뤄졌다.

① 언어상에서 언어를 잊기에 깊은 불법을 잘 알고,

② 의지한 바가 없기에 광대한 불법이며,

③ 허공을 의지하여 색을 내는 것과 같기에 가지가지 불법을 연설하고,

④ 이쪽저쪽에 머묾이 없기에 평등한 불법을 증득하며,

⑤ 一切種智의 심오하고 비밀스러움을 밝게 아는 까닭에 차별이 있는 불법을 알며,

⑥ 차별이 없음이 모두 다 같고,

⑦ 만일 의혹이 없으면 곧 불법의 장엄이며,

⑧ 평등으로 하나의 방편을 이루고,

⑨ 삼세법이 차별 법문으로 한량없는 방편을 삼으며,

⑩ 부처님의 힘에 머묾에 따라서 부처님의 그지없음을 알아 자신의 힘이 물러서지 않는다.

앞의 '다섯째, 十種勝妙心'을 따라 이미 이와 같고, 앞의 4단락[十種法, 淸淨, 廣大智, 普入]을 따르는 것 또한 그와 같다. 이처럼 뒤로 가면 갈수록 처음의 수행에서 벗어날 수 없다. 이 때문에 하나의 법을 따라서 일체 그 모든 것을 갖추고 있다.

第二 結勸

(ㄴ) 受持讀誦을 권면하다

佛子여 菩薩摩訶薩이 聞此法已에 咸應發心하야 恭敬受持니

何以故오 菩薩摩訶薩이 持此法者는 少作功力이라도 疾得阿耨多羅三藐三菩提하야 皆得具足一切佛法하야 悉與三世諸佛法等일세니라

불자여, 보살마하살이 이러한 법을 듣고서 감응한 나머지, 마음을 내어 공경하는 마음으로 이를 받아 지녀야 한다.

이는 무슨 까닭일까?

보살마하살로서 이러한 법을 지니는 이는 조그마한 공덕을 쌓을지라도 빠르게 아뇩다라삼먁삼보리를 얻어 모두 일체 불법을 두루 갖춰 모든 것이 삼세 부처님의 법과 평등함을 얻게 될 것이다."

◉疏◉

一行能具一切라 故疾得菩提니라

하나의 行이 일체 모든 것을 두루 갖춘 까닭에 빠르게 보리를 얻을 수 있다.

大文第二 證成

中二니 一은 現瑞證이라

제2. 증명으로 끝맺다

이의 경문은 2단락이다.
1. 나타난 상서로 증명하였다.

經

爾時에 佛神力故며 法如是故로 十方各有十不可說百千億那由他佛刹微塵數世界 六種震動하고
雨出過諸天一切華雲과 香雲과 末香雲과 衣蓋幢幡摩尼寶等과 及以一切莊嚴具雲하며
雨衆妓樂雲하며
雨諸菩薩雲하며
雨不可說如來色相雲하며
雨不可說讚歎如來善哉雲하며
雨如來音聲充滿一切法界雲하며
雨不可說莊嚴世界雲하며
雨不可說增長菩提雲하며
雨不可說光明照耀雲하며
雨不可說神力說法雲하니
如此世界四天下菩提樹下菩提場菩薩宮殿中에 見於如來 成等正覺하사 演說此法하야 十方一切諸世界中에도 悉亦如是하니라

　　그때, 부처님의 신통한 힘 때문이며, 법이 그와 같기 때문에, 시방으로 각각 열 곳의 말할 수 없는 백천억 나유타 세계의 티끌 수

세계가 여섯 가지로 진동하였고,

여러 하늘보다 뛰어난 일체 꽃구름·향구름·가루향구름·의복·일산·당기·번기·마니 보배와 일체 장엄거리를 내려주었으며,

여러 가지 풍류 구름을 내려주었고,

모든 보살 구름을 내려주었으며,

말할 수 없는 여래의 몸매 구름을 내려주었고,

말할 수 없이 여래가 잘한다고 칭찬하는 구름을 내려주었으며,

여래의 음성이 모든 법계에 가득한 구름을 내려주었고,

말할 수 없는 세계를 장엄하는 구름을 내려주었으며,

말할 수 없는 보리를 키워주는 구름을 내려주었고,

말할 수 없는 광명을 밝게 비추는 구름을 내려주었으며,

말할 수 없는 신통한 힘으로 설법하는 구름을 내려주었다.

이처럼 세계 사천하의 보리수 아래 보리도량에 있는 보살의 군전에서 여래께서 등정각을 이루고서 이 법을 연설한 것처럼, 시방의 일체 세계에서도 모두 이와 같이 하였다.

● 疏 ●

於中에 先은 此界오 後'如此'下는 結通이라

이 경문 가운데 앞은 이 세계를 말하였고, 뒤의 '如此' 이하는 전반적으로 들어 끝맺었다.

二 諸菩薩證

2. 여러 보살이 증명하다

經

爾時에 佛神力故며 法如是故로 十方各過十不可說佛刹微塵數世界外하야 有十佛刹微塵數菩薩摩訶薩이 來詣此土하사 充滿十方하야 作如是言하사대
善哉善哉라 佛子여 乃能說此諸佛如來의 最大誓願授記深法이로다
佛子여 我等一切同名普賢이라 各從普勝世界普幢自在如來所하야 來詣此土나 悉以佛神力故로 於一切處에 演說此法이 如此衆會에 如是所說하야 一切平等하야 無有增減이라
我等이 皆承佛威神力하야 來此道場하야 爲汝作證하노니 如此道場에 我等十佛刹微塵數菩薩이 而來作證하야 十方一切諸世界中에도 悉亦如是하니라

그때, 부처님의 신통한 힘 때문이며, 법이 그와 같기 때문에, 시방으로 각각 열 곳의 말할 수 없는 세계의 티끌 수 세계를 지나서, 그곳에 있는 열 세계의 티끌 수처럼 헤아릴 수 없는 보살마하살이 이 국토에 찾아와 시방에 가득하였는데, 그 보살들이 이처럼 말하였다.

"착하다, 착하다. 불자여, 이는 부처님 여래들의 가장 큰 서원으

로, 미래에 성불할 것을 예언하는, 수기(授記)의 심오한 법을 말씀하신 것이다.

　불자여, 우리 그 모두가 똑같이 그 이름을 '보현'이라 한다. 수많은 보살이 각각 보승세계의 보당자재여래가 계신 곳에서 이 국토를 찾아온 것이지만, 이는 모두 부처님의 신통한 힘으로 일체 모든 곳에서 이러한 법을 연설하였다. 이 대중법회에서 이처럼 설법한 것처럼 일체 모두가 평등하여 조금도 더하거나 덜함이 없다.

　우리가 모두 부처님의 헤아릴 수 없는 힘을 받들어 이 도량에 찾아와 그대들을 위하여 증명하는 것이다. 이 도량에서 우리가 열 부처 세계 티끌 수처럼 헤아릴 수 없는 보살이 찾아와 증명하듯이, 시방의 일체 세계에서도 모두 이와 같이 하였다."

◉ 疏 ◉

亦先은 此土요 後'如此'下는 結通이라
言'授記深法'者는 少用功力이라도 疾得菩提故니라
同名普賢者는 皆有此行故요
普勝界者는 依此普法最爲勝故요
普幢自在者는 此行成果하야 高出無礙故니라

　이 또한 앞은 이 세계를 말하였고, 뒤의 '如此' 이하는 전반적으로 들어 끝맺었다.

　"미래에 성불할 것을 예언하는, 수기의 심오한 법[授記深法]"이라 말한 것은 적은 공덕을 쌓을지라도 빠르게 보리지혜를 얻을 수 있기 때문이다.

"우리 그 모두가 똑같이 그 이름을 '보현'이라 한다."는 것은 모든 보살에게 모두 이러한 行이 있기 때문이다.

'보승세계'란 보현의 법을 따름이 가장 뛰어나기 때문이다.

'보당자재여래'란 보현행이 佛果를 성취하여 걸림 없이 우뚝 뛰어나기 때문이다.

第二 以偈重顯
中二니 先은 敍述이라

◎ 보현보살이 게송으로 거듭 밝히다

게송은 2단락으로 나뉜다.

제1. 게송의 목적에 관한 서술이다.

經

爾時에 普賢菩薩摩訶薩이 以佛神力과 自善根力으로 觀察十方과 洎于法界하고
欲開示菩薩行하며
欲宣說如來菩提界하며
欲說大願界하며
欲說一切世界劫數하며
欲明諸佛의 隨時出現하며

欲說如來 隨根熟衆生出現하사 令其供養하며
欲明如來出世에 功不唐捐하며
欲明所種善根이 必獲果報하며
欲明大威德菩薩이 爲一切衆生하야 現形說法하야 令其開悟하사 而說頌言하사대

　그때, 보현보살마하살이 부처님의 신통한 힘과 자기의 선근 힘으로 시방세계와 허공법계를 살펴보면서,

　보살의 행을 열어 보이고자 하고,

　여래의 보리 경계를 연설하고자 하며,

　큰 서원을 말하고자 하고,

　일체 세계의 겁의 수효를 말하고자 하며,

　여러 부처님이 때에 따라서 나타남을 밝히고자 하고,

　여래께서 근기가 성숙한 중생을 따라 몸을 나타내어 그들로 하여금 공양하도록 말하고자 하며,

　여래가 세상에 나타나는 일이 헛되지 않음을 밝히고자 하고,

　이미 심은 선근은 반드시 과보를 얻음을 밝히고자 하며,

　큰 위덕 있는 보살이 일체중생을 위하여 몸을 나타내고 법을 말하여 그들을 깨닫게 하는 바를 밝히고자, 게송으로 말하였다.

● 疏 ●

文二니 先은 說儀오 後 '欲開'下는 說意라
此有十意하니 偈中에 竝具하니 文顯可知니라

이의 경문은 2단락이다.

앞은 게송의 의식을 말하였고, 뒤의 '欲開' 이하는 게송의 의의를 말하였다.

여기에 10가지 의의가 있다. 이는 게송에 모두 갖춰져 있다.

경문의 뜻이 분명하여 설명하지 않아도 알 수 있다.

第二正頌

제2. 121수 게송

經

汝等應歡喜하야　　　捨離於諸蓋하고
一心恭敬聽　　　　　菩薩諸願行이어다

　그대들은 기쁜 마음으로
　여러 장애 덮개[12] 모두 버리고
　한결같은 마음으로 공경히
　보살의 여러 서원과 행을 들을지어다

● 疏 ●

正頌中에 百二十一頌은 分二니 前二十四는 顯說分齊오 餘皆正

----
12 여러 장애 덮개: 貪欲蓋 · 瞋恚蓋 · 睡眠蓋 · 掉悔蓋 · 疑法蓋 등을 말한다.

辨普賢行相이라

此是伽陀 與前長行綺互하야 共顯普賢之行이니 前是畧明十法 展轉相生이오 此則廣顯諸門이니 畧無展轉이라 又前多顯體하고 此多辨用이라

前中二니 初一은 誡聽許說이라【鈔_ '此是伽陀'者는 是孤起偈니 揀非祇夜오 不重頌前이라】

바로 게송 부분의 121수 게송은 2단락으로 나뉜다.

1. 24수 게송은 구분과 한계를 밝혀 말하였고,

2. 나머지 97수 게송은 모두 바로 보현행상을 말하였다.

이 게송[伽陀]은 앞의 산문과 함께 모두 보현행을 밝히고 있다.

앞에서는 10가지 법이 뒤로 갈수록 서로 발생하는 것을 간단히 밝혔고, 여기에서는 여러 법문을 자세히 밝혔기에 뒤로 갈수록 서로 발생하는 뜻을 생략하여 언급하지 않았다.

또한 앞에서는 본체를 밝힌 바 많고, 여기에서는 작용을 말한 바 많다.

'1. 24수 게송'은 다시 2부분으로 나뉜다.

첫째, 제1게송은 귀담아듣기를 경계하면서 설법을 허락함이다.【초_ '이 게송[伽陀]'이란 孤起偈이지,[13] 祇夜[14]가 아님을 구별하

---

13 孤起偈: gāthā. 九部經의 하나, 또는 十二部經의 하나. 게송의 앞에 산문이 없이 직접 운문으로 기록한 가르침을 孤起偈라 한다. 또는 게송의 앞에 이미 산문이 있을지라도 산문에서 말한 내용이 게송에 담긴 뜻과 다른 유의 게송을 孤起偈라 말한다.

14 祇夜: 九部經의 하나, 또는 十二部經의 하나. 岐夜·祇夜經이라 한다. 그 뜻은 詩歌·歌

였다. 거듭 앞의 경문 뜻을 읊지 않는다.】

經

往昔諸菩薩　　　　最勝人師子의
如彼所修行을　　　我當次第說하며

 지난 옛날 여러 보살
 가장 뛰어난, 사람의 사자이신 부처님이
 그처럼 수행하였던 바를
 내, 차례차례 말하리라

亦說諸劫數와　　　世界幷諸業과
及以無等尊의　　　於彼而出興호리라

 또한 여러 겁의 길고 짧은 수효
 수많은 세계와 아울러 수많은 업
 같을 이 없는 부처님이
 그 세계에 태어나던 일들을 말하리라

如是過去佛이　　　大願出于世에

詠이라 한다. 舊譯에서는 重頌·重頌偈라 하고, 新譯에서는 應頌이라 한다. '기야'라는 뜻은 경전의 앞 단락에서 산문체로 서설을 쓴 뒤에 다시 운문을 그 단락에 붙이는 것을 말한다. 그 내용은 산문의 내용과 같기 때문에 重頌·重頌偈 또는 경문과 상응하는 게송이라는 뜻으로 應頌이라 말하기도 한다.

云何爲衆生하야　　　　　滅除諸苦惱오
　　이처럼 과거 부처님들이
　　큰 서원으로 이 세상에 나오시어
　　어떻게 중생 위하여
　　모든 고뇌 없애주셨을까

一切論師子　　　　　　所行相續滿하야
得佛平等法과　　　　　一切智境界니라
　　논리에 뛰어난 모든 부처님이
　　수행하였던 법을 차례차례 원만히 닦아
　　부처님의 평등한 법과
　　일체 지혜 경계 얻으리라

見於過去世에　　　　　一切人師子
放大光明網하야　　　　普照十方界하고
　　살펴보니 과거 세계에
　　일체 모든 부처님이
　　큰 광명 그물 널리 펼쳐
　　시방세계 두루 비춰주고

思惟發是願호되　　　　我當作世燈하야
具足佛功德과　　　　　十力一切智라하며

깊은 사유로 이런 서원 세우셨다

"나는 반드시 이 세상 등불 되어

부처님의 모든 공덕과

열 가지 힘, 일체 지혜 두루 갖추리라."고

一切諸衆生이   **貪恚癡熾然**하니
我當悉救脫하야   **令滅惡道苦**라하야

일체 모든 중생이

탐욕, 성냄, 어리석음 불길 같나니

내 모조리 구제하고 해탈시켜

삼악도의 고통을 없애주리라

發如是誓願호되   **堅固不退轉**하야
具修菩薩行하야   **獲十無礙力**이로다

이처럼 크나큰 서원 세워

견고히 조금도 물러서지 않고

보살의 모든 행 두루 닦아

열 가지 걸림 없는 힘 얻으리라

如是誓願已에   **修行無退怯**하야
所作皆不虛일세   **說名論師子**니라

이처럼 큰 서원을 일으키고

물러서거나 겁내지 않은 수행으로
하는 일 모두 헛되지 않기에
논리에 뛰어난 부처님이라 말하리라

◉ 疏 ◉

次는 正示分齊라
於中有二니 前九頌은 許說過去菩薩行이라

다음은 구분과 한계를 바로 보였다.
이는 2부분으로 나뉜다.
앞의 9수 게송은 과거 보살의 행에 대한 설법을 허락하였다.

經

於一賢劫中에   千佛出于世하리니
彼所有普眼을   我當次第說호리라

현겁이라는 한 겁 동안에
1천 부처님 세상에 나오시리니
부처님이 지니신 넓으신 눈을
내, 차례차례 말하리라

如一賢劫中하야   無量劫亦然하니
彼未來佛行을   我當分別說호리라

하나의 현겁에서 부처님 나신 것처럼

한량없는 겁 또한 그와 같으리
저 미래 세계 부처님이 닦아야 할 행을
내, 분별하여 말하리라

如一佛刹種하야   **無量刹亦然**하니
未來十力尊의   **諸行我今說**호리라

하나의 세계종[刹種]에서 그런 것처럼
한량없는 세계 또한 그와 같으리
미래 세계에 열 가지 힘 지닌 부처님의
모든 행을 내 이제 말하리라

◉ 疏 ◉

後는 許說三世佛菩薩行이라
於中二니 前三偈는 擧說時處니 前二는 時오 後一은 處라

뒤는 삼세 불보살의 행에 대한 설법을 허락하였다.
이의 경문은 2부분으로 나뉜다.
앞의 3수 게송은 시간과 장소를 들어 말하였다. 앞의 2수 게송은 시간을, 뒤의 1수 게송은 장소를 말하였다.

經

諸佛次興世하사   **隨願隨名號**하며
隨彼所得記하며   **隨其所壽命**하며

여러 부처님 차례로 세상에 나오시어

세웠던 서원 따르고 그 명호 따르고

부처님 받았던 수기(授記) 따르고

세상에 머무는 수명 따르며

隨所修正法하야   **專求無礙道**하며
隨所化衆生하야   **正法住於世**하며

    닦아온 바른 법 따라

    오롯한 마음으로 걸림 없는 도를 구하고

    교화할 중생의 근기 따라

    바른 법이 세상에 오래 머물며

隨所淨佛刹과   **衆生及法輪**과
演說時非時하야   **次第淨群生**하며

    청정한 불국토와

    중생과 법륜을 따라

    설법할 때이든 때가 아니든 연설하여

    차례로 중생을 청정케 하며

隨諸衆生業의   **所行及信解**의
上中下不同하야   **化彼令修習**이로다

    여러 중생이 지어왔던 업의

행한 바의 일, 그리고 믿음과 이해
　　상품·중품·하품의 차이에 따라서
　　그들을 교화하여 닦아 익히도록 하노라

入於如是智에　　　　　**修其最勝行**하야
常作普賢業하야　　　　**廣度諸衆生**하며

　　이와 같은 지혜에 깊이 들어가
　　그중에 가장 좋은 행을 닦아서
　　언제나 보현보살 선업 지어
　　많은 중생 널리 제도하며

身業無障礙하고　　　　**語業悉淸淨**하고
意行亦如是하야　　　　**三世靡不然**이로다

　　몸으로 짓는 업, 걸림이 없고
　　입으로 짓는 업, 모두 청정하며
　　뜻으로 행하는 일 또한 그처럼
　　삼세에 그렇지 않은 일 없어라

菩薩如是行이　　　　　**究竟普賢道**라
出生淨智日하야　　　　**普照於法界**로다

　　보살의 이와 같은 행원(行願)이
　　결국 보현보살의 도 성취하여

해맑은 지혜 태양 솟아올라

허공법계 두루 비추리라

未來世諸劫에 國土不可說을
一念悉了知나 於彼無分別이로다

　　미래 세계 모든 겁에

　　말할 수 없는 수많은 국토를

　　한 생각에 모두 분명히 알지만

　　거기에는 조금도 분별심이 없어라

行者能趣入 如是最勝地니
此諸菩薩法을 我當說少分호리라

　　수행하는 사람만이

　　이처럼 가장 좋은 지위 들어가리니

　　이 모든 보살의 법을

　　내, 조금이나마 말하리라

智慧無邊際하야 通達佛境界하고
一切皆善入하야 所行不退轉하며

　　끝이 없는 지혜로

　　부처님 모든 경계 통달하고

　　일체에 모두 잘도 들어가

행하는 일 물러서지 않으며

具足普賢慧하고　　　　　**成滿普賢願**하야
入於無等智니　　　　　　**我當說彼行**호리라

　　보현보살 지혜 두루 갖추고
　　보현보살 서원 원만 성취하여
　　같을 이 없는 부처님 지혜 들어가는
　　내, 그런 수행을 말하리라

● 疏 ●

後 十一偈는 明所說行이니 於中에 前四는 諸佛出世行이니 卽普賢行일새 故名因果圓融이오 後七은 菩薩三輪願智行이니 卽普賢行이라 前 二十四頌 顯說分齊 竟하다

　　뒤의 11수 게송은 설법할 행을 밝혔다.

　　11수 게송 가운데 앞의 4수 게송은 여러 부처님이 세간에 나오시어 행했던 일들이기에, 이는 곧 보현행이다. 이 때문에 그 이름을 '因果圓融'이라 한다.

　　뒤의 7수 게송은 보살의 三輪 서원과 지혜의 행이기에, 이는 곧 보현행이다.

　　1. 24수 게송으로 설법의 한계와 구분에 대해 밝힌 부분을 끝마치다.

於一微塵中에 　　　　悉見諸世界하나니
衆生若聞者면 　　　　迷亂心發狂하리라

    하나의 미세한 티끌 가운데
    수없는 세계 모두 보인다
    중생으로서 이런 말을 들으면
    혼미와 산란한 마음으로 미쳐 날뛰리라

如於一微塵하야 　　　一切塵亦然이라
世界悉入中하니 　　　如是不思議로다

    하나의 티끌에서 그런 것처럼
    모든 티끌 또한 모두 그러하다
    세계가 그 가운데 모두 들어가니
    이처럼 헤아릴 수 없는 일

一一塵中有 　　　　　十方三世法과
趣刹皆無量을 　　　　悉能分別知로다

    하나하나 티끌 속에
    시방세계와 삼세의 모든 법
    여러 길과 세계 한량없지만
    모두 분별하여 아노라

一一塵中有　　　　　無量種佛刹하야
種種皆無量을　　　　於一靡不知로다

　　하나하나 티끌 속에
　　한량없는 여러 불국토
　　가지가지 모두 한량없지만
　　그 어느 것 하나 모르는 게 없어라

法界中所有　　　　　種種諸異相과
趣類各差別을　　　　悉能分別知로다

　　법계에 들어 있는
　　가지가지 세계의 다른 모습
　　여러 길과 종류 각기 다르지만
　　모두 분별하여 아노라

● 疏 ●

第二는 正顯普賢行이라
九十七頌은 分二니 初 六十七은 明卽悲大智行이오 後 '未安者'下
三十頌은 卽智大悲行이라
今初에 有十種行하니 一 初五頌은 明善入帝網行이라

　　2. 바로 보현행을 밝혔다.
　　97수 게송은 2부분으로 나뉜다.
　　⑴ 67수 게송은 大悲와 하나가 된 大智의 행을 밝혔고,

⑵ 뒤의 '未安者' 이하 30수 게송은 大智와 하나가 된 大悲의 행을 읊었다.

'⑴ 67수 게송'에는 10가지의 행이 있다.

첫째, 5수 게송은 帝網에 잘 들어가는 행을 밝혔다.

經

深入微細智하야　　　　分別諸世界의
一切劫成壞하야　　　　悉能明了說이로다

　　미세한 지혜에 깊이 들어가
　　여러 세계의 일체 겁에
　　이뤄지고 무너지는 것들을 분별하여
　　모두 분명히 말할 수 있어라

知諸劫修短하야　　　　三世卽一念과
衆行同不同을　　　　　悉能分別知로다

　　길고 짧은 모든 겁을 알고서
　　삼세가 곧 한 생각의 찰나임과
　　모든 행의 같은 것, 다른 것들을
　　모두 분별하여 아노라

深入諸世界의　　　　　廣大非廣大와
一身無量刹과　　　　　一刹無量身이로다

모든 세계 깊이 들어가니

넓고 큰 것과 넓고 크지 못한 것

하나의 몸에 한량없는 세계와

하나의 세계에 한량없는 몸이 있다

十方中所有　　　異類諸世界의
廣大無量相을　　一切悉能知로다

시방 법계에 있는

종류가 다른 여러 세계의

광대하고 한량없는 모양을

일체 모두 아노라

一切三世中에　　無量諸國土를
具足甚深智하야　悉了彼成敗로다

일체 삼세 가운데

한량없는 모든 국토를

매우 깊은 지혜 두루 갖춰

이뤄지고 무너짐을 모두 아노라

十方諸世界　　　有成或有壞니
如是不可說을　　賢德悉深了로다

시방의 모든 세계에

이뤄지고 무너지는 것
이처럼 말할 수 없는 것들을
어진 보살이 속속들이 모두 아노라

或有諸國土　　種種地嚴飾하며
諸趣亦復然하니　斯由業淸淨이로다

그 가운데 어떤 국토에서는
가지가지로 땅을 장엄하고
여러 가지 길 또한 그러하니
이는 청정한 업으로 연유한 것

或有諸世界의　　無量種雜染은
斯由衆生感이니　一切如其行이로다

어떤 세계가
한량없는 갖가지로 물든 것은
그곳 중생의 업감(業感)으로 연유한 터
일체 모두가 그들의 행 닮았어라

無量無邊刹을　　了知卽一刹하고
如是入諸刹하니　其數不可知로다

한량없고 그지없는 모든 세계를
알고 보면 모두 하나의 세계

이처럼 모든 세계 들어가니
그 수효 얼마인지 알 수 없어라

一切諸世界　　　　悉入一刹中호되
世界不爲一이며　　**亦復無雜亂**이로다

　일체 여러 세계가
　모두 하나의 세계에 들어가지만
　세계는 하나가 아니고
　그렇다고 뒤섞임도 없어라

世界有仰覆와　　　**或高或復下**
皆是衆生想을　　　**悉能分別知**로다

　세계는 잦혀지고 엎어지고
　높은 것도 낮은 것도 있지만
　모두 중생의 망상임을
　모두 분별하여 아노라

廣博諸世界　　　　**無量無有邊**하니
知種種是一이며　　**知一是種種**이로다

　크고 넓은 여러 세계
　한량없고 끝도 없다
　가지가지 세계가 하나의 세계이고

하나의 세계가 가지가지 세계임을 아노라

普賢諸佛子   **能以普賢智**로
了知諸刹數하나니   **其數無邊際**로다

  보현의 불자들이여
  보현보살의 지혜로
  여러 세계의 수효 아나니
  그 수효 끝이 없어라

知諸世界化와   **刹化衆生化**와
法化諸佛化하야   **一切皆究竟**이로다

  여러 종류 세계도 변화하고
  국토도 변화하고 중생도 변화하고
  법도 제불도 모두 변화인 줄 알고서
  일체 그 모든 것 구경의 경지일세

一切諸世界의   **微細廣大刹**에
種種異莊嚴이   **皆由業所起**로다

  일체 모든 세계의
  크고 작은 국토에
  가지가지 다른 장엄이
  모두 업으로 일어난 것

無量諸佛子 善學入法界하야
神通力自在하야 普徧於十方이로다

    한량없는 불자여
    잘 배워서 법계에 들어가
    신통의 힘 자재하여
    시방세계 두루 하리라

衆生數等劫에 說彼世界名호되
亦不能令盡이오 唯除佛開示로다

    중생 수효만큼의 겁 동안
    저 세계의 이름 말하려 해도
    모두 말할 수 없고
    오직 부처님만이 보여주시네

● 疏 ●

二十七頌은 深入時處微細行이라

    둘째, 17수 게송은 법계에 깊이 들어가는 시간과 장소의 미세행이다.

經

世界及如來의 種種諸名號를
經於無量劫토록 說之不可盡이어든

여러 세계와 모든 여래의

가지가지 숱한 이름을

한량없는 세월 다하도록

말하여도 끝이 없거늘

何況最勝智의　　**三世諸佛法**이
從於法界生하야　　**充滿如來地**아

하물며 가장 훌륭한 지혜 지닌

삼세 여러 부처님의 법이

법계에서 생겨나

여래의 지위에 가득함이야

淸淨無礙念과　　**無邊無礙慧**로
分別說法界하야　　**得至於彼岸**이로다

청정하여 걸림 없는 생각

그지없이 걸림 없는 지혜로

법계를 분별, 연설하여

열반의 피안에 이르게 하네

◉ 疏 ◉

三 三頌은 明了佛心秘密行이라 前一偈半은 躡前起後오 後一偈半은 正顯難了能了니라

663

셋째, 3수 게송은 부처님의 마음을 잘 아는 비밀스러운 행을 밝혔다.

앞의 1수 반 게송은 앞의 문장을 뒤이어서 뒤의 문장을 일으켰고,

뒤의 1수 반 게송은 바로 알기 어려운 부분을 잘 아는 것을 밝혔다.

經

過去諸世界의 　　　　**廣大及微細**와
修習所莊嚴을 　　　　**一念悉能知**로다

　과거 여러 세계의
　광대한 세계와 미세한 세계는
　보살의 수행으로 장엄한 바임을
　한 생각에 모두 아노라

其中人師子 　　　　**修佛種種行**하야
成於等正覺하야 　　　**示現諸自在**하나니

　그 세계의 수많은 부처가
　부처의 가지가지 행을 닦아
　평등하고 바른 깨달음을 성취하고
　모든 자재한 신통 나타내어라

如是未來世의 　　　　次第無量劫에
所有人中尊을 　　　　菩薩悉能知로다

　　이와 같이 세계의
　　차례차례 한량없는 모든 겁 동안
　　태어나는 사람 중의 높으신 부처를
　　보살이 모두 알고 있나니

所有諸行願과 　　　　所有諸境界로
如是勤修行하야 　　　　於中成正覺하며

　　부처님 지니신 모든 행과 서원
　　부처님 지니신 모든 경계로
　　그처럼 부지런히 닦아
　　그중에서 바른 깨달음 이루리라

亦知彼衆會의 　　　　壽命化衆生하야
以此諸法門으로 　　　　爲衆轉法輪이로다

　　또한 저 대중 회상에 모인
　　중생의 수명과 교화할 바를 알고서
　　이러한 여러 가지 법문으로
　　중생 위해 법륜을 굴리노라

菩薩如是知 　　　　住普賢行地하야

智慧悉明了하야 　　　**出生一切佛**이로다

　　보살이 이처럼 알고

　　보현이 행하였던 그 자리에 머물면서

　　보현의 밝은 지혜로 모두 밝혀

　　일체 모든 부처님을 낳았노라

現在世所攝인 　　　**一切諸佛土**에
深入此諸刹하야 　　　**通達於法界**로다

　　현재 세계의 일체중생 받아들인

　　일체 모든 부처님의 국토

　　그 모든 불국토에 깊이 들어가

　　법계를 통달하였어라

彼諸世界中에 　　　**現在一切佛**이
於法得自在하야 　　　**言論無所礙**으로다

　　그처럼 수없는 세계 가운데

　　현재 설법하시는 일체 부처님이

　　모든 법에 자재하여

　　말씀에 걸린 바 없어라

亦知彼衆會에 　　　**淨土應化力**하야
盡無量億劫토록 　　　**常思惟是事**로다

또 그 대중법회에
불국정토와 중생 교화의 힘 알고서
한량없는 억만 겁 다하도록
언제나 이런 일만을 생각하노라

調御世間尊의 　　　　　**所有威神力**과
無盡智慧藏을 　　　　　**一切悉能知**로다

중생을 다스리는 세상에 존귀한 부처님이
지니신 알 수 없는 위엄과 신통한 힘
끝없는 지혜 창고
일체 그 모든 것 분명히 아노라

◉ **疏** ◉

四十偈는 **了三世佛攝化行**이라

　넷째, 10수 게송은 삼세제불이 중생을 교화하는 행을 아는 것이다.

經

出生無礙眼과 　　　　　**無礙耳鼻身**과
無礙廣長舌하야 　　　　**能令衆歡喜**로다

　걸림 없는 눈
　걸림 없는 귀, 코 그리고 몸

걸림 없는 넓고 긴 혀를 얻어

중생에게 기쁨을 주노라

最勝無礙心이　　　　　　**廣大普淸淨**하며
智慧徧充滿하야　　　　　**悉知三世法**이로다

가장 훌륭한 걸림 없는 마음으로

광대하고 모두 청정하게 교화하여

밝은 지혜, 허공법계 가득하여

삼세의 모든 법을 모두 알게 하노라

● 疏 ●

五 二偈는 **六根無礙行**이라

다섯째, 2수 게송은 걸림 없는 육근의 행이다.

經

善學一切化와　　　　　　**刹化衆生化**와
世化調伏化와　　　　　　**究竟化彼岸**이로다

일체 교화 잘 배워서

제불국토 교화하고 일체중생 교화하며

세계를 교화하고 조복으로 교화하여

결국 피안에 오르는 교화여라

世間種種別이　　　　　皆由於想住니
入佛方便智하야　　　　於此悉明了로다

　　세간에 가지가지 다른 모양
　　모두 망상으로 연유한 것
　　부처님 방편 지혜에 들어가
　　이 자리서 모두 밝게 알리라

衆會不可說에　　　　　一一爲現身하야
悉使見如來하고　　　　度脫無邊衆이로다

　　이루 말할 수 없는 대중법회 찾아
　　하나하나 몸을 나타내어
　　그들이 모두 여래를 보도록 하여
　　그지없는 중생 제도하였어라

◉ 疏 ◉

六 有三偈는 如化無方行이라

　　여섯째, 3수 게송은 일정한 곳이 없는 교화의 행이다.

經

諸佛甚深智　　　　　如日出世間하야
一切國土中에　　　　普現無休息이로다

　　매우 깊은 부처님의 지혜여

밝은 태양, 세간에 솟아오르듯
　　모든 세계 그 어느 곳이든
　　쉼 없이 널리 나타내어라

了達諸世間이　　　　　**假名無有實**하며
衆生及世界　　　　　　**如夢如光影**이로다
　　모든 세간 분명히 알고 보니
　　모두 가명일 뿐, 실상이 없고
　　중생이나 세계도
　　꿈과 같고 그림자 같아라

於諸世間法에　　　　　**不生分別見**하며
善離分別者도　　　　　**亦不見分別**이로다
　　여러 가지 세간의 법에
　　분별하는 소견 내지 않고
　　분별심을 잘 여읜 이도
　　분별이라는 생각마저도 보지 않아야

無量無數劫을　　　　　**解之卽一念**하고
知念亦無念하야　　　　**如是見世間**이로다
　　한량없고 수없는 겁
　　알고 보면 한 생각의 찰나

생각 또한 생각 자체마저 없는 줄 알아야
이처럼 집착 없는 세간 법을 보리라

無量諸國土를　　　　　**一念悉超越**하야
經於無量劫호되　　　　**不動於本處**로다

　한량없는 모든 세계를
　한 생각에 모두 뛰어넘어
　한량없는 영겁을 거쳐 가되
　근본 자리에서 꼼짝하지 않았노라

不可說諸劫이　　　　　**卽是須臾頃**이니
莫見修與短하라　　　　**究竟刹那法**이로다

　말할 수 없는 모든 영겁이
　바로 눈 깜짝할 사이일 뿐
　오랜 세월, 짧은 세월 보지를 말라
　결국 하나의 찰나인 것을

心住於世間하고　　　　**世間住於心**호되
於此不妄起　　　　　　**二非二分別**이로다

　나의 마음, 세간에 머물고
　세간은 나의 마음에 머물지만
　여기에서 허튼 생각 내지 말라

둘이니, 둘이 아니니 하는 분별심을

衆生世界劫과　　　　　**諸佛及佛法**이
一切如幻化하야　　　　**法界悉平等**이로다

　중생이나 세계나 모든 겁
　여러 부처님과 부처님 말씀하신 법이
　모두 요술 같고 변화 같아서
　법계 모두 평등하여라

普於十方刹에　　　　　**示現無量身**호되
知身從緣起하야　　　　**究竟無所着**이로다

　시방세계 두루두루
　한량없는 몸을 나타내지만
　몸이란 인연 따라 일어나
　결국 집착할 바 없나니

依於無二智하야　　　　**出現人師子**호되
不着無二法하야　　　　**知無二非二**로다

　둘이 없는 지혜에 의하여
　사람 중의 사자 나타나지만
　둘이 없는 법마저 집착 않아야
　둘이거나, 둘이 아닌 그 자체가 없음을 알리라

◉ 疏 ◉

七十頌은 三世間自在行이라 此中玄妙하니 宜審思之어다【鈔_'此中玄妙'者는 大經文理 觸途多妙호되 但文言浩博하야 不能具釋이라 又理玄文易일새 故令思之니라 旣云玄妙인댄 今重畧釋호리라 初偈는 法·喻 雙標니 能觀之智에 明橫周竪永이오 次偈는 達二世間이 假名無實이니 卽是假觀이오 三有一偈는 雙離分別과 及無分別하야 以成空觀이오 四有一偈는 解念無念이니 卽中道觀이라 又二는 卽是觀이오 三은 卽是止오 四는 卽雙運이오 五는 不動遊刹이니 於器界自在오 六은 融念劫이니 於時自在니 上二는 事理雙遊오 七은 遣二不二니 善會中道하야 通二世間이오 八은 結三世間이니 等同法界오 九는 結能徧身이오 十은 結能所不二니 上半은 無二遣二하고 下半은 復遣無二니 若著無二면 卽是於二에 有能所故니라 故知無二·非二일새 故無所著이니라】

일곱째, 10수 게송은 삼세에 자재한 행이다. 여기에서 말한 부분은 현묘하니, 이를 자세히 살펴 생각해야 한다.【초_"여기에서 말한 부분은 현묘"하다는 것은 큰 경문의 문맥이 어느 부분에서나 대부분 미묘하지만, 문장이 워낙 드넓어서 이를 모두 해석할 수 없다.

또한 이치는 현묘하지만 문장은 쉽게 이해되기에 이를 자세히 살펴 생각하도록 한 것이다. 이처럼 '현묘'하다고 말했는데, 여기에서는 거듭 간추려 해석하고자 한다.

제1게송은 법과 비유 2가지로 밝혔다. 볼 수 있는 주체의 지혜에 횡으로 두루 가득한 공간과 종으로 영원한 시간을 밝혔다.

제2게송은 모든 세간이 가명일 뿐, 실상이 없음을 아는 것이다. 이는 곧 假觀이다.

제3게송은 분별심과 분별이 없다는 생각마저 모두 여의어 空觀을 이루는 것이다.

제4게송은 생각과 생각이 없음을 해석하였다. 이는 中道觀이다. 또한 제2게송은 觀을, 제3게송은 止를, 제4게송은 止觀을 모두 운용하는 것이다.

제5게송은 근본 자리에서 꼼짝하지 않고서도 모든 국토에 몸을 나타내는 것이다. 이는 器世界에 자재함이다.

제6게송은 한 생각의 찰나와 영겁의 시간을 하나로 원융함이다. 이는 시간에 자재함이다. 위의 2수 게송은 사법계와 이법계에 모두 자유자재로 노니는 것이다.

제7게송은 둘이라는 것과 둘이 아니라는 것을 모두 떨쳐버린 것이다. 中道를 잘 회통하여 진리와 현상이라는 2가지 세간을 모두 통한 것이다.

제8게송은 삼세간을 끝맺음이니 법계와 평등함이다.

제9게송은 시방세계에 두루 나타내는 몸을 끝맺었다.

제10게송은 주체와 대상이 둘이 아님을 끝맺었다. 위의 2구는 '둘이 없다.'는 것으로 둘이라는 것을 떨쳐버렸고, 아래 2구는 다시 '둘이 없다.'는 것마저 말끔히 떨쳐버린 것이다. 만일 둘이 없다는 것에 집착하면 이는 '둘'이라는 것에 주체와 대상이 있기 때문이다. 그러므로 둘이라는 것과 둘이 아니라는 것 그 모두가 없기에 집착

한 바 없음을 알 수 있다.】

經

了知諸世間이　　　　　如焰如光影하며
如響亦如夢하며　　　　如幻如變化하고

　　세간의 모든 법이 덧없어

　　아지랑이 같고 그림자 같으며

　　메아리와 같고 꿈과 같으며

　　요술 같고 변화와도 같다

如是隨順入　　　　　　諸佛所行處하야
成就普賢智하야　　　　普照深法界로다

　　이처럼 집착 없는 마음으로

　　부처님이 행하셨던 자리에 따라 들어가

　　보현보살 지혜 성취하여

　　깊고 깊은 법계 널리 비추리라

衆生刹染着을　　　　　一切皆捨離호되
而興大悲心하야　　　　普淨諸世間이로다

　　중생이나 국토에 물들여진 집착을

　　일체 모두 버리되

　　큰 자비의 마음 일으켜

모든 세간 널리 청정케 하노라

**菩薩常正念　　　　論師子妙法이
淸淨如虛空이나　　而興大方便이로다**

　　보살이여, 언제나 바르게 생각하라
　　부처님 말씀하신 미묘한 법이
　　허공처럼 청정하지만
　　중생 위해 큰 방편을 일으켰다고

**見世常迷倒하고　　發心咸救度일세
所行皆淸淨하야　　普徧諸法界로다**

　　세간 중생 언제나 혼미와 전도함 보고서
　　마음 내어 구원하고 제도할 적에
　　행하는 일 모두 청정하여
　　모든 법계 널리 교화하노라

**諸佛及菩薩과　　　佛法世間法에
若見其眞實이면　　一切無差別이로다**

　　여러 부처님 그리고 보살
　　불법이나 세간법에
　　모두 그 진실함을 보면
　　일체 모든 것에 차별이 없으리라

● 疏 ●

八六頌은 別明智正覺世間自在行이라

여덟째, 6수 게송은 개별로 '깨달음의 세계[智正覺世間]'에서 자재한 행을 밝혔다.

経

如來法身藏이　　　普入世間中이니
雖在於世間이나　　於世無所着이

　여래의 법신장으로
　세간 널리 들어가 여읜 적 없다
　아무리 세간에 있다지만
　세간에 집착한 바 없어라

譬如淸淨水에　　　影像無來去인달하야
法身徧世間도　　　當知亦如是로다

　비유하면 깨끗한 물에 비친
　그림자 오고 감이 없는 것처럼
　법신이 온 세간 두루 나타남도
　이와 같은 줄 알아야 한다

如是離染着에　　　身世皆淸淨하야
湛然如虛空하야　　一切無有生이로다

이처럼 물든 때 모두 여의어

몸과 세상이 모두 청정하여

허공처럼 담담하기에

모든 것이 생겨남도 사라짐도 없어라

知身無有盡하며　　　無生亦無滅하며
非常非無常하야　　　示現諸世間이로다

　법신이란 다하기도 다함이 없기도 하다

　생겨남도 없고 사라짐도 없으며

　영원하지도 무상하지도 않다

　모든 세간 따라 나타낼 뿐이다

除滅諸邪見하야　　　開示於正見하나니
法性無來去일세　　　不着我我所로다

　여러 가지 삿된 소견 없애고서

　바른 소견 열어 보여주니

　법성은 오고 감이 없기에

　'나'와 '내 것'에 집착 않노라

◉ 疏 ◉

九 五頌은 非身示身行이라

法身藏者는 卽前藏身이니 普賢菩薩自體徧言이 亦同此也니라

아홉째, 5수 게송은 몸이 아닌 것으로 몸을 보여주는 행이다.

法身藏이란 앞서 말한 藏身이다. '보현보살의 자체가 두루 나타난다.'는 말이 또한 이와 같다.

經

譬如工幻師　　　　　示現種種事하나니
其來無所從이며　　　去亦無所至로다

　비유하면 요술에 뛰어난 요술쟁이가
　가지가지 일들을 보여주는 것처럼
　그 어디서 오는 곳도 없고
　또한 가는 곳도 없어라

幻性非有量이며　　　亦復非無量이로대
於彼大衆中에　　　　示現量無量이로다

　요술이란 한량이 없고
　한량이 없는 것도 아니지만
　저 대중이 모인 가운데서
　한량과 한량없음을 보여주노라

以此寂定心으로　　　修習諸善根하야
出生一切佛하나니　　非量非無量이로다

　이처럼 고요한 선정의 마음으로

679

여러 가지 선근 닦아 익혀
일체 부처님 나오시니
한량 있는 것도, 없는 것도 아니다

有量及無量이   **皆悉是妄想**이니
了達一切趣하면   **不着量無量**이로다

한량 있느니, 없느니 하는 것은
모두 망상에서 생겨난 것
일체 참된 이치 통달하면
한량 있느니 없느니 집착하지 않으리라

諸佛甚深法이   **廣大深寂滅**하니
甚深無量智로   **知甚深諸趣**로다

여러 부처님의 깊고 깊은 법
넓고 크고 깊은 적멸의 자리
매우 깊어 한량없는 지혜로
깊고 깊은 참 이치 알리라

菩薩離迷倒하야   **心淨常相續**이나
巧以神通力으로   **度無量衆生**이로다

보살은 혼미와 전도 떠나
청정한 마음 언제나 이어지지만

뛰어난 신통의 힘으로

한량없는 중생 제도하여라

● 疏 ●

十有六頌은 非量示量行이라

已上六十七頌은 明卽悲大智行 竟하다

   열째, 6수 게송은 한량이 아닌 것으로 한량이 있는 것을 보여주는 행이다.

   이상 67수 게송은 大悲와 하나가 된 大智의 行을 끝마치다.

經

未安者令安하며　　　　　安者示道場하야
如是徧法界호되　　　　　其心無所着이로다

   평안하지 못한 자에게 평안을

   평안한 자에게 도량 보여주어

   이처럼 법계 두루 교화하지만

   그 마음 집착이 없어라

不住於實際하며　　　　　不入於涅槃하야
如是徧世間하야　　　　　開悟諸群生이로다

   진여의 실제에 머물지도 않고

   열반에 들지도 않아

이처럼 세간에 두루 이르러

모든 중생 깨우치노라

法數衆生數를 　　　**了知而不着**하고
普雨於法雨하야 　　**充洽諸世間**이로다

　법의 수효와 중생의 수효를

　분명히 알면서도 집착하지 않고

　불법의 비 널리 내려주어

　모든 세간 촉촉이 적셔주어라

普於諸世界에 　　　**念念成正覺**호되
而修菩薩行하야 　　**未曾有退轉**이로다

　그지없는 세계에 널리

　모든 생각 바른 깨달음 이뤄주지만

　보살행을 닦고 닦아

　일찍이 물러선 적 없어라

◉ 疏 ◉

第二 三十頌은 明卽智之悲行中에 亦有十行하니 一에 初四偈는 無住攝化行이라

　(2) 30수 게송은 大智와 하나가 된 大悲의 행을 밝혔다.

　30수 게송에는 또한 10가지 행이 있다.

첫째, 4수 게송은 집착한 바 없이 중생을 교화하는 행이다.

經

世間種種身을　　　　　一切悉了知하니
如是知身法하면　　　　則得諸佛身이로다

　세간에 가지가지 몸을
　모두 분명히 아노니
　이러한 몸의 법 모두 알면
　부처님 청정법신 얻으리라

普知諸衆生과　　　　　諸劫及諸刹하야
十方無涯際에　　　　　智海無不入이로다

　모든 중생의 인연과
　수많은 겁과 수많은 세계 두루 알아
　시방세계 끝없는 곳까지
　지혜로 들어가지 못할 데 없어라

衆生身無量에　　　　　一一爲現身하니
佛身無有邊을　　　　　智者悉觀見이로다

　일체중생의 한량없는 몸
　하나하나 그들 위해 몸을 나타내니
　한량없는 부처님의 몸을

큰 지혜 지닌 이만 죄다 보노라

一念之所知　　　　　出現諸如來를
經於無量劫토록　　　稱揚不可盡이로다

　　한 찰나 사이에 알 수 있는
　　시방에 몸을 나타내어 교화하는 모든 여래를
　　한량없는 세월 다하도록
　　아무리 찬양해도 끝이 없어라

◉ 疏 ◉

二有四偈는 非身現身行이라

　　둘째, 4수 게송은 몸이 아닌 것으로 몸을 나타내 보여주는 행이다.

經

諸佛能現身하사　　　處處般涅槃하니
一念中無量한　　　　舍利各差別이로다

　　여러 부처님 몸을 나타내어
　　곳곳에서 열반 드시니
　　한 생각 찰나에 한량없는
　　사리 모두 각기 다르다

● 疏 ●

三 一頌은 分布舍利行이라

　셋째, 1수 게송은 사리를 널리 나눠주는 행이다.

經

如是未來世에　　　　　有求於佛果하는
無量菩提心을　　　　　決定智悉知로다

　이처럼 미래 세계에
　부처의 최상 지위를 구할 수 있는
　한량없는 보리 마음을
　흔들림 없는 결정 지혜만이 모두 알 수 있다

如是三世中에　　　　　所有諸如來를
一切悉能知일세　　　　名住普賢行이로다

　이처럼 과거·현재·미래 세계에
　한량없이 출현하는 모든 여래를
　일체 모두 알기에
　보현행에 머문다고 말한다

● 疏 ●

四 二頌은 知佛大心行이라

　넷째, 2수 게송은 부처님의 큰마음을 아는 행이다.

如是分別知　　　　　無量諸行地하야
入於智慧處하니　　　其輪不退轉이로다

    이처럼 분별하여
    한량없는 모든 행을 알고서
    지혜 자리에 들어가
    물러서지 않는 법륜을 굴리노라

微妙廣大智로　　　　深入如來境하야
入已不退轉일세　　　說名普賢慧로다

    미묘하고 넓고 큰 지혜로
    여래의 경계 깊이 들어가
    들어가면 물러서지 않기에
    보현보살 지혜라 말하노라

一切最勝尊이　　　　普入佛境界하야
修行不退轉하야　　　得無上菩提로다

    가장 존귀하신 일체 부처님이
    부처님 경계에 널리 들어가
    물러서지 않은 법문 수행하여
    위없는 보리지혜 얻었노라

⊙ 疏 ⊙

五三頌은 法輪深入行이라

다섯째, 3수 게송은 법륜에 깊이 들어가는 행이다.

經

**無量無邊心의　　　各各差別業이
皆由想積集을　　　平等悉了知로다**

한량없고 그지없는 중생 마음의

각기 다른 수많은 업장

그 모두가 망상으로 쌓인 것을

평등하게 모두 아노라

**染汙非染汙와　　　學心無學心과
不可說諸心을　　　念念中悉知로다**

물든 것과 물들지 않은 것

배우는 마음[三果 나한 이전]과 무학[四果 나한 지위]의 마음

이처럼 말할 수 없는 중생의 마음을

보살이 한 생각 속에 모두 아노라

**了知非一二며　　　非染亦非淨이며
亦復無雜亂하야　　皆從自想起로다**

아노라, 하나의 그리고 둘의 중생도 아니고

물든 것도 청정함도 아니며
또한 어지러운 일도 없다
모두 자신의 망상에서 일어난 것

如是悉明見   **一切諸衆生**이
心想各不同하야   **起種種世間**이로다

    이처럼 모두 분명히 보았다
    일체 모든 중생의
    마음과 생각 제각기 달라
    가지가지 세간을 일으키는 것

以如是方便으로   **修諸最勝行**하야
從佛法化生일세   **得名爲普賢**이로다

    이와 같은 방편으로
    가장 좋은 모든 행을 닦아
    불법으로 태어나기에
    그 명호 보현보살이라 부른다

● **疏** ●

六 **五頌**은 **了知根器行**이라

    여섯째, 5수 게송은 중생의 근기를 잘 아는 행이다.

衆生皆妄起　　　　**善惡諸趣想**일세
由是或生天하며　　**或復墮地獄**이로다

중생이 모두 망상으로
좋은 길, 나쁜 길 일으키기에
생각 따라 하늘에 나기도 하고
지옥에 떨어지기도 한다

菩薩觀世間이　　　**妄想業所起**라
妄想無邊故로　　　**世間亦無量**이로다

보살이 모든 세간 살펴보니
망상의 업으로 일어나는 것
망상이 그지없기에
세간 또한 한량없어라

一切諸國土　　　　**想網之所現**이니
幻網方便故로　　　**一念悉能入**이로다

일체 모든 국토는
망상의 그물로 나타나는 것
요술의 그물 같은 부처님 방편으로
한 생각에 모두 보현 지혜에 들어가네

● 疏 ●

七三頌은 了世業惑行이라

일곱째, 3수 게송은 세간의 業感을 잘 아는 행이다.

經

眼耳鼻舌身과　　　　　意根亦如是하야
世間想別異에　　　　　平等皆能入이로다

　눈 귀 코 혀 몸과
　의근 또한 망상에서 일어나는 것
　세간 중생의 망상 각기 다르지만
　평등하게 모두 보현 지혜에 들어가네

一一眼境界에　　　　　無量眼皆入하니
種種性差別이　　　　　無量不可說이로다

　하나하나 다른 눈의 경계에
　한량없는 눈이 모두 들어가니
　가지가지 다른 성품이
　한량없어 말할 수 없어라

所見無差別호되　　　　亦復無雜亂하니
各隨於自業하야　　　　受用其果報로다

　눈으로 보는 바는 똑같아 차별이 없지만

또한 어지럽지도 않다
각기 자신이 지은 업을 따라서
그에 따른 과보 받나니

普賢力無量하야 　　　　**悉知彼一切**하나니
一切眼境界에 　　　　　**大智悉能入**이로다

　　보현보살의 역량 한량없어
　　그 모든 것 모두 아나니
　　일체 눈으로 보는 경계를
　　큰 지혜로 모두 들어가노라

如是諸世間을 　　　　　**悉能分別知**하고
而修一切行하야 　　　　**亦復無退轉**이로다

　　이러한 모든 세간을
　　모두 분별하여 잘 알고
　　일체 보현행원을 닦으며
　　다시는 물러서지 않노라

● 疏 ●

八 五頌은 **了達根境無礙行**이라

　여덟째, 5수 게송은 육근 경계를 잘 알아 걸림이 없는 행이다.

經

佛說衆生說과 　　　　及以國土說과
三世如是說을 　　　　種種悉了知로다

　　부처님 말씀, 중생의 말
　　그리고 모든 국토의 말
　　삼세에 이와 같은 말을
　　가지가지 모두 분명히 아노라

● 疏 ●

九一頌은 知四種說法行이라 而刹說等者는 畧有三義하니 一은 約通力이오 二는 約融通이니 一說一切說故오 三은 約顯理是說이니 菩薩이 觸境에 皆了知故니 則觸類成教 如香飯等이라【鈔_ '九有一頌'者는 卽三世間과 及時爲四어니와 若時分三世間이면 則成六種하고 若於三世에 各三世間이면 則有九種하니 總一切說이니 卽是十義니라
從'而刹說'等者는 釋義니 刹及三世는 此義微隱일새 故疏釋之니라
言'融通'者는 一塵이 卽攝一切어니 何得刹中無說가
言'顯理'者는 如色卽顯質礙하고 卽顯緣生하고 卽顯無常하고 卽顯無性等이라
言'則觸類成教'者는 證顯理義니 如前教體中明이라】

　　아홉째, 1수 게송은 4가지 설법을 잘 아는 행이다.
　　'모든 국토의 말[刹說]' 등이란 간단하게 3가지 뜻이 있다.
　　① 신통력으로 말하였고,

② 융통으로 말하였다. 일설에는 '一切說'이기 때문이라 한다.

③ 이치를 밝혀 말하는 것으로 말하였다. 보살이 모든 경계를 다 알기 때문이다. 곧 모든 유에 따라 가르침을 성취하는 것으로 '향반' 등과 같다.【초_ "아홉째, 1수 게송"이란 곧 과거·현재·미래 세계 및 시간이 4가지가 되지만, 만일 시간으로 과거·현재·미래 세계를 나누면 6가지가 되고, 과거·현재·미래 세계에 각각 과거·현재·미래 세계를 더하면 9가지가 된다. 여기에 총괄하여 일체로 말하니, 이것이 바로 10가지 의의이다.

"모든 국토의 말[刹說]" 등이란 의의를 해석한 것이다. 세계의 공간과 삼세의 시간에 담긴 의의는 미세하여 보이지 않기에 청량소에서 이를 해석한 것이다.

'융통'이라 말한 것은 하나의 티끌이 곧 일체를 받아들인 것이다. 어찌 세계 속에 말이 없다 할 수 있겠는가.

"이치를 밝혔다."는 것은 예컨대 색은 곧 형질의 장애가 있음을 밝혔고, 인연 따라 생겨남을 밝혔으며, 무상함을 밝혔고, 자성이 없음 등을 밝혔다.

"모든 유에 따라 가르침을 성취한다."는 것은 곧 '이치를 밝혔다.'는 뜻을 증명한 부분이다. 앞서 말한 '교화의 본체'에서 밝힌 바와 같다.】

過去中未來오　　　　**未來中現在**라

三世互相見하야　　　一一皆明了로다

　　과거 세계 가운데 미래 세계가 있고
　　미래 세계 가운데 현재 세계가 있다
　　삼세가 서로서로 변화하는 걸
　　하나하나 모두 분명히 아노라

**如是無量種으로　　　開悟諸世間하니
一切智方便이　　　　邊際不可得이로다**

　　이처럼 한량없는 여러 가지로
　　모든 세간 중생 깨우치니
　　일체 지혜와 일체 방편
　　그 끝자락을 알 수 없어라

◉ 疏 ◉

十 末後二頌은 三世攝化行이라
普賢行品 平等因 竟하다

　　열째, 맨 끝 2수 게송은 삼세 중생을 받아들여 교화하는 행이다.
　　보현행품의 평등한 원인을 끝마치다.

　　　　　　　　　　　보현행품 제36 普賢行品 第三十六
　　　　　　　　　화엄경소론찬요 제85권 華嚴經疏論纂要 卷第八十五

화엄경소론찬요
華嚴經疏論纂要 ⑱

2024년 8월 15일 초판 1쇄 발행

편저자 혜거
발행인 박상근(至弘) • 편집인 류지호 • 편집이사 양동민
편집 김재호, 양민호, 김소영, 최호승, 하다해, 정유리 • 디자인 쿠담디자인
제작 김명환 • 마케팅 김대현, 이선호 • 관리 윤정안
콘텐츠국 유권준, 정승채, 김희준
펴낸 곳 불광출판사 (03169) 서울시 종로구 사직로10길 17 인왕빌딩 301호
　　　　대표전화 02) 420-3200 편집부 02) 420-3300 팩시밀리 02) 420-3400
　　　　출판등록 제300-2009-130호(1979. 10. 10.)

ISBN 979-11-7261-022-7 04220
ISBN 978-89-7479-318-0 04220 (세트)

값 30,000원

잘못된 책은 구입하신 서점에서 바꾸어 드립니다.
독자의 의견을 기다립니다. www.bulkwang.co.kr
불광출판사는 (주)불광미디어의 단행본 브랜드입니다.